民國歷史與文化研究

初　編

第 31 冊

民國北京政府時期的留學管理研究

王　靜　著

花木蘭文化出版社

國家圖書館出版品預行編目資料

民國北京政府時期的留學管理研究／王靜 著 -- 初版 -- 新北市：
花木蘭文化出版社，2015〔民 104〕
目 4+308 面；19×26 公分
（民國歷史與文化研究 初編；第 31 冊）
ISBN 978-986-404-167-1（精裝）
1. 留學政策 2. 民國史
628.08   103027678

ISBN-978-986-404-167-1

9 789864 041671

民國歷史與文化研究
初 編 第三一冊   ISBN：978-986-404-167-1

民國北京政府時期的留學管理研究

作　　者　王靜
總 編 輯　杜潔祥
副總編輯　楊嘉樂
編　　輯　許郁翎
出　　版　花木蘭文化出版社
社　　長　高小娟
聯絡地址　235 新北市中和區中安街七二號十三樓
　　　　　電話：02-2923-1455／傳眞：02-2923-1452
網　　址　http://www.huamulan.tw 信箱 hml 810518@gmail.com
印　　刷　普羅文化出版廣告事業
初　　版　2015 年 3 月
定　　價　初編 32 冊（精裝）台幣 56,000 元

民國北京政府時期的留學管理研究

王　靜　著

作者簡介

王靜，女，1979 年生，南京大學歷史系博士，現爲南京大學大學外語部助理研究員。研究方向爲民國教育、留學史、中日關係史，曾發表過《概述中日戰爭時期的國籍變更》、《影視文學中的歷史人物和歷史人物評價》、《全球化時代大學生教育的立場選擇》、《在華留學生的中國歷史教育全英文教學模式探討》、《教育國際化與重點高校人才培養》、《從「七七事變」看日本恥感文化》等多篇文章。曾主持南京大學人事處 985 師資隊伍建設項目「公共基礎教學單位師資隊伍建設研究」，並作爲課題組主要成員參加江蘇省社科基金項目「江蘇高等教育國際化發展研究」。

提　要

留學是培養各種專門人才的重要途徑之一，留學管理是留學教育的重要組成部分，高效的留學管理將有效促進優秀人才的培養和留學事業的良性發展。民國北京政府時期，中央政府權威低落，國際地位低下，內戰頻繁，政局動蕩，財政困難，留學經費不足。但當時新舊文化交融，思想界活躍，民間話語權強大，人們崇尚「教育救國」，留學生中湧現出一大批大師級人才。

本文重點考察分析了北京政府時期的留學概況、留學生群體和留學管理者群體概況、留學管理機構設置及權限劃分、管理政策的演變與完善、不同留學階段（派遣、海外管理、歸國）的管理模式和留學接受國的中國留學生管理模式等內容，並對既往學者所忽略的地方政府稽勳留學派遣、江浙等省留學規程和留學生考試制度、北京政府留學人才政策、中央與地方留學管理互動關係、管理主客體互動關係、國外學校的中國留學生管理方式和留學管理者群體分析及個案研究等問題進行了梳理和研究。

總體來說，民國北京政府時期的留學管理呈現出多元化、無序化和民主化的多重特徵。注重派遣規模，不重質量；重視完善管理政策，忽視操作實效；重視任用留學人才，但缺少人才成長的環境、氛圍和配套的資金。當時的教育界、實業界和留學界在借鑒清末留學管理經驗的基礎上，積極探索和嘗試不同的管理方式，促進了留學派遣的完善，也爲其後的南京國民政府和當代留學人才培養、管理和任用提供了借鑒作用。值得一提的是，當代中國應警惕西方利用一些中國留學生尤其是少數民族留學生進行反華活動的陰謀，並防止中國對西方政治、經濟、商業和文化的過度盲從傾向。

緒　論

一、選題及相關概念界定

（一）選題緣起及選題意義

中國留學事業始於 19 世紀後半葉，迄今已有近 150 年的歷史。留學生在政治、軍事、經濟、教育、文化等各個領域大放異彩，成就卓然。他們是近代中國走向現代化的生力軍，也是當代中國強國的重要力量。留學事業的發展不僅促進了中外交流，也推動了近代中國的社會變遷和轉型。留學事業的蓬勃發展還帶來了相關研究的繁榮，在中國近代首次官派留學——幼童留美運動開始後的十多年後，留學研究就開始受到留學管理者、留學生和學者們的關注。雖然研究曾有過停頓，但方興未艾，隨著經濟全球化和教育國際化浪潮的到來，留學研究再次成爲學界關注的焦點。

留學管理是留學教育的重要組成部分，高效的留學管理將有效促進優秀人才的培養和留學事業的良性發展。通過對中國近現代留學史的學習和梳理，筆者認爲，雖然學界對留學教育史（尤其是清末和國民政府時期）的研究比較深入，且已取得了豐碩的研究成果，但是學界尚未對北京政府時期的留學管理展開系統、全面的專題研究，而且對這一時期留學管理成效的評價也有所偏頗。爲了補強這一薄弱領域，筆者擬將「北京政府時期的留學管理研究」作爲研究方向，期能通過梳理相關史料，理清北京政府時期留學教育管理的靜態模式和動態運行，爲當代留學管理提供借鑒作用。

　　這一選題具有較高的學術價值和較強的現實意義。從學術價值來看，首先，留學促進了近代中國的近代化和國際化，也促進了中國高等教育的發展。分析民國北京政府在處理留學問題時所採取的應對之策及政策的流變過程，將有助於我們分析近代留學管理制度和管理理念的演變歷程，及其與近代中國國際化之間的關係。北京政府承前啓後，處於清末留學管理體制初創與南京政府黨化留學管理體制的過渡時期，然而目前少有研究者關注北京政府時期的留學管理。因此，爲全面瞭解近代留學管理的全貌，更好地爲當代留學管理提供借鑒，我們有必要加強對北京政府時期的留學管理政策和留學管理主體特徵的研究。

　　其次，既往的研究者大多認爲北洋時期是武人當政的軍閥混戰時期，因此對北洋時期的留學事業評價有失偏頗。有的研究者完全站在被管理者一方對管理者大加批評，還有的則站在西方文化立場上對中國文化守護者大加鄙夷。但正是在這一時期，以留學生爲主體的新式知識分子在政界、教育界和新聞界佔據高位，促進了留日、留法、留德和留美浪潮的興起，並在各自領域對留學管理做出不同貢獻。從 1912 年至 1928 年，北京政府先後更換了 32 屆內閣。歷任國務總理和內閣閣員中分別有 41.93％和 51.37％的人爲留學出身；其中 20 年代的 24 任外交部長幾乎全爲歐美歸國留學生，20 年代中國收回部分外交主權的活動，主要是由他們提議、經辦和對外交涉的。〔註1〕因此，我們有必要秉持公正的學術立場，結合當時的歷史背景，運用現代衝突理論、組織管理理論和跨文化管理理論，以重新審視和評價北京政府時期的留學管理。

　　再次，北京政府不同於清末和國民政府這兩個集權政府，北洋政權時期各派勢力此消彼長，政權更迭頻繁，而且地方政府勢力強大，有的如廣東政府甚至獨立於北京政府之外。較爲寬鬆的政治環境使得這一時期的留學管理模式比較靈活，呈現出多元化、專業化和民主化的特徵。各階層人士暢所欲言，百家爭鳴，傳播和發表自己的留學教育理念和教育方針，積極爲留學管理建言獻策。居於社會精英地位的留學生群體、社會名流、官方或半官方留學管理者和利益相關方通過媒體論爭、政策建議、管理實踐或衝突對峙等方式共同參與到留學管理中，促進了北京政府和其後南京政府的留學管理政策的完善。這一模式值得學界深入探究和借鑒。

　　〔註 1〕 王輝耀：《海歸時代》，北京：編譯出版社，2005 年，第 16 頁。

　　從現實意義來看，首先，留學加強了中外之間的溝通交流，促進了當代中國的現代化和全球化，隨著留學熱的逐步升溫，中國人出國留學與外國人來華留學人數都呈上昇勢頭，根據 2006 年統計，中國是世界上在國外讀大學的人數最多的國家，中國的大學留學生占全球總數的 14%。〔註2〕國家教育部 2007 年公佈的最新年度留學數據顯示，從 1978 年到 2006 年底，各類出國留學人員總數達 106.7 萬人，留學回國人員總數達 27.5 萬人。〔註3〕與此同時，每年來華留學生人數也與日俱增，呈現出學科多樣化、學歷多層次和就讀學校分佈廣的特點。當代留學的蓬勃發展，留學生群體的日益壯大，使得我們有必要溯源求本，從歷史中吸取經驗教訓，建立完善的留學管理機構，制定合理的管理制度，採取恰當的管理政策，培養高水平的管理人才，提高我國留學管理的水平和效率。

　　其次，留學管理是國家管理體制的一個重要組成部分，近年來國家逐步加大對國外人才的引進力度，目前又推出「千人計劃」和「青年千人計劃」，欲斥鉅資引進海外高級人才；與此同時，許多地方政府、科研機關和企業也紛紛出臺各種優惠措施吸引留學生歸國就業。然而國家對留學人才的重視也帶來了現實操作中的一些難題，比如如何對待外國國籍留學生與中國國籍留學生、「海歸」與「土鱉」以及新舊「海歸」。這就需要我們從留學管理最活躍的北京政府時期入手，總結和借鑒留學管理經驗，合理利用留學資源，推進我國留學事業的良性發展和人才的公平選拔和合理任用。

　　再次，北京政府時期留學管理中存在的許多矛盾在當代依然存在，比如留學經濟衝突、公費留學宗旨與留學人才流失的衝突、中外文化衝突、學習西方與全盤西化的衝突、留學生在海外的族群衝突等，這些都有待我們加以分析解決。認真分析和研究近代留學衝突管理中的經驗和教訓，不僅對我們解決當代留學中的衝突問題有幫助，而且對我們今天化解社會矛盾、解決群體衝突、構建和諧社會具有深刻的啓示作用，因此深入挖掘這一課題是十分必要的。

（二）相關概念界定

　　留學　清末及民國時期，「留學」通指凡離開家鄉前往異地訪學就讀的行為，今天的「留學」主要是指「在地域上須以負笈別國為限；在方式上限定

〔註2〕《教科文組織說：中國留學生人數居全球之冠》，http：//world.people.com.cn/
　　　　GB/1029/42408/4425429.html，2006 年 06 月 01 日
〔註3〕王輝耀：《當代中國海歸》，北京：中國發展出版社，2007 年，第 57 頁。

爲進入學校教育或學術研究機構並以學習研究爲主要目的」。〔註 4〕留學是異質文化間爲學得對方先進知識或技術所採取的一項必要的、過渡性的措施，其最終目的是促進本國本地區文化的發展。〔註 5〕留學包括輸出和輸入兩方面，比如出國規律、機制的研究。而由於特殊原因，國內遊學也被稱爲「留學」，如大陸與臺灣的學生去彼此地區學習被稱爲留學，再如日僞在東北成立「僞滿洲國」後，將前往華北學習的學生稱爲「留華學生」。本文所研究的「留學」僅指中國人赴國外留學。

留學管理　管理就是決策、服務、協調、平衡、發展。……概而言之，管理就是整合和優化組織的資源以實現組織的目標，實現組織利益的最大化。管理是以高效率、高效能、低成本和符合正義的方式爲實現組織目標所必需的一切努力的總和。〔註6〕

留學管理有廣義、狹義之分，廣義是指各方對留學事務的管轄和處理，是宏觀層面的；狹義是指如何通過技術、方法、程序實行良好管理，提高效益。鑒於近代直到 1936 年南京國民政府才與波蘭、意大利交換留學生各一名，因此本文涉及的管理客體（即管理對象）不包括對外國來華留學生的管理，僅指中國出國留學人員，包括由中央政府、各部門和各省政府派遣的官費生、庚款基金留學生、勤工儉學生、國內外組織、個人和國外大學提供經濟資助的留學生。而管理主體包括民國北京政府中央及地方各級政府、社會團體或基金會、學校、留學生組織等各類管理機構和管理人員，對於在 1912～1928 年這一時間段內獨立於北京政府之外的政治機構、組織和管理人員也有所涉及（如廣東地方政府）。本文主要研究北京政府時期留學管理的時代背景、理念和目標、留學管理機構、留學政策、留學選派和常規管理的運行機制及其特點、管理主客體博弈及管理成效，並通過考察相關人員年齡、學歷、家庭背景等因素的社會學研究方式分析其特點。

二、研究綜述

我國留學研究早在清末留學運動初始之際就逐步發展起來，第一部專著

〔註 4〕冉春：《南京國民政府留學教育管理研究》，華中師範大學博士論文 2007 年，第 1 頁。

〔註 5〕張美：《留學生與山東現代教育的初步發展》，山東師範大學碩士論文 2005 年，第 38 頁。

〔註 6〕黄健榮主編：《公共管理學》，北京：社會科學文獻出版社，2008 年，第 3 頁。

是容閎於 1909 年出版的的自傳 *My Life In China And America*，該書中譯本《西學東漸記》於 1915 年由商務印書館出版。而堪稱第一部系統研究中國留學史的專著當屬舒新城的《近代中國留學史》（中華書局，1927 年），該書介紹了從清朝同治九年到民國十五年（1870～1926 年）近六十年來的留學政策、留學各國概況、留學生成就及存在的問題，並製作了各種統計表格，是此後不少留學史著作倣仿的開山之作。該書針對當時留學中出現的種種問題，鮮明地提出解決之途徑爲「以後的留學政策當以研究學術，改進本國文化爲唯一的目的。」〔註 7〕

　　大陸、港臺和歐美日本的學者分別從不同領域關注留學研究，主要包括：國人留學各國的概況（留日、留美、留英、留法、留蘇）、留學地域（四川、江西、湖南、湖北、山西、雲南、甘肅等省）、留學政策、留學制度（專業領域、派遣途徑和留學經費）、留學通論（留學的發展歷程）、留學生與近代學科發展互動關係（研究留學生與農學、法學、社會學、教育學、經濟學、心理學、新聞學、歷史學、考古學等學科現代化的關係）、留學群體（留美幼童、庚款留學生等）、留學精英人物（胡適、蔡元培等）、女性留學等。

　　北京政府時期留學人才輩出，涉及該時期留學生精英人物的著述較多，但目前尚無專門論述北京政府時期留學管理的論著，僅有一些論文涉及這一領域，還有些留學通史中有部分內容涉及到這一時期的留學管理，爲本文的寫作提供了發揮空間。

（一）有關「北京政府時期留學管理」的研究著述

　　1. 北京政府留學政策：元青的《北京政府統治時期的留學派遣政策》（《廣東社會科學》2005 年第 6 期）認爲，北京政府時期出臺的留學政策系統、規範，既鼓勵留學，放鬆對留學科目的限制，又嚴格派遣資格。具體包括特別官費留學政策，一般公費留學政策，自費留學政策、庚款留學政策等，一些地方政府也積極參與資助自費留學。這些政策延續和發展了清末留學政策，同時爲其後南京國民政府時期的留學教育奠定了較好的基礎。

　　張新穎的《清末與民國時期留學教育政策比較研究》（廈門大學碩士論文，2008 年）介紹了近代不同階段留學政策的制定與實施，比較了近代的留學選派、留學管理、留學考覈錄用政策，分析了中國近代留學教育政策的社會和教育制約因素。

〔註 7〕舒新城：《近代中國留學史》，上海：中華書局，1927 年，第 269 頁。

劉功君和沈世培的《北京政府時期留日經費籌措考察》（《歷史檔案》2009年第 1 期）介紹了北京政府時期留日經費的籌措方法，具體包括實施預決算、稅收再分配、舉借外債、接受日方資助等，但留日經費依然處於嚴重缺乏的狀態。存在的問題包括：對於個人資助留學北京政府未予以褒獎；留日經費遭挪用；留學監督因經費問題頻頻辭職、日庚款對中國帶來的負面影響等。

2. 外國政府、機構等對華留學政策及其影響。如徐志民的《1918～1926年日本政府改善中國留日學生政策初探》（《史學月刊》2010 年第 3 期）主要分析了留學接受國日本的對華留學政策。該文指出在一些日本有識之士的推動下，日本政府支持成立「日華學會」，頒佈改善中國留日學生待遇的系列法案，退還部分庚款建立中國留日學生學費補給制度，一度試圖緩和中國留日學生對日不滿情緒。由於這些政策具有明顯的功利性、選擇性、象徵性和國際性特點，因此隨著中日關係的惡化，效果並不盡如人意。

王春英、關偉的《日本以庚款在華興辦文教事業析》（《齊齊哈爾大學學報》1999 年第 3 期）也介紹了 20 年代日本在華庚款使用概況和中國各界對日本庚款的反對態度。

楊翠華的《中基會的成立與改組》（《中央研究院近代史研究所集刊》第18 期，1989 年 6 月）介紹了在中華文化教育基金董事會成立和改組過程中，因其他勢力對中基會成員構成及美國庚款分配不滿而引發了衝突和爭奪。

蘇雲峰的《從清華學堂到清華大學：近代中國高等教育研究》（三聯書店2001 年）分析了在清華人事網絡與權力組織的變革、校長人選與繼承風波中，清華教授、教育界、外交部與南方革命軍等各派勢力在其中的表現，肯定了留美派唐國安、周飴春和曹雲祥對清華的貢獻。

余敏玲的《國際主義在莫斯科中山大學，1925～1930》（《中央研究院近代史研究所集刊》第 26 期 1996 年 12 月）使用俄檔案中心檔案，以莫斯科中山大學所發生的具體事例，從民間、官方與國際關係三個層面，來分析探討國際主義與民族主義、種族主義、俄羅斯沙文主義之間的糾葛與衝突；並藉著上述文化因素的加入，呈現出中俄研究更為複雜的面貌。

3. 一些留學國別方面的研究論作和留學通史類論作也涉及到北京政府的留學政策和重要事件，這些論著主要分析了留美幼童、留日生、留美生及留法勤工儉學生與中外文化交流的關係，並就一些重要留學事件、有影響的代表人物、留學政策的轉化加以分析探討，肯定了留學生在中國現代化進程中

的巨大貢獻，有助於我們全面瞭解北京政府留學管理主體、留學生、留學管理第三方與各留學國的互動關係。

李喜所主編、元清等著的《中國留學通史‧民國卷》（廣東教育出版社，2010 年）論述了從北洋到南京國民政府時期的留學教育，以及民國時期的留學生與中國社會。該書涉及北京政府統治時期的留學派遣政策、留學歐美日事務管理，並爲這一時期的留學政策正名，「看到這一時期在這些留學政策支持下出現的各種官費留學、自費留學特別是留法勤工儉學、留學蘇聯運動以及庚款留學等豐富多彩、轟轟烈烈的留學教育場面，誰還能說這些政策完全是『一紙空文』，誰還能說北京政府統治時期是『中國留學史上最黑暗的時期』呢？」〔註8〕

沈殿成的《中國人留學日本百年史》（遼寧教育出版社，1997 年），以時間爲序，詳細敘述了 1896 年到 1996 年中國留日學生的發展過程，並就成城學校入學事件、取締清國留日學生規則事件、留日學生派別、政治留學與學術留學並存等進行了考察。該書介紹了北京政府時期留日生的反日愛國運動、政治運動以及日本政府對留學生政策的調整。該書讚揚了留日學生的這些政治舉動，批評北京政府勾結日本迫害愛國學生。

劉曉琴的《中國近代留英教育史》（南開大學出版社，2005 年）介紹了清末民國時期留英教育概況及留英學生管理中留學監督與留學生和駐英使臣的衝突。該書涉及北京政府時期的留英政策、留英學生的類別、組織狀況、所辦刊物以及特點分析。

周一川的《近代中國女性日本留學史：1872～1945 年》（社會科學文獻出版社，2007 年）引用了大量日文資料，分析了北京政府時期的留學政策及女性在日本學校的發展。

王奇生的《中國留學生的歷史軌跡》（湖北教育出版社，1992 年）資料豐富翔實，比較準確地敘述了 1840 年到 1949 年中國留學史的曲折歷程，包括各個階段的概況、留學政策的演變、留學生對中國的影響，並分析了留學群體的地域分佈、家庭背景、社會地位、職業、知識結構、異域婚戀、回歸與滯留以及存在的問題等。書中涉及了北洋時期的留學政策、留學生團體、學生人數、職業、留學生的困苦、留學運動概況。該書與許多早期研究成果觀

〔註8〕李喜所主編、元清等著：《中國留學通史‧民國卷》，廣州：廣東教育出版社，2010 年，第 14 頁。

點類似，均認爲這一時期的留學處於比較黑暗的時期。謝長法的《中國留學教育史》（山西教育出版社，2006 年）按照歷史發展的順序，全面考察並深入分析了中國近代留學教育的興起、發展和演變過程，提示了留學教育在各個時期的不同發展特點，具體討論了清末民國時期留學日歐美的概況、女子留學、留學教育制度化及其對中國教育近代化發展所起的作用。書中涉及了北京政府時期對留學教育的規範整頓、留學生派遣形式等。

張澤宇的《留學與革命：20 世紀 20 年代留學蘇聯熱潮研究》（人民出版社，2009 年）涉及了國共兩黨留學生在蘇聯學習生活的概況、蘇聯對待中國留學生的態度、留蘇學生內部的黨派衝突和與蘇聯的民族衝突。而法國的中國留學生研究除對留學法國的重要領導者如鄧小平等進行研究外，主要集中在留法勤工儉學運動上。比如侯德礎的《四川留法勤工儉學初探》（《四川師範大學學報》1989 年第 5 期）、劉桂生和趙原璧的《留法勤工儉學的歷史淵源》（《社會科學戰線》1998 年第 3 期），主要介紹了勤工儉學運動的概況，缺少對因留學管理失效引發衝突事件的理性分析。此外，留學生叢書編委會編寫的《中國留學史萃》（中國友誼出版公司，1992 年）有數篇論文讚揚了留法勤工儉學生對駐法使館的鬥爭，批判了駐法公使陳籙、勤工儉學運動倡導者李石曾、吳稚暉和蔡元培等留學管理者。

4. 南京大學李良玉教授指出留學生研究不能局限於社會精英群體研究，近代中國的留學生是一個新的社會階層，應該通過對來自社會各個方面、各個階級、各個地區的留學生的分析，研究瞭解留學生不同的價值取向，以及留學生與文化傳統的關係，注意到他們的生活方式，注意到他們作爲文化人存在的那些精神樣態。中國的文化人有它的特有的秉性，留學生也不例外。事實上，我們可以看到北京政府時期的留學生管理已經逐步改變清末精英管理的模式，尤其是在對勤工儉學生進行管理時已開始採取管理普通學生的方式。

江蘇省社會科學院研究員姜建則指出早期的留學生們對農村問題的嚴重性有著深刻的認識，但是志在報國的留學生群體對解決民族振興問題的方向選擇和道路探索，體現出對農村的背離、對農民的漠視和對土地的拋棄。〔註9〕這一現象反映了近代中國在留學管理中存在偏差，助長了留學生忽視農村問題現象的滋長，而這一情況至今仍然存在。

〔註 9〕周棉編：《留學生與中國社會發展》（二），徐州：中國礦業大學出版社，1997
年，第 42 頁。

（二）其他時期的留學管理研究

1. 清末留學管理。徐健的《晚清官派留德學生研究》（《史學集刊》2010 年第 1 期）介紹了 1876～1911 年間中德政府出於利益需要共同推動留德教育事業的發展（以軍事教育爲主），江浙及湖北官員、德國駐華使館和一些德國熱心人士發揮了重要作用。中德雙方積極探索留德學生管理方案，但效果並不理想。該文利用了大量德國檔案資料，從留學輸出國和接受國雙方角度分析清末留德管理事業，頗有新意。

李喜所和李來容的《清末留日學生「取締規則」事件再解讀》（《近代史研究》2009 年第 6 期）重新解讀了 1905 年中國留日學生因日本政府頒佈「取締規則」而發起的群體抗議活動，指出「取締規則」本身實屬正常的教育整頓，但由於當時的歷史背景，從而將教育問題演變成一場激進的政治反抗運動。不過留日學生也在「蠻幹」的過程中逐漸反省，回歸理性。該文啓示筆者在分析北京政府時期留學衝突時要全面分析衝突各方的實際情況，客觀、理性地評價衝突各方。

研究者對清末留學管理人員的研究也啓示筆者從管理方式和個人性格的角度分析留學管理主體。比如陳紅梅的《清末回族外交官楊樞與 1905 年留日學生運動》（《西北第二民族學院學報》2008 年第 6 期）講述了在處理 1905 年留日學生運動中，楊樞站在留學生管理和清政府外交立場上對學潮表現出嚴肅而強硬的態度。作爲開明派官員的楊樞與留學生的對立與衝突，反映了清政府與新式知識分子之間嚴重缺乏信任及疏離的狀態。

再如李喜所的《精彩與無奈：陳蘭彬與晚清出洋官員的兩難選擇》（《四川師範大學學報》2010 年第 2 期）分析了中國首任留學生監督和第一任駐美國公使陳蘭彬在精彩與無奈的兩難中煎熬，既羨慕美國，又因生性謹慎膽小，固守舊制。謝俊美的《陳蘭彬與近代中國留學教育》（《華東師範大學學報》2010 年第 3 期）則對陳蘭彬大加讚賞，並指出在幼童撤回這一衝突事件中，陳並無太多過錯，反倒是容閎在事情處理上有欠妥當。

劉集林的《晚清留學教育的問題與困境》（《天津師範大學學報》2007 年第 5 期）介紹了晚清政府和留學生在留學目標、平衡中西文化、留學選拔等方面所存在的問題。與此相應，晚清留學教育陷入諸多難以解脫的困境，由於改革先天不足，政府必要的鼓勵、獎勵留學政策在一定意義上反使諸多留學生離現代越來越遠，甚至成爲顛覆清政府的重要力量。馮瑋的《清政府鼓

勵赴日留學政策的「二律背反」》（《學術研究》2004 年第 10 期）也認為清朝政府的鼓勵留日政策中的「二律背反」，是在意識形態和人員組織兩方面推進革命勢力形成、發展、壯大的直接契機，既是辛亥革命的起點，也是導致清朝滅亡的原因之一。

此外，李喜所的《清末的留學管理》（《中國留學史論稿》，中華書局 2007 年）、盛海生、汪明舟的《清末公費留學經費情況考察（1895～1911）》（《徐州師範大學學報》2008 年第 2 期）、周君閒的《晚清留學畢業生獎勵制度研究》（南京師範大學碩士論文 2007 年）和馮開文的《論晚清的留學政策》（《近代史研究》1993 年第 2 期）也為本文寫作提供了借鑒。

2. 南京國民政府時期的留學管理。冉春的《南京國民政府留學教育管理研究》（華中師範大學博士論文 2007 年）認為留學政策的「二律背反」也存在於南京政府與留學生之間。該文具體介紹了南京國民政府的以中央集權化為基本特徵的留學教育管理制度，在選題和框架上給予了筆者不少借鑒，是筆者目前所見到的對某一特定時期留學管理論述比較全面的文章。該文涉及南京國民政府時期留學政策的整體流變及其影響因素、中央留學選派、中央對地方政府及學校和團體的留學、駐外機構的留學管理與日常管理、國民政府與留學生的互動、政府對歸國留學生的任用處置，分析了中央與地方在經費、人事和考選派遣權等方面的權力之爭、駐日留學監督的內部衝突、留學經費缺失與留學生的窘況。冉春指出，只有在保障留學教育客觀質量的前提下，於集權與分權兩端中尋求適度的平衡，從各方面建立起一套職權分明、嚴謹有序的管理和監督體系，充分調動從中央、基層直至留學生個人的積極性和主動性，才能共同推進留學教育的全面進步。

孔繁嶺的《1927～1937 年南京政府的出國留學政策》（《齊魯學刊》1999 年第 1 期）介紹了南京政府抗戰前的留學教育政策較之清末民初更為制度化，有助於提高留學質量，主要包括嚴格選派標準；加強組織管理；採取不同的派遣途徑，以解決留學經費的不足和各方面對人才的需要。魏善玲的《南京國民政府前期留學生群體的結構分析（1928～1936）》（《江蘇社會科學》2010 年第 3 期）分析了南京國民政府時期的留學生結構。他們的論述提示我們在研究留學管理主客體時，要注意分析留學生的社會構成與留學管理的互動關係。

周棉和李沖的論文《抗戰時期廣西公費留學研究》（《民國檔案》2010 年

第 1 期）分析了廣西地方政府公費留學的特點，並指出由於身處大後方，而且執政的桂系採取了較為完備的公費出國留學政策，任用雷沛鴻等留學人才，因此廣西在抗戰期間對留學生的派遣取得了較大成就。縱觀民國時期的留學往往與中央、地方的權力之爭密切相關，是雙方角逐的一大手段，這點是我們在分析北洋時期留學管理時需要關注的。

　　周雷鳴的《中央研究院與民國時期中外學術交流研究（1928～1949）》（南京大學博士論文 2009 年）利用中央研究院的檔案資料，專關章節介紹了中央研究院對留學運動的促進和支持，我們可以發現當早期留學生成為高深學問研究者，並成為學術界掌舵人時，他們將留學事業發展的重點放在了對科學家的支持上，而非早期清華學校的培養模式，這是出於自身利益的需要，還是經過屢次留學爭論而選擇了更為適合中國發展的留學方式，值得我們思考。

　　黃嶺峻的《1948 年關於中國留美學生政治態度的一次問卷調查》（《近代史研究》2010 年第 4 期）分析了任以都在 1948 年所做的調查，指出總體而言，受訪者的政治觀點與其所獲得的資助來源並無相關性。事實上，那些享受政府獎學金的學生並不比其他學生顯得更為親政府。由此可見，國共內戰時期留學派遣者的目標與留學生自身的價值取向依然存在衝突，這也說明留學管理者單純靠經濟資助是無法令留學生按照自己意願行事的。

　　3. 日偽時期留學管理。宋恩榮和余子俠主編，曹必宏、夏軍、沈嵐的《日本侵華教育全史》（第三卷）（人民教育出版社，2005 年）、孔繁嶺的《偽滿留日教育述論》（《抗日戰爭研究》1997 年第 2 期）和周孜正的《汪偽的留日學生教育》（《抗日戰爭研究》2004 年第 3 期）等論作則從較為理性的角度介紹了淪陷區的留日教育，展現了留學求知與文化侵略的矛盾。

　　4. 當代留學管理。黃新憲的《中國留學教育的歷史反思》（四川教育出版社，1989 年）對包括改革開放以來的留學教育中出現的種種問題都進行了剖析和反思。王雪萍的《當代中國留學政策研究：1980～1984 年赴日國家公派本科留學生政策始末》（世界知識出版社，2009 年）雖然調查的是百位留日學生八十年代在中日美三國的學習、生活和工作，不過她所介紹的近三十年來的留日政策及其成效，也啓發筆者思考跨文化教育管理中的種種問題，如留學生思想政治教育、本科留學的優劣、留學生的滯留與歸國、留學日美的不同特點及其對留學生和留學母國的影響。此外，黃一帆的《上海歸國留學人才管理工作的問題分析及對策研究》（華東師範大學碩士論文 2009 年）、戴亞

男的《新世紀以來美國留學政策的變化及對中國的影響和啓示》（華東師範大學碩士論文 2009 年）、劉國福的《近三十年中國出國留學政策的理性回顧和法律思考》（《浙江大學學報》2009 年第 6 期）、苗丹國的《1992 年以來部分地方政府吸引與鼓勵留學人員政策文件要目概覽》（《中國人才》2009 年第 15 期）也都頗有借鑒之處。

（三）港臺及海外學者研究綜述

港臺及海外學者大多著力於留學生群體生活現狀及留學生建樹方面，對留學生管理方面涉及較少。

臺灣學者的留學研究起步較早，汪一駒的《中國知識分子與西方——留學生與近代中國（1872～1949）》（久大文化股份有限公司，1991 年）不同於許多學者對留學的全面肯定，而是採取了批判態度，認爲留學花費高，成效少。一些留學生全盤西化，滯留不歸，即便歸國者也因其社會背景、經濟地位和省籍等因素而背離了中國農村。〔註10〕陳瓊瑩的《清季留學政策初探》（文史哲出版社，1989 年）介紹了留學生派遣、留學政策之演變與經費來源、留學監督處的設置、留學生派遣成效及檢討等。陳三井的《勤工儉學運動》（正中書局，1981 年）在觀點上持反對中共及蘇聯的態度，不過收錄了自儉學會到里昂大學學生內訌期間的事件和文本。黃福慶的《清末留日學生》（臺灣中研院近代史所 1975 年）則詳細論述了清末留日學生的生活、學習和思想動向以及政治追求。此外還有林子勳的《中國留學教育史 1847～1975》》（華岡出版有限公司，1976 年）和高宗魯的《中國留美幼童史：現代化的初探》（華欣文化事業中心，1982 年）。

日本學者研究成果比較豐富，如日本學者實藤惠秀的《中國人留學日本史》（譚汝謙、林啓彥譯，三聯書店，1983 年）是引用率較高的論著。大江平和的《宏文學院與中國留學生生活》（中國社會科學院研究生院碩士論文 2002 年）介紹了嘉納治五郎創辦的日本最早專門接受中國公派留學生的學校——宏文學院。宏文學院通過加深與張之洞和兩湖地方政府的關係，擴大了宏文學院招生的渠道，培養了大批革命家和教育家。由於留學生在日本受到蔑視，使得大多數留學生將留學和救國思想緊密聯繫在一起。

近十年來，美國一些華人學者開始關注留美研究，比如 Ye Weili 的《1900

〔註10〕該書英文版還指責留學生背棄國民黨，是導致國民黨失去大陸的原因之一。

～1927 年在美國的中國留學生》（斯坦福大學出版社，2001年）從學生團體生活、民族主義、浪漫主義、種族問題、女性留學等角度探討中國留學生的政治、思想和學術文化走向。聖約翰大學李又寧 Li Yuning 教授主編的《華族留美史：150 年的學習與成就》（紐約天外出版社，1999 年）和《留美八十年》系列叢書（紐約天外出版社陸續出版）等。Yi-rong Young Liu 在其博士論文《中國知識分子的使命與態度》中探討了政治因素對留學的正負作用，比如臺灣政治環境對於人才外流的影響，並指出自我行爲而非政府行爲成爲當時中國知識分子的新使命。〔註 11〕

　　美國本土學者早在上世紀 20 年代左右就開始關注外國留學生研究，其中包括對中國留學生的研究。芝加哥大學的 Anne Elizabeth Neely 在其博士論文《美國校園裏的外國留學生》（The foreign student on the American campus, 1922）中介紹了一些美國大學逐漸意識到應加強對外國留學生的關注，幫助他們解決學習、語言和社交等問題，美國一些社團如基督教青年會、基督教女青年會、外國留學生友好協會等組織則幫助留學生融入美國家庭生活，豐富留學生的課餘生活，幫助他們適應美國生活。作者還提出外國留學生更適宜選擇規模較小的學校學習。美國教育協會編寫的《在美外國留學生參考手冊》（Guide book for foreign students in the United States, New York, 1921）介紹了美國大學教育體系概況、本科生和研究生教育、學校專業、暑期學校和擴展教學、女子學校、大學生活、外國學生組織（如中國留美學生會和中國基督教留美青年會）、外國學生人數和分佈、生活條件（食宿、花費、假期、旅行、學生互助及自助）以及學校選擇、英語及資金等專項問題。近年來，一些美國學者對中國留學生在美及歸國學習、生活展開研究，如史黛西‧比勒的《中國留美學生史》，（生活‧讀書‧新知三聯書店，2010 年）一書介紹了 1909 年至 1930 年代抵達美國的「第二渡留學生群體」，清華留美生的留學及回國生活。其中有一節就管理層的衝突展開論述，分析了派別之爭與中西教育理念之爭。此外還有廷斯曼 Tipsman Marilyn 的《中國及其歸國留學生史》（哥倫比亞大學出版社，1983 年）、費正清的《劍橋中國晚清史》（中國社會科學出版社，1985 年）和《劍橋中華民國史》（中國社會科學出版社，1994 年）。

〔註 11〕 Yi-rong Young Liu, Chinese intellectuals' sense of mission and their attitude, dissertation, University of California, Los Angeles, University Microfilms International, 1985, pp. xii

（四）研究資料收集與彙編

1. 1949 年前研究資料

　　學術研究離不開研究資料的收集。包括：清廷學部主辦的官報、北京政府相關部門主辦的《政府公報》、《教育公報》和《外交公報》，南京國民政府教育部民國 25 年編著出版的《教育法令彙編》。此外，民國時期一些圖書也都涉及了北京政府時期的留學管理，如北京歐美同學會 1922 年編輯出版的《歐美同學通訊錄》、廣東學生赴日考察團在利用日本庚款赴日考察回國後自編的《廣東學生赴日考察團報告書》（1924 年）、舒新城編的《近代中國教育史料》第 1～4 冊（中華書局，1928 年），梅貽琦、程其保的《百年來中國留美學生調查錄》、袁同禮的《中國留美同學博士論文目錄》、寰球中國學生會的《出洋學生調查錄》（上海開明書店，1934 年）等。還有一些報刊雜誌如《申報》、《大公報》、《晨報》、《教育雜誌》、《安徽教育行政周刊》、《中華教育界》、《中法教育界》、《旅歐教育運動》、《教育通訊》、《留美學生年報》、《留美學生季報》、《留美學生月報》、《東方雜誌》等都有大量關於留學生的資料。

2. 1949 年後大陸研究資料

　　大陸方面有陳學恂、田正平合編的《中國近代教育史料彙編——留學教育》（上海教育出版社，1991 年）將從 1872 年至 1922 年前後歷次重要的留學教育運動史料進行了分門別類的整理。中國第二歷史檔案館編輯的《中華民國史檔案史料彙編》（江蘇古籍出版社，1994 年）其中的文化教育編涉及留學教育的頗多，從中可以瞭解留學生的選派、留學政策的演變、留學管理的變遷、留學人數以及圍繞留學生的一些對外交涉等。張研和孫燕京主編的《民國史料叢刊》（大象出版社，2009 年）是民國書籍的影印本叢書，包括政治、經濟、社會、史地和文教 5 類，其中文教部分的「教育概況」有部分內容涉及留學規程和評論。還有李滔主編的《中華留學教育史錄》（1949 年以前／1949 年以後）（高等教育出版社，2000 年）詳細收錄了不同時期有關留學教育的重要文獻、政策、規定等。建國前後內容各成體系，各有側重。周棉的《中國留學生大辭典》（南京大學出版社，1999 年）不僅提供了快速瞭解留學生生平簡介的便利，還製作了統計表格，便於查找。清華大學中共黨史教研室編寫的《赴法勤工儉學運動史料》（北京出版社，1979 年）以及張允侯、殷敘彝編輯的《留法勤工儉學運動》（上海人民出版社，1982 年），這些資料收集了報刊雜誌上的相關報導和一些當事人對勤工儉學運動的回憶和評論，大多資料

站在學生立場上，宣傳學生群體運動的合理性，記載也比較理性。此外清華、南大、南師、滬江等各校校史、《革命文獻》、地方《文史資料》、名人傳記中也有一些關於留學的資料。另外，《神州學人》等當代雜誌也有文章論及清末民國海外留學生。

3. 1949 年後港臺及國外研究資料

1949 年後海外研究資料也較爲豐富，臺灣方面有蔣致遠主編的《第一次中國教育年鑒》、《第二次中國教育年鑒》和《第三次中國教育年鑒》（宗青圖書公司，1991 年）（早期的《教育年鑒》爲民國時期上海商務印書館出版）收錄了民國教育部有關部門組織編寫的教育年鑒。劉眞、王煥琛編錄的大型史料書《留學教育——中國留學教育史料》（國立編譯館，1980 年），共 5 大本，收錄了清末、民國和 1949 年後臺灣的留學教育的最基本的檔案、文獻、日記、書信、回憶錄等基本史料。林清芬主編的《抗戰時期我國留學教育史料——各省考選留學生》第 1～6 冊（臺灣國史館，1994 年）主要收錄了抗戰時期及前期留學生、各省與中央關於留學的文函往來、統計數據，有的省份的資料還包括抗戰之前的相關信息。陳三井的《勤工儉學運動》（正中書局，1981 年）收錄了儉學會、里昂大學的性質、章程、形成過程和主要事件。還有周繡環編輯的《中華民國外交史料‧中英庚款史料彙編》（中冊）（臺灣國史館，1993 年）以及房兆楹編輯的《清末民初出洋學生題名錄初輯》（精華印書館股份有限公司，1962 年），可以查到大部分留學生的名單。

大里浩秋和孫安石近年來一直致力於中國留日學生的研究，收集了豐富的資料。其中收集到了清末駐日本使館編輯出版的《官報》50 冊，這在中國國內至今還沒有發現。他們還收集了全套的《日華學報》，編有《日華學報目錄》，對研究留日學生十分有用。〔註 12〕

三、研究思路、研究方法、創新與不足

（一）研究思路

本文主要研究北京政府留學政策演變、不同留學階段的管理模式和留學國對華管理模式，並通過對留學管理機構設置及權限劃分、留學生群體、留學管理者群體及個案、留學管理內容、管理體制、運行機制及衝突事件的行

〔註 12〕李喜所：《中國留學生研究的歷史考察》，《文史哲》2005 年第 4 期。

爲模式和個案研究，分析北京政府留學管理的特徵、效能及其對當時和當代的影響。

本文主要分爲五章：

第一章概括介紹了北京政府時期留學概況及留學管理政策在沿襲清末留學政策基礎上的演變與完善。

第二、三、四章，根據留學的不同階段研究北京政府留學教育管理的總體特徵，並結合宏觀分析和個案分析的方法，運用現代衝突理論和博弈論分析了留學中出現的政治衝突和經濟衝突，揭示了利益糾葛、權力鬥爭和博弈策略對衝突的影響。第二章介紹了北京政府時期的留學派遣管理。當時中央和地方各級政府、社會團體、民間社團等都積極參與了留學派遣管理，教育界、實業界和留學界還積極建言，促進派遣的完善。寰球中國學生會、青年會等民間機構則承擔了部分留學生的出國雜務，爲留學生出國提供各類便利服務。第三章介紹了北京政府時期的海外留學管理。在經歷了清末的摸索期後，北京政府時期的海外留學管理在機構設置、人員安排、事務管理、關係協調上都屢經調整，並對管理中出現的衝突進行化解。第四章主要介紹了北京政府時期的歸國留學生管理。留學生在各行各業均有所建樹，雖以從教和從政者居多，但亦有不少留學生投身於實業界。北洋中央和地方政府重視留學人才，通過多渠道選拔人才，實業界、教育界、社團組織和留學生也積極關注留學生就業問題，在各方努力下，留學人才爲提高政府行政效率，提升教育水平和發展國內實業等方面做出了突出貢獻。但由於受到政策缺陷、政治紛爭、經濟危機和留學生派別鬥爭等因素影響，留學生就業依然存在不少問題。除了學成歸國留學生，北京政府對中途輟學歸國留學生採取了不同的對待方式，有時溫和應對，有時量力而行，給予一定補助，但有時對歸國求助的留學生較爲冷漠，對於政見不同者甚至採取高壓手段。

第五章主要通過研究各留學國對華留學政策和留學國政府、機構、學校及民間的管理方式探討留學國、中國留學生與中國政府的互動關係。

（二）研究方法和理論

本書基於歷史實證學研究，在閱讀檔案館資料與清末民國時期的圖書、報刊雜誌、校史、個人的日記、信件和傳記等的基礎上，公正客觀地分析歷史事件、管理者主觀動機與客觀效果、長期與短期發展軌跡，並注重宏觀研究和個案考察。

　　本書採用系統研究法，將這一時期的留學管理置於北京政府時期的歷史背景和清末民國留學運動發展的歷史長時段中進行研究，並注重將北京政府時期的管理人員、管理政策、管理機構與其他時期進行橫向和縱向比較，尋找異同點，爲當代留學制度提供借鑒。

　　由於留學管理涉及政治學、公共管理學、教育學、社會學和文化學等多學科，因此本書結合現代政治管理理論、教育管理理論、衝突理論和博弈理論，分析北京政府時期留學管理政策的發展演變原因、制約因素、運行機制及成效。

　　（三）擬突破點和創新

　　1. 北京政府時期中西文化交匯衝突，文人主教，然而學界較爲忽視這一時期的留學管理，通過本文的闡述將有助於學界瞭解這一時期留學管理狀況，並從中吸取經驗。

　　2. 理清留學派遣、海外留學和歸國任用階段政府管理政策和實效，並分析了不同階段的衝突動因及其解決方式，改變了以往留學研究簡單批判留學管理主體，過度褒獎留學生及西方文化的寫作模式和革命史的套路，並對管理主體作個案研究，爲當代危機管理提供借鑒。

　　3. 在解讀民國報刊雜誌和國外圖書館收藏的英文資料等文獻的基礎上，對既往學者所忽略的地方政府稽勳留學派遣、江浙等省留學生考試制度、北京政府留學人才政策、管理主客體互動關係等問題進行了梳理，並初步解讀了美、加、澳等國的對華留學生政策和國外學校的中國留學生管理方式，展現了北京政府時期留學管理全貌。

　　（四）難點及不足之處

　　1. 在資料收集方面，北京政府時期留學管理研究前期成果較少，資料較爲零散；由於二檔館正在進行數字化工程，相關檔案資料幾年來未曾對外開放，而出版的《北洋政府檔案》中關於留學管理的內容也較少；南京市檔案館的留學檔案資料基本上局限於汪僞時期；此外，筆者尚無機會利用海外檔案資料，因此對留學接受國的管理模式、外國對華留學政策、留學生海外管理具體環節等方面未能充分瞭解。

　　2. 本書涉及歷史學、教育學、管理學、社會學、政治學、文學、法學、倫理學、心理學等多學科，由於本人理論水平所限，研究尚不到位。

3. 雖然文章涉及外國利用中國少數民族留學生開展反華活動,但由於筆者掌握資料有限,因此只能點到為止,而這一課題在當代尤應引起學界關注。

第一章 北京政府時期的留學概況與留學管理規程

北京政府前承滿清政府，後啓南京國民政府，這一時期留學事業蓬勃發展，是中國近代史上留學國別最多的特殊時期。中央和地方各部門出臺多項管理規程，這些政策不僅是對清末留學管理規程的繼承和發展，同時也爲後來的南京國民政府提供了借鑒作用。而社會各界也積極參與留學事業，除了發表留學建議，還發起和鼓動留法、留德潮流。但這一時期正是封建帝制向共和政體過渡的動盪時期，國內軍閥明爭暗鬥，國際上一戰爆發，列強在華爭分利益，勢力此消彼長，影響了這一時期留學事業的良性發展。

第一節 北京政府時期留學概況

北京政府時期的留學呈現出規模大、國別多、專業廣，社會各界積極參與的特點，留學生成分複雜，他們積極組織各類團體，在留學管理中發揮了自己的作用。但由於國際國內不利因素的影響，留學生求學和留學生管理都存在諸多問題。

一、留學特點

首先，留學規模大，留學國別多，自費生人數多。與清末留學生只遠涉美日德法英數國相比，北京政府時期中國留學生的足跡遠至日本、美國、英

國、法國、德國、蘇聯、比利時、瑞士、澳大利亞、奧地利、意大利、美屬菲律賓等國。其中，以日、美、法、德四國居多。袁世凱時期留日學生居多，而留美學生人數則持續增長，五四運動時期留美、留德和留法高潮興起，之後留法留德高潮消退，而留蘇運動則發展迅速，雖然蘇聯吸納中國留學生起步雖晚，但爲國共兩黨培養了一批政治精英。此外英國人數雖少，但也有較強的影響力。

表1-1-1：留英學生人數統計表

年　份	1913年	1916年	1917年	1920年	1921年	1924年
官費生	127	69	67	約200		約100
留英中國學生數				270（英國政府調查）	約200	250

資料來源：李喜所主編、元清等著：《中國留學通史·民國卷》，廣東教育出版社，2010年，第87～89頁；王樹槐：《庚子賠款》，中央研究院近代史所1974年，第439頁；《教育雜誌》，第16卷第7號，1924年7月，教育界消息，「雜評」，轉引自劉曉琴：《中國近代留英教育史》，南開大學出版社，2005年，第256頁；《在英美之中國留學生統計》，《申報》1924年6月7日，第13版。

雖然官費生人數有限，但龐大的自費生隊伍卻掀起了一股股轟轟烈烈的留學潮。北京政府時期的留學延續清末風格，自費生繼續佔據半數以上，自費生動輒上千的人數遠遠超過官費生。根據留美學生會統計，1904年28名留美大學生中，1人爲南洋官費，8人爲北洋官費，19人自費。[註1]。而1925年1月的統計也顯示，當時留美自費生佔據留美生62%的比例。

表1-1-2：留美官自費生人數統計表

年份	庚款生	官費生	自費生	留美中國學生總數
1914～1915年	320	160	768	1248
1924年	63			1491
1925年1月	433	219	1075	1727

〔註1〕《美洲留學報告》，上海作新社印刷，光緒三十年五月出版，第42～49頁。

資料來源：黃炎培：《一九一四年至一九一五年留美學生統計》，陳學恂、田正平編：《中國近代教育史料彙編——留學教育》，上海教育出版社，2007 年，第 217 頁；《在英美之中國留學生統計》，《申報》1924 年 6 月 7 日，第 13 版；《留美中國學生之調查》，《申報》1925 年 1 月 28 日，第 11 版。

表 1－1－3：1913～1917 年官費留學生人數統計表

年份國別	1913	1914	1915	1916	1917
日本	1824	1107	1200	1084	1250
歐洲	242	218	184	182	173
美國	138	510	130	131	176
總計	2204	1835	1514	1397	1599

資料來源：1. 劉眞主編、王煥琛編著：《留學教育——中國留學教育史料》（第五冊）臺北：國立編譯館，1980 年，第 2626 頁；2.周棉：《中國留學生大辭典》，南京：南京大學出版社，1999 年，第 590 頁。

　　由於日本路近、費省、文憑易得、同文同種，再加上日本朝野一些人士的鼓動支持，北京政府時期的中國學生傚仿清末前輩，一窩蜂湧到日本，最高峰時人數甚至達到一萬多人。1913 年中國留學生返自日本者「十居八九」，〔註2〕據日華學會調查，1926 年東京仍有留學生一千四百餘人，各處合計約共二千餘人。〔註3〕而隨著美國庚款學生的逐年派遣，美國在華形象日益改善，因其學位易得，且可插班，因此吸引了大批自費生前往。1916 年據穆湘玥介紹，清末宣統元年（1906 年）在美中國留學生僅有百四十人，至 1914 年留美學生已增至八百七十餘人，視宣統元年已增六倍有奇，聞今已達千人。〔註4〕當時一些地方政府的官費留學派遣亦逐漸由留學日本向留學歐美尤其是美國轉移，如 1919 年山東省議會提案提出五個辦法削減留日經費，比如「東洋留學生額數以二十名爲限，東洋留學經費內所有津貼生補助費、醫藥費、經理員費共計三千七百六十元，一概刪除，移作西洋留學經費，照以上辦法

〔註2〕《東京電》，《申報》1913 年 6 月 9 日，第 2 版。
〔註3〕《日華協會理事來滬組織分會》，《申報》1926 年 4 月 22 日，第 14 版。
〔註4〕穆湘玥：《派遣女學生出洋遊學意見書》，《申報》1916 年 3 月 24 日，第 11 版。

則東洋留學經費可減一萬八千餘元移作英美留學生經費可增十餘名。將來再將西洋留學經費加以擴充，使英法美日四國留學生數目相等」。〔註5〕

20 年代初留法、留德和留美學生人數都有大幅提高，原因有四：一是五四運動後，國內政治經濟局勢混亂，教師無心教書，學生無心學習。20 年代來華講學的羅素針對這種情況曾指出，教育的發展離不開良好政府和實業的發展，「斬截和永久的解決，惟賴教育。……名實相稱的教育，決不容易再發生現在教職員罷課的政治狀態當中所能求得。」〔註6〕。因此一大批中國學生開始走出國門，尋求救國良方，追求學術進步；二是各國教育各有所長，教育界尤其是曾經留學外國的社會名流鼓勵學生吸收各國精華，同時希望通過中國學生的留學促動留學國退還庚款興學，如李石曾倡議勤工儉學時就曾主張擴大留法學生人數，推動法國政府退還庚款；三是國內留學預備學校為學生出國做好準備。比如各類留法預備學校的出現，還有許多學校以培養學生出國為目標。四是 1912 年以來留學界掀起了一股股儉學之風，號召學生花費不及官費生一半的費用出國求學，美法等國人士還為學生提供半工半讀機會，吸引了不少有志青年前往深造。最為著名的是經蔡元培、李石曾、吳稚暉等人的大力宣傳推廣，約有 1500 名中國學生參加了由儉學運動發展而來的留法勤工儉學運動。勤工儉學運動萎縮後，一批勤工儉學生受到蘇聯的資助，開始赴蘇留學，他們和國內出發的國共兩黨學員一起就讀於莫斯科中山大學和東方大學。

而德國吸引中國學生前往的主要原因還包括：（1）經濟上，德國馬克貶值，留德花費一度比在北京上海就讀更為便宜；（2）政治上，一戰後中德重新簽約，兩國關係相對比較平等；（3）教育上，一戰后德國人所辦青島大學和同濟大學分別為日本人和北京政府接收，兩校學生覺得國內教育無法滿足需要，遂趁馬克暴跌之際赴德留學，當時不少留德學生就來自同濟大學；（4）生活上，德國在用餐、坐車、看戲等方面對學生比較優待。因此 20 年代中國留德學生激增，1924 年僅柏林一地，就有中國學生近千名。由於歐洲各國物價波動，留歐學生常隨著物價波動而更換留學國。根據南京國民政府後來的統計，1921 年～1925 年留德官費生共 127 人，其中 1922 年 88 人，自費

〔註5〕《魯會提議停補留日學生》，《申報》1919 年 11 月 23 日，第 7 版。
〔註6〕袁剛、孫家祥、任炳強編：《中國到自由之路──羅素在華講演集》，北京：
　　　　北京大學出版社，2004 年，第 301 頁。

生共 112 人，合計 239 人。〔註7〕1925 年後中國學生居留德國人數開始大幅度減少：1925 年爲 232 人，1926 年爲 214 人，1927 年爲 174 人，1928 年爲 153 人。〔註8〕

　　總體而言，中國學生留學由留日一枝獨秀，逐漸轉向美法德英蘇百花齊放，但這一時期缺少長遠留學規劃，派遣不均衡。法德兩國雖然一度到達數千人，但很快就降低到數百人，就如潮水漲跌，來勢兇猛，卻很快消退。蘇聯則由於與中共的特殊關係，在相當長的一段時間裏繼續對中國產生重要影響。而留學日美人數雖有起伏，但一直保持了領先地位，對中國政治經濟產生了深遠影響。但日本大地震後教育百廢待興，再加上中日關係的惡化，因此美國對中國的影響力日益超過日本。北京政府時期的中國學生赴美者甚多，在美國之外國學生中占第一位，一度高達在美外國留學總數的 20.79%，這與美國退還庚子賠款不無關係。

表 1－1－4：在美外國留學生情況表

年　份	留美中國學生數	在美外國留學生數	所佔比例	報告來源
1912 年	594	4222	14%	美國政府教育報告
1919～1920	約 1000	約 10,000	10%	美國國際教育局
1924 年	1491	7494	19%	美國國際教育局
1925 年	1561〔註9〕	7510	20.79%	留美學生統計

資料來源：劉伯驥：《美國華僑史》續編，臺北：1981 年，第 419 頁，轉引自王奇生：《中國留學生歷史軌跡》，湖北教育出版社，1992 年，第 37 頁；《在英美之中國留學生統計》，《申報》1924 年 6 月 7 日，第 13 版；《新教育評論》第 1 卷 23 期（1926 年 5 月），轉引自舒新城：《近代中國留學史》，上海書店出版社，2011 年，第 145 頁；Institute of International Education, Guide book for foreign students in the United States, New York, 1921, p82.

〔註7〕元青：《民國時期中國留德學生與中德文化交流》，《近代史研究》1997 年第 3 期，第 235～236 頁。
〔註8〕周一良主編：《中外文化交流史》，鄭州：河南人民出版社，1989 年，第 134 頁。
〔註9〕另一說爲「約 2500 人」，則比例高達 33%，見《外報紀民會華僑代表之談話》，《申報》1925 年 9 月 18 日，第 13 版。

其次，留學派遣形式多樣化，留學經費來源渠道廣，但拖欠留學經費現象嚴重。留學派遣主體包括教育部、交通部、海軍部、陸軍部、稽勳局、地方各省各縣、儉學會、學校和實業家、教育家等。但當時各省留學發展不平衡，各地圍繞留學派遣問題屢屢釀成風潮。留學經費來源包括美國和日本庚款資助，各省各縣經費、中央政府崇文門關稅資助，駐外公使和留學生監督向外國或華僑借貸墊付的經費，湖南僑工局、四川南川縣、巴縣等縣政府無息而按年給予的貸款，則推動了湖南和四川赴法勤工儉學運動的發展。

北京政府時期社會各界積極推進列強退還庚款，但經費到位的只有日美蘇三國。蘇俄庚款主要用於國立八校校費和國共兩黨赴蘇留學經費，只有日美庚款受眾面相對較廣。而日本庚款由於分配方案的分歧，激起了留日學生的內部爭鬥，再加上國內抗議日本庚款損害中國主權，因此日本庚款補助在中國心目中一直形象欠佳。只有美國庚款因為經費充足，清華留美學生生活無憂，沒有受到國內政局波動的影響，1921 年清華留學經費高達 1,150,000 元，占經費總數的 37.2％。而根據 1916 年留學經費統計，中央留學經費僅為 238,092 元，占 7.25％，廣東比中央略低，為 213,301 元，浙江為 138,118 元，湖北、江蘇等省排名緊隨其後，而排名最後的黑龍江則只有 4,650 元。〔註 10〕

從 1912 年至 1927 年，清華學校總計派出留美學生近千人。具體人數見下表所示：

表 1－1－5：1912～1927 年清華學校歷年派遣留美生統計表

年　度	高、中等科生	專科生	女　生	合　計
1912	16			16
1913	43			43
1914	34		10	44
1915	41			41
1916	32	10	10	52
1917	35	7		42
1918	67	7	8	82
1919	63	8		71

〔註10〕周棉：《中國留學生大辭典》，南京：南京大學出版社，1999 年，第 594～595 頁。

年　　度	高、中等科生	專科生	女　　生	合　　計
1920	79			79
1921	76	10	10	96
1922	63			63
1923	81	5	5	91
1924	63			63
1925	70			70
1926	61			61
1927	62	5	5	72

資料來源：1. 舒新城：《近代中國留學史》，上海書店出版社，2011 年，第 149 頁；

2. 周棉：《中國留學生大辭典》，南京：南京大學出版社，1999 年，第 600 頁，表 18；3. 王樹槐：《庚子賠款》，臺北中央研究院近代史研究所 1974 年，第 313 頁。

　　清末經費來源主要來自各類關稅和地方財政收入，少有拖欠現象。然而北京政府時期國內外戰亂頻繁，留學預算難以兌現。國際上，一戰爆發，一些留學歐洲的學子遭受戰亂之苦；國內內亂頻繁，青年學子無處求學，只能寄望出國留學，避開戰亂，造成部分學生盲目出國。1918 年 2 月，北軍入長沙，羅承鼎在湖南省組織的預備來京就讀留法預校的數十人，四散逃命，無心讀書。因此吳稚暉提出，「與其流落於國內，不若流落於國外」；〔註11〕由於戰事頻繁，政權更迭，地方政府時常陷入財政危機，造成包括留學經費在內的各類教育經費短缺，國外學子、國內高校師生和政府部門都陷入欠費恐慌，地方政府經常延誤匯費，留學欠費甚至長達一年多。而弱勢的中央政府也無強大的資金來源接濟學生，北京政府依靠借新債換舊債的方式維持，「還債加上軍費支出最少占年度總支出的五分之四」。〔註12〕據 1919 年的中央預算，海陸軍費占預算支出的 42%，而教育經費卻不及 1%，而且還時常拖欠，連最起碼的維持教育現狀的經費也無保證。〔註13〕1919 年甘肅省代表在全國

〔註11〕清華大學中共黨史教研組編寫：《赴法勤工儉學運動史料》第 2 冊，北京：北京出版社，1980 年，第 365 頁。
〔註12〕貫德懷：《民國財政簡史》，上海：商務印書館，1946 年，第 697～698 頁。
〔註13〕盧紹稷：《中國現代教育》，上海：商務印書館，1933 年，第 156 頁，轉引自姜朝暉：《民國時期教育獨立思潮研究》，北京：中國社會科學出版社，2008 年，第 88 頁。

教育會第五次代表大會上報告，「甘肅全省經費每年約在四百萬左右，軍費占三百五十萬，教育經費則爲三十三萬，……全省學生六萬人，留學生百數十人」。〔註14〕

到 1921 年政治形勢嚴重惡化，內戰遍及全國，北京政府喪失了對財政的控制，難以持續資助留學生，因此留學生經常陷入求學無門，生活無著的困苦境地，鬧出了一幕幕圍攻使館，追逼留學生監督的鬧劇，嚴重損害了中國國家形象。20 年代美國加強對華人入境的限制，與此也不無關係。國內外不利因素所導致的留學經費缺乏不僅影響了中國留學生派遣，也增加了海外留學管理的難度。

再次，北京政府時期留學學校選擇多，留學專業限制少。清末留學生大多局限於少數學校和軍事、法政專業，而北京政府時期的留日學生既可選擇特約五校，也可選擇其他高等學校就學。留美學生亦分佈美國大陸各地高校。雖然大部分清華學生都選擇進入幾所中國人熟知的美國知名大學，哥倫比亞大學 179 人，哈佛大學 113 人，麻省理工學院 112 人，威斯康星大學 95 人，芝加哥大學 92 人，康奈爾大學 71 人，密歇根大學 62 人，斯坦福大學 58 人。〔註15〕1916 年中國學生畢業於麻省理工學院者「有十六人之多」，而得碩士學位者有十二人，本年該校發給碩士學位僅三十有六，中國學生「乃占三分之一」。〔註16〕但也有一些學生未落俗套，選擇了其他大學，比如梅貽琦就單獨去了東部的伍斯特理工學院。

當時學生所學專業種類較多，基本涵蓋了當時的許多專業。根據統計，1921 至 1925 年，留歐官自費學生共計 1189 人，專業不詳者 269 人，工科 237 人，法政經濟 185 人，商科 100 人，理科 99 人，教育 58 人，醫科 53 人，農科 50 人，藝術 30 人。〔註17〕當時的留學生心懷實業救國之志，留學生學習土木工程、機械工程、化學工程、商業經濟者較多，而學習農業、哲學、文學等專業者相對較少。如就讀麻省理工學院的學生主要學習製造科，研究與飛機、潛艇、輪船相關的一些知識。1916 年 9 月，清華學校派送的留美學生

〔註14〕《全國教育會四日間會議記》，《申報》1919 年 10 月 23 日，第 7 版。

〔註15〕蘇雲峰：《從清華學堂到清華大學：近代中國高等教育研究》，北京：生活・讀書・新知三聯書店 2001 年，第 339 頁。

〔註16〕《美國麻省理工學院中國學生畢業誌盛》，《申報》1916 年 8 月 24 日，第 7 版。

〔註17〕周棉：《中國留學生大辭典》，南京：南京大學出版社，1999 年，第 597 頁。

不再像從前那樣只注重政治法律，大多選擇學習醫農商礦機械等實科。留歐學生則大多學習工科、法政經濟和商科，與留學其他國家不同的是，學習藝術的留歐學生人數較多。一些赴美留學生還以實習生身份在美學習，而赴蘇學生則以學習以無產階級革命理論和軍事技術爲主，大多沒有畢業證。地方各省也根據本省需要規定官費生留學專業，甚至體育、家政專業也成了派遣專業。

雖然政府和實業界也提倡學習實業，鼓勵學生學習理工科，但還是有許多學生選擇了文科，還有一些理工科學生出國後轉成文科專業。比如後來四度出任廣西教育廳長的雷沛鴻，起初考取公費學習應用化學，但最後卻改讀教育，並獲博士學位。北京政府一度也規定不得隨意轉換留學國別和專業，但收效甚微。

北京政府在專業選派上存在脫離實際，盲目派遣的現象。中九曾批評說，「包括國內官廳，不知日本婦女教育的現狀，還是提倡女子留學日本。例如浙江教育廳，新定一種章程，以後凡留日官費生有缺額，即以留日女生的考入國立高師、醫專、美專、蠶桑的選補國立的醫專、美專、蠶桑等學校，日本並沒有，居然規定起來，實在可笑。……我們把女子留學的官費，或者在國內各大學各專門學校設女子免費額或者考送到西洋，或者設立女子專門學校，這些，恐怕都比留學日本會好些」。〔註18〕如果設立章程者熟悉日本學校的實際情況，就不至於貽笑大方，徒糜鉅資了。

此外，北京政府對地方政府派遣軍事留學並未做出嚴格限制，而且一些地方省份或政黨脫離北京政府控制，自行派遣，比如奉天、江西等地方政府紛紛派遣本省子弟出國學習軍事。

二、留學生群體特點

留學生群體是一個複雜的群體，其地域分佈、家庭背景、教育背景、專業、價值觀和政治取向等呈現多元化特點，唯一的共同點是接受過比較系統的留學教育。

首先，從家庭背景來看，雖然當時未像清末那樣推行貴冑留學，但留學

〔註18〕中九：《日本留學問題》，《中華教育界》「留學問題號」，第 15 卷第 9 期，1926 年 3 月。

生依然大多來自權貴富商家庭，商人家庭出身的留學生近占三分之一。〔註19〕
根據1920年國際救災會的調查，每戶年收入在二千元至五千元者，占中國農
民0.2%至1.6%；五千元以上者，僅占0.2%至0.4%；除旅費、醫藥費不計
外，1924年留學美國每年需2025元；1924年，清華留學生389位家長中，
32%以上是公務員；幾乎31%是教員；13%是律師等專門職業；農民僅占3.7
%。〔註20〕由此可見，留學是一項花費巨大的開支，屬於少數人的特權。1921
年考察歐美教育團團員吳福康稱，「今年美金價高，約華幣二元，兌美金一元，
每一留美學生年需華幣二千以上三千元以下，留學三四年，非華幣萬元不可，
宜乎吾國中人以下子弟，雖有此程度及志願，不得吸受新大陸之空氣也」。〔註
21〕即便是家境稍遜的留法勤工儉學生，也非一般平民家庭子弟。負責勤工儉
學生管理的李璜調查發現，「以四川而論，能讀書至中學畢業之子弟，其家非
商人即地主，絕少赤貧之家」，勤工儉學生之所以流落異國，據曾代理過華法
教育會秘書一職的何魯之和小說家李劼人調查，「一因離家並未得父兄許可，
因此負氣不願以苦狀報告家中，恥於求援；二因平素學業不佳，行為不檢，
而早為其父兄所不滿，故自己心虛，認為向家裏求援，恐亦無效者」。〔註22〕
於是李劼人代人寫信向家裏求援，李璜稱，「半年之間，四川勤工儉學生得著
家庭救濟者，我已知數近一百人！」〔註23〕此外，值得注意的是父兄輩的留
學背景直接促成了留學生的出國。家族留學始於清末，留英出身的駐華盛頓
公使伍廷芳之子伍朝樞是研究國際法的留英學生。清末進士林孝恂在浙江為
官期間，大力資助赴日留學的學生，其子林長民赴日本早稻田大學留學，孫
女林徽因赴英留學，孫子林桓赴美留學。駐墨西哥總領事王天木1924年8月
出國時就攜帶愛子二人順途赴美留學，留日出身的曹汝霖也將子女送往美國
留學。曾任教育部長的大教育家蔡元培之子蔡無忌曾於1913年留學法國，並
於1926年春回國設立獸醫院。而王寵惠和王寵祐、章宗元和章宗祥、施肇基
和施肇祥、張伯苓和張彭春，這幾對兄弟都曾留學美國或日本，施肇基的三
個姪子也都曾留學美國。

〔註19〕《青年會與留學生之關係》，《東方雜誌》第14卷9期，1917年。
〔註20〕汪一駒著，梅寅生譯：《中國知識分子與西方——留學生與近代中國（1872～
1949）》，臺北：久大文化股份有限公司，1991年，第92頁。
〔註21〕吳福康：《歐美留學界之現狀談》，《申報》1921年7月1日，第10版。
〔註22〕陳三井：《勤工儉學運動》，臺北：正中書局，1981年，第142～143頁。
〔註23〕陳三井：《勤工儉學運動》，臺北：正中書局，1981年，第143頁。

其次，從留學生知識結構和學歷層次來看，清末留學生先接受傳統功名教育薰陶，後接受新式教育，而北京政府時期的留學生則大多直接接受新式學堂教育。隨著勞工神聖思想的傳播和俄國十月革命的勝利，五四運動後中國社會掀起了一股留法勤工儉學運動，一些擁有中小學學歷的地方青年得以赴法半工半讀。雖然起初留學生出國前學歷層次不高，但此後情況大有改善。1919 年至 1922 年自費留學生原學歷中學肄業 26 人，中學畢業 182 人，大專肄業 129 人，大專畢業 95 人。根據 1921 年至 1925 年統計，638 名西洋留學生中，出國前擁有大學學歷的學生為 357 人，占 55.90%，專門學校為 126 人，占 19.75%。〔註24〕從留學生國外獲得的學歷來看，學歷層次逐漸提高。短期速成和低層次學歷較少，一般都具有學士學位，不少留學歐美學生還獲得碩士和博士學位。出國前學歷的提升使得留學生更易在國外獲得高學歷，而且兼具中外文化之長，有利於促進中外交流。

再次，從留學生出國前學緣結構來看，除了北京等大城市的大學生在師友的支持、鼓勵和引導下選擇出國外，留學生教會出身比例較高，反映了各國尤其是美英兩國在華教育勢力的發展。「據民國六年清華學校刊印之留美同學錄，歸國學生 386 人中，由教會學校出身者 174 人，則占全數 45% 矣。」〔註25〕據舒新城統計，1921～1925 年教會出身之自費生占 30.68%（除去未詳者），而去美國者為 89.40%。……因為留美自費生雖然多於其他各國，但最大比例率還只 68.90%，……由此亦可證明教會自費生仍是特別多去美國。〔註26〕這主要是因為當時教育主管機構擔心中國學生「外國化」，規定各省官費生不得招考教會學生，這就導致這些學生喪失了與非教會出身學生競爭官費名額的機會，只能選擇自費赴美留學。

第四，從地域分佈來看，清末留學始於廣東，江浙後起。而北京政府時期則遍地開花。江浙一帶學生更傾向赴美日留學，而廣東一帶學生則去英國留學者較多，湖南、四川、河北等內陸省份赴法勤工儉學生較多，而甘肅青海等偏遠省留學生則幾乎可以忽略不計。地域分佈的差異除受到政

〔註24〕周棉：《中國留學生大辭典》，南京：南京大學出版社，1999 年，第 598 頁。

〔註25〕任鴻雋：《教會教育與留學生》，《留美學生季報》1918 年第 2 號，轉引自岳謙厚：《民國外交官人事機制研究研究》，北京：東方出版社，2004 年，第 185 頁。

〔註26〕舒新城：《近代中國留學史》，上海：上海書店出版社，2011 年，第 159～160 頁。

治、經濟和地域文化因素影響外，也受到一些個人和家族的影響。比如李石曾出身河北，因此李石曾在河北大力推行勤工儉學運動。而湖南新民學會的有志青年積極組織學生參加勤工儉學運動，因此湖南學子赴法勤工儉學者人數眾多。

第五，從歸國後職業分佈來看，當時的留學生從政與從教兼重，不像清末留學生視入仕為首選。由於當時政界與教育界流動性較大，因此各種統計數據結果有所偏差。如清華學生歸國從教者居多，而根據1916年北京青年會對在京歸國留學生職業所作的調查，在1655人中，從政者多達1024人，占61.8％，其次則為學界，占總數的7.9％。值得注意的是，其中有「賦閒」人員399人，占總數的24.1％。〔註27〕留學生大多集中在幾個大城市尤其是政治中心北京和經濟中心上海，即使是來自偏遠地區或鄉村的留學生也幾乎很少返回家鄉。

第六，從政治取向來看，清末留學生分為革命派與保守派，至北京政府時期更是黨派林立，許多留學生熱衷黨務，甚至自立黨派，因此時人曾批評留學生喜好植黨攬事。民初兩大政黨國民黨和進步黨留學生出身份別為67.42％和71.76％。〔註28〕中國共產黨1921年7月1日召開成立大會，出席代表12人中有8人是歸國留學生，占2／3。〔註29〕再如曾琦、李璜等則先後成立少年中國學會和中國青年黨，與中共團體針鋒相對。

第七，從男女性別比例來看，北京政府時期的女子留學在質量和數量上較清末都有了較大發展。近代思想家一改「女子無才便是德」的傳統思想，提倡加強女子教育。林樂知在《全地五大洲女俗考》中指出，「國本在家，家本在女。……凡貧弱之國類，比發源於薄待女人」。〔註30〕梁啓超也在《論女學》中指出，「欲強國必由女學始。」〔註31〕一些男留學生也積極主張女子讀書甚至出國留學。他們認為女子留學後能夠成為與他們匹配的生活伴侶。還有的則是出於革命需要，如教育家和革命家蔡元培在《我在教育界的經驗》

〔註27〕《青年會與留學生之關係》，《東方雜誌》第14卷9期，1917年。
〔註28〕張玉法：《民國初年的政黨》，第192〜197頁、第213〜214頁，轉引自王奇生：《中國留學生歷史軌跡》，武漢：湖北教育出版社，1992年，第206頁。
〔註29〕王輝耀：《海歸時代》，北京：編譯出版社，2005年，第200頁。
〔註30〕張連紅主編：《金陵女子大學校史》，南京：江蘇人民出版社，2005年，第2頁。
〔註31〕張連紅主編：《金陵女子大學校史》，南京：江蘇人民出版社，2005年，第8頁。

一文中說：「覺得革命止有兩途：一是暴動，一是暗殺。……暗殺於女子更爲相宜，於愛國女學，預備下暗殺的種子。」〔註32〕

　　1914 年以來清華學校開始選派女生，不過清華曾一度有停派女生出洋之議，後來在各團體及女界函電力爭之下，不僅取消停派，而且男女學生各派五人，實現男女平等。1922 年 12 月，中華教育改進社女子教育委員會朱其慧等在致清華校長函中批評清華歷屆派遣留美學生約六七百人，女生卻只有 38 人，占 8％。〔註33〕總體而言，清華女生占清華男女留美生名額僅 2.1％，費用僅占 2.33％，〔註34〕因此 1926 年中國婦女協會、上海基督教女青年會和上海婦女會三團體曾致函英庚款委員會各委員，要求派女生留學英國，並在國內廣設女校。此外，留法勤工儉學運動中也湧現了 40 多位中國女生，其中湖南、四川最多，均爲 12 人。湖南女生中有七位是師範本科畢業，有十位曾擔任教員工作，其中一位還曾充小學校長四年，應該說還是具備相當留學資格的。

表 1－1－6：1912～1928 年留美男女學生人數統計

入學年份	男	女	性別未詳	總　　數
1912	69	4	6	79
1913	109	14	15	138
1914	155	16	19	190
1915	172	17	24	213
1916	143	19	19	181
1917	136	21	16	173
1918	183	26	20	229
1919	219	20	22	261
1920	322	26	47	395
1921	304	40	43	387
1922	307	49	47	403
1923	351	32	43	426

〔註32〕高平叔編：《蔡元培教育論著選》，北京：人民教育出版社，1991 年，第 706 頁。

〔註33〕《清華停派留美女生》，《申報》1923 年 1 月 1 日，第 11 版。

〔註34〕《婦女團體致庚款委員書》，《申報》1926 年 5 月 10 日，第 7 版。

入學年份	男	女	性別未詳	總　數
1924	322	32	29	383
1925	279	37	33	349
1926	266	42	33	341
1927	233	50	19	302
1928	237	43	26	306
總計	3807	488	461	4756

資料來源：梅貽琦、程其保：《百年來中國留美學生調查錄》（1854～1953）；周棉：《中國留學生大辭典》，南京：南京大學出版社，1999 年，第 590～591 頁，表 2。

　　從該表來看，北京政府時期的留美女生約占留美學生總數的十分之一。但由於大量學生自費赴美留學，因此當時留美學生實際人數遠遠超過此表統計的人數，據 1914 年統計，在 1300 名中國留美學生中，女生有 94 名。1917年，留美女生增加到 200 人。〔註35〕1915 年，留美學生總數為 2500 人，其中女生占 640 人，比例高達 25.6％。〔註36〕

　　總體來說，當時中國能夠出洋留學的多是權貴之後，尤其是出國留學的女子大多都來自政府公務員、大學教授、工商界、信教家庭。比如留日生陶晶孫的小說《兩姑娘》中的中國留學生就是省長的千金。〔註37〕留學生憑藉地緣、親緣、學緣關係積累人脈、互為犄角、擴大規模、擴散影響，逐漸成為當時最具影響力的一股重要勢力。

三、留學生團體組織

　　清末的留學生團體大致可分為四種類型：（一）留學生公益團體。如 1902年在舊金山成立的美洲中國留學生會，1903 年在芝加哥成立的中美中國學生會，1904 年由江浙湖廣等省留學生設於美國康奈爾大學的綺色佳中國學生會，1905 成立的西部太平洋岸中國學生會和東美中國留學生會。留英中國學會、林行規組織的「中國學會留英支部」、1905 年留學蘇格蘭學生聯合愛丁堡、格拉斯哥諸地各生組織的留蘇中國學生會，英國學生組織的聯誼社團敦誼社，1907

〔註35〕《留美中國學生會小史》，《東方雜誌》，第 14 卷 12 期，1917 年。
〔註36〕《中華教育界》，「留學問題號」，第 15 卷第 9 期，1926 年 3 月。
〔註37〕朱美祿：《域外之鏡中的留學生形象》，四川大學博士論文，2007 年，第 140頁。

年留學比利時學生組織成立的留比學生會、日本留學生會館、留學生總會;(二)
同鄉團體。即以地域劃分的各省留學生組織的同鄉會,如閩學會等;(三)學
術團體。如留歐學生的「化學會」、倫敦學生的「科學會」、日本學生的編譯社、
春柳社;(四)政治團體。如勵志會、國民會、開智會、廣東獨立協會、拒俄
義勇隊、赤十字社、兩湖鐵路會、青年會、軍國民教育會打著「愛國」旗幟的
團體。此外,留日女學生還建立了一些婦女團體,如 1903 年的共愛會,1907
年的中國留日女學生會和女子復權會,1911 年的留日女學會。

　　北京政府時期的留學生團體和清末學生團體性質類似,留學生組織的各
類學生團體包括以下幾種類型:

(一)公益性學生會組織

　　各類留學生會是留學生常態組織,往往得到使館支持,而學生會也注重
與使館聯繫,一些學生會骨幹成員後來還得到使館的推薦和錄用。正可謂,
用之得當,可為政府在海外展開宣傳攻勢,反之,則有損國體,有損政府與
高端人才的關係。

　　由留美學生合併組成的留美中國學生總會(又稱東西美學生聯合會或全
美學生會)在當時影響較大。該會於 1910 年 8 月成立,其下仍分東中西三部,
主要幫助解決在美留學生的學習、生活中的問題,並開展各類活動增強留學
生之間的聯絡和情誼。三部每年利用暑期各自舉行,會期一般為一周。年會
的宗旨主要是討論國事,研究學術,聯絡感情,振奮精神。中西部年會活動
項目通常包括:中外名人時事講演、中英文演講比賽、中英文辯論比賽、學
術研討會、體育運動會、文藝聯誼會等。每次年會的演講和辯論主題,大都
切合當時中國國情。如 1917 年中部留美學生年會的辯論比賽,中文題目是:
『擴充國內大學較增加留學額數在今日中國為尤要』;英文題目是:『中國應
否借外債以興工業』。〔註38〕

　　留美中國學生總會成立之初,會長為郭炳文、東美學生分會會長為魏文
彬、中美學生分會會長為裘昌運、西美學生分會會長為姚觀順。東美學生會
設立宗旨是「增進中國公同利益,聯絡東美中國學生友誼,及協助留美中國
學生會總會應行事務」。本會設立三部:(一)職員部;(二)代表部;(三)
司法部。「本會職員部設會長一人,次長一人,中文書記一人,英文書記一人,
會計一人。……代表部由會員代表組成。凡有會員十人以上之各團體在本會

〔註38〕《中美中國學生年會紀事》,《留美學生季報》,1918 年春季第 1 號。

界域內者得選派一人至代表部。若在十人以上者，則每加十人加選代表一人。……司法部由三人組成，惟須經會長選派代表部認可者方有效……會費美金一元。」〔註39〕本會會員有要求代表部裁撤各項專員之權，惟亦須五十會員曾納費者署名方有效。至代表得有部員三分之二許可亦可有裁撤各項專員之權；本會會員曾經納費者有要求代表部裁撤各項職員及代表部員之權，惟要求書須得全體會員百分之五十一署名，且由代表部公議得五分之四許可始作有效。至於代表部得全部許可亦得裁撤該部部員。〔註40〕1914 年夏，留美中國學生會會員已達 1300 名。〔註41〕留美學生還出版刊物，如《留美學生年報》、《留美學生月報》等，邀請留學界泰斗及美國大學著名教授在期刊上發表文章。刊物在國內外均有發售。

　　1924 年 9 月，留美中國學生會在密歇根大學召開中部年會，大會主席爲楊汝梅，中部學生會長吳澤霖致辭歡迎。留美學生雖遠在美國，仍心念國事。年會分組探討了平民教育、地方事業與留學生三個問題，並舉行特別會議討論中國的鴉片問題和水災問題，並計劃回校後募集資金，匯寄國內賑災。中國工程學會與中國科學社美國分會也在此期間舉行聯席會議討論議案與宣讀論文。該年會得到美國當地人士支持，安阿保市商人用汽車請中國學生代表遊歷全城，密歇根大學校長代表致歡迎辭，專家學者爲學生做演說。如前新銀行團美國代表斯蒂芬氏演說痛陳中國之腐敗與危機，「謂中國之智識界日夕研究相討論，而於實際上毫不注意政府之官僚無所不爲，未聞輿論之嚴正」，他批評留學生之回國者「亦未見有絲毫之勇氣，敢立於公正之道」，學生聽後全場皆起立宣言，「我誓不欺我政府」，「我誓不受賄賂」。留學生組先將在美之中國學生缺點指出，又討論缺點之程度與防止方法，以及「已回國之留學生之事業與調查」。〔註42〕

　　1925 年 4 月，中國留美中部學生在普渡大學召開第十六次年會。到會會員分經濟、實業、政治、教育四組討論留學生回國後應「從何處入手，採用何種方式救濟中國之貧弱現狀」，〔註43〕並聘請施肇基公使、美國前副總統馬

〔註39〕《東美學生會章程及規則》，第 1～3、6 頁，《留美學生年報》1913 年 1 月出版。
〔註40〕《東美學生會章程及規則》，第 6～7 頁，《留美學生年報》1913 年 1 月出版。
〔註41〕《華人留學美洲之今昔》，《東方雜誌》第 14 卷 12 期。
〔註42〕《美國通信》，《申報》1924 年 10 月 15 日，第 3 版。
〔註43〕《留美學生舉行年會預誌》，《申報》1925 年 4 月 20 日，第 11 版。

學爾氏演講。到會之中國學生約有五百餘人，劉潤華任會長，魏毓賢副會長。1925 年 8 月，留美中國學生總會西美分會在斯坦福大學舉行第 23 次年會，其中華僑教育討論組通過了重新制定的華僑教育九大目標，其第一條便是「忠愛中華民國」。土生華人組織同源會認爲這會危及美籍華人公民權，要求對該條進行修正。但年會覆函表示「美人雖甚排華，斷不能謂不許華人忠愛中華民國，亦斷不能不許中華民國人民忠愛中華民國，因該項爲華人而設，與美籍華人無關。」〔註 44〕

留美自費生也十分注重發揮留學生團體的作用，1923 年 8 月，自費留美學生團成立，議決推定職員五人，正團長陳炳章，副團長陳鐘聲，中文書記王志莘，西文書記董志學，會計兼事務員霍寶樹。並在寰球中國學生會設臨時辦事處，凡自費生均可向該處接洽一切。〔註 45〕

一戰初起，蔡元培、李石曾、譚仲逵在駐法公使胡惟德的支持和資助下組織旅法學界西南維持會。「自此，留法同學多入西南各省諸校」。《旅法學界西南維持會簡章》規定，「每人每日所需費用，如自無存款者，由本會向使館借領，俟戰後歸還」，「欲入校而無現款者，可由使館或本會函商校長，請其緩繳學宿各費，俟戰後歸還」。〔註 46〕「借款與欠費，皆係目前救急辦法，不能持久，宜早各自寄書中國，催彙學費。至如何可免兌彙停滯之困難，可由本會調查報告」，「欲入本會者，須自備氈被諸物」，「本會可擔任代覓房舍旅館學校，及代借款項諸事」。〔註 47〕

1920 年第十五屆赴法學生「有鑒於以前赴法者之各種困苦，均因無團體之組織」，遂於 10 月 31 日假華法教育會開十五屆赴法學生團成立大會，定名爲中華民國十五屆赴法學生團，將學生分組，每組十人，公推長於外國語者一人擔任代表，再由各組代表公舉總代表三人，「以爲重要事項發生時，代表全體意見於對待方面」。〔註 48〕這就有助於學生代表一致向外發表意見，聲張權益，但過於強大的學生團體有時非但不能使管理主客體採用溫和的談判方式解決矛盾，還容易激發全體學生集體行動，容易引發群體性衝突。

〔註 44〕 http://www.cppcc.gov.cn/rmzxb/cqzk/200512220047.htm，程希 2005－12－22。

〔註 45〕 《昨日自費留美學生會議紀》，《申報》1923 年 8 月 15 日，第 13 版。

〔註 46〕 陳三井：《勤工儉學運動》，臺北：正中書局，1981 年，第 55 頁。

〔註 47〕 陳三井：《勤工儉學運動》，臺北：正中書局，1981 年，第 56 頁。

〔註 48〕 清華大學中共黨史教研組編寫：《赴法勤工儉學運動史料》第 2 冊，北京：北京出版社，1980 年，第 141 頁。

留德和留比學生也分別成立了學生總會。比如 1924 年留比學生總會召集在勞動大學學習的數十名中國同學聽取周恩來的報告。「當時的同學雖然大多數是勤工儉學生，但是派別也不少，有信仰社會主義的左派，有國民黨員，有國家主義派，有無政府主義派，有改良的社會民主派，還有國民黨右派。」〔註49〕

歸國留學生也成立了學生會，聯絡情誼，促進留學生在國內的發展。最爲著名的當屬歐美同學會和北京留日同學會。1913 年，在著名學者顏惠慶、周貽春、顧維鈞、梁敦彥、王正廷、葉景莘、詹天祐等人的發起和贊助下，留美同學會、留英生和留法比德會各同學會合併，成立了「歐美同學會」，即「Western Returned Student's Club」，首屆會長由當時主持政府外交工作的梁敦彥擔任，早期會員中陸徵祥、孫寶琦、王正廷、伍廷芳、顏惠慶、顧維鈞、施肇基都曾出任過北京政府的外交總長。雖然民國元年曾有少數留日學生成立同學會——石橋別業，但很快就因政治等因素解散。1924 年北京留日學生余啓昌、張競仁、陸夢熊、張競立、湯爾和、黃郛、范源濂、江庸等九十餘人發起組織一大規模之留日同學會，五百六十餘名留日學生出席成立大會，公推余啓昌君爲臨時主席。籌備員黃郛稱，「即日本師友之來京話舊及同學等之欲互相存問者俱無從接洽，無處訪問，況以吾留日同學之多，至今尚無一會所，亦殊愧對歐美同學會」。黃郛表示此會成立後可以「聯絡感情」、「研究學術」、「砥礪德行」、「合力發展社會事業」。但頗爲滑稽的是，當起草籌備員王覲煒朗讀《留日同學會規約草案》時，會員們卻在討論第三章會員一節時頗多爭執，結果照草案原文修改通過。至討論第四章職員一節時，「辯論尤爲激烈，秩序極亂，幾有不能繼續進行之勢」。〔註50〕後經黃郛調停，將第四章全部保留，留待下周六由各校各推代表二人再議修改。之所以會有如此激烈爭執，主要是因爲留日學生人數眾多，派別不一，職員一節關係到各留日學生在同學會裏的地位和權力，自然各派要極力爭取。

（二）以省、縣爲單位的同鄉會

在日本、法國的中國留學生由於人數多，而且大多聚集於東京、巴黎這類大城市，因此熱衷於組織這種鄉誼團體，但他們經常在學生領袖的帶領下

〔註49〕清華大學中共黨史教研組編寫：《赴法勤工儉學運動史料》第 3 冊，北京：北京出版社，1979 年，第 464 頁。

〔註50〕《北京留日學生同學會成立》，《申報》1924 年 8 月 20 日，第 11 版。

與留學管理者發生衝突。有鑒於此，1918 年駐日留學監督江庸曾試圖建立起以學校爲單位的學生團體，讓留日學生專心學業，但始終未能像留美學生那樣成功建立校級留學生團體。

各省留法勤工儉學生都積極組建本省的「勤工儉學學會」。如 1919 年成立的江浙留法同學會，「其目的在使赴法者以互助的精神減去各項困難。……俾江浙有志赴法者有所接洽，不至受人地生疏之虞，即如前日（九號）該會會員起程者計有十七人之多，而於登輪時搬運行李等事，均由該會職員爲之照料，故無匆忙狀態」。〔註51〕

（三）以學校爲單位的學生會

以學校爲單位的學生會分爲兩種，一種是以留學前所在學校爲單位，另一種則是以留學所在學校爲單位。

由於美國地域廣闊，人員分散，因此在美國的留學生大多喜歡組織學校學生會。規模最大、成立最早的當屬清華學生組成的留美同學會。一些留美學生人數較多的學校如北京大學也成立了學生會，當時的會長爲余上沅。而留美生人數較多的哥倫比亞大學、麻省理工學院等學校都有中國學生會。1915年 8 月，麻省理工學院中國學生會書記胡博淵曾致函教育雜誌社，報導我國留學該校學生畢業之盛況並附名單。「美國麻省理工學校，課程高深，聲譽卓著，我國有志學子，……相繼畢業人數，已在四五十人以上，皆成績優美」。〔註52〕

吳稚暉等人成立的里昂中法大學也較爲重視留學生自治，參與管理的學生自己有留學體驗，也非常敬業，注重在學習和生活上幫助和輔導其他留學生。

（四）政治性學生團體

留學生熱衷組建各種團體，尤其是政治團體，積極投入各類政治活動中。跨越全球的中國學會下設留美支會、留歐支會、留日支會，比如留美支會的兩項工作是組織專科及發行學報；「本會經費，除會員會金外，別無他項」。「不幸祖國多艱，各會員胥熱誠國務者，日日討論國事不暇。」爲求實行宗旨，

〔註51〕 清華大學中共黨史教研組編寫：《赴法勤工儉學運動史料》第 2 冊，北京：北京出版社，1979 年，第 113 頁。

〔註52〕 《教育雜誌》，第七年第八號，紀事，第 75 頁，轉引自林子勳：《中國留學教育史 1847～1975）》，臺北：華岡出版有限公司，1976 年，第 290 頁。

需要「各專科當相繼組織也；本會宜與留歐學會支會聯絡也」。〔註53〕1914年12月，留學生倡議成立留學生聯合會，消弭留學各國中國學生之間的「國界之分」，「留學生不能免之弊，其惟因留學之各異其國，而預存一畛域之心乎？吾見留學生之入政界者有英派、美派、德派、法派之分，而尤以東洋派與西洋派為大別，派別既分，猜忌斯起，甚且互相輕鄙，互相傾軋，而禍遂隱中於國家。其實留學者學其國之學也，歸而出其所學以謀國，同為祖國盡力也」。〔註54〕

　　留學各國學生雖然平時因地域限制聯繫較少，但在一些國家緊要關頭他們密切聯合，積極參加國內國際政治。就連素以不熱衷政治事務的留美學生有時也積極參與聲援活動，1923年4月，美國伊利諾斯大學中國留學生俱樂部來電聲援收回旅大。

　　留日學生在歷次運動中頗有團隊意識，如1918年5月，留日歸國學生上海先發隊召集歸滬學生至寰球中國學生會或四川路中國青年會報到，「吾輩既已一致決歸赴難，自應群聚無散，商同各界共拯時艱」。〔註55〕留日學生還組織了鐵拳團和仙臺中國留學生同盟，提倡罷學、歸國。

　　留法勤工儉學生組織的政治團體名目繁多，主要由羅承鼎的「覺社」、趙世炎和李立三「勞動學會」、蔡和森的「工學世界社」、陳延年等的工餘社和蔡暢等在二二八示威後組織的「勵志會」。1923年7月旅法各團體組成聯合會反對列強實行鐵路共管。大部分團體都是由留學生組成。如學生總會周刊社、旅法中國勤工儉學生總會、廣東半官費學生會、中國學生會、旅法中國女勤工儉學生會、北大同學會、航空學會、江西學生會、安徽學生會、湖南學生會、江蘇學生會、山西同學會、里昂中法大學學生委員會、魯貝勤工儉學生分會、少年中國學會、《少年》雜誌社等。〔註56〕

　　20年代蘇聯積極吸納中國學生赴蘇留學，中共旅歐支部從1923年春天起，曾陸續從留法、留德、留比的勤工儉學生和華工中選派青年，到莫斯科東方大學去深造。蘇聯還從國內選拔國共兩黨學生到莫斯科中山大學留學，但國共兩黨學生卻在牆報上發表文章，針鋒相對。國民黨留學生組成孫文主

〔註53〕賀楙慶：《中國學會留美支會報告》，第2頁，《留美學生年報》1913年1月。

〔註54〕《留學生聯合會》，《申報》1914年12月22日，第11版。

〔註55〕《留日歸國學生上海先發隊啓事》，《申報》1918年5月14日，第11版。

〔註56〕清華大學中共黨史教研組編寫：《赴法勤工儉學運動史料》第2冊，北京：北京出版社，1979年，第760、765頁。

義學會中大分會，指責學校歪曲孫中山的三民主義，「賀衷寒、鄧文儀、蕭贊育、吳淡人、張恕安、谷正綱、谷正鼎、唐健飛8名骨幹成員相繼被揭發。……開除學籍，遣送回國」。〔註57〕

　　1924年1月，由美國舊金山華僑及留學生所組織的新中國黨，派康紀鴻、張聞天為駐滬專員，積極徵求黨員，準備在寒假期間在滬寧二處成立支部。此外，聞一多等人組織的「大江會」則兼有學術團體和政治團體的雙重性質。

（五）經濟性團體

　　經濟性團體主要包括兩種：一是留學生為敦促各國退還庚款和爭奪庚款而成立的各類組織。當時留美、留日、留英學生和留法勤工儉學生都組織了庚款聯合會，最早的當屬美國庚款學生設立的賠款學生會，該會設立章程，「以紀念國恥，砥礪學行，敦篤友誼，增進公益」為宗旨。會員分三種：（一）正會員。凡在美留學生為北京遊美學務處所遣派或贊助者皆得為正會員。本會選舉職員及被選舉為職員之權，惟正會員有之；（二）特會員，凡本會離美歸國者皆得為特會員；（三）名譽會員。凡對本會有特別贊助者皆得為名譽會員。〔註58〕1925年5月英政府有將庚款一半築路一半作為教育費之計劃，中國留英愛國學生總會對於英政府此種辦法認為不滿，已由該會公推李謨為代表回國請願，並請育界一致主張以抵制英方之政策云。〔註59〕

　　二是留學生為了籌集經費學習生活而建立的請費團體，比如1917年5月廣東籍留學生因為缺乏留學經費，在廣東成立東西洋留學生會商討解決經費問題。再如被法國警察遣返回國的一百多勤工儉學生回國後組成「被迫歸國留法勤工儉學生團」，向社會各界尋求資助。

（六）研究型學生團體

　　1915年任鴻雋、秉志、胡明復等人在美國綺色佳創立中國科學社，中國科學社集資500餘元，並和上海「寰球中國學生會」總幹事朱少屏聯繫，由他負責印刷發行。1915年1月，《科學》月刊正式發行。1918年遷至國內高等師範學校。中國科學社的發展首次將西方科學以整體性面目介紹給國人；注意科學普及和科學啟蒙；注意挖掘整理祖國古代科技成就；科學名詞的劃一與審訂。

〔註57〕張澤宇：《留學與革命：20世紀20年代留學蘇聯熱潮研究》，北京：人民出版社，2009年，第210頁。
〔註58〕《賠款學生會章程及規則》，第8頁，《留美學生年報》1913年1月出版。
〔註59〕《留英學生派代表回國爭庚款用途》，《申報》1925年5月4日，第11版。

1916 年過探先、鄒秉文創立的中國農學會，1918 年陳體誠、張貽志等創立的的中國工程學會，1921 年張耀翔、陸志韋、劉廷芳等創立的中華心理學會，1926 年林可勝、吳憲等創立的中國生理學會。〔註60〕1921 年，宗白華、魏時珍等留德學生成立第一個留德學生組織──「留德學生中德文化研究會」，以介紹和研究中德兩國文化爲宗旨。1923 年麥健曾、霍寶樹等發起成立了留美經濟學社，留美經濟學社的組織目標提到，「每年留美研究經濟學者，將及三百人，本社欲設法使之互相切磋，互相鼓勵，以增進研究經濟之興趣」，並指出「留美經濟學生，在美所習，多外國學說，外國問題；而其重大之責任，則在解決中國經濟問題。本社欲使習經濟學者，常有團體的討論中國將及問題之機會，集思廣益，以謀中國經濟問題之解決」。1926 年繼任社長吳大鈞在東美中國學生年會，「提出各重要中國經濟問題，以供大眾討論，頗引起留美學生注意經濟問題」。1927 年留美學生季報專門開設「經濟專號」，發表社員研究成果。〔註61〕

由於民國北京政府時期政局波動頻繁，一些學術性留學生團體深受影響，就連社團領袖也轉投政治浪潮，雖然在一些堅守學術陣地的留學生努力下情況有所改變，但仍然擺脫不了政治的影響。比如 1918 年 5 月，段祺瑞與日本締結《中日共同防敵軍事協定》，激起大規模的留日學生歸國潮。留日學生所創立的丙辰學社理事王兆榮被留日學界推舉爲救國團團長，率領大批學生回國，丙辰學社社務陷入癱瘓，處於解散邊緣。〔註62〕1923 年 7 月，丙辰學社改名爲中華學藝社，「加入之社員已逾六百人，均東西洋留學專門學生及國內大學專門學校畢業生」，其中留日學生「不下百餘人」。該會發行學藝雜誌和叢書，並派員赴日本接洽社務，得到在日社員的熱心支持和積極建議。在日社員建議學藝雜誌應分文理兩科出版，學藝叢書可分普通與專門兩種。並建議總事務所成立後由全體社員開展大規模基金募集運動。〔註63〕雖然中華學藝社章程規定學生不得參與政治運動，更不得參與黨派，但學生依然分爲三派：一派是國家主義者……一派是非國家主義者……還有一派是無所謂派。〔註64〕

〔註60〕謝長法：《中國留學教育史》，太原：山西教育出版社，2006 年，第 216 頁。

〔註61〕《留美經濟學社》，《留美學生季報》第 20 卷第 3 期，1927 年。

〔註62〕李克欣主編：《中國留學生在上海》，上海：東方出版中心，2013 年，第 69 頁。

〔註63〕《中華學藝社昨日開會》，《申報》1923 年 7 月 9 日，第 14 版。

〔註64〕李克欣主編：《中國留學生在上海》，上海：東方出版中心，2013 年，第 73 頁。

（七）留學服務機構

帶有留學生背景的一些社會團體和民間組織活躍在留學服務過程中，促進了留學管理的有序進行。寰球中國學生會、青年會和上海銀行招待部等團體組織爲學生辦理包括購船票、領護照、請醫生驗體格、辦服裝等各類出國手續以及歸國後的職業介紹事宜。這些團體組織經常在 8 月份學生出洋前開展各種歡送會，邀請社會名流介紹留學須知、留學目的、學習內容和學習方式，並請國外學生介紹留學國學習和生活情況，甚至出版相關書籍爲留學生提供指導。

其中最爲著名的當屬網羅了伍廷芳、唐紹儀、王寵惠、王正廷等重量級會員的寰球中國學生會。自周詒春將清華學校留美事宜託付給寰球會後，寰球會從中積累經驗，並逐步將教育部和各省官費生、清華學生和勤工儉學生等各類留學生的出國留學事宜攬入手中。就連陳毅後來也開玩笑說赴法前曾經交了兩塊錢給寰球中國學生會。寰球中國學生會留學招待部還與英國留學界合作辦理留學手續，1919 年寰球中國學生會發佈了英國留學生招待所成立的消息，「本會昨接英國來函云英國現設有中國留學生招待所，凡吾國學生欲留學英國者本會可以介紹也」。〔註 65〕寰球中國學生會還充分做好出國留學生的情況調查工作，比如學生會於 1919 年繪製的《最近赴法學生調查表》，詳細記載了當時 150 名赴法勤工儉學生的姓名、西文姓名、籍貫、曾在何校畢業、何科、住址、現在何國和費別〔註 66〕，不僅爲時人提供了瞭解勤工儉學生的機會，也爲勤工儉學生相互瞭解提供了便利，更爲當代留下了寶貴的研究資料。

除上述團體，還有些留學生團體則是帶有宗教性質的青年會或帶有反宗教性質的「北京非宗教大同盟」。也有的留學生出於興趣愛好而建立，比如留美學生則成立了陶鎔道德的禁酒會和聯絡感情的鴨會，其辦法即每月或每星期聚餐一次，每餐必食鴨。總體來說，民國北京政府時期的留學生團體十分活躍，爲中國近代留學事業發展和科學文化傳播做出了卓越貢獻。但這些留學生團體存在兩大不足：一是某些留學生團體不重實務，徒

〔註65〕《留學招待部消息》，《寰球中國學生會周刊》第 4 期，1919 年 10 月 25 日，第 1 頁。

〔註66〕《最近赴法學生調查表》，《寰球中國學生會周刊》第 7 期，1919 年 11 月 15 日，第 1 頁。

糜光陰。曾有歸國留學生抱怨留美學生會的月聚「無他事，唯大飲大嚼及又麻雀牌」〔註67〕；二是留學生團體存在門派之見，缺少團結精神。李書華就曾批評「歐與美之學生會殊少聯絡，歐美與日本之學生會更少來往。平日之感情既未融洽，由是回國就事之留學生有東洋派西洋派之分」。〔註68〕

第二節　中央留學管理規程

　　北京政府成立後，在對晚清留學教育政策進行分析、檢討的基礎上不斷改進、規範和完善留學管理，先後出臺了一系列留學管理規程。1914 年 12 月，教育部還制頒了《整理教育方案》（草案），決定由中央制定專門的留學教育規程，統一規範留學教育工作，改訂選送方法，「一視全國何項人才缺乏而選送之，一視地方特別情形為欲增加某項人才而選送之」。〔註69〕

　　這一時期留學管理規程的演進大致可分為三個階段。第一階段是管理規程結束「暫行」時代。從最初出臺的《經理歐洲留學生事務暫行規程》、《經理美洲留學生事務暫行規程》、《經理留學日本學生事務暫行規程》到《管理留日學生事務規程》、《管理留歐學生事務規程》、《管理留美學生事務規程》；第二階段是從按照國別劃分的管理各國留學生事務規程到統一的《選派留學外國學生規程》；第三階段是從對留學進行全方位管理定位的規程，到就某一方面專門出臺的管理細則如《國外留學生醫藥費發給規則》、《管理自費留學生規程》、《發給留學證書規程》和《留日官自費生獎勵章程》等。除了教育部出臺的眾多管理規程，交通部、海軍部和外交部就自己所管轄的留學生出臺了各自的留學規程，此外負責海外管理的留美學生監督處和留日學生監督處也分別出臺了《限制發給學生旅費辦法》和《留日官費生實習及巡歷規則》。這些規程對於處在政體變革過程中的留學生派遣管理工作起到了統一和穩定的作用，是北京政府時期官自費留學生考選、派遣、管理工作的基本依據。

〔註67〕任鴻雋：《歸國後之留學生》，《留美學生季報》第 2 卷第 2 期，1915 年，第 81 頁。

〔註68〕李書華：《敬告留學生與教育當局》，《東方雜誌》第 15 卷第 1 期，1918 年，第 9 頁。

〔註69〕朱有瓛：《中國近代學制史料》，第三輯上冊，上海：華東師範大學出版社，1990 年，第 41 頁。

表 1－2－1：北京政府中央各部出臺的留學管理規程一覽表

序號	規　　程	時　　間	備　註
1	《經理留美學生事務暫行辦法》	1913 年	
2	《經理留學日本學生事務暫行規程》	1914 年 1 月 17 日	
3	《經理歐洲留學生事務暫行規程》	1914 年	
4	《經理美洲留學生事務暫行規程》	1914 年	
5	《管理留學日本自費生暫行規程》	1914 年	
6	《各省官費留學生缺額選補規程》	1914 年 7 月 22 日	
7	《管理留日學生事務規程》	1914 年 12 月 24 日	前 2 廢止
8	《管理留歐學生事務規程》	1915 年 8 月 26 日	
9	《管理留美學生事務規程》	1916 年 3 月 12 日	
10	《教育部訂定選派留學外國學生規程》	1916 年 10 月 18 日	前 6 廢止
11	《國立大學職員任用及薪俸規程》	1917 年 5 月	
12	《專門以上學校酌派教員出洋留學研究辦法》	1919 年 3 月	
13	《國外留學生醫藥費發給規則》	1917 年 6 月	
14	《限制發給學生旅費辦法》	1918 年 3 月	留美學生監督處出臺
15	《留日官費生實習暫行章則》	1918 年 11 月	
16	《留日官費生實習及巡歷規則》	1918 年 11 月	
17	《留日官自費生獎勵暫行章程》	1918 年 9 月 2 日	
18	《留日官自費生獎勵章程》	1918 年 11 月 4 日	
19	《留日官自費生獎勵章程施行細則》	1918 年 12 月 19 日	
20	《修正管理留日學生事務規程》	1920 年 11 月 2 日	前 3 廢止
21	《日本對華文化事業補助留學生學費分配辦法》	1924 年 3 月 6 日	
22	《管理自費留學生規程》	1924 年	前 5 廢止
23	《發給留學證書規程》	1924 年	
24	《駐日留學事務處組織大綱》	1925 年 3 月 24 日	
25	《留英海軍學生監督辦事處暫行章程》	1913 年 9 月	海軍部
26	《英美海軍留學生經理員暫行規則》	1916 年	海軍部
27	《修正英美海軍留學生規則》	1916 年	海軍部
28	《派赴外國修習實務章程》	1913 年 8 月	交通部
29	《交通部新頒派生留學章程》	1925 年 8 月	交通部

一、草創期：成立之初的管理規程

北京政府最初出臺的三個《暫行規程》基本是上沿襲了清末管理規程的模式，留學經費來源、發放方式、留學生的入退學、登記、成績、各處學校情況、學術活動、禁止事項、彙報義務、請假規則、公費生不能讀選科等規定幾乎沒有變化。在生活管理上，清末民初時期的留日規程都重視留日學生的酌量撥發回國川資，醫藥費，災變恤費及病亡殯葬費。再如清末留日官費生給費有兩種標準，「官費生有由官立高等學校畢業，升入官立大學者，每人每年學費日金五百圓正。其入官立大學只習選科者，每人每年學費日金四百五十圓正」。〔註70〕而《暫行規程》亦然，日本帝國大學生爲每月日幣四十二元，其他留日官費生則爲日幣三十六元。〔註71〕

與清末規程相比，主要有三點不同。一是摒除清末規程中不切實際、難以執行的部分。清末留日規程雖然非常詳盡，但一些事宜需要日方學校的配合，故難以實行。比如監察員負責調查所管學校某省官費生若干人自費生若干人、調查所管學校所開新班完備與否，能收若干人、調查所管學校學期試驗及畢業試驗認眞與否；調查所管學校學生試驗成績分數、調查所管學校教習有無曠課，以及學生有無曠課，因何故曠課等事項；〔註72〕二是更換留學管理者，加強留學事務管理。北京政府教育部裁撤派駐各國的留學生監督，改設「經理員」，加強留學事務特別是留學經費的管理。如規定「經理員除經理學費事項外，教育總長得隨時飭令調查下列各款：一、關於學生成績事項；二、關於各處學校情形；三、關於學術事項」，〔註73〕「遊美學生到美後應將所入學校及住址等分別陳報監督」，「遊美學生畢業後須將文憑送請監督驗明」〔註74〕，「學費每三個月發給一次，……嗣後統由經理員按照個人住址發給」，〔註75〕「部派監督或省派經理員發給留學生學費及其他費用」；〔註76〕三是加

〔註70〕 陳學恂、田正平編：《中國近代教育史料彙編——留學教育》，上海：上海教育出版社，2007 年，第 405 頁。

〔註71〕 劉眞主編、王煥琛編著：《留學教育》，臺北：國立編譯館，1980 年，第 1296頁。

〔註72〕 陳學恂、田正平編：《中國近代教育史料彙編——留學教育》，上海：上海教育出版社，2007 年，第 404 頁。

〔註73〕 陳學恂、田正平編：《中國近代教育史料彙編——留學教育》，上海：上海教育出版社，2007 年，第 211 頁。

〔註74〕 陳學恂、田正平編：《中國近代教育史料彙編——留學教育》，上海：上海教育出版社，2007 年，第 214～215 頁。

〔註75〕 陳學恂、田正平編：《中國近代教育史料彙編——留學教育》，上海：上海教

強留學證書管理。清朝時只強調留學生「畢業均須有監督處證明書」〔註77〕，而北京政府還增加一項要求，「各省經理員，於官費學生齎送留學證書請求批明入國或出國日期，應即詳加查核在出國前申請留學證書」。〔註78〕留學證書制度在隨後的十餘年中不斷完善，1924 年教育部還專門出臺了《發給留學證書規程》。

1914 年 1 月的《經理留學日本學生事務暫行規程》注重加強留學生品行管理，「留學生如有不守規則，或不名譽之行為，經理員得隨時勸誡，如屢戒不悛，輕者應呈請原派官廳停止官費，重者應呈請公使飭令回國，並呈報教育部備案，」〔註79〕自費生若有類似行為，除呈報教育部還需呈報各省行政公署備案。由於受到學生結構、學習科目、地理環境、國內政局及中日關係的影響，留日學生管理與留美學生管理有所不同。留日學生容易與管理方產生衝突，而美國遠離中國，地廣人稀，學生大多分佈在各地學校，難以組織大規模群體活動，因此留美生大多專心學業，留美生與監督處之間衝突較少。

1914 至 1916 年間，新出臺的留學日本、歐洲和美國《事務規程》陸續取代了《暫行規程》。新規程加強了對學生學業和品行的要求，而兩者最大的區別則在於海外管理主體名稱和權限的變化。在《暫行規程》中，部派經理員對各省經理員的工作成效只有建議權，無裁決權。「各省經理員，如有不能稱職者，得由部派監督詳請教育總長咨行該省行政長官撤換之。」〔註80〕而《事務規程》則將中央之經理員改為部派監督，提高監督待遇，各省經理員與部派監督為從屬關係。如 1914 年 12 月出臺的《管理留日學生事務規程》規定，「部派監督得詳請教育總長撤換經理員之不稱職者，留學生送學事項之在日本文部省直轄之高等專門學校及帝國大學，統由部派監督辦理，其他各校，由部派監督或各省經理分別辦理」「部派監督規定薪津三百元，辦公費二百

育出版社，2007 年，第 321 頁。

〔註76〕陳學恂、田正平編：《中國近代教育史料彙編——留學教育》，上海：上海教育出版社，2007 年，第 420 頁。

〔註77〕陳學恂、田正平編：《中國近代教育史料彙編——留學教育》，上海：上海教育出版社，2007 年，第 413 頁。

〔註78〕劉真主編、王煥琛編著：《留學教育》，臺北：國立編譯館，1980 年，第 1297頁。

〔註79〕劉真主編、王煥琛編著：《留學教育》，臺北：國立編譯館，1980 年，第 1298頁。

〔註80〕劉真主編、王煥琛編著：《留學教育》，臺北：國立編譯館，1980 年，第 1302 頁。

元」。〔註81〕

　　1914 年教育部還出臺了《各省官費留學生缺額選補規程》，規程規定各省官費生定額，以 1914 年 6 月前「各該省核留之額數爲準」，「各省應將該省之留學官費生定額咨陳教育部備查」，「經核定後，按年應由各該省如額給費，不得減少」。「如有缺額，由教育總長選補」。選派者需爲「以自費留學，已入外國大學或專門學校肄業者」，或是「在本國大學預科或公私立專門學校畢業者」，對於從事教育相關工作「三年以上者」，「非經考試，不得選補」。〔註82〕

　　該規程第一條第二項還規定，「從四年起，四校新生之補費方法另以規程定之」。這裡所指的是 1907 年清政府和日本的文部省締結的五校特約，該特約以十五年爲限，1915 年爲第八年。清政府每年向 5 所學校派遣 165 名留學生，清政府爲每名留學生支付給學校約 190 日元的教育費，165 名留學生的經費由各省分擔。各學校入學考試合格的留學生可稱爲此類官費生。〔註83〕中國每年照約送學生入各校，由各校分別試驗，按照定額錄取。1913 年山口高商一校因事停送學生，其餘四仍照原約送考。當時教育部通電各省，此項四校新生之學費補助費，「待各校入學試驗揭曉後，由各該生原籍省分，按名給費，以資平允」。1914 年所送之四校新生亦均照辦。教育部考慮到 1915 年所送四校新生，並未包含在各省定額之內，將來考取以後，各省還要額外負擔這部分學生的留學經費。爲減輕各省負擔，教育部規定，「各省留日官費學生從本年起，無論期滿畢業或因事開除出有缺額者，應准以本年度考入四校新生分別抵補，以紓財力。惟各校取額多寡既不一致，而各該校競爭試驗之結果尤未能將各省名額平均分配，本年度貴省留日四校新生如錄取較多，應請除抵補缺額外，餘額仍應按名籌補至留學歐美缺額。暨三年度各省所出之留日缺額，仍將存記合格學生分別選補」。〔註84〕

　　這一時期留學管理規程在繼承清末管理的基礎上積極做出改革嘗試，加強對管理客體留學資格、學業和品行管理的考察，以及改革管理主體權限和

〔註81〕　劉眞主編、王煥琛編著：《留學教育》，臺北：國立編譯館，1980 年，第 1299 頁。

〔註82〕　劉眞主編、王煥琛編著：《留學教育》，臺北：國立編譯館，1980 年，第 1001 ～1002 頁。

〔註83〕　《清光緒朝中日交涉史料》，卷 72，臺北：文海出版社影印本，1963 年，第 21～25 頁，轉引自周一川：《近代中國女性日本留學史：1872～1945 年》，北京：社會科學文獻出版社，2007 年，第 11～12 頁。

〔註84〕　《留日四校新生之官費問題》，《申報》1915 年 3 月 8 日，第 6 版。

學費發放方式，爲後來的留學管理規程修訂提供了基礎。

二、統一期：統一管理規程的出臺

　　如果說民初的留學管理規程延續了清末以來按國別制定留學規程的風格，那麼 1916 年教育部公佈《選派留學外國學生規程》則改變了這一慣例。規程首次統一了各國留學規程，是北京政府制定的第一份完整的留學教育規程。規程對留學各國人員的留學資格、考選方式、留學手續、經費管理、學業管理和就業管理作了統一明確的規定。總體來看，該規程具有以下特點：

　　一是劃分了中央和地方各省在留學生管理上的權限。明確了中央部院和教育總長在留學生派遣和留學生歸國就業中的權威地位，地方享有選擇權，中央享有決定權。規程在派遣程序上規定：「每屆選派學生，先期由教育部議定應派名數、留學地方、留學年限、研究科目及各省應送備選學生名數」，不過在議定名數時，「應先期咨詢各部院各省需要人材折衷配定」。考試選拔學生時，「第一試由各省行政長官行之，其試驗科目如左：（1）國文，（2）外國文。第二試由教育部在京行之，其試驗科目如左：（1）國文，（2）外國文，（3）調驗成績，（4）口試。國文、外國文之試驗視其派赴留學地方及研究科目酌量命題。成績之調驗以歷年研究之著述及一切學業狀證爲據。口試其所學及志願發問。第一試不及格者，不得考第二試，其第一試合格之試卷，由省行政長官咨送教育部覆核」。〔註85〕該規程強調留學生歸國後對中央政府負有義務，留學生「義務年限視其留學期間之久暫酌定之」，如果「不服指派職務」，「由部取銷其已往資格之全部或一部」。但在實際操作中由於中央政權更迭頻繁，地方政權或逐鹿中原，或忙於內爭，因此難以實現。而且隨著留學生歸國就業人數增多，單靠中央指派不僅難以周全，而且有損地方各省利益。地方各省花費本省經費派送留學生，最後留學人才卻不能爲己所用，自然是對中央此條規章陽奉陰違。而且隨著留學人才歸國數量的增多，積弱的中央政府並未提供合適的就業機會，造就了民國時期的一幫「海帶」，自然也就不存在留學生歸國後有「聽從教育總長指派職務或各部院咨調任用之義務」。〔註86〕

〔註85〕劉眞主編、王煥琛編著：《留學教育》，臺北：國立編譯館，1980 年，第 1003～1004 頁。

〔註86〕劉眞主編、王煥琛編著：《留學教育》，臺北：國立編譯館，1980 年，第 1006～1007 頁。

　　二是劃分了留學生監督與駐外公使在海外管理時的權限。規程明確規定「留學生由教育部特派監督管理之，留學生遇須實習等各種請求事項應呈由監督核辦」，只有當「監督遇有留學生事務關係外交者」，才需「商承駐外公使辦理」。〔註87〕自清末以來，留學生監督地位一路下滑，20世紀初，從駐日公使蔡鈞與留學生監督汪大燮的矛盾，再到駐歐學生監督蒯光典遭學生驅逐和駐外公使排擠，最終被迫回國，駐歐監督處也隨之取消，留學生監督與駐外公使的矛盾糾紛似乎成了留學生海外管理中的常見現象和一大難題。民國成立之初為降低開銷，將留學生監督改經理員，雖很快恢復留學生監督名號，但依然未理順留學生監督與駐外公使的關係。1915年因駐歐監督朱炎躲在巴黎，逃避學務問題，結果引發了駐英公使施肇基將朱炎扣押在使館的鬧劇。此次劃分監督與公使權限，緩解雙方矛盾也是原因之一。不過在此後的十年中，留學生監督由於外界環境惡劣、地位低下和監督個人素質等因素，大多未能按照教育部的要求完成工作任務，留學生經常直接求助於駐外公使，監督一職形同虛設，因此監督更換頻繁，屢遭裁撤。

　　三是加強了留學生管理力度。在留學生選拔上，提高了資格限制，尤其重視教授留學。「教育總長認為必要時，得就左列各項人員中選派留學外國學生，研究必須留學外國之學術技藝：（1）曾任本國大學教授或助教授繼續至二年以上者；（2）曾任本國專門學校高等師範學校教授繼續至二年以上者；（3）曾經留學外國大學高等專門學校、高等師範學校本科畢業者；（4）本國大學本科畢業生；（5）本國專門學校、高等師範學校本科畢業生」。教授和有外國本科文憑者可以「免試驗之全部或一部」。〔註88〕此後教育部還從高校推薦的教授中選拔人員出國深造，而一些高校也自行訂立章程，派遣教授留學深造，這符合中國培養高深學術人才的目標。在留學生學業管理上，注重考察留學生的留學日記，「留學生自出國之日起至歸抵本國之日止，每月應將留學日記呈部或轉由監督送部考覈，其有取得學位之論文或他項著述及考察報告並應隨時送部考覈」。對於留學生的曠課行為或其他不端行為，則予以懲治，「免其留學，其情節過重者應由部取銷其已往資格之全部或一部」。〔註89〕規程還

〔註87〕劉真主編、王煥琛編著：《留學教育》，臺北：國立編譯館，1980年，第1004頁。

〔註88〕劉真主編、王煥琛編著：《留學教育》，臺北：國立編譯館，1980年，第1003頁。

〔註89〕劉真主編、王煥琛編著：《留學教育》，臺北：國立編譯館，1980年，第1006

注重保護本國文字和借鑒留學生成果,「留學日記除特別名稱外,應用本國文字按日記載,毋得間斷。尤應恃重所學事項」,「留學日記及著述報告等應由部摘要編印成書,分送各部院各省參考」。〔註90〕

　　四是規範了出國前、出國後和歸國前的相應手續。這些規定可操作性強,有利於教育部掌握學生留學動態和辦理學歷認證。「選拔合格之學生,須於揭曉後一個月內,連同最近半身相片三紙繳具留學願書呈部領憑出國」,留學生到達留學國時,「應將在部所領憑證繳由監督彙送教育部」。留學生畢業後「應將學業憑證送請監督驗明,人工年限成績查核相符,方許發給留學畢業證明書。留學生取得前項證明書後,應即依限回國,連同證明書送部驗憑註冊」。

　　五是明確了留學各國經費類型、經費數額和經費發放方式。經費發放方式為「治裝費及出國川資由教育部在京發給」,「回國川資由監督於填發證明書時發給之」。「每月學費由監督查明各該生行抵留學國之日起算,按月發給,不得預領」。在此之前,清政府和民初北京政府則曾嘗試過按季度發放或兩個月發放,不過按月發放逐漸成為慣例。此外還實行人性化經費管理,酌情支付留學生旅費、醫藥費、回國川資和殯葬費。「留學生因研究學術必須巡歷地方或經指定轉學他國等特別情形時,得另酌給旅費。但應先具預算書呈由監督呈部核准」。留學中罹疾確有醫證者,於學費之外得酌給醫藥費。但通留學期內不得過國幣三百圓之數,並應將醫藥各收據呈送監督核驗。至四個月尚未痊癒者得免其留學酌給回國川資但不得超過表定數目。留學中死亡者,得由監督設法就地殯葬,殯葬之費不得超過表定回國川資數之一倍。其家屬願自費運柩回國者聽」。〔註91〕

　　六是注重政策的連貫性,採取「新人新辦法,老人老辦法」的方針,使得之前派遣的留學生免受政策前後不一致之苦。教育部在確定各省留學名數時,尊重前清政府與日本簽訂的特約五校協議,「留學日本名數應先盡每年考入特約學校各生充補」,直到 1922 年協議期滿,教育部才取消五校生優先補費。對於規程公佈以前所派留學生及日本特約學校按約錄取各生,「應准仍照

　　　　頁。

〔註90〕劉眞主編、王煥琛編著:《留學教育》,臺北:國立編譯館,1980年,第 1006 頁。

〔註91〕劉眞主編、王煥琛編著:《留學教育》,臺北:國立編譯館,1980年,第 1005 ～1006 頁。

管理留歐學生事務規程、管理，留學日本學生事務規程暨其他部定辦法分別
辦理」。〔註92〕

三、完善期：管理細則的完善

《選派留學外國學生規程》出臺後，並非一成不變，而是不斷接受社會
各界的檢驗，與時俱進，在實踐中不斷改革完善。北京政府中央和地方政權
都出臺了各種管理細則，對留學管理的各個層面作出補充。

（一）經費管理細則的完善

比如支付醫藥費一條，1914 年 1 月的《經理留學日本學生事務暫行規程》
規定，必須入院醫治者，「每日得給與病費日幣二元，以二星期爲限，限內不
足之費，及限外不能出院，概由其學費內開支」，「重者准其退學回國，不得
藉口患病要求醫費」。〔註93〕而 1916 年的《選派規程》則提高救助學生的資
金標準，但卻常被一些留學生利用，有不少人因小病而支領大額醫藥費，比
如有留日學生串通醫生，以假病騙取醫藥費後救助日本朋友。鑒於留美留日
官費學生請發醫藥費者紛至沓來，1917 年 6 月 30 日代行部務的教育部次長袁
希濤發佈《國外留學生醫藥費發給規則》，「官費生因患重病須入醫院，其醫
藥及病室費，得由監督核明支給，至院中伙食暨其他雜用，悉由生自備」，「醫
院中所需醫藥費及病室費不得由學生請領，應由監督直接彙交醫院，取具收
據，以憑核銷」。〔註94〕該規程禁止學生因小病住院報銷，賦予監督核查之權，
監督可以決定留學生醫藥費報銷數額。但監督以一己之力應對人數眾多的學
生，也存在一些問題：一是增加監督工作負荷，二是讓未必擅長醫學和會計
學的監督擁有如此大權，容易造成工作失察，三是容易造成監督與學生之間
關係緊張，四是容易造成給費不公正的現象。

鑒於留日學生醫藥費發給規則在實際操作中存在諸多問題，1918 年留日
學生監督向教育部呈送《限制發給醫藥費辦法》及《官自費生獎勵章程》，教
育部認爲辦法切實可行，惟有將節省下來的留日學生醫藥費移作官自費生獎

〔註92〕 劉眞主編、王煥琛編著：《留學教育》，臺北：國立編譯館，1980 年，第 1007
頁。

〔註93〕 劉眞主編、王煥琛編著：《留學教育》，臺北：國立編譯館，1980 年，第 1296
〜1297 頁。

〔註94〕 劉眞主編、王煥琛編著：《留學教育》，臺北：國立編譯館，1980 年，第 1015
頁。

金一節，雙方存在分歧。留日監督認為，「原有醫藥費，各省擔任額數不同，擬將此項移作獎金之款，於支給時不再劃分省分」，教育部則認為「恐於事實上諸多窒礙」，主張「應仍以甲省之醫藥費餘款祇准獎給甲省學生之用，以符慣例，而利進行」。教育部修正後的《修正留日官自費生獎勵暫行章程》主要分為三個部分，即勤學獎勵、成績獎勵、獎勵金之標準。「留日高專以上各校官費生一學年內不欠席，並學年試驗及第者」，或「學年試驗考列最優等者」，給予「二十五元以上五十元以下之獎勵金」；「畢業時合計三學年不欠席者」，或「畢業試驗考列最優等者」，「給予五十元以上一百元以下之獎勵金」。章程同時規定，官費生「如不遵照定章呈送留學日記者雖合於本章程各條之規定亦不得給予獎勵金」。除了對官費生的獎勵，符合條件的自費生也可以獲取一定數額的補助費，但該項「補助費每年不得超過三百元」。〔註95〕

再如旅費一節，1918 年 3 月，留美學生監督處出臺《限制發給學生旅費辦法》，規定「修學旅行當以農工商礦教育五科為限，其他學生概不得請發旅費」，「其數不得超過美金一百元」，如有超過還需由監督將學生所列預算呈請教育部核准。「修學旅行必須與校中教員所率旅行隊同行，若個人獨往獨還，不得發給旅費」，「呈請旅費必須由教員出具證明書陳述旅行之必要。〔註96〕1918 年 11 月，《留日官費生實習及巡歷規則》規定，「查其成績確係優良者，得由本處請於展限半年或一年」，「實習期內，須按月呈出日記，詳記實習情形，以憑稽核」，如果請假，「假期內不得支領實習費」。「卒業生請求巡歷者，以農工醫三科學生為限。但高等師範學校卒業生，部准考察教育三個月有案者，不在此例。巡歷時期以四個月為限」。如卒業生已領實習費，「即不得再請巡歷費」。「未卒業生經校長指定修學旅行者，須呈出校長指定憑證，暨旅費預算表，放予轉請核辦」。〔註97〕《管理留日學生事務規程》「應以留學醫農工各科成績最優之學生，並得各病院及場廠許可者為限，部派監督應先詳報教育部或各省行政公署察核辦理，前項實習期間至多不過一年」。〔註98〕「凡

〔註95〕《留日學生醫藥費移作獎金》，《申報》1918 年 9 月 20 日，第 10 版。

〔註96〕劉真主編、王煥琛編著：《留學教育》，臺北：國立編譯館，1980 年，第 1031 頁。

〔註97〕劉真主編、王煥琛編著：《留學教育》，臺北：國立編譯館，1980 年，第 1308～1310 頁。

〔註98〕劉真主編、王煥琛編著：《留學教育》，臺北：國立編譯館，1980 年，第 1304 頁。

輟學回國之官費生，以三個月爲限，逾期不到者，停止官費，其在輟學期內，不得支領學費」。〔註99〕

此外，隨著時間推移，物價波動，教育部也在不斷調整留學經費數額。比如 1917 年 10 月的《留日新生限制發費辦法》規定只有「入帝國大學之大學院或官立高專以上學校研究科者」才能享受四十六元學費補貼。「其入此外各高等專門以上學校研究科者，於呈請照新章給費時，應由監督酌量情形呈部核定」。〔註100〕1918 年 4 月、6 月，由於留日學生生活艱困，教育部通咨各省，兩次增加留日官費生學費。先是增加日幣四元，後又增加日幣二元。〔註101〕由原來的四十六元變成五十二元。

1924 年教育部鑒於各國留學費用變化較大，因此參酌歐美各國校費之多寡，各國生活程度之報告，各輪船火車公司之價格，詳加審察，重訂留學歐美各項費用，並致函駐歐各使館通咨各省長，並訓令留美學生監督。此次調整治裝費依然維持 200 元標準，主要是提高了往返川資和每月學費，並且在支付各國學費時使用的貨幣有所不同。如 1916 年赴德留學每月學費爲德國幣 320 馬克，1924 年調整爲英幣 12 磅。1916 年出國川資除赴日外基本爲 500 元，1924 年除赴美調整爲 600 元，赴歐均爲 700 元。1916 年回國川資根據各留學國貨幣結算，1924 年除留美生改爲美幣 450 元外，其餘均改爲英幣 110 磅。〔註102〕此外，由於蘇共奪取俄羅斯政權，因此北京政府停止了留俄派遣，取消了留俄學費和往返川資。

（二）留學生婚姻管理

1918 年 2 月 14 日北京政府教育部在駐義公使和留日學生監督的建議下，下令禁止留學生與外人結婚，7 月 31 日又通咨各國公使，出臺《限制留學生與外人結婚辦法》，「以後有官費學生私犯令章者，切實開除，以昭炯戒」。〔註103〕1920 年教育部還根據駐巴黎總領事的提議，對自費學生、充任青年會幹

〔註99〕劉眞主編、王煥琛編著：《留學教育》，臺北：國立編譯館，1980 年，第 1305 頁。

〔註100〕劉眞主編、王煥琛編著：《留學教育》，臺北：國立編譯館，1980 年，第 1312 頁。

〔註101〕劉眞主編、王煥琛編著：《留學教育》，臺北：國立編譯館，1980 年，第 1307 頁。

〔註102〕《各省教育界噪聲》，《申報》1924 年 5 月 5 日，第 10 版。

〔註103〕劉眞主編、王煥琛編著：《留學教育》，臺北：國立編譯館，1980 年，第 1020 頁。

事之學生及兼作工人之學生的婚姻做出限制，「雖非官費，悉屬青年學子，在政府爲作育人材起見似應與官費生一律待遇，禁止在求學期間與外國婦女結婚以免荒廢學業」。〔註104〕

　　北京政府出臺此項政策與民初特殊的社會環境頗有關係。民國初年正是中國社會由封建傳統社會向近代社會劇烈轉變的時期，舊的婚姻家庭體制正在解體，各種新生事物層出不窮，法律與道德卻未能及時給予評判。民初一些留學生拋妻另娶，還有的帶有夫之婦出國留學，拆散別人家庭，結果引起社會輿論不滿。楊步偉就曾稱德國留學生中：「那時還有一個風行的事，就是大家鼓勵離婚，幾個人無事，幫這個離婚，幫那個離婚」。〔註105〕而在當時轟動一時的留美學生關瑞麟停妻再娶一案中，關瑞麟的妻子陳絢雲不僅資助關出國留學，還代其侍奉其母，並爲關母送終。但關歸國時不僅帶回一個美國妻子，還拋妻棄女，攜新歡遠赴天津生活，最後導致女兒患病身亡。神州女界協濟社出面爲其呼吁，最終法院判決關瑞麟敗訴。時人稱，「吾知一般富商巨室必且奉此案爲殷鑒，一般遊歷東西洋自命不凡之留學巨子，更可奉此案爲前車，是其有關於世道人心者非淺鮮矣」。〔註106〕因此北京政府的此項政策是從道德角度出發，希望能夠提高留學生的道德水準，雖然在實際操作中難以實行，但在某種程度上聲張了女權。

　　然而北京政府對留學生婚姻的限制一直受到許多研究者的詬病，認爲一來干涉留學生私事，二來政策也不便於執行。1920年12月，橫濱徐領事致電外交部，電稱「近查濱埠留學生本年娶日婦者竟有十七人之多，若不實行禁止，足妨學業，請咨教部轉電學生監督嚴爲阻止」。〔註107〕但從實際情況來看，政策的出臺並未能限制留學生與外國人結婚，駐外管理者大多不願得罪學生。一些留英學生娶房東之女爲妻，「此境遇使然，而其身份豈可得言耶教。教育部明令留學生娶外國女子爲婦者即停止官費，然不過具文而已。學生監督雖有耳目，然孰願作惡人。故領官費不讀書，拌妻子者實屢見不一。此亦留學界之水水新聞也」。〔註108〕

〔註104〕《防止華民在外重婚普通辦法》，《申報》1920年2月28日，第7版。
〔註105〕劉宜慶：《紅塵往事：民國時期文人婚戀傳奇》，上海：東方出版中心2009年，第125頁。
〔註106〕《雜評三》，《申報》1913年6月1日，第11版。
〔註107〕《北京電》，《申報》1920年12月31日，第6版。
〔註108〕振聲：《留英法學生瑣談》（五），《申報》1921年12月10日。

客觀來說，一些學生因爲涉外婚姻不思學業，信奉外國宗教，或是有違道德，北京政府有心糾正也是無可厚非。就連一些留學生也對這種現象提出批評。胡適也曾批評一些留學生，「吸了一點文明空氣，回國後第一件事便是離婚，卻不想想自己的文明空氣是機會送來的，是多少金錢買來的；他的妻子要是有了這種好機會，也會吸點文明空氣，不至於受他的奚落了！」〔註109〕然而這類問題難以通過留學管理規程來解決，而且擴大到自費生層面，未免有干涉婚姻自由之嫌。對於重婚或是一些不道德行爲，則可通過法律途徑加以制裁。其時仍有例可覓，比如留美生朱有卿讀大學及赴美留學費用皆由女方提供，但朱卻忘恩負義，1925 年其妻朱王氏運用法律武器控告朱，「不顧贍養，請求離婚，並追奩資及代還債務等款八萬餘元」。〔註110〕

第三節　地方留學管理政策

中央政府制定留學政策派遣留學生的同時，無論是江浙等富裕省份，還是廣西等財政窮困省份都參照中央留學規程制定本省留學管理細則，積極向國外派遣留學生。受管理體制、留學經費和政局影響，各省政策既有對中央政策的傚仿和補充，亦有因地制宜，與中央政策相悖之處，省際之間也存在差異。

表 1－3－1：部分省份出臺的管理規程

序號	規　　　程	時　　間	出臺省份
1	《鄂省派遣留學生之取締法》	1913 年	湖北省
2	《長沙縣補助留法學生旅費辦法》	1919 年	湖南省
3	《考送留法學生之新章》	1919 年 12 月	廣東省
4	《派遣留學生東西洋辦法議案》、《廣西考送留日預備生簡章》、《廣西選派留學歐美學生規程》、《派遣留學生規程》（馬君武，未施行）	1912 年、1915 年、1921 年	廣西省
5	《奉天省管理留日學生暫行規則》、《獎勵自費留日學生辦法》	1923 年	奉天省

〔註109〕《美國的婦人》，《胡適文存》第 1 集第 4 卷，轉引自〔美〕周明之著，雷頤譯：《胡適與中國現代知識分子的選擇》，桂林：廣西師範大學出版社，2005年，第 86 頁。
〔註110〕《朱有卿妻控請離異案候特別訂訊》，《申報》1925 年 3 月 15 日，第 15 版。

序號	規　　　　　程	時　　間	出臺省份
6	《留外官費生選補、待遇辦法》、《派遣教職員及畢業生留學案》、《浙省派遣教職員出洋辦法》、《浙江省派遣留學生規程》《浙江省留外官費生選補待遇暫行簡章》、《浙江省選派特別研究員規程》	1916年～1925年	浙江省
7	《江蘇省教育廳選派出洋員生大綱》、《選派留學歐美官費生暫行辦法》、《選補留學歐美津貼生暫行辦法》、《江蘇省留學國外畢業生實習規程》、《考選歐美留學生規程》、《留日官費生支費及補費辦法》、《江蘇歐美留學官費生補選給費暫行辦法》	1922年、1923年、1924年	江蘇省
8	《重訂留學辦法》	1927年	江西省
9	《山西派遣留學章程》	1924年	山西省

資料來源：張研、孫燕京主編：《民國史料叢刊》（文教・教育概況，1036），大象出版社，2009年；元青：《北京政府統治時期的留學派遣政策》，《廣東社會科學》2005年第6期；《歐美官費生補選給費之省令》，《申報》1924年2月9日，第13版；沈殿成：《中國人留學日本百年史》，遼寧教育出版社，1997年，第427頁；吳曉：《試論陸榮廷統治時期廣西「出國留學潮」》，《廣西民族研究》，1996年第1期；《法規：三、重訂留學辦法》（義務與派遣方法），《江西教育周刊》第5期，1927年，第17～19頁；《學乘：山西派遣留學章程》，《教育與人生》，第48期，1924年，第2頁。

一、地方規程對中央規程的補充

地方省份制定本省留學管理規程時，在留學經費、留學年限和派遣類型等方面注重借鑒中央規程，但因各省實際情況有所區別，如財力相差較大，各省規程亦有所不同。

在留學經費上，地方各省盡量與中央保持一致，但各省由於留學經費數量差距懸殊，實際上仍多由各省參酌本省情況自行掌握。1913年5月教育部規定，「留日學費帝國大學本科每月日幣四十二元，此外各學校每月三十六元」，並下令取消留日生醫藥費，江蘇省據此修改《江蘇省費留學日本學生給費方法》，「帝國大學本科肄業生每人每月學費日幣四十二元，其它私立大學及各高等專門學校並帝國大學選科肄業生，每人每月三十六元」，「其第二條

每人年給醫藥費日幣四十元十二字應即刪去」，並通令各縣知事。〔註111〕1925年2月江蘇省教育行政委員討論後決定將德國每月學費提高爲「英金十六鎊」〔註112〕，與教育部規定保持一致。海軍留學生享有書籍旅行費，江蘇省的《留日官費生支費及補費辦法》也相應給予留學生補助。

依照《選派留學外國學生規程》第五條，各類公費生的治裝費、往返川資及每月學費等都有具體的定額，如留日治裝費爲國幣100元，出國川資爲國幣70元，每月學費爲日幣46元，回國川資爲日幣70元。〔註113〕但一些貧瘠省份如甘肅，1918年該省教育廳制定的《官費派遣留學日本規程》中經費標準爲：每名學生出國時「給學費及旅費共日幣36元」〔註114〕，與部頒標準相距甚遠。即便如此甘肅派遣留學生的能力也僅能以12名留日生爲限，留學歐美更是空白。〔註115〕而奉天因張作霖重視派遣和獎勵留學生，奉天留學生待遇較高。奉天在1922年採用新的留學經費標準，除省費生費用能夠得到保障外，就連本省「留學外國的自費學生，能考入本省指定之專門大學、學習指定之學科者，准給予定額之獎勵金」。留美的自費生最高可以拿到每年800美金的津貼，與教育部規定的公費生相差無幾。〔註116〕1923年，奉系當局再制定獎勵自費生的辦法，規定凡能考入奉省所指定之日本大學和指定學科的本省自費生，按等分別獎勵600、500、400日元，這一獎勵標準，已遠遠高出教育部所公佈的有關獎勵標準。1923年奉省指定獎勵的日本學校有40多個，專業有30多個。〔註117〕1925年奉天計劃教育經費定八十萬元，其中獎勵留學生五萬元。〔註118〕江西的官費支付方式比較特別，「歐美各國留學生學費由政府直接繳納，每月另給

〔註111〕《留學生不給醫藥費》，《申報》1913年6月6日，第10版。

〔註112〕《江蘇省教育行政委員昨開會議紀》，《申報》1925年2月3日，第11版。

〔註113〕陳學恂、田正平編：《中國近代教育史料彙編──留學教育》，上海：上海教育出版社，2007年，第80頁。

〔註114〕魏靜：《對清末民初甘肅留學教育的思考》，《絲綢之路》2004年SI期，第93頁。

〔註115〕冉春：《南京國民政府留學教育管理研究》，華中師範大學博士論文2007年，第23頁。

〔註116〕郭建平：《奉系教育》，瀋陽：遼海出版社，200年，第212－213頁，轉引自冉春：《南京國民政府留學教育管理研究》，華中師範大學博士論文2007年，第23頁。

〔註117〕沈殿成：《中國人留學日本百年史》，瀋陽：遼寧教育出版社，1997年，第428頁。

〔註118〕《奉天電》，《申報》1924年12月21日，第12版。

生活費美金八十元」，各國往返旅費另行支付。〔註119〕

　　在留學派遣類型上，教育部1918年選拔8名高校教授出國深造，浙江省也秉承這一精神，制定本省教員出洋規程，重視派遣本省教師出國。1924年浙江教育行政研究會議決派遣本省中等以上學校職教員赴歐美日本研究考察。派遣辦法如下：（一）派遣人員：公私立專門學校及省立縣立私立各中等學校職教員連續任職三年以上，並能操所派赴國之語言者，由教育廳每年就各校擇要派遣之（二）派遣地域：歐美、日本（三）派遣經費：於本省留學費項下劃充，由教育廳列入預算（四）研究及考察期限：至長不得過三年（五）研究考察之人員應先期認定目的呈教廳核准，回國時並應將所研究考察之各項作成報告書呈由教育廳核准並發佈之。〔註120〕1925年浙江省又出臺《選派特別研究員規程》，規程規定，「本省歐美官費生此後遇有缺額時以二分之一作為特別研究員名額」，特別研究員資格為「凡本省人在國內外大學畢業均有學位於國立大學或本省公立專門以上學校繼續教授所專攻之科目至五年以上確有成績者」，「選派時盡先派遣本省公立專門以上各校教授，次及省外國立大學」，「研究年限至多不得過三年」，「研究員回國後，如因本省需要指派服務不得推諉，違者追償官費」。但審查合格後仍需「咨部備案」。〔註121〕此外，1923年浙江省還加強對職業人才的培養，「高中職業科畢業，曾在本省職業學校或實業機關服務十年以上著有成績者」亦得派遣資格。〔註122〕

　　在留學年限上，雖然教育部規程對留學年限未作出具體規定，但江浙等省為防止留學生滯留不歸，糜費公款，對留學年限做出規定，一般在三年或四年之間。江西規定留學年限為四年，但考入日本帝大者得延至畢業時止。〔註123〕鑒於浙江省《變通派遣留學歐美學生辦法》對留學人員歸國服務要求最為嚴苛，留學期限只有三至四年，但回本省服務年限則需在六年以上，因此1924年7月浙江省教育行政研究會，「改正畢業年限至長以六年為限」。〔註124〕

〔註119〕《法規：三、重訂留學辦法》（義務與派遣方法），《江西教育周刊》第5期，1927年，第18頁。

〔註120〕《各省教育界噪聲》，《申報》1924年7月30日，第10版。

〔註121〕《浙江教育行政會議第六日大會紀》，《申報》1925年4月8日，第11版。

〔註122〕《浙教育行政會暑期大會（二）》，《申報》1923年7月28日，第10版。

〔註123〕《法規：三、重訂留學辦法》（義務與派遣方法），《江西教育周刊》第5期，1927年，第18頁。

〔註124〕《浙教育行政研究會開會（二）》，《申報》1924年7月28日，第10版。

在留學國別和專業上，江西省留學日本名額最多，「美國十名、英國三名、法國四名、德奧瑞丹共六名、俄國七名，日本五十名」。〔註125〕而山西省則根據各國學科特點規定修習科目，「英國電機科等；美國農業科等；德國農業科等；法國農業科等；比國毛織科等；日本農業科等」，「官費生在英美修習電機科者，每年加費二十鎊，或美金五十元」，體現了山西省對學習電機專業的重視。〔註126〕

在畢業實習管理上，中央與地方都強調實習需向使領館或駐日留學生監督呈報，或由其代為介紹。中央政府1918年出臺的《留日官費生實習及巡歷規則》規定實習以農工醫三科為限，時間為半年至一年。而江蘇省1921年出臺的《江蘇省留學國外畢業學生實習規程》則規定，實習生「以研究理工農醫四科而具有優良之成績者為限」，「實習期間規定一年，如有特殊情形確有延期之必要時的聲述理由，附送實習場所之證明文件，呈由駐使領館或監督處轉函江蘇省教育廳予以核定」，江蘇省還加強實習考覈，「在實習期內，應將實習經過及心得每學期報告江蘇省教育廳一次」。〔註127〕

二、地方與中央規程衝突：以江蘇為例

一些省份認為留學經費既然由地方交納，教育部不應干涉本省留學管理，如1923年山東教育廳長王訥任職後積極籌劃「由本省自定留學名額」、「設法准許轉國」、「擴充留日學生額數」。〔註128〕1925年4月，浙江省就修正《浙江省留外官費生選補待遇暫行簡章》展開討論，經教育行政委員討論決定，「覆試、免試讓之大部，派遣則歸本省」。〔註129〕省政府負責的「第一試概不免試」，並強調官費生義務，「官費生畢業歸國如因本省需要指派服務，不得推諉，違者追償官費，前項服務年限以官費年限為準」，即不超過四年。〔註130〕但按照教育部留學管理規程，官費生回國就職則應首先遵照中央的安排。

〔註125〕《法規：三、重訂留學辦法》（義務與派遣方法），《江西教育周刊》第5期，1927年，第17頁。

〔註126〕《學乘：山西派遣留學章程》，《教育與人生》，第48期，1924年，第2頁。

〔註127〕張研、孫燕京主編：《民國史料叢刊》（文教·教育概況，1036），鄭州：大象出版社，2009年，第64頁。

〔註128〕《魯教廳整頓教育計劃》，《申報》1923年3月29日，第10版。

〔註129〕《浙江教育行政會議第四日大會紀》，《申報》1925年4月5日，第11版。

〔註130〕《浙江教育行政會議第六日大會紀》，《申報》1925年4月8日，第11版。

　　地方省份根據本省需要出臺的管理規程擴大了地方留學管理權限，引起中央不滿。在中央與地方的管理權爭奪中，以江蘇省與中央的派遣權之爭鬧得最爲沸沸揚揚。

　　當時的江蘇省長韓國鈞爲官清廉，淡泊名利，1922 年在政府和省議會的屢次催促下韓才出任江蘇省長。韓對留學教育有著非常精準的看法，韓認爲，近十年來政府財政困難，除義務教育和官費留學外，其他國內教育均收取費用。但政府卻繼續爲官費生負擔了學費、食宿、書籍、醫藥等名目繁多的鉅額費用，而一些官費留學生的表現卻差強人意，「竟有號稱碩博，因一時之衝動至輕身自戕者。亦有流蕩越軌，撤學負累，勾串無聊之律師，妄肆無理之要求而不務學業，怠於報告。留學八九年毫無成績，惟以僥倖詭得流連忘返者亦往往有之。雖少數未必害群而流弊要在必革囊者」，「若以缺乏修養德性未定之青年委之於異種分化之國外學校，於教育上無形之犧牲，視有形之經濟尤爲無藝」。因此應加強留學生管理工作，以圖保存種族和民族發展。省教育會也主張，「以後東西留學須另定方針，爲有目的之派遣」。〔註131〕而 1922年出任江蘇省教育廳長的蔣維喬曾先後受到兩任教育部長蔡元培和范源濂的重用，1916 年任教育部參事，掌管教育法令。他就職後亦致力於江蘇留學人才的選派和任用工作的發展。1923 年以來，在省長韓國鈞、教育廳長蔣維喬和省教育會的共同推動下，江蘇省署第三科針對本省學生留學中出現的問題，參照部章和本省要求重新制定和完善本省留學管理規程，先後制定了《留日官費生支給學費暫行辦法》和《江蘇歐美留學官費生補選給費暫行辦法》。

　　與教育部的《選派外國留學規程》相比，1924 年 1 月出臺的《江蘇歐美留學官費生補選給費暫行辦法》主要有以下不同：一是強調本省在留學生派遣、海外管理和歸國服務方面的主權。自費生選補官費或半費，可以不通過考試，「留學滿一年之私費生，如所習科目爲本省所需要，其學業成績經典試委員會審查合格者，亦得以無試驗選補官費，但其占額以出缺總數三分之一爲限」。省署還對留學生學業管理掌握主導權，「學業成績應遵照部定辦法，依期呈由駐使或監督轉送省行政長官查核，如逾期不送者省行政公署，應將下學期各該生學費扣發」，學歷認證需經「省長公署驗明註冊」，官費生歸國就業「須盡先在本省服務，違者追繳學費」；二是規定了留學年限，「官費生留學期間不得逾四年，自費留學，中途選補之官費及半費生自補費後，通留學期間不得逾

〔註131〕《歐美官費生補選給費之省令》，《申報》1924 年 2 月 9 日，第 13 版。

三年」；三是強化了對留學生品行和經濟實力的考察，對於「有無理要求及任意滋擾情事」者予以開除，「有違背部令曠誤學業或其它不端行爲」，「流蕩負債累及監督或駐使者」不僅開除學籍，還要「行文原籍地方官，勒限各該家族追繳歷年學費」；四是加強經費發放管理，強調學生領費後需將親筆收據呈由駐使或監督彙報核銷，否則「省公署彙放下學期學費時應將各該生學費扣發」；六是費用標準和貨幣支付形式有所不同。官費生應支治裝費、往返川資比教育部 1924 年 1 月實行的標準要低，留法每月學費略高於教育部標準，而留德每月學費則略低於教育部。「官費生醫藥費每年每生不得過國幣五十元」，比部章規定的總數不超過三百元爲少。〔註 132〕而且按照教育部規定，「外國留學費應以留學國之幣爲準」，江蘇省用英鎊支付留德學生學費，因此雖然江蘇省留歐美學費英金一千五十鎊交駐英使館代收轉給，但「江蘇一省未便獨異」。〔註 133〕

表 1-3-2：1924 年江蘇歐美留學官費生應支治裝費、往返川資及每月學費

留學國	治裝費	出國川資	每月學費	回國川資
英國	本國幣 50 元	本國幣 60 元	英金 20 磅	英金 50 磅
法國	同	同	法幣 1400 佛郎	英金 50 磅
德國	同	同	英金 10 磅	英金 50 磅
美國	同	同	美金 90 元	美金 250 元

資料來源：《歐美官費生補選給費之省令》，《申報》1924 年 2 月 9 日，第 13 版。

注：此後《申報》報導的留學經費數額與上表有所差別，依照江蘇省歐美留學官費生補選給費暫行法第十條之規定，1924 年江蘇省考試選派的六名赴美留學生「每人應給予治裝費二百五十元、出國川資六百元，兩共八百五十元，合計六人兩五千一百元」。〔註 134〕此外，根據《江蘇省官費留學歐美各國學生姓名及每月學費數目清單》，除官費生外，江蘇省還資助半費生。江蘇省對留德半費生每月補助英金四鎊，留美半費生分別補助六十元和四十元不等，另對留學瑞士學生補助瑞幣五百佛郎，留日學生則補助十名學生每人每月七十五元、六名學生每人每月七十三元、二十二名學生每人每月七十元、五名學生每人每月三十五元。〔註 135〕

〔註 132〕《歐美官費生補選給費之省令》，《申報》1924 年 2 月 9 日，第 13 版。
〔註 133〕《南京快信》，《申報》1922 年 2 月 13 日，第 11 版。
〔註 134〕《蘇教廳籌備歐美官費生出國手續》，《申報》1924 年 8 月 2 日，第 11 版。
〔註 135〕《蘇省留學官費生最近一覽》，《申報》1924 年 7 月 19 日，第 9 版。

　　雖然江蘇省的管理規程頗有可取之處，但因 20 年代以來各省留學經費欠費現象嚴重，而且數額日益增多，歐美、日本等處留學事務陷入困境，駐日使署和留日學生經常函電呼吁，中央只能從崇關項下月撥補助費若干元墊付給留日學生。但中央補助費的濫發導致各省產生依賴思想和放任態度，激化了雙方矛盾。「各省皆以中央既有補助，欠解愈多，而自由選補如故……缺費省份學生每年所領學費反較不欠費省份爲多長」。1923 年 12 月教育部下令暫行停辦選派留外學生。教育部還在《選派留日學生之辦法》中規定了中央救濟措施，自 1925 年 7 月起，「每月由中央崇款項下墊給若干元」，但「以前缺費應由各缺費省份籌發」，中央也拒絕爲缺費省份學生墊付實習費用，並規定 1923 年 4 月以後缺費省份派遣或補助的留學生「中央概不負責」，「凡缺費省份所有省定單行辦法一律取消」。〔註 136〕當時教育部還出臺政策對留學生改國移費加以限制，但江蘇省未經教育部批准，就核准留日學生蔣汝成轉學美國。因此教育部認爲江蘇省的「單行辦法與部定規程頗多牴觸」，雖然江蘇並非欠費省分，「但單行辦法之例一開，其它省分亦可紛紛援例，辦法既有不同，將來事權屬之各省，而責任則歸之本部，殊非國家設官分職之本意」，因此要求江蘇教育廳「嗣後選派留學仰遵照部定規程辦理，免致枝節橫生」。〔註 137〕就連之前默許實行的《留日官費生支給學費辦法》，教育部也予以阻止。

　　江蘇省長韓國鈞認爲教育部此舉有欠妥當，強硬表態，「歐美留學中央雖可停止派遣，而蘇省實有自行派遣之必要。且蘇省既非欠費省分，若以他省欠費影響連累停派，無異怒甲而遷及於乙，因噎者之廢食而並欲不噎者之俱廢」。而且教育部是在江蘇省舉行考試後半年才回覆，江蘇不能「一年度中忽而統行停派一次，忽而重複舉行選派」，況且，「同一暫行辦法於日則許，暫執行於歐美則礙難備案，不特使省行政方面無所措其手足，即有志應試留學者因精神上之不安定轉與以堅其向學與信仰政府之心，恐非貴部提倡教育之本意也」，要求教育部「除將本屆考試錄取各生姓名成績表另文咨報外，相應將本省制定《留學歐美暫行辦法》及擬請查照《留日辦法》成案暫予執行」。韓又批評說，「歷屆部試派遣，向無特定目的，各生所習往往與其本省需要科目不能相應，經費則由省擔負，而效用則與省不侔，既非事理之平，抑亦經

〔註136〕《教部規定選派留日學生之辦法》，《申報》1925 年 6 月 17 日，第 13 版。
〔註137〕《各省教育界雜訊：蘇省選派留學生辦法之部令》，《申報》1924 年 8 月 21日，第 11 版。

費無益」。〔註138〕江蘇省還將此事提交江蘇教育行政委員會公議，委員們一致認爲仍應查照本省規定辦理。

江蘇省與中央圍繞留學派遣規程展開抗衡，究其原因，主要包括以下幾點：

一是教育部規定地方政府應根據本省留學生名額派遣留學生，但在實際操作中卻並未執行。大多數省份自由派遣學生留學，只要各省能按時支付留學經費，教育部亦加以通融。但隨著欠費現象日益嚴重，教育部不僅規定「所有缺費省份嗣後欠費未清，不得再行派遣學生」，而且還限制「不缺費省份遣派學生亦應遵照選派規程辦理，否則將來遇有欠解學費情事，本部未便代爲籌濟」。〔註139〕地方政府認爲中央新規不過虛張聲勢，亦可像過去那樣陽奉陰違，而且因爲他省欠費影響江蘇留學派遣，顯然是「城門失火，殃及池魚」；

二是強勢地方意圖自治，而弱勢中央則竭力集權，彰顯中央權威。地方濫派留學，就會擾亂中央的留學管理秩序，但地方各有特色，各有所需，中央不採納地方的留學建議，就會造成留學派遣僵化，選派的人才就不能適合各省發展需要。教育部認爲江蘇省不能以省費省任爲理由更改各省劃一之成規，「查中央主管之各項政務款由省任者實居大半，匪特教育一政，江蘇一省爲然。查官制第二條第二項之規定，省單行章程不得與現行法令牴觸」。而且北京名流彙聚，便於各省合併復試，且「國外自費生成績向係駐外官署隨時轉部核與存案俱舉行國內考選時彙同核辦，倘改爲由省辦理，事實上尤多困難」，因此教育部強硬表態，「總之各省留學官費生統歸本部核派，繫屬根據法令之劃一辦法，省定規則與之牴觸者，自屬無效。其各省學生出洋須由交涉員核給護照，前次亦經本部咨由外交部通令，非有部頒留學證書不得放行，以嚴限制」；〔註140〕

三是當時實行中央和地方共管的留學管理體制，責任明確，但利益劃分卻未能達成一致。中央和地方共同考選官費生，中央政府代表國家承擔管理責任，教育部、留學生監督和駐外使館在留學生海外管理和救助上承擔了許多工作，也花費了大量資金，教育部認爲江蘇省延欠留學鉅款時經常依賴中央政府援助，而地方政府則用省稅收支付本省官費生留學經費。雙方都承擔

〔註138〕《蘇省選派留學生之爭執》，《申報》1924 年 9 月 12 日，第 7 版。
〔註139〕《教部規定選派留日學生之辦法》，《申報》1925 年 6 月 17 日，第 13 版。
〔註140〕《蘇省歐美日留學官費辦法未定》，《申報》1925 年 9 月 13 日，第 9 版。

了許多職責和開銷，當然希望掌握留學生派遣和歸國任用的主動權。兩者的分歧反映了當時中央與地方在留學人才培養和任用上的矛盾。

南京國民政府留日監督處姜琦曾批評北京政府時期的地方留學政策過於自由，「翻讀各省遣派留日學生及補費等諸種規程，其中所含之遣派或補費資格，費額及科目等，若一一互相比較一下，就容易發見許多很懸殊的地方。原來各省財政狀況文化程度及社會需要，固各不同，所以他們所訂定之各種規程，自然不能完全一樣」，「可是在整個的國家統治之下，自應有幾分意思去遵照最高的中央教育行政機關——教育部所宣佈之教育政策與主張，而不應該太偏於自由行動，各自為政，訂定一種偏狹的一省單行法」。〔註141〕

總體而言，中央和地方都為留學事業做出了良多貢獻，地方政府制定的留學規程是對中央規程的補充，即便其中有牴觸之處，引發爭端，也是一種促進規程改進的方式，但指望政治失序的北京政府擬訂出因地制宜，兼顧國家、地方權益的留學派遣規程，只能是水中撈月。因此教育部最終也不得不表示「中央地方，休戚一體」，在不與國家法令根本方針相牴觸的前提下願意傾聽地方政府的意見，「至每屆選補以前貴省地方上需要何項人才，注重何項科目，某種程度以及其它特定辦法，不妨窮原竟委，隨時咨商，由部酌核辦理」。〔註142〕

第四節　自費留學管理

北京政府時期由於自費生人數龐大，魚龍混雜，很多自費生存在學歷層次較低，留學經費不足，無心學業等問題，給駐外公使及留學生監督的管理工作帶來極大困難，留日自費生和留法勤工儉學生甚至與海外管理者發生了激烈衝突。為此，北京政府在借鑒清末自費生管理規程的基礎上出臺一系列管理自費留學生規程。

清末及北洋時期困擾政府的一個共同問題就是留日自費生人數過多。二十世紀初，日本因路近、費省成為中國官自費生首選，在清政府推廣自費留日的政策引導下，大批自費生赴日留學，龐大的留日自費生隊伍給清政府的

〔註141〕中華民國駐日留學生監督處：《中華民國駐日留學生監督處一覽》，1929年，姜琦序言，第3～4頁。
〔註142〕《蘇省歐美日留學官費辦法未定》，《申報》1925年9月13日，第9版。

留學管理帶來極大困擾。1905 年留日學生因日本出臺《取締規則》大起波瀾，清政府深感加強自費生管理的重要性，制定政策一方面籠絡自費生，另一方面提高入學資格限制留學人數，並限制學習法政這類容易誘發革命的專業。1906 年清學部的《選派遊學限制辦法》就規定了留學生必須具有中學畢業以上的學歷。清末對在使館登記在冊的自費生，如經費困難或因病入院，由監督處查明屬實，可由本省經費提供適當的借款或補助。1909 年 1 月，清學部奏定《自費遊學生考入官立高等以上實業學堂補給官費辦法》，准許考入官立高等以上學校的農工格致三科自費生選補官費名額，以引導留日學生不要一窩蜂地學習法政。同年 7 月，外務部和學部就美國退還庚款事宜奏定，將盈餘的庚款津貼在美自費生。「至多者每年約五百美金，至少者一百美金。此項學生，須由駐美出使大臣，或部派駐美留學監督查照，確係在大學正班肄習實業，已入第二年班以上，功課實有成績，景況實在困苦者，方為合格。至於獎金多少，亦按照景況功課酌定」。〔註 143〕

　　北京政府成立後，注重從自費生中發掘可塑之才加以培養。1922 年 11 月教育部通告不欠費省份根據缺額選拔學生到部應試歐美官費留學考試，而各省留日官費生缺額應俟本部查明留日學生監督呈送之自費生成績擇優選補。〔註 144〕交通部 1925 年的《部派國外留學生章程》也重視從自費生中選拔路電郵航四政專門人才，「自費生在外國各大學本科肄業二年以上，所習學科在本部四政範圍以內，成績優美者得給予官費，以十名為限，留學期限二年……視其留學情形給以全費或半費」，並強調「本部留學生畢業返國應來部報到聽候考驗傳用」。〔註 145〕江蘇省《留日官費生支費及補費辦法》規定，「官費學生有缺額時，經理員得選拔學行優良之自費生呈請省長公署補給半費（授業科由各生自繳）」，「半費生一學年內不欠席，並學年試驗考列最優等者得補給全費」，自費生只要來自日本官立高等以上醫農工商及蠶絲水產商船等校即可申請，即便不是，只要有合適的專業亦可申請官費。1913～1914 年山東補助留日生 47 人，留英 3 人，留德 2 人；1915 年補助留日生 48 人，留英 3 人，留德 2 人；1921 年補助留日生 51 人，留美 39 人；1923 年補助留美生 51 人；

〔註 143〕陳學恂、田正平編：《中國近代教育史料彙編──留學教育》，上海教育出版社，2007 年，第 181 頁。
〔註 144〕《教育部考選歐美官費生》，《申報》1922 年 11 月 14 日，第 6 版。
〔註 145〕《交通部新頒派生留學章程》，《申報》1925 年 7 月 28 日，第 9 版。

1924 年補助留美生 31 人，留德 1 人。〔註146〕自費生回國後，其待遇與公費生一樣。而且自費生還可以選補官費。如後來擔任山東省教育廳長的何思源就是先由王朝俊資助，於 1919 年自費留美，後來考取官費的。

鑒於自費生申請補費者較多，北京政府還加強自費生選補官費手續管理。1919 年 6 月，教育部以訓令第二百五十三號，規定留學外國自費生補給官費辦法六條，「除考入日本特約學校各生，另有規定外，須具下列資格之一：民國五年十月十八日以前，入外國大學本科而成績優良者；已在外國大學專門學校或高的師範學校本科畢業者；校長外國大學院正式研究者。但遇懸缺過多，合格人少之省份，得酌量變通辦理。自費生欲請求補給官費者須於每年三月一日以前填具請求書，並取得成績證明書等，一併送監督處備核」。〔註147〕江蘇省自費生請求補費的手續也比較簡單，只需將陳請書連同履歷及學校成績證明書送由經理員轉呈省長公署核辦即可。〔註148〕這在一定程度上改變了過去一些人不經由留學監督核轉，就直接請求教育部免試補費的現象。

北京政府多次出臺自費生管理規程和頒佈部令，最主要的目的還是確保自費生具備留學資格和經費擔保，限制自費生人數，緩解因經費缺乏帶來的海外管理困境。1914 年 1 月教育部出臺的《管理留學日本自費生暫行規程》規定，自費生應為「中學以上學校畢業」或「中學以上各校教員」，「由本人之親屬或其他有關係者具呈本籍知事察核，並聲明該生留學期內擔保學費方法，由縣轉呈本省行政公署，應即給予公文，責投經理員存查」。〔註149〕1917年 9 月 8 日、1918 年 10 月 24 日兩次部令對於擔保方法做出詳密規定，但一些地方政府卻未嚴格執行，疏於對自費生出國的審查和限制。1923 年 1 月教育部參照駐日使館意見，增訂《發給官自費生出國留學證書辦法》，「其資格及擔保學費等項均於請願證書時查核明確，證書上並注明。凡未經本部核准發給留學證書者，不得以自費留學生名義向使領各館及留學生監督處請求事項」。但實行一年多來，留日自費生往往忽視部章，逕行東渡，結果導致管理

〔註146〕張玉法：《民國山東通志》（第 4 冊），臺北：山東文獻雜誌社，第 2607 頁，轉引自張美：《留學生與山東現代教育的初步發展》，山東師範大學碩士論文 2005 年，第 27 頁。

〔註147〕轉引自林子勳：《中國留學教育史 1847～1975》，華岡出版有限公司，1976年，第 421 頁。

〔註148〕《蘇省留日官費生支費及補費辦法》，《申報》1925 年 3 月 30 日，第 11 版。

〔註149〕劉眞主編、王煥琛編著：《留學教育》，臺北：國立編譯館，1980 年，第 1291 頁。

困難。教育部只能函覆駐日使館「嗣後辦理自費生事宜須以有無留學證書爲斷」，同時要求地方政府嚴飭擬自費留日學生依照手續辦理。〔註150〕

1924 年 7 月 26 日，教育部正式公佈《管理自費生規程》，適用範圍從留學日本擴大到留學歐美各國。該規程規定，自費留學生留學資格爲「中學以上學校畢業」或「辦理教育事務二年以上者」，自費生出國「均須領取留學證書」，彙報個人在國外的信息，回國前「應將畢業證書呈請管理機關驗明」。而管理機關的職責則是在自費生呈驗的留學證書「批明入國日期，蓋章發還」，並將留學證書呈驗情況和學生個人海外信息報告教育部，對於畢業證書「年限成績相符」的自費生則發放證明書。管理機關還可根據自費生在海外的表現優劣給予獎懲，並且教育部認爲「合格之自費生畢業回國後得與官費畢業生受同等之待遇」。〔註151〕

但該規程依然存在以下幾個問題：一是在留學資格上有所狹隘，過分重視教育專業，事實上爲了促進各行各業的快速發展，有其他行業工作經歷的人員有權也有必要自費出國；二是由於自費留學生人數較多，管理機關人力有限，很難對其在海外表現優劣有正確的掌控，在一定程度上缺少可操作性；三是雖然規程規定了管理機關的職責，但管理機關究竟由哪些部門和人員構成，權限如何劃分，管理者待遇如何，有何考覈機制，條款中均未涉及；四是規程對自費生在海外的學習生活和回國後的就業指導缺少支持力度。

爲進一步加強對留學派遣工作的管理，提高留學生質量，北京政府教育部又於 1924 年頒佈了《發給留學證書規程》。《規程》規範了出國留學人員的資格要求，強調考察留學生的留學經費擔保，無論官費、自費留學外國，均須經審查或考試合格，發給留學證書方可辦理護照和簽證事宜。符合留學資格者「應取具保證書連同最近四寸相片二張，畢業憑證及證書費四元，印花稅二角具呈本部或呈由本省教育廳轉呈本部核給留學證書」，「由本部選派之官費學生領取證書得省略保證書及呈驗文憑兩項程序」。「由地方或公共團體津貼補助之留學生，每年津貼補助費數目並年限須於來文內詳細聲明。倘以外尙有不足之費，應由何證人負責保證」。留學生需在領證後六個月內出國，倘至期因事故不能出發，須開具理由檢同留學證書呈請本部復加簽著」，「留

〔註150〕《北京教育界消息：教部限制自費留日學生》，《申報》1924 年 7 月 22 日，第 11 版。
〔註151〕《教部改訂自費留學生規程》，《申報》1924 年 8 月 4 日，第 11 版。

學生領取證書行抵留學國後應將證書呈送各駐在國管理學務機關驗明」。不過該規程同意學生更改留學國，「自費留學生領取留學證書後，如有改國情事，應將原領證書呈請註銷，改給新證書」。「對於未領取留學證書，強赴外國留學者，教育部制定了四條制裁措施：（一）不得用留學生名義請領護照。（二）不得請補官費；（三）不得請求送學；（四）回國時呈驗文憑，不予註冊。〔註152〕但這種制裁措施存在一定漏洞。如果地方政府自行派遣學生出國，那麼就可以繞開教育部，由交涉署自行發放護照，留學生回國時只需攜帶外國大學畢業證書就可回省服務，無需教育部或學務機關驗明。

1924 年 12 月，教育部再令各省教育廳，「嗣後官自費生倘不經本部發給留學證書，到達留學國時官費生扣發學費，自費生停止送學，以示制裁」。〔註153〕1925 年留日學生監督吳文潔呈文亦稱，規程雖「公佈在案」，「惟各省教育廳迭次函送新生均未遵照辦理，各縣知事及勸學所發給證明自費留學生函件，並有援照民國三年部定管理自費留學生規程辦理者，對於國家政令瞠若無覩，所送各生抵東以後往往強迫通融，以後勉圖補救，深感困難」，因此吳呈請教育部嚴令各省教育廳並轉飭各縣及學務機關，「自此次令行之日起，凡自費生呈請出國留學，該廳不得徑行函送，應遵照發給留學證書規程第三條辦理，呈由本部核給留學證書，其已徑行函送各生亦應彙呈到部，依照手續，補領本部留學證書」。〔註154〕1925 年 11 月，教育總長章士釗在部務會議上再次討論了自費生留學資格問題，決定嗣後「凡請自費留學東西洋者，須有高中畢業資格，本部方能發給留學證書」。〔註155〕但在實際操作中，仍然有大量留學生沒有申請留學證書就直接出國，而地方政府也聽之任之，這種現象一直延續到南京國民政府時期。

雖然地方政府未能嚴格執行各項自費管理規定，造成當時自費留學疏於管理，但值得肯定的是，自費管理規程促進了人才選拔工作，拉攏了部分自費生效力政府，並通過提高自費生出國門檻，在一定程度上改善了自費留學混亂狀況。加上當時外國政府也先後出臺對中國留學生的限制政策，1924 年後自費生出國人數有所控制，在一定程度上緩解了海外管理的壓力。而且這一政策也為後來的南京國民政府所借鑒和完善。

〔註152〕《發給留學證書規程》，《教育雜誌》1924 年第 9 期。
〔註153〕《蘇教廳通令留外官自費生之制裁》，《申報》1924 年 12 月 8 日，第 14 版。
〔註154〕《教部通令自費留學須照規程辦法》，《申報》1925 年 12 月 3 日，第 10 版。
〔註155〕《教部開會討論三項問題》，《申報》1925 年 11 月 13 日，第 10 版。

第二章　北京政府時期的留學派遣管理

　　北京政府時期的留學派遣渠道甚廣，既有中央各部、地方各省、各縣的官方派遣，也有勤工儉學等社團與官方合作的半官方派遣，還有來自教育團體、學校和民間的社會資助，此外有外國背景的庚款派遣、教會學校派遣與國外獎學金。而政府舊官員、社團領袖、商會、軍隊長官等各界名流不僅積極建言，而且還主動參與留學派遣。一些民間機構或個人也積極資助學生留學。而寰球中國學生會、青年會則承擔了部分留學生的出國雜務，爲留學生出國提供各類便利服務。這種多方參與的局面有助於留學事業的全面發展，顯示了國內各界對留學生的重視，但也帶來了管理上各自爲政、互相推諉的混亂局面。此時的留學派遣也呈現出地方化、多元化、無序化和民主化的特徵。根據組織間衝突定律，「每一個大型組織都會與那些同它打交道的其他社會機構產生或多或少的衝突」[註1]。圍繞留學派遣發生了多起風潮，北京政府各級政府陷入危機管理之中，但有的風波則是爲了促進留學派遣的完善，此類衝突屬於正衝突，具有正功能。

第一節　留學派遣主體

　　北京政府延續了清末逐步確立起來的中央、省級、縣署三級教育管理體制，並在一定程度上擴大了省議會、省教育會等部門團體的權限。北京政府時期是中國近代民間話語權最爲強大的時期，地方各省各縣和教育團體在留

〔註1〕　〔美〕安東尼・唐斯著，郭小聰等譯：《官僚制》，北京：中國人民大學出版社，2006年，第281頁。

學派遣中的強勢既帶來了留學派遣的多元化和民主化，也帶來了派遣的無序和地方本位主義。

一、中央政府

清末學部成立前留學事務主要由總理衙門、南北洋通商大臣和福州船政局等負責。福州船政學堂以及北洋水師學堂歷屆留學生的派遣，都是由南北洋大臣選派並向朝廷會奏其事。在海軍留學生的選派中，留學經費的籌劃、監督的選擇、留學生學習規劃等一系列問題都是由船政督撫詳擬章程、分批派遣，南北洋大臣在留學生的派遣事務中擁有很大的權力。不過，船政督撫在派遣留學生時，還需呈總理衙門批准。1905 年學部成立後，由學部負責留學事務。1906 年，學部設立五司，每司分設數科，其中專門司庶務科的一項工作職責就是「掌海外遊學生功課程度及派遣獎勵等事」。〔註 2〕學部還參與農工商部、陸軍部、海軍處、郵傳部、法部、巡警部、京師譯學館等各部的留學生派遣工作。地方派遣則主要由各省督撫、提學使和農工商局等開展。

北京政府時期的留學派遣機構除了早期設有稽勳局負責留學事宜外，主要為教育部、外交部、交通部、海軍部、陸軍部等中央各部負責。當時除了清華派遣的美國庚款生，官費生一般分三種，由教育部派遣者、交通部或海軍部等部院派遣者和由各省各縣分派者。清華和教育部所派送的學生基本上都是從地方各省考送來的人選中選拔而來，因此地方各省在留學派遣中的地位尤為重要。

教育部負責留學規程的制定、留學生的考選和派遣、留學監督的派遣以及與地方各省接洽留學事宜等工作。教育部設置的專門教育司，下設「留學科」，分管留學生事項。教育部負責對地方各省選送的留學候選人進行復試，從中選拔精英派遣出國。1914 年中央曾對各省每年公費留學生的派遣名額作出具體規定，各省根據下達的名額進行選拔，經費由各省劃撥，一般情況下不允許超額。如 1914 年，中央給各省分配的留學名額為：直隸，50 人；山東，77 人；山西，48 人；河南，35 人；陝西，68 人；甘肅，7 人；江蘇，85 人；浙江，140 人；江西，114 人；湖北，93 人；湖南，121 人；福建，70 人；安徽，31 人；廣東，111 人；廣西，18 人；四川，104 人；雲南，44 人；貴州，

〔註 2〕舒新城：《中國近代教育史資料》（上冊），北京：人民教育出版社，1961 年，第 274〜279 頁。

22 人；奉天，110 人；吉林，44 人；黑龍江，1 人。〔註3〕1916 年 10 月教育部制訂了《選派留學外國學生規程》。根據規定，從 1917 年起開始招考、選派公費留學生，到 1925 年共進行了 6 次考試，錄取情況爲：1917 年，34 人；1918 年，9 人；1919 年，21 人；1920 年，43 人；1922 年，25 人；1925 年，22 人。〔註4〕由於教育部派送的學生經費基本由地方各省負擔，1925 年以後，各省官費名存實亡，教育部官費生所佔比例很少。

除與地方各省共同開展官費留學生考選工作外，爲加強高校師資隊伍建設，北京政府教育部還從大學和各高等專門學校中選拔優秀教員赴歐美各國學習，由教育部確定所指定學校及留學名額，有關學校可制定相關選拔方法，選擇急需適宜的人員開呈名單，再由教育部審核。雖然教育部資助的高校教授很有限，但所派者都是中國近代的著名學者和知名人士，推動了近代中國的文化建設，體現了留學派遣追求高深學問的理念，也帶動了日後學校自行派遣教員出國留學。

外交部下屬的總務處和各省外事部門交涉公署負責留學護照的辦理，外交部還和教育部共同負責清華學校的美國庚款生派遣。從 1911 年清華預備學堂成立到 1929 年遊美學務處結束，加之此前直接赴美的 180 名，總共派出庚款留學生 1279 名。此外還有自費津貼生 475 人，特別官費生 10 人，各機關轉入清華的官費生 60 人，袁氏後裔特別生 2 人。（根據國務會議通過的《項城袁氏留美學額簡章》和《項城袁氏入學簡章》而入學的袁氏後裔學生。1929 年，此規定被取消。）〔註5〕

交通部在民國成立初期繼續資助清末派遣的留學生，「其原派在國外尚未畢業者，由交通部繼續給費，並另增派新人出國。交通部的派遣主要從所屬各校在校生、畢業生和本部工作人員中選拔，注重學生實習和調查。1913 年 8 月另訂《交通部派送外國修習實務章程》二十條，專派實習人員出洋，稱爲修習員。該章程第十九條規定，「如願遵守章程，方可選送，日記尤應按期呈報，以備考覈」。1917 年交通部從上海工業專門學校等校選送六名畢業成績最優的土木工

〔註 3〕元青：《北京政府統治時期的留學派遣政策》，《廣東社會科學》2005 年第 6 期。

〔註 4〕元青：《北京政府統治時期的留學派遣政策》，《廣東社會科學》2005 年第 6 期。

〔註 5〕全國政協文史資料研究委員會：《文史資料選輯》第 71 輯，北京：中華書局，1980 年版，第 165、166、190、192 頁。

科和電汽機械科學生赴美國工廠實習，入選學生需承諾「願遵照一切實習規則，並願回國後照章服務」。〔註6〕歐戰後，交通部派遣電氣工程師陳則忠等八人赴巴黎萬國無線電協會學習，並派郵電學校 4 名優秀畢業生赴英國馬可尼無線電公司實習兩年，「每人發給赴英川資五百元，治裝費二百元，並託駐歐留學監督轉發實習費每人每天英金五鎊，再由馬可尼公司酌給薪資」。〔註7〕1925 年交通大學擬派多名應屆畢業生赴俄國留學，得到交通部批准，「每名年給膳費金盧布七百二十元，學費正科金盧布三百，預科金盧布一百五十」。〔註8〕1925 年正式頒佈《部派國外留學生章程》，「定額七十名，後加至一百名」。〔註9〕章程規定，（一）已畢業在職者，可派四人。原薪仍舊支給。（二）畢業自費留學者，可於相當情形之下，呈請交部，酌給津貼。（三）本年畢業者，擬派十人。〔註 10〕交通部的留學派遣比較重視候選人的專業背景和工作經歷，一般要求有兩年路電郵航四政的學科背景或工作經歷。對於在交通部「四政服務兩年以上，學行俱佳」的三校畢業生，交通部每年選派二十名出洋。但對上海南洋大學，唐山大學，北京交通大學三校畢業的「成績優異，品行端方者」最爲重視，雖然三校一共四名，但每人留學五年，共占二十名，並且給予了全費留學，而已工作的三校畢業生及自費留學轉費者則是「視其留學情形給以全費或半費」，而且留學期限只有兩年。〔註11〕不過交通部的派遣也存在派遣任人唯親的現象，如 1925年交通部派往前滬杭甬路車務總管楊先芬君之長子楊效曾赴美調查鐵路，並在芝加哥密瓦克聖保鐵路實習。

雖然交通總長在北京政府時期更迭頻繁達 27 人次，平均每次任期爲 7 個月。任期最長的不超過 2 年，短者不過幾天，但由於交通部留學派遣經費充足，基本上沒有發生學生因爲缺少留學經費鬧事的現象，因而頗受好評，但這卻是在犧牲國立學校基礎上的，1921 年 3 月，胡適致信教育總長范源濂時就批評交通部在「國立各大校窘迫萬狀之時」，「大興教育事業」，「各部的收入都成了各部的私產」，「政府太無辦法」。〔註12〕

〔註 6〕《工業專校選送赴美實習生》，《申報》1917 年 9 月 15 日，第 10 版。
〔註 7〕《交通部選派郵電生赴英實習》，《申報》1919 年 5 月 6 日，第 10 版。
〔註 8〕《交通部留學派遣》，《申報》1925 年 8 月 26 日，第 10 版。
〔註 9〕《交通教育之現狀》，《申報》1929 年 5 月 30 日，第 11 版。
〔註 10〕《交大選派留學之制限》，天津《大公報》1925 年 7 月 30 日，第 2 張第 5 版。
〔註 11〕《交通部新頒派生留學章程》，《申報》1925 年 7 月 28 日，第 9 版。
〔註 12〕中國社會科學院近代史研究所中華民國史組編：《胡適來往書信選》（上冊），

二、地方各省

北京政府前期尚能保持表面統一，袁世凱死後，北洋軍閥四分五裂，各自為政，擁兵自雄，中央權力削弱。隨著地方勢力的增長，「地方自治」口號甚囂塵上，留學派遣由中央統一負責的方式日益遭到各省的抵制和反對。當時各省留學事業的發展受到政局波動、經濟發展水平、教育文化傳統、地方長官個人因素和地理等因素影響。由各省直接負責留學派遣符合地方各省發展需要，但存在派遣盲目、派遣不公和地方本位主義等缺點。

1915 年教育總長湯化龍批評各省既往派遣留學生，「大都侈慕文明事業之名，甚至僅有小學堂程度亦派往者，各學生亦自由行動，絕不知以何種學問為目的。其間雖有人才，然為個人撞著的，而非國家養成的」。因此湯化龍提出加強國家對留學派遣的規範管理，由國家根據時勢變化增減留學需求。「私費取放任，官費生則標限一定之程度，指習一定之學科」。鑑於國內工廠缺乏實習條件，湯化龍主張多派留學生到外國學習、實習。〔註 13〕

當時各省設置教育廳，廳下設立科室主管留學教育等事務。如 1912 年江蘇民政府教育司第二科主要負責各種專門學校及遣派留學生事項，以僉事一人，主事二人掌之。〔註 14〕1927 年浙江省政務委員會教育科第二股負責高等教育社會教育及國內外留學事項。不過教育廳長往往需要聽從省教育行政委員會或教育董事會的決策，有時還直接接受省長的指令。1925 年 4 月，留學事務處讓江蘇教育廳核查本省官自費生是否存在重複領款現象，江蘇省教育廳回覆，「查本省官費生及補助費生，向由省署主辦，廳中無案可稽」。〔註 15〕而留日官費生出身的山西督軍閻錫山則直接主宰山西教育行政，「集權於省公署，若教育廳僅供奔走而已。」〔註 16〕

由於北京政府時期地方獨大，地方最高長官手握重權，因此他們對留學重視程度直接影響了當地留學事業的發展。張作霖就任奉天督軍兼省長之後，重視選派留學生。1916 年夏奉天對留日學生情況進行調查，據 20 個縣所填調查表可知，其時留日的官費生 21 名，津貼生 13 名，自費生 34 名，共計 68 名。此後，奉系當局對派遣留日重視有加，人數也不斷上升，到 1918 年時

北京：中華書局，1979 年，第 128～129 頁。
〔註 13〕《湯總長主張平民教育》，《申報》1915 年 6 月 7 日，第 6 版。
〔註 14〕《江蘇民政府組織條例》，《申報》1912 年 12 月 14 日，第 6 版。
〔註 15〕《蘇省補日文化事業費官自費生》，《申報》1925 年 7 月 20 日，第 9 版。
〔註 16〕《山西教育調查記》，《教育雜誌》1920 年第 1 期，第 4 頁。

已達到 150 餘人。據奉天教育廳調查，1924 年全省官費自費留學生之總數計 193 名，其中留日 121 名，留俄 15 名，留美 7 名，留英 4 名，留法 3 名，其它各國 43 名。〔註 17〕

　　湖南雖爲內陸省份，但是重教辦學，因此留學規模也比較大，湧現出不少風雲人物。1914 年到 1915 年間，留學日本的官費生全國共 1107 人，其中湖南的留學生人數爲 123 人，位列全國第一〔註 18〕，當時湖南留學美國的官費生數量亦位居全國第二。〔註 19〕20 年代初，劉少奇、任弼時、蕭勁光等 26 人，在魏經斯基的幫助下，在上海的吳淞登船赴蘇，蕭三、李富春、蔡暢等大批在歐洲勤工儉學的學生亦前往蘇聯。湖南省女子留學事業也頗有值得稱道之處。根據謝長法統計，從 1906 年至 1911 年，全國女子留日共計 106 人，其中湘籍女學生有 13 人，占 12.26％。〔註 20〕北京政府時期約有 12 位湖南女生參加了留法勤工儉學運動中，並成立了湖南女子勤工儉學會。

　　河南省鑒於「舉國自由，中州獨後，河南之不若人甚矣」的局面，乃決定將「多遣留學歐美，以造就眞才」作爲「根本之救治法」。〔註 21〕1912 年，在林伯襄的大力推動下，河南留學歐美預備學校開始招生，學生畢業後擇優公費資遣歐美國家留學。據統計，從 1912 年 9 月開辦至 1923 年改爲中州大學止的 12 年中，總計招生七屆十班，計 662 人，其中考取英、法、德、比、日、蘇等國留學者 91 人。〔註 22〕

　　廣西地處偏遠，經濟發展水平較爲落後，加上政局不穩，留學事業難以持續發展。1913 年 3 月廣西派出 16 名公費生分赴日、美、英、法、德留學。後幾年因財政困難，停止官派。1917 年恢復，又派出 12 名留日預備生。1921 年馬君武當省長，立即公佈《派遣留學生規程》。旋因粵軍撤退，省府解體未

〔註 17〕《奉省留學生總數之調查》，《申報》1925 年 1 月 8 日，第 11 版。
〔註 18〕周秋光，莫志斌：《湖南教育史（第二卷）》，長沙：嶽麓書社，2002 年，第 379 頁，轉引自孫輝：《清末民初湖南留學運動探析（1898～1924）》，湖南師範大學碩士論文，2009 年，第 20 頁。
〔註 19〕孫輝：《清末民初湖南留學運動探析（1898～1924）》，湖南師範大學碩士論文，2009 年，第 21 頁。
〔註 20〕孫輝：《清末民初湖南留學運動探析（1898～1924）》，湖南師範大學碩士論文，2009 年，第 25 頁。
〔註 21〕謝長法：《中國留學教育史》，太原：山西教育出版社，2006 年，第 116 頁。
〔註 22〕河南大學校史編寫組編：《河南大學校史》，鄭州：河南大學出版社，2002 年，第 5 頁。

實現。1925 年廣西統一，廣州國民政府爲培養革命人才，派遣廣西學生 42 人到俄國孫逸仙大學學習，爲廣西留學史上最大的一次公費派遣。至於自費生，歷年都有出國，人數不多，但超過公費生。計 1913～1934 年，廣西公、自費留學生共 391 人，〔註23〕同清末留學生的人數相當。

此外，由於北京政府時期的留學生派遣以省爲單位，因此籍貫是否隸屬本省是各省選拔官費生的一個重要條件，非本省籍貫人員均不得參加官費選拔，這就不利於人才的流動。比如 1924 年奉天女生吳景濂之女吳孟班冒充皖籍學生混取安徽官費留學法國，結果遭人揭發內幕，皖當局也無法迴護。當教育部來咨請皖省照撥學費時，安徽省署答覆「皖省並未選派女生吳孟班前往法國留學」。〔註24〕因此，吳孟班只能自費在法國巴黎大學攻讀文科，每年需自付二千元留學費。

總體來說，由於政局動蕩，經費缺乏，北京政府時期的官費留學一再削減，各省官費留學人數亦急遽下降，因而自費留學激增，較窮的幾省留學機會減少。而且發達省份的家庭只要力所能及，大多會節衣縮食供子女出洋讀書，而西部各省卻缺乏此種觀念，因此留學生幾乎都來自富庶的省份，尤其以江浙廣等省人數居多。兩湖、京津、東北等地後起繼之，西部省份中除四川、雲南等情況尚顯勉強外，其餘各省普遍落後，尤其是青海等省在南京政府成立後還處於一片空白的狀態。

三、地方各縣

除了各省政府派遣外，一些縣從縣公署領取資金，資助留學。留法勤工儉學運動規模的擴大與縣費的支持也有關聯。地方基層能夠在留學事業發展中嶄露頭角，實屬不易，但出現的一些問題也告訴我們資助留學不可超過自身力量而爲，否則就得不償失。

留法儉學會的華林曾發出《與全國各縣籌派官費留法商榷書》，在《縣費學生約章》中規定，「縣費學生，按儉學會辦法，以節省費用，推廣留學爲宗旨；在國內預備期中，各縣照例匯款，由本會代存一半，留作路費及衣裝等

〔註23〕 朱宏源：《辛亥革命前後的廣西教育》，《廣西文史資料選輯》第 34 期，轉引自方圓：《清末廣西留學熱潮的興起和影響》，《廣西社會科學》，1993 年第 4 期。

〔註24〕 《皖省之教育消息》，《申報》1924 年 3 月 19 日，第 10 版。

費，不另籌資；學生赴法後，各縣匯款，由本會臨時指定銀行，寄往法國儉學會分發各生；本會另組織『協助社』，補助留法品學兼優之貧苦學生。每人由縣費中每月扣助二元；本會學生，不許煙酒嫖賭及一切傷生耗財之事，如經察覺，再勸不可，即由公議斥退，另行派補；由各地方男、女學校，自籌公款，派往留法者，亦照此施行。約章有不妥善之處，可隨時配定」。〔註25〕勤工儉學生李國英、黃建中向湖南省省長張敬堯申請津貼資助，省長批示該生所在縣予以解決。1919 年 10 月廣東省省長張錦芳也訓令各縣知事，「體察情形，酌定選送人數，就地籌款補助學費」，資助學生赴法留法。湖南長沙縣也出臺資助辦法，「本縣留法生每人補助 100 元」。〔註26〕

　　1917 年浦南張澤人蔡潤芳擬赴日本東京高等預備學校肄業，蔡遞交該校證明書，請張澤紳士吳伯揚作保，請縣署於教育款項下「借撥洋四百元作為留學經費」。〔註27〕1925 年 9 月，曾任安徽省第三師範暨第六中學教員的安徽省立第五師範畢業生孫為雨，經鳳陽縣各界呈請省長教育廳立案，以該縣公費選送赴日留學。

　　由於縣費金額有限，能由數千元資金已屬不易，如大量資助留學，於全縣教育發展並無益處。留法學生李璜曾批評說，「四川有一縣，每年出兩千元津貼三個留學生，而縣中中小學校反轉困苦得很，經費不敷，辦得沒有起色」。〔註28〕

　　還有的縣費派遣存在經費濫用現象。1918 年 7 月，蘇紳范端信（厚甫）之女范承俊畢業於蘇垣美國婦孺醫院後擬赴美國留學，紳士汪鳳梁、丁春之、蔣炳章、劉傳福、宋銘勳等二十七人公函江蘇省長齊燮元，請撥經費。鑒於截止 1917 年 6 月，吳縣地方教育費積聚金只有六千元，齊省長令行教育廳轉飭吳縣學款處，「於地方款內撥給洋四千元遣送該女生出洋遊學」。縣教育會會長潘振霄及二十七市鄉各學董蘇垣學界及二十七市鄉董事得知後全體反對，聯名一百數十人公呈縣署，極力阻止，「本縣教育經費積聚何等艱難，此等優裕之家子女遊學亦須補助，則彼貧苦之家將若何，且全縣之經費豈可任少數士紳之支配」。並提出此次參議院選舉時查出范端信「納稅一千元以上」，

〔註25〕陳三井：《勤工儉學運動》，臺北：正中書局，1981 年，第 117～118 頁。
〔註26〕轉引自元青：《北京政府統治時期的留學派遣政策》，《廣東社會科學》2005年第 6 期，第 110 頁。
〔註27〕《松江》，《申報》1917 年 11 月 8 日，第 7 版。
〔註28〕李璜：《留學問題的我見》，《中華教育界》，第 15 卷第 9 期，1926 年 3 月。

符合中央第三部選舉人資格,「自是優裕之家」。〔註 29〕「若范女生程度果屬優良,則北京清華學校招考男女學生,派送出洋,范生盡可往考出洋,享用賠款」。〔註 30〕吳知事就此事召集會議討論,鄉紳們的抗議最終並未完全成功,1919 年春范承俊從美國紅十字會赴西伯利亞、海參崴等處服務數月,7 月 5 日至吳縣公署「領到補助學費洋二千元赴美留學」。〔註 31〕

由此可見,縣費留學是對地方各省留學派遣的補充,一些縣更在留法勤工儉學運動上發揮了重要作用。但縣費留學並非多多益善,一則縣署財力有限,二則獲得縣費留學的人士也並非飽學之士,有的不過依靠家中權勢借公款而謀私利。1924 年上海縣教育局因縣教育經費預算,收支尚不能相抵,不同意特設留學補助學額。1925 年 3 月,奉天教育廳通令各縣,縣費留學生停選,遺款辦初小學校。〔註 32〕事實上當時張作霖也在大力派遣留學生,縣費停派並未影響奉天留學教育發展。因此縣費派遣,應該秉持量力而行的原則。

四、教育團體

民國建立以來,隨著重教辦學傳統的發揚,各地民間教育社團相繼湧現。1912 年教育總長蔡元培到任接收學部事務時提出,「往日學部訂一教育章程,不問其對於全國各地適應與否,而一概行之,此恐於各處地方情形不同,不能統一。鄙意欲設一高等教育會,以調查研究各處之教育,求適應於全國,以謀教育之統一」。〔註 33〕這說明蔡元培已經意識到設立調研機構,推行符合地方發展的教育理念和教育規程的重要性。據不完全統計,1911 年至 1927 年,新成立的民間性質的教育社團達 75 個,而官方性質的教育團體僅為 16 個,民間教育團體的數量遠遠多於官方。〔註 34〕

北京政府時期的教育團體主要是以促進地方教育為宗旨,以教育探討為主要活動的團體,如中華平民教育促進會總會、中華教育改進社等。也有的教育團體具有地方鄉土特色,如安徽旅京學會和旅京皖事改進會等。還有的

〔註 29〕 《蘇州》,《申報》1918 年 7 月 7 日,第 7 版。

〔註 30〕 《范女生遊美撥款問題》,《申報》1918 年 9 月 11 日,第 7 版。

〔註 31〕 《范女生赴美留學》,《申報》1919 年 7 月 10 日,第 7 版。

〔註 32〕 《奉天電》,《申報》1925 年 3 月 23 日,第 11 版。

〔註 33〕 朱有瓛:《中國近代教育史資料彙編——教育行政機構及教育團體》,上海:上海教育出版社,2007 年,第 107 頁。

〔註 34〕 楊文海:《壬戌學制研究》,南京大學博士論文 2011 年,第 35 頁。

則致力於實務，如儉學會、華法教育會等社團在教育部和地方政府的資助下發起了轟轟烈烈的留法勤工儉學運動，並得到了法方的支持和資助，社會力量在留學中的作用得到了充分發揮。

　　這一時期最具影響力的教育團體當屬各級教育會。各級教育會是教育界知識分子的集結地，從熱心教育的商界人士、著名的教育家到各級政府的教育行政人員和各級學校的教員都被教育會囊括其中。張謇、唐文治、張伯苓、馬相伯、蔡元培、黃炎培、袁希濤、沈恩孚、郭秉文、蔣夢麟、胡適等人都曾是各地教育會的成員。如江蘇省教育會的骨幹成員就包括士紳知識分子、留學歸國人員和勸學所總董、學校校董及各級視學、教員等新式教育的管理者和直接參與者。教育會兼有半官方特徵，對教育行政部門決策具有很大的影響力。教育會的骨幹成員還經常出任教育行政部門的主管，且其推薦的人選在競選行政職位時往往具有極大的優勢。1922 年代理吉林省教育廳長的王世選就出身於省教育會的留日派，但由於省教育會、省城教員和學生的反對，這位代理廳長馬上就面臨倒臺風險。再如 1921 年 8 月 27 日陳獨秀致函胡適：「皖事已有變化，我們在上海的同鄉主張專力在教育上用功夫。首先注意的就是教育廳長問題，省城方面，已有可與接洽機會。教育部方面，我們當可建議。上海同鄉都希望吾兄到皖擔任此職。……擔任教育行政職務和他項管理不同，但能做事，似不必避此形式。吾兄萬一不能去，我們便想請任叔永兄擔任。聞叔永兄已任教部秘書，出為廳長，較秘書更有權可以辦事。吾兄倘以為然，便請你寫信和他商量一下。」〔註35〕

　　在直隸教育會會長張佐漢的推動下第一屆教育聯合會大會於 1915 年 4 月在天津召開，教育部也派員列席會議。全國教育會聯合會站在立法者和監督者的立場上，以教育事業的「民意機關」自居，與政府的教育行政系統分庭抗禮。他們積極參與留學事務，在留學生派遣規模、專業、國別等方面提出自己的建議。教育部與教育聯合會之間關係微妙，教育部為彰顯自己的民主，需要表示自己對聯合會的尊重與認可，但另一方面為了捍衛中央權威，教育部對部分地方教育會又心存忌憚和防範。而教育聯合會一方面需要借助教育部的官方途徑推行自己的主張，另一方面又積極與教育部爭奪話語權和執行權。1922 年由於新學制幾乎完全參照廣東（注：《申報》原文為山東，係筆誤）

〔註35〕中國社會科學院近代史研究所中華民國史組編：《胡適來往書信選》（上冊），
　　　　北京：中華書局，1979 年，第 131 頁。

全國教育聯合會議決案，因此某君在席間曾大罵教育總長湯爾和「拍全國教育聯合會馬屁，不顧教育部之威信」〔註36〕，此事也是引起教育部員鬧薪罷工的原因之一。1920 年，全國教育聯合會第六次會議決議案中有如下記載。「……際此地方自治潮流日趨澎湃，區區派遣遊學之事，何必集權中央，致滋疑謗。應請大部將派遣遊學全權，還之各省區自理。」〔註37〕

第二節　民初稽勳留學派遣

　　稽勳留學主要是辛亥革命後爲獎勵革命功臣，派遣有功人士和革命子弟出國留學。雖然南京國民政府時期曾經有意選拔青年有功軍官尤其是翻譯官出國留學，號稱「千人計劃」，但因時局變化並未實行，而且在近代中國歷史上，專門設立稽勳局，爲功臣辦理留學事宜實屬罕見，因此值得關注。以往學者所研究的稽勳留學，往往指稽勳局派遣的兩期學生，但事實上除了中央派遣的幾十人外，各省又自行派遣大量人士出國，雖然各省大多採用考選方式，但由於稽勳留學派遣經歷了以孫中山爲總統的南京臨時政府和以袁世凱爲總統的北京政府，因此在這場派遣中，中央政府、省政府、縣政府、革命黨和社會各界爲了爭奪派遣機會和實現政治理想，掀起了民國初年的種種留學派遣風潮。

一、中央稽勳留學

　　辛亥革命後，根據孫中山的建議，臨時稽勳局擬選拔對革命有功之青年赴歐美日等各國留學，以資獎勵。1912 年 8 月，臨時稽勳局擬定了有關政策：「擬將曾在外國留學，革命事起，中途輟學歸國宣力者；或有功各員中，深知其確具高等程度，銳意研幾，切願學成爲國效力者，先行派遣，其餘諸人應俟下期酌量辦理。」〔註38〕

　　1912 年 10 月，在南京臨時政府行將解散時，孫中山特地批准了稽勳局提名的任鴻雋、楊銓（杏佛）、張競生等第一批 25 人分赴歐、美、日留學，其中留美 11 人。這些稽勳留學生是中華民國的首批官派留學生，「他們由臨時稽勳局以『酬勳』名義派遣出國留學，同時享受財政部全額撥款，但不歸教育

部按一般留學生管理」。〔註39〕1913 年 7 月，第二批留學生 26 人派遣出國。此後北京政府還批准了汪精衛、朱家驊、張群、戴季陶等 66 人爲第三批「稽勳留學生」，但因經費困難，最終未能成行。

雖然稽勳留學實際上只派遣了兩期，總數不過 51 人，但卻包括了宋子文、任鴻雋、李四光、張競生、譚熙鴻等中國近代史上的重要人物。他們認爲自己「過去忙於革命，未能盡力於學，現在民國既立，自己應該學點眞實本領，將來好從事建國的工作」。〔註 40〕比如曾在清政府留學畢業生考試中被封爲「工科進士」的李四光，辛亥革命後被委任爲南京臨時政府的實業司長，以稽勳留學生的身份到英國留學八年，獲得碩士學位，後來成爲中國著名的地質學家。

不過也有一些人只是仰仗親屬才得以出國留學。任鴻雋舉例說，「比如宋子文、曾廣智（曾廣勤的弟弟）、馮偉（馮自由的弟弟），還有胡漢民的兩個妹妹。他們既未在政府任過事，有的還在學堂讀書，此次各以私人關係，得到出洋留學的機會」。〔註41〕

「酬勳」派遣既有先例，徇私、攀比接踵而至，部門間的推諉、扯皮層出不窮，這也導致許多對革命有功的青年才俊未能獲得稽勳留學的機會。比如雲南民政長羅佩金推薦的自費留日學生何漢、尹錫霖、楊名遂三人，「因武漢舉義，回國組織先鋒隊攻克江南製造局及南京鍾山天保城等處，在事異常出力」，1912 年 6 月稽勳局將此事轉呈大總統，「前案未經列名，能否批准」，大總統回覆，「前案既未列名，所請派遣留學之處應毋庸議」。〔註 42〕再如 1912 年 9 月，黎元洪請派副總統公署之翻譯出洋留學。南京程都督也電致北京稽勳局推薦留日學生四川大竹縣王希閔，稱其「投身同盟會，盡力革命事業……茲因求學心切，願解職赴美，聞第一次尚未派出，懇即加入，以成其志」。鑒於不少地方都督都向稽勳局大力推薦本省人士出國，稽勳局長馮自由解釋

〔註39〕 陳學恂、田正平編：《中國近代教育史料彙編——留學教育》，上海：上海教育出版社，2007 年，第 36 頁。
〔註40〕 《吳玉章回憶錄》，中國青年出版社，1978 年，第 95 頁，轉引自王奇生：《中國留學生歷史軌跡》，武漢：湖北教育出版社，1992 年，第 143 頁。
〔註41〕 任鴻雋：《前塵瑣記》，《傳記文學》（臺北）第 26 卷第 3 期，轉引自劉翔：《中國近代留美史》，南京大學博士論文 2009 年，第 123 頁。
〔註42〕 《臨時稽勳局局長馮自由呈大總統查雲南民政長羅佩金請將何漢等三名批准給資派遣留學等情本局業經核議請批示並遵行文》，《政府公報》1913 年第 401 期。

說，「派送出洋留學人員係奉國務院發交孫前總統批准舊案辦理，敝局並無添補派送之權，外間所傳多屬誤會，王君希閔碩學偉功實爲不可多得之才，敝局格於舊案以致見遣，抱歉萬狀」。〔註43〕

1912 年 7 月北京政府教育部與稽勳局對派遣留學生出國事宜相互推脫，稽勳局稱自己只負責之前備案人員的派遣，而教育部則表示稽勳留學重在獎勵功臣，而教育部的選派要求是「凡官費留學生，非大學或專門學校畢業者，不能當選」。〔註44〕

1912 年秋國務院秘書廳交大總統發下共和實進會呈詞，「公函稱江南高等學堂學生夏仁澍效力民國，青年好學，有志出洋，用敢援例呈請派赴英國留學」，稽勳局則推託說，「本局賞恤章程，凡有功民國人員俟將來調查審議後核請給獎，並無派遣出洋留學一條，此次所派第一期學生乃國務總理發下核辦之舊案。本局因國家財政萬分困難，現所派者僅該案四分之一之人數，其餘各都督各機關所送者賡續不絕，本局尚未議辦。夏生仁澍既爲民國出力，本局將來調查確實，自應照章議敘。至於應否派遣留學一節，伏懇大總統批交教育部核辦，並請以後凡關於呈請派遣留學各件，概交該部辦理以清權限」。而趙秉鈞、范源濂則批覆，「查有功民國人員請派出洋留學應以前臨時大總統批准有案者爲限，此外礙難一律照准。其前案批准尚未遣送者仍由該局核定送由教育部分期派遣可也」。〔註45〕

而稽勳局第二期呈請的方漢成等五人也因同樣理由遭到教育部拒絕，「惟未經大總統批准，本部礙難承派。」〔註46〕而由安徽都督保送的吳昆吾經大總統袁世凱批示准予派遣。〔註47〕

總體來說，中央的稽勳留學派遣培養了一批頂尖人才，但人數較少，而且存在選派不公平的現象，又夾雜了教育部與稽勳局的矛盾，背後更有袁世凱與孫中山的矛盾。

〔註43〕《公電》，《申報》1912 年 9 月 22 日，第 2 版。
〔註44〕劉眞主編、王煥琛編著：《留學教育》，臺北：國立編譯館，1980 年，第 1000 頁。
〔註45〕《臨時稽勳局局長馮自由呈大總統遵查夏仁澍呈懇援例派赴英國留學一節請交教育部核辦文》，《政府公報》1912 年第 198 期。
〔註46〕《大總統查核臨時稽勳局第二期派遣留學各員內方漢成等五名應即取消並飭財政部特別撥給經費請鑒核文》，《政府公報》1913 年第 267 期。
〔註47〕《大總統查核臨時稽勳局第二期派遣留學各員內方漢成等五名應即取消並飭財政部特別撥給經費請鑒核文》，《政府公報》1913 年第 267 期。

二、各省稽勳留學派遣

北京政府成立初期，在一些歸國留學生的建議下，湖南、湖北、四川、江西等省都督仿傚中央稽勳留學派遣，紛紛自籌經費自行派送有功之士出國留學，一些省份還出臺了考選辦法。

清末時期，在督撫制下，以省爲單位，各自練兵，各自籌餉，形成了軍政不分的格局，清末幾次重要的教育變革，都是外地督撫提出建議，爾後由最高統治者決策，以致「廢科舉而學臣不知」。往往中央決策頒佈之後，才由中央機構擬定章程。清末留學亦由各省總督推廣，地方大員爲了培養各類新式人才，鞏固勢力，派出親信赴國外留學。

民初各省都督權力與清末各省督撫類似，直接主管留學派遣事宜。由於當時中央尚未出臺官費派遣額數，因此一些省份出於各種目的，借「稽勳」之名大肆派遣留學生。據湖南都督湯薌銘事後調查，「湘省已在各國留學之學生數目計日本四百九十六名，每名年需四百三十二元。美國六十五名，英國二十九名，德國十名，法國四名，比國三名，以上各國每名年需一千四百四十元」。〔註48〕1912 年 7 月，江西李都督也在政務會議上議決「歲撥十餘萬元，擇光復有功，程度相合者分送各國留學」，總計 102 名，英六、法六、德八、比六、俄四、美十二、日本六十。〔註49〕1913 年 6 月舊桂系首領廣西都督陸榮廷上報陸軍部，派遣學生赴日留學。「各給川資整裝費銀一百元，每年各給學費五百元。把各生履歷報部備案」。〔註50〕

表 2−2−1：民初部分省份稽勳留學派遣人數表

年　代	省　份	留日生人數	歐美生人數	備　　　註
1912 年	湖南	187	76	另有日本候補歐美生 13 人，因民眾反對留學各國學生最終只派遣部分出國
1913 年	湖南	470	18	
1913 年	湖北	60	40	
1913 年	四川			有功者與普通者各 20 人

〔註48〕《湘中近事紀要》，《申報》1913 年 12 月 24 日，第 6 版。
〔註49〕《申報》1912 年 7 月 18 日，第 2 版。
〔註50〕《廣西公報》，1913 年 8 月 3 日印，5 日發行，轉引自吳曉：《試論陸榮廷統治時期廣西「出國留學潮」》，《廣西民族研究》，1996 年第 1 期，第 102 頁。

年　代	省　份	留日生人數	歐美生人數	備　　　註
1912 年	江西	60	42	
1912 年	廣西	20	10	
1913 年	廣西	8	5	留日最終派遣 7 人，6 月又加派陸軍留日生

資料來源：《申報》1912 年 7 月 18 日，第 2 版；《川鄂派遣勳員出洋留學辦法》，《申報》1913 年 1 月 6 日，第 6 版；《鄂省派遣留學生之取締法》，《中華教育界》1913 年 5 月號，轉引自元青：《北京政府統治時期的留學派遣政策》，《廣東社會科學》2005 年第 6 期，第 109 頁；孫輝：《清末民初湖南留學運動探析（1898～1924）》，湖南師範大學碩士論文，2009 年，第 6 頁；《廣西公報》，1913 年 1 月 9 日印刷，12 日發行，第 32 期，法律第 30 頁，1913 年 8 月 3 日印，5 日發行，轉引自吳曉：《試論陸榮廷統治時期廣西「出國留學潮」》，《廣西民族研究》，1996 年第 1 期，第 102 頁。

　　一些地方省份還仔細擬訂派遣辦法，嚴格選拔人才出洋留學。比如四川政界擬派遣光復有功人員四十人送往歐美留學，鑒於派遣有功之人留學，缺少判斷標準，「即以稽勳局報名論，如川北張瀾保送者四名，川東熊克武保送十餘名，紛紛續報，已逾定額」，為公平起見，以有限經費造就人材，經省議會審查決定，「須考選有功者二十名，普通者二十名」，由四川民政府與教育總會各派二人，會同教育司在省城嚴加試驗。四川省擬訂派遣條例，確定留學各國名額、留學專業、留學年限、留學年齡、留學資格和考試方式。條例規定，必須符合考試資格方能派遣，否則寧缺毋濫。對於有功者，「通一國語言文字、國文通順、數學有中學畢業之程度」即可，普通考選者則需「外國文程度能直接聽講並能抄錄講文、歷史地理數學物理化學各科均有中學優等畢業程度、國文通順」。條例還規定留學各國必須固定專業，「不得自由變更」，赴德需學工科、理科和醫科，赴法需學法科，赴英需學商科和礦科，而赴美則需學農科和礦科」。對專業的嚴格限制，體現了四川省議會對各國學科所長十分瞭解。條例還規定，「凡學生留學時能勤勉順次陞進者，不拘年限，以學問為主，如非實有疾病，常曠功課者，除停給官費外，仍酌量追償學費」，「學生畢業後除中央錄用外，應在本省服務三年，如本省無相當事業始准出外就事」。〔註51〕

〔註51〕　《川鄂派遣勳員出洋留學辦法》，《申報》1913 年 1 月 6 日，第 6 版。

　　湖北省教育司也制定了留學規程，對留學各項事宜作了專門規定：「（一）湖北省費派遣歐美日本之留學生，以養成專門人才供給地方需要爲目的。（二）省費派遣留學之學科及名額，視地方需要隨時以省會定之。現第一次擬派西洋四十名，東洋六十名，分習實業、師範、法政三種學科。（三）省費派遣留學時，由省公署宣佈所規定之資格，由該學生指定專習何項專門學科，填具志願書，用競爭試驗法定期試驗，決定揭示。（四）省費留學生，留學年限至短以三年爲限，至長以八年爲限。……（九）省費留學畢業生因特別情事，不能服務時得以省公署之特許酌量免之。」〔註52〕

　　江西除由都督李烈鈞圈派十名外，其餘九十二名由教育司聘關防主任程道存在官立法政學堂舉行主持考試，男生女生「分場考試，擇優請咨放洋就學」。應考者有三百餘名，「上午考外國文論說一篇（至短必須作二開），下午翻譯二篇：（一）中國文譯外國文（一）外國文譯中國文」。〔註53〕所有各科閱卷官均係李督派委，實行封閉閱卷。但教育司隨後又以「投考人數僅有三百餘名，爲數甚少，誠恐因限期過促，遼郡人士得信稍遲，或爲風雨關津所滯阻」，提出補考一次，並留出六十個名額補行考試，「自公佈之日起九月十號止，凡有志留學各生均於限期內攜帶中學畢業文憑、相片及受驗料，按照前次規定手續來本司專門科內報名註冊，聽候示期考試，其此次未經錄取諸生亦得重行報名與考」。〔註54〕

　　此次派遣還考慮到女性留學的權益，湖南省起初不欲遣送女生，但在唐群英的活動下，都督譚延闓同意略送數名。1913年4月，經教育司分科考試，戴世珍等三十六名女生入選。但有的女性留學則並非通過考試選拔方式派遣。比如1912年8月，張振武被黎元洪以謀亂罪呈請袁世凱後處死，爲了安撫人心，黎元洪許諾撥給張第六妾葉慕班官費，供她赴日留學。

　　當時各省大多設立留學規程，考試選拔留學生，有的規程還對歸國後爲本省服務事宜做出要求，但在實際操作中不乏徇私、不公現象。各省都督借助「稽勳」之名，花費鉅資大規模派遣留學，與清末各省總督推廣留學頗有類似之處，一方面可以拉攏親信，另一方面可以選拔和培養人才，從而達到

〔註52〕《鄂省派遣留學生之取締法》，《中華教育界》1913年5月號，轉引自元青：《北京政府統治時期的留學派遣政策》，《廣東社會科學》2005年第6期，第109頁。

〔註53〕《教育司考試遊學》，《申報》1912年9月4日，第6版。

〔註54〕《留額補考》，《申報》1912年9月6日，第6版。

鞏固自身勢力，實現政治訴求的目的。而這也說明民國初立之際，地方都督勢力強大，在留學派遣中佔有主導地位。

三、派遣風潮

但在這場轟轟烈烈的派遣中，存在諸多問題，如派遣規模過大、任人唯親、省縣兩級政府派遣權爭端等，而地方政府最應檢討的當屬派遣目標出現偏差，以致未能促進留學事業良性發展。

（一）湖南省風潮個案

在各省派遣風潮中，以湖南省風潮最為波瀾起伏，衝突方式包括申訴、抗爭、威脅和暴力衝突，如警民衝突、大炮轟擊、炸彈暗殺等。鬥爭矛頭主要指向都督譚延闓和財政司長陳炳煥等人。

1912 年 11 月，湖南省都督譚延闓令教育司揭榜曉示，擬派遣二百七十六名留學生，出榜後學界及各報館均認為「名額太多，需費甚巨，且未經考試，多係私人」，輿論譁然。引起騷亂。學界在教育會開會，並分赴都督府暨教育司，其間還有人出口大罵。此後又有農工商界以「學費過多，人民擔負太重」，由湘政改良會散發傳單，集眾開會。各界要求「取消原案，另行考送，減少名額」。教育司擔心出現暴動，令兵隊保衛教育司，各學校全體停課兩日。譚都督也稱，「此次留學費僅止十三萬有奇，係從教育經費預算項下開支，並未於歲入外加增人民擔負」，並指外間所發傳單，「號稱全年學費五十餘萬，人民負擔因此增加，顯係捏詞播弄」，希望民眾不要誤信謠言，滋生事端。不過譚都督還是承認此次選拔人才出國留學，「或有未周，自應更加鑒別，應即暫行緩送，再行核實辦理」。各代表見此批示，風潮稍息，各校亦照常上課。不想又有多人發佈傳單，仍在教育會開會，甚至有人提出全體罷市罷工。當譚派警察干涉時，雙方大起衝突，都督飭派軍隊擎槍運炮到場彈壓。雖然會場之人見狀紛紛逃散，但仍有多人堅持反對，再發傳單，並擬有討譚都督檄文，煽動軍人干涉此事。譚都督令巡警廳，「如再有捏造傳單，希圖煽惑軍人，或登門迫齋，倡言罷市者，仰即嚴拿重辦」。〔註55〕

海外學子也提出了反對意見。留日學生派出三名代表面謁都督譚延闓，力詆政府之無狀，且上書痛呈利害，希望譚取消原案。學生代表舉日本和滿

〔註55〕《湘省派送留學生之風潮》，《申報》1912 年 11 月 14 日，第 6 版。

清爲例，指出留學派遣應「限以資格，嚴加考試」，不能濫竽充數。並稱，「皖贛開之於先，尚知勇於改過，打消原案，湘省繼之於後，乃決然行之，不畏人言，是公僕之威權有甚於專制時代者」。〔註56〕學生代表批評此次派遣的學生大多表現不佳，如財政司陳炳煥之子侄陳家資、陳家立等，浪遊東土，揮霍成性。除了口誅筆伐，1912 年底甚至有人索性在陳炳煥家附近安放炸彈。各處傳聞皆言「與留學案大有關係」。留學案在人民竭力反對下，雖在第二次放榜時稍作變動，但事實上卻是「變本加厲，反將略有程度者一律刪除」，「財政司長陳炳煥對於留學事援引私人最多，故炸彈先及之」。〔註57〕

騷亂和請願活動也迫使譚都督做出一定讓步，譚令教育司將榜示各生「詳加考覈，擇其合於上項資格者其一百十三人，分別注明籍貫、履歷，定爲咨送西洋四十五人，咨送東洋六十八人」。至於其餘一百六十二人，則由教育司定期召集諸生及各校高材生「一律預試，以定甲乙，再行分別咨送」。〔註58〕

1913 年 3 月 18 日，湖南省教育司舉行留學初試。譚都督定每縣分配二名，送西洋者則不分縣路界。於是圍繞各縣定額和考試酌定的雙重派遣選拔機制，西南兩路人與省政府發生爭端，並於 4 月 10 日召開聯合會，提出譚都督曾答應此次遣學東西洋均分額選送，但現在改弦易轍，「西洋名額將來必爲中路占盡」。兩路聯合會代表擬會商都督及教司，將遣派辦法更正爲「每路派送西洋十名」，如果都督及教育司不同意，「而中路獨佔多數，西南兩路不認其榜示爲有效」，並將各路應解之常年教育經費一概停交，「由各路扣出餉銀各派學生留學」，對於被選留日者，「兩路自行給發學費」，不阻其求學。聯合會還強調，「兩路議員應聯絡一致進行，不得令遣學案通過議會」。並揚言「應以鐵拳對付」提出遣學案的人。〔註59〕西南兩路之所以如此折騰，竟是因爲他們認爲「憑學考取，必爲中路人所戰勝」。他們以此推論，「此次之案又是大不公平，某某係某所關說，某某又係某所運動」。〔註60〕爲免再起風波，至 4 月中旬，湖南省都未公佈 3 月份考試結果。此外，1913 年入選的湖南女生也積極參與加入風潮中，「要求各縣分派，以免爭執，教育司未允所請，昨日初試，考案未列籍貫，該女生等憤憤不平，擬聯合團體向教育司

〔註56〕《湘省留學風潮之餘音》，《申報》1912 年 12 月 2 日，第 6 版。
〔註57〕《湘省又有炸彈發現》，《申報》1913 年 1 月 8 日，第 3 版。
〔註58〕《湘都督調停留學風潮》，《申報》1912 年 12 月 25 日，第 6 版。
〔註59〕《湘留學案又起風潮》，《申報》1913 年 4 月 11 日，第 6 版。
〔註60〕《湖南學界之悲觀》，《申報》1913 年 4 月 14 日，第 6 版。

詰問」。〔註61〕

　　綜上所述，風潮產生原因主要包括：一是民國初立，各路人馬明爭暗鬥，造成政局緊張，容易引發衝突；二是省政府決策的朝令夕改、各縣地方主義作祟、選派方式不同和省縣兩級政府權力利益劃分矛盾等因素釀成派遣風潮；三是地方政府在留學派遣時追求規模，加重民眾負擔，引起地方民眾不滿，各路人士安插自己的親信出國留學，派遣任人唯親，更是激化矛盾。

（二）派遣目標偏差

　　地方政府最應檢討的就是留學派遣目標出現偏差，「報功優賢之意」、「求才尚學之心」和流放革命黨三者存在矛盾。

　　如果將留學當作一種賞賜，那麼就很難考慮到被派遣者是否具有留學資格；如果把留學當作選拔人才，那麼有功之士又會心懷不滿。因此，「報功優賢之意」和「求才尚學之心」兩者比例如何權衡令地方政府頭痛不已。如果被派遣者是真心求學，寧可不要官位，那麼以留學作爲獎勵，自無不可，但事實上，在這場大規模的派遣中，固然有不少真才實學之士，但也有不少是濫竽充數之輩。一些青年以起義元勳自居，不肯精研學術，專以要求位置，令政界窮於應付，索性將其趕往國外留學，以圖清靜。比如副總統黎元洪因爲窮於應付湖北省一些所謂革命青年，只得仿照湖南省辦法，選擇一百四十名確有功績，尚待深造的青年派送出國，其中一百二十名遣送日本學習陸軍、法政和實業，其餘二十名英法文程度較高者，則擬派送美法德各國留學。湖南省一些人標榜自己爲有功之士，「借出洋考察政治或留學之名義支取旅費學費」，或是「借辦實業或學校或報館及公益團體等事以支取津貼補助費」，有的甚至「毫不假借他種名義直向都督府支取」，造成了湖南的財政困難，「湖南公款消耗於此中者不知千數百萬」。〔註62〕有的地方長官還趕在自己離任前花費鉅資將手下一一安排妥當。比如廣東卸任都督胡漢民以公款付秘書杜之林、金章、張澍棠、古勱勤和審計處長朱執信等人作留學費，「每人自五千至一萬不等，公民大嘩」。〔註63〕

　　「報功優賢之意」和流放革命黨交織在一起，情況更爲複雜。革命派有意出國躲避，地方政府官員也有意將其流放至國外，以免在國內爭權。

〔註61〕《留學女生又有暗潮》，《申報》1913 年 4 月 13 日，第 7 版。
〔註62〕《湖南公款濫費之調查》，《申報》1913 年 7 月 8 日，第 6 版。
〔註63〕《廣州電》，《申報》1913 年 6 月 22 日，第 2 版。

比如江西警視廳總監吳照軒因原有警察協進會（巡警學堂畢業生組織）與警察學會（高等巡警學堂畢業生組織）合併風潮。為避禍亂，1912 年 8 月向江西李都督辭職並懇請「撥給官費，咨送美國留學，以期深造而資趨避」。〔註 64〕在湖南留學風潮中風雲人物退伍馬團團長劉文錦為當時湖南實業司長劉承烈兄長，「譚都督不肯結怨於彼黨，遂暗囑劉文錦趕速出洋留學，並由公家給銀數千兩以為學費」。〔註 65〕這種情形與清末頗有相似之處。比如清末湖北一些學生熱衷於反清運動，湖廣總督端方懾於革命黨人的聲勢，沒有採取高壓手段，而是採取分化瓦解的策略，以培植新青年為名，把他們派到海外留學。

雖然派遣時雙方一拍即合，但一旦政局緊張，雙方矛盾激化，留學者不安心就讀，派遣者無意支付鉅額官費。1913 年 10 月教育部下令「暫停派遣出國留學」，理由是「財政困難已達極點」，「人數既多，程度參差不齊」，「需時久而成效少」，「或以未窺門徑，興味淺薄；或為外物所誘，頓入歧趨」。〔註 66〕但北京政府更擔心的則是這些留學生危害北洋政權。1913 年湖南湯都督致電中央稱，「湘省反正後，亂黨要人假辦學為名，侵蝕公款，習為故常，其為異時之大害者，莫如留學事。查湘省遣派東西洋留學達六百餘，今年需經費三十七萬餘兩，論湘省斷難擔此鉅款而當選派遣之初本未切實考驗，但憑偉人一紙函電，即膺上選。現據各方報告，此次亂黨大半避匿海外冒名領取學費為永久盤踞之計，似此耗財藏亂，亟應澈底查究」。湯薌銘還致電駐東西各國公使，「嚴密考查，遇有亂黨冒名射利，立時取消其有資格，不合者亦應停止」。〔註 67〕湯薌銘建議教育部嚴行取締，並通令各省倣仿湘省查辦亂黨留學。北京政府遂通令取締派遣留學人員，「以防黨人假留學之名為患母國」。〔註 68〕北京政府的這種擔心不無道理，袁世凱就職後，不少留學生又紛紛返國開展武裝鬥爭。比如前鄂軍第七協統領黃申薌解職後，經黎元洪派往日本留學，「留學費每年一千兩，以五年為限」。1915 年因贛亂嫌疑差點被停官費，幸有黎元洪從中斡旋，稱黃能勸

〔註 64〕《江西軍警界近況》，《申報》1912 年 8 月 14 日，第 6 版。
〔註 65〕《湘省風潮善後種種》，《申報》1913 年 3 月 14 日，第 6 版。
〔註 66〕劉真主編、王煥琛編著：《留學教育》，臺北：國立編譯館，1980 年，第 1000 頁。
〔註 67〕《中央取締留學界之原電電》，《申報》1913 年 12 月 29 日，第 6 版。
〔註 68〕《南京電》，《申報》1913 年 12 月 26 日，第 2 版。

黨徒歸正才得幸免。1916 年 5 月，陸軍部接到駐日公使電稱「黃申薌附亂性成，前此東京發現新同盟會，黃任神戶支部長」，因此湖北省「將該員官費原案取消，嚴行緝辦」。〔註69〕再如陝西曾在 1913 年大規模「考送留日公費生 100 餘人」，多數學業未竟而「因革命工作半途返國」。〔註70〕但也有的省份不以爲意，如江蘇省長就電覆中央，「蘇省留學生多光復前派遣，尙無湘省情事」。〔註71〕

　　1916 年後，各省仍然受到政治因素的影響，留學派遣有時成了地方長官離任前的豪賞。1917 年譚延闓離開湘省時，分別發給督軍省長兩署職員慰勞金、遊歷費者和留學津貼款，大規模派遣職員留學，結果造成 1917 年 8 月湘省政費虧空高達六十四萬餘元。至 9 月新任督軍傅良佐到湘時，虧空良多，只能從沒收的禮和洋行借款中填補。還有的地方派遣留學與民初類似，是爲了將一些搗亂分子流放出國。比如 1916 年滬上黨人善後辦法，就擬將「學生中學畢業以上考選送出洋留學」。〔註72〕還有的則是爲了出國避開國內政治紛擾，如 1923 年原任熱河都統闞朝璽因其於郭松齡的關係選擇辭職出亡日本。1926 年湖南省長趙恒惕，四年任期已滿，也決計下野出洋留學。

第三節　軍事留學

　　軍事留學是一種特殊的留學類型，牽涉到政府的軍事利益和國家政權穩定，因此往往由中央政府直接派遣。爲了防止革命黨學習軍事知識後爲害清政府，清末曾出臺規定私費生不得入軍事院校，由此引發了日本成城學校入學事件。無獨有偶，後來的南京國民政府也於 1935 年 3 月頒佈《取締私送軍事留學員生辦法》，禁止私自保送或私費考入校之軍事留學員生。不過由於北京政府時期中央政權屢次更迭，地方政府勢力強大，因此除了中央派遣軍事留學外，還有大量的地方政府自行派遣的軍事留學生。軍事留學生包括了陸海空三軍。

〔註69〕《鄂省人物志》，《申報》1914 年 5 月 20 日，第 6 版。
〔註70〕周學昌：《三年來之陝西教育》，《教育雜誌》第 26 卷第 7 期，1936 年 7 月，轉引自冉春：《南京國民政府留學教育管理研究》，華中師範大學博士論文 2007 年，第 26 頁。
〔註71〕《南京政聞錄》，《申報》1913 年 12 月 24 日，第 3 版。
〔註72〕《北京電》，《申報》1916 年 9 月 8 日，第 2 版。

一、中央軍事留學派遣

中央派遣軍事留學生，主要從親信、有功之臣和權貴之後中選拔，選拔受到國際關係和國內時局的影響。袁世凱時期，中日關係較爲密切，中央軍事留學派遣大多派往日本。1914 年 7 月袁世凱准派陸軍中佐以上之軍官二十人至東京士官學校肄業，此次派遣留日軍官級別之高前所未有。1917 年初，日本爲譽中日親善之實，答允中國政府之請，將向不開放之陸軍大學炮工學校、騎兵實施學校、步兵學校等特行開放，收錄中國學生。〔註73〕1917 年 3 月，參謀本部派遣陸軍大學學員覃師範等八人赴日留學，行前受到大總統及段總理的接見。北京政府爲學員提供了優厚的待遇，「除原有薪資仍舊支給外，每員每月各給旅費一百五十元，啓行之初每員各給治裝費五百元」。其月薪自一百五十元至四百元不等。覃師範等八人官階甚高，「原官上至中將，至小亦屬少校」。爲便於他們在日本陸軍大學學習時與教官同學相處，公使章宗祥與日本陸軍省協商，「該學員等入校以後一律著中尉服裝，以免階級不同，致生障礙」。〔註74〕

北京政府還十分重視學習戰爭實戰經驗，1916 年 12 月，政府議定派留學外國習陸軍之劉家佺等六人赴歐觀戰，以爲改良陸軍之助。〔註75〕

近代海軍留學教育始於 19 世紀 70 年代，當時海軍赴歐留學經費，「比諸中國的海軍整個支出，似乎過高」。高昂的經費代價卻未能實現「在技術方面使中國不仰賴西方」的目標，〔註76〕這也造成十九世紀末期清政府一度不再熱心續派學生出國。

北京政府成立後，十分重視培養海軍人才，專門制定章程，嚴格管理，並給予海軍留學生特別官費，待遇優厚。1913 年 12 月，海軍部頒行了《留英海軍學生監督辦事處暫行章程》，1916 年頒定了《英美海軍留學生規則》和《英美海軍留學生管理員暫行規則》，加強了對留學英美海軍學生的管理。1916 年《英美海軍留學生經理員暫行規則》規定，「經理員由海軍部遴員委派呈請備案」，「承海軍部長之命令經理留學生一切事項」。經理員需要及時將學生情況呈報海軍部，其職責包括：督察「留學生之勤惰」、「隨時考察留學生在學情

〔註73〕 《北京電》，《申報》1917 年 2 月 22 日，第 3 版。
〔註74〕 《軍官赴日留學之待遇》，《申報》1917 年 3 月 21 日，第 6 版。
〔註75〕 《北京電》，《申報》1916 年 12 月 14 日，第 2 版。
〔註76〕 汪一駒著，梅寅生譯：《中國知識分子與西方──留學生與近代中國（1872～1949）》，臺北：久大文化股份有限公司，1991 年，第 40 頁。

形及其考試成績」、「於留學各生畢業時應將其品行學術之優劣詳加評定出具考語」。「遇有留學生事務關於外交者，應商請駐使主持」。〔註77〕除了學務工作，經理員需將「歐美各國海軍新發明各種科學戰術戰具隨時呈報海軍部」。〔註78〕經理員待遇頗豐，「薪費每月暫定爲應洋五百元」，「電報、旅行、交際、藥費等項應實報實銷，每年不得過英金五百鎊」，如果「經理員辦理學務成績優美，由海軍部呈請給獎，以資鼓勵」，經理員只需每月將「一切款項之收支清冊連同收據呈報海軍部」即可，而且經理員也可體察情形，向海軍部提出規則修改意見。〔註79〕

根據 1916 年《修正英美海軍留學生規則》，海軍學生在海外期間由經理員負責具體管理事務，學生不能自由選擇專業，「留學期內，無論何項事故均不准請假回國，惟在暑假或年假期內學生欲赴他處遊歷者，可稟請經理員核辦」。規程還規定「留學生有所請求應稟候經理員核辦，若係重大事故應稟由經理員轉呈海軍部核辦，各學生均不得逕呈海軍部」。

「留學生學費及零用費等項，在英時每月給英金十六鎊。在美時每月給美金八十四元，均由經理員照章按時發給，不得預先借領」，「凡在英國海軍艦校各學生，其學費由經理員照章按季送交英海部轉發各處核給，其在私立學校廠所者，即由經理員按月匯寄各生收領製取收條由經理員呈部存查。海軍留學生的福利非常豐厚，「留學生醫藥費應由經理員照醫生證書及藥房收據給領」，「留學生在格林裏區大學及柏次茅鎗航海、魚雷各專門學校由經理員發給每生書籍旅行費共三十五鎊」。〔註80〕

根據 1916 年度中央各部留學經費預算，海軍部所管「直轄各機關經費292280，其中各國留學生監督處經費 27200」。〔註81〕北京政府海軍部曾多次派遣海軍留學生。1913 年選派了 3 名海軍留英學生；1918 年派遣鄭耀樞等 6人赴英學習；1919 年派遣傅德同等 4 人赴英學習；1920、1925 年，兩次派遣了沈德燮、劉鎮謨等 6 人赴英學習。〔註82〕與此同時，由於美國的崛起及其

〔註77〕《英美海軍留學生經理員暫行規則》，《申報》1916 年 10 月 6 日，第 17 版。
〔註78〕《英美海軍留學生經理員暫行規則》，《申報》1916 年 10 月 6 日，第 17 版。
〔註79〕《英美海軍留學生經理員暫行規則》，《申報》1916 年 10 月 6 日，第 17 版。
〔註80〕《修正英美海軍留學生規則》，《申報》1916 年 10 月 6 日，第 17 版。
〔註81〕劉功君、沈世培：《北京政府時期留日經費籌措考察》，《歷史檔案》2009 年第 1 期。
〔註82〕陳書鱗、陳貞壽：《中華民國海軍史》，北京：海潮出版社，1993 年，第 91～

海軍的強盛，北京政府也相繼派遣了一些留美海軍學生。海軍部通過駐美公使與美政府協商，從海軍學校畢業生中選派留學生，1918 年 11 月優等生陳耀樞等二十名由部發給護照，遣送來滬，候船赴美。〔註 83〕這些海軍學生所學專業也從晚清時期的管輪、駕駛轉爲無線電、飛機製造、潛艇等，反映出北京政府派遣海軍留學的實用性。

海軍部還曾派遣海軍留學生赴日學習，所派學員大多爲權貴之後。如 1914 年第四屆學習輪機的十九名學生中有「爲清末某軍機之孫者」，有「爲外交諮議某表侄者」，有「爲某總長之外甥者」。海軍留日學生回國川資原本爲二百四十元，但 1914 年第四屆學習輪機的海軍留日學生回國時，海軍部只允許給每人一百元川資。學生沈一奇、吳建、何豪利用留學生監督吳宗煌煙癮發作，迫使吳發給每人三百元。〔註 84〕雖然此事後來掀起了當時的一場風波，但因這些海軍留日學生背景顯赫，加上各派政治鬥爭的影響，此事最終不了了之。

由於當時並未設立空軍，因此主要由海軍部負責派遣軍官出國學習航空。1920 年 6 月，海軍部選派軍官五名赴菲律濱扣的斯飛行學校學習航空，所選派軍官劉道夷、吳汝夔、曹明志、陳泰耀、王孝豐等五人均係北京南苑航空學校畢業學員。〔註 85〕

二、地方軍事留學派遣

地方政府的軍事留學派遣始終貫穿於北京政府時期。北京政府成立後各地都積極籌劃派遣有功之士、青年才俊或是被裁軍官出國留學。1912 年 9 月副總統兼湖北軍政府都督的黎元洪以湖北八鎮合併改編五師團後，擬從軍官中挑選才堪造就，有志進取者百二十名派赴日本留學。留學資格爲「年在二十歲以上，三十歲以下，文理深通，稍知日語者」，「惟一經留學其薪餉即行停止，至管帶以上仍月給津貼二三十元，隊官排長則無津貼」。而湖北被裁軍官其時雖家居，但仍支原餉。後因日本禁止我國人在彼邦學陸軍，此事遂暫停。〔註 86〕

92 頁。

〔註 83〕《海軍學生赴美留學》，《申報》1918 年 11 月 24 日，第 10 版。

〔註 84〕《參政院之建議》，《申報》1914 年 11 月 10 日，第 6 版。

〔註 85〕《海軍航空軍官出洋抵滬》，《申報》1920 年 6 月 19 日，第 10 版。

〔註 86〕《副總統培植將才》，《申報》1912 年 9 月 26 日，第 6 版。

　　浙江為縮小軍隊範圍，優待退役官佐，對於赴國內外就學者「均擬一律優給薪餉」，並規定留學軍官應為浙江效力，「各官佐畢業後一律回本省供差，中央或他省若欲委用，須得本省之允許。如有託故規避或私自謀差者，一經發覺將留學期內所有薪銀悉數追還並弔銷文憑」。〔註87〕

　　江蘇也積極派遣軍事留學。1917 年 4 月江蘇省派遣四十八人赴日本陸軍大學士官學校步兵學校等留學，其中包括日本士官學校出身的陸軍少將黃興鎮。

　　北京政府中後期，一些地方軍閥為了擴展自身勢力，尤其注重軍事留學人才的培養。「東北王」張作霖對留學人才十分重視，尤其重視軍事留學。第一次直奉戰爭失敗後，1923 年奉軍成立陸軍整理處，張學良、郭松齡倡導選送留日學生。1924 年 8 月，張作霖派鍾延平帶九名無線電畢業生赴美留學，9月又選派陸軍測量員馮熙等六人赴美留學。1925 年 3 月，東北三省會議還提出選派軍官留學問題，認為前次直奉戰爭時，奉系起初不重視軍事學術和教育訓練，「各軍中之將領大都皆勇敢有餘，而學術不足，以致不足成一完善軍事家，欲救此偏，惟在多受軍事教育，而東三省所施之軍事教育尚在幼稚教育，中下級軍官則有餘，教育上級軍官則不足，現在戰術愈研愈精，故步自封勢必終於劣敗，故亟應簡拔各師旅精明果敢之軍官，送赴東西各國留學。」〔註88〕

　　1925 年和 1926 年張作霖又多次選派青年軍官分赴日本和法國留學，並給予他們豐厚的留學費用，甚至還為部分留學軍官保留職位，並繼續發放軍餉。1926 年 10 月，吉林三四方面軍團部還計劃在 11 月「招考學生衛隊五百，畢業後分送各國留學」。〔註89〕派遣規模可謂十分宏大。

　　而直督李景林也因直奉戰爭，攻守戰略均為日本士官學校畢業生所策畫，決定派遣軍官前往該校留學。經與日本陸軍部磋商，擬派遣年齡在二十至三十歲之間，北京大學或保定軍官學校畢業生及現充軍官赴日本士官學校學習。1925 年 9 月，李景林為培養後續力量，特從所部軍官子弟中選送十四名赴日，包括：李書箴（李景林次子）、李書勝（現充督署衛隊混成營連長、李景林之胞侄）、楊兆民（直隸煙酒公賣局局長楊振春之子）、馬

〔註87〕《浙軍近事彙紀》，《申報》1912 年 7 月 3 日，第 6 版。
〔註88〕《奉天辦壽中之三省會議》，《申報》1925 年 3 月 8 日，第 6 版。
〔註89〕《申報》1926 年 10 月 31 日，第 6 版。

安濟（直隸陸軍第二混成旅旅長馬瑞雲之子、畢雲章（直隸陸軍訓練處畢副監之子）、蔣桂楷（督署軍法科蔣科長之胞弟）、楊鳳池（現充東北陸軍第一師第一旅少校參謀）、樂子恒、劉倚衢、董平興、夏景昌、劉劇超、警務處長岳屹之子及潘參謀處長之子。〔註90〕其中以楊鳳池最長，為二十七歲，其餘均二十一二歲。因各人程度參差不齊，因此赴日本後先習日語六個月，再入成城學校練習六個月，然後入士官學校肄業二年期滿歸國。赴日學費除由直隸省支付外，李景林按月彙給學生津貼，楊鳳池給少校薪水，其餘均給上尉薪水。

　　北京政府時期的軍事留學推動了近代中國軍隊的發展和國際軍事交流，培養了大批軍事人才，但也面臨著一些問題。一是軍事留學經費不足的困難。1922年3月，財政部讓本年選派赴日留學的陸海軍學員先行赴日，待日後再籌款給各學員，各學員認為恐無把握，因此不敢起程。〔註91〕

　　二是派遣有任人唯親，搞地方主義的嫌疑。比如1915年6月海軍部派遣海軍學生前往美國學習潛水艇駕駛法，所招十二人「大抵籍隸閩廣」，由海軍部輪機總監魏瀚率同前往。而所派十二人中有魏瀚之侄海軍部科長魏子浩者，「聞彼到美後或即被派為此項學生之監督，至在彼學習期預定為二年半」。〔註92〕

　　三是軍事留學派遣大多人數零散，缺少很強的計劃性、整體性和連貫性，往往因一人職位變動影響留學派遣。比如福建人劉靖中在歐戰爆發前蒙海軍總長劉冠雄允准派送法國留學，旋因戰事不能成行，此後劉冠雄因海軍留學生案被查辦離職，劉靖中等了兩年多都未有著落，遂自請援案赴法，但因人事更迭，終未成行，足以反映當時的政府在留學派遣上的隨意性。

第四節　官費考選與各界的派遣參與

　　北京政府時期，考試派遣留學生的選拔方式日益深入人心，地方各省教育部門在中央考選規定基礎上制定了詳細的考務流程，雖然在具體操作上存在分歧，但通過地方政府和社會各界的研討、建議和監督，考務工作日益完善，不經考選就私自派遣留學生的湖北省教育廳長遭到各界一致聲討。

〔註90〕《直李派遣軍官子弟赴日留學》，《申報》1925年9月17日，第9版。
〔註91〕《北京電》，《申報》1922年3月30日，第4版。
〔註92〕《歐美留學之監督問題》，《申報》1915年5月28日，第6版。

一、官費生考試選派：以江浙爲例

　　北京政府時期地方各省在中央規程基礎上積極制定本省考選制度，考選留學生出洋。各省之中，留學派遣大省江浙兩省政府下放教育權，注重專家參與，其考試選拔頗有可圈可點之處。江浙兩省的考選流程嚴格，考務工作嚴謹，尤其是江蘇省的官費生考選，一旦規則確定，即使是教育廳長也不能隨意更改。由於兩省注重根據本省需要選拔留學生，因此不免與中央存在留學派遣權之爭。兩省在考試科目、留學專業和考試資格上有所不同，除按照教育部《選派留學外國規程》執行外，江蘇省注重考察學生品行，選擇留學科目時注重根據各國所長選派，浙江省則注重派遣者的工作經歷和年齡。

　　根據 1916 年教育部的《選派留學外國學生規程》，地方負責初試，中央負責復試。中央與地方兩級考試一般都由教育行政人員負責，並聘請各行專家考驗留學科目。如 1926 年 1 月 6 日舉行的教育部留學生試驗，教育部專門教育司司長劉百昭爲考選留學外國學生試驗委員長，僉事馮承鈞爲副委員長，圖書審定委員會專任委員喬曾劬、朱又熊，僉事黃中，視學錢家治、錢孫、陸懋德，主事楊維新，一等額外部員金振華爲試驗員。〔註 93〕

　　教育部規程公佈後，各省在教育部規程基礎上制定了本省考試選拔規則。各省考選名額一般根據教育部公佈的缺額數，在省第一試加倍錄取，送部應第二試，比如若缺額數位三名，則地方各省第一試可錄取六名。地方各省往往經過兩輪篩選，才將初選人員上報中央進行復試。

　　江浙兩省在考試報名流程上，江蘇省考生報名時需開具履歷，注明願往何國留學，並繳納報名費二元，相片二紙，向教育廳報告，應試時須呈驗畢業文憑或任職證明書。〔註 94〕浙江考生需攜帶資格證明文件及最近四寸半身相片一張來教育廳報名並填寫志願書。

　　在應試資格上，浙江省強調自主派遣權，1923 年 7 月 27 日，浙江教育行政研究會開會商議「變通派遣留學歐美學生辦法」。該辦法強調「選派何種學科及派赴何國均由本省定之……必須先由本省試驗其程度及語言文字合格者」，在留學選拔時看重被派遣者的工作經歷，要求至少有五年以上工作經歷。〔註 95〕

〔註 93〕　《教部留學生試驗委員已派定》，《申報》1926 年 1 月 5 日，第 7 版。
〔註 94〕　《教育廳考送歐美留學生規程》，《申報》1924 年 7 月 11 日，第 14 版。
〔註 95〕　《浙教育行政會暑期大會（二）》，《申報》1923 年 7 月 28 日，第 10 版。

1925 年，浙江教育廳還對應考者年齡作出限制，需「年齡二十歲以上，三十五歲以下」。〔註96〕1924 年江蘇省在考選時也考慮到保姆、童子軍家事等科，不適合按照部章規定應試資格，「應否側重經驗，略予變通之」。〔註97〕但最終還是依照教育部《選派留學外國規程》規定執行。

在考試科目上，江浙兩省地方第一試，都分兩場，省第一試及格者參加省第二試的留學科目考試，合格者報部參加教育部復試。

與 1918 年的招考留日學生相比，1920 年浙省教育廳考送留學歐美新生，第一試考試科目改本國地理爲外國文歷史。1925 年，考送歐美學生則又改回本國地理，並將代數變爲數學。浙江省第一試、第二試考試科目比江蘇省多，1918 年浙江省招考留日學生第二試考試科目「均以日本國語言文字試驗之」。〔註98〕但江蘇省第二試則注重調驗成績和口試。

表 2－4－1：1918 年、1920 年、1925 年江浙兩省留學生省考選第一試科目

年　　份	省　　份	教育廳長	留學國別	第一試考試科目
1918 年	浙江	伍崇學	日本	體格、國文、本國歷史、本國地理和代數
1920 年	浙江		歐美	體格、國文、本國歷史、外國文歷史和代數
1925 年	浙江	計宗型	歐美	體格、國文、本國歷史、本國地理和數學
1918 年	江蘇		歐美	國文及外國文（即留學國文）
1924 年	江蘇	蔣維喬	歐美	國文及外國文、體格

資料來源：《考試留學生揭曉》，《申報》1918 年 5 月 18 日，第 7 版；《杭州快信》，《申報》1920 年 6 月 28 日，第 7 版；《浙教廳定期舉行留學考試》，《申報》1925 年 11 月 5 日，第 7 版。

〔註96〕《浙教廳定期舉行留學考試》，《申報》1925 年 11 月 5 日，第 7 版。
〔註97〕《各省教育界雜訊：蘇教廳核復選派歐美留學生》，《申報》1924 年 6 月 4 日，第 11 版。
〔註98〕《招考留日學生章程》，《申報》1918 年 5 月 4 日，第 7 版。

表2－4－2：1918年、1924年浙江省留學生派遣國別、專業及省考選
　　　　　　　第二試科目

年份	留學國	留學科目	第二試考試科目
1918年	日本	農科	物理、化學、博物、幾何三角和地質學
1918年	日本	工科	物理、化學、幾何三角和微分積分
1918年	日本	商科	外國地理、經濟學概要、法制概要、高等算術和幾何
1918年	日本	醫藥科	物理、化學、生理學和博物學
1918年	日本	文科	外國歷史、倫理學、論理學和心理學
1925年	歐美	理工科	（一）物理（二）化學（三）解析幾何（四）微分積分
1925年	歐美	教育科	（一）倫理學（二）心理學（三）教育史（四）教育學
1925年	歐美	家事科	（一）理化（二）生物學（三）心理學（四）社會學

資料來源：《招考留日學生章程》，《申報》1918年5月4日，第7版；《浙教廳定期舉
　　　　　行留學考試》，《申報》1925年11月5日，第7版。

　　1924年，江蘇省歐美留學考試選拔八名留學生，考務及實施流程規範十
分嚴格。其試驗分第一試第二試兩次，第一試爲國文外國文，第二試爲留學
之科目，調驗成績及口試，其典試委員會規程另訂之。蔣廳長指派爲監試委
員，並邀請各科專家擔任典試委員會會員。

　　第一試報考者四十八人，應試者四十六人，其中教育行政者五人，鄉村教
育者九人，家事或保姆者四人（女生），體育兼習童子軍者五人（內女生一人），
生物學者五人（內女生一人），林科者一人，實用工藝者十五人，市政建築者四
人。7月24日，由教育廳長蔣維喬點名給卷入場，八點試驗。國文由主試委員
錢子泉出題，題爲「請與試諸君各自詳敘對於指定留學科目之感想與學習之經
過情形及其甘苦」。至十一點統一繳卷，後由吳谷宜率同護士檢驗體格。下午二
時的外國文（英文法文）考試由主試委員程湘帆、趙石民出題。〔註99〕

────────────

〔註99〕《各省教育界噪聲：蘇省歐美留學生考試續訊》，《申報》1924年7月26日，
　　　　第11版。

第一試錄取常道直、吳定良、江祖岐、吳俊升、倪亮（女生）等二十三人。7月26日，第一試及格者參加第二試，上午八時至十二時試驗留學科目。鑒於擬聘人員中，陳斠玄、孟憲承、裘錫鈞、朱經農、楊保康、芮思婁均有他事不能擔任，教育廳重新安排專家命題。教育行政由主試委員殷芝齡命題，鄉村教育由程湘帆，生物學由秉農山，體育兼習童子由郝伯陽，家事由袁世莊，市政建築由阮介藩，實用工藝由趙石民命題。〔註100〕下午二時至五時口試。口試主要「就學術經驗及志向發問」。典試委員會評定需根據第二試成績，並調查「歷年研究之著述及學行或服務狀證」成績。〔註101〕根據規程，「每科目正備取各一人，如某科只有一人，則只須正取一名，此一人之成績分數不及格，則正取名額從缺」。因林科及家事或保姆科與試各生均未合格，因此最終「正取六名，備取五名」。取定教育行政正取一名常道直（北京高師教授），備取一名陸士寅（滬江大學中學部主任），鄉村教育正取一名吳定良（東南大學），備取一名吳俊升（東南大學），市政建築正取一名江祖岐（交通部南洋大學），生物學正取一名正家楫（東南大學），備取一名戴炳奎（東南大學），實用工藝正取一名陳思義（東南大學），備取一名莊前鼎（交通部南洋大學），體育兼習童子軍正取一名吳蘊瑞（東南大學），備取一名趙秉衡（東南大學）。〔註102〕7月28日上午在教育廳開談話會，下午由教育廳長蔣維喬率領謁見省長，以示重視。

《申報》對此次考選大加贊許，「一般輿論謂此次所取各生皆出類拔萃之士，以額數之限優才見遺者或有之，濫竽充數者則可謂絕無也」。並稱此次考選有三大特點，一為「不但注重學識並注重服務經驗與成績（如著述之類）」，二為「極重考生體格」，三為「留意考生之品格」。〔註103〕此次考選，「學識成績僅占六十分，服務成績占二十分，口試占二十分，共成一百分。口試之內容大抵屬於己身事業之經過、計劃與前途之志願等等。有某君係學政治學而投考體育，典試員以為未當。此次投考實用工藝者亦多所考非所學之人」。「注重考生品性」，為韓省長特地訓令叮嚀。比如有考生在婚姻關係上喜新厭舊，有考生「辦事素來不知責任」，均遭典試委員擯棄。〔註104〕江蘇省長韓國鈞還注重考察學生考取後的擔保及考覈，「除參照部定手續，領憑出國外，並須由該生親屬或其

〔註100〕《江蘇考試歐美留學詳情》，《申報》1924年7月28日，第11版。
〔註101〕《教育廳考送歐美留學生規程》，《申報》1924年7月11日，第14版。
〔註102〕《蘇省選派歐美留學生揭曉》，《申報》1924年7月29日，第11版。
〔註103〕《江蘇考試留學歐美餘聞》，《申報》1924年7月30日，第10版。
〔註104〕《江蘇考試留學歐美餘聞》，《申報》1924年7月30日，第10版。

關係人，具書保證，該生在留學期內，一切行為，倘中途發現越軌情事，依照部章及本省暫行辦法，應須追繳學費者，均由保證人完全負責，所有留學期日應送日記及成績報告，尤應剴切曉諭，切實遵行，毋許怠棄」〔註105〕

在送部考選上，教育部與地方各省就地方初試與教育部復試的銜接問題互相溝通，但有時地方卻不給教育部面子。鑒於多省存在交通阻滯現象，教育部考送留學試驗延期至1926年1月6日，對於部分省區確因軍事阻礙不能應試的學生教育部還同意「另期補試」。〔註106〕1926年1月，教育揭曉留學生考試結果，並在布告中稱浙江省曾來電聲明希望讓送考家事一科的女生駱雯特准補缺，但浙江省教育廳稱，「並未有此意」，浙江教育廳長計宗型電文為「浙省留學考試定為家事、教育、理工三科，前經電陳在案，鈞部正在辦理復試，乞顧全地主需要，幸勿變更科目」。〔註107〕

在出國手續上，江蘇省加強出國手續審查，並且根據美國的要求為官費生常道直等六人發放英文證明書。1924年8月教育廳長蔣維喬函知本省錄取赴美官費生常道直等本屆考取赴美官費生，「應遵照省令由親屬或關係人具書保證在留學期內一切行為」，填寫好空白保證書後到廳領取留學證書，並繳印花稅五角。〔註108〕江蘇特派交涉公署規定自1926年1月1日起，「凡學生赴美留學，無論官費或自費，應將教育部所發之證書呈署驗明方可給照」，「凡請照赴美遊歷，須由所在地之同鄉薦任官在職人員填具保結，並備介紹函呈署請照方可給發」，「凡領照人業經核准給照者，應將最近時之四寸半相片六張呈署以便黏用」，「凡請照者如因行期過促，關於各種手續不及辦理者，可以准予通融。先由教育會、青年會、寰球學生會、道路協會各大學校長、上海銀行旅行部填具保結並備函代為請照，所有未及辦理之各項手續仍由擔保人負責辦理。〔註109〕

在官費選補人選上，教育部明確指出「應以國立公立及曾經本部立案者為限」，而江蘇省所咨詢的「金陵等校均未立案，又清末高等學堂及大學預科畢業生均無應試資格」。〔註110〕兩省除國內考選外，還注重從自費生中選拔。

〔註105〕《各省教育界噪聲：蘇省長注意留學生學行之通令》，《申報》1924年7月16日，第11版。
〔註106〕《教部考送留學試驗展至一月六日》，《申報》1925年12月29日，第7版。
〔註107〕《教育部考試各省留學生餘聞》，《申報》1926年1月27日，第10版。
〔註108〕《各省教育界雜訊》，《申報》1924年8月22日，第11版。
〔註109〕《交涉署規定華人赴美護照條例》，《申報》1925年12月19日，第13版。
〔註110〕《南京》，《申報》1920年6月10日，第7版。

據江蘇省推定審查員殷芝齡報告，自費留美學生邵爽秋成績綜合各項分數約八十分，提請補入此次缺額。但經典試委員會審查，「此項成績持與考試諸人相較，彼此機會似有不同，因議決另行提出。」〔註111〕後因蔣育英蔣寶英劉劍秋三生補助已因期滿或回國，官費停給，因此補邵爽秋為官費生，並從1924年7月起每月發給學費美金九十元。1926年7月，浙江省提出，去年考選「留學歐美學生四名，未補自費生，以致先後歧異，應請分別規定解決」。教育部則回覆，「上年年底，本部辦理選派留學所根據之規條及理由，前經部咨聲敘在案」，並舉湖北的例子稱，湖北「原留備補自費生之缺額，亦因部試成績優者甚多，改由國內考試學生派補，浙江事同一律，未便獨異」。〔註112〕不過教育部也提出一個解決方案，浙江省學生蔡無忌已回國，浙江省正好讓自費生嚴濟遞補此名額。

在歐美官費生選派專業和留學國別上，教育廳長和教育行政委員會的意見至關重要。1920年江蘇省教育廳長胡家祺以理化工藝等科目為選派專業。1922年11月教育部通告積欠經費過多省分暫行停止選派留學歐美官費學生，其它省分所出缺額則可按照教育部《選派留學外國學生規程》檢定試驗，選送出洋。經江蘇省教育行政委員會討論，選定教育、哲學、土木工程學、女醫學、電氣工業等為江蘇省考選科目。〔註113〕教育廳長蔣維喬呈覆省署，「擬於缺額八名中，選派教育行政一人，童子軍一人，保姆一人，農工業商業各一人，至派往國名，則教育學、童子軍及工業商業，擬一併派赴英國，林科及保姆家事，擬派赴美國」。〔註114〕7月2日，江蘇省教育行政委員會在省署召開第四次常會，袁觀瀾、黃任之、沈信卿和蔣維喬等人就審議本省選送歐美留學官費生需要科目，暨典試委員會組織綱要，討論甚久，最後決定科目及留學國如下，教育行政、鄉村教育和實用工藝，美國；家事或保姆，英或美；林科，德或美；體育，美或瑞士；生物學，德或英美；市政工程，德或法、美。各科俱以一人為限。〔註115〕

在留學年限上，1924年考選辦法規定「市政建築、實用工藝、生物學至

〔註111〕《蘇省考試歐美留學生之呈報》，《申報》1924年8月4日，第11版。
〔註112〕《浙江遞補官費留學生之部覆》，《申報》1926年7月18日，第10版。
〔註113〕《教廳將舉行選派留學生考試》，《申報》1922年11月11日，第14版。
〔註114〕《各省教育界雜訊：蘇教廳核覆選派歐美留學生》，《申報》1924年6月4日，第11版。
〔註115〕《江蘇教育行政委員會開會》，《申報》1924年7月5日，第10版。

多以四年爲限，教育行政、鄉村教育、體育兼習童子軍至多以三年爲限，體育留學二年考察一年」。〔註116〕

江浙兩省的官費考選在應試資格、考試科目、留學年限、專業選擇、主考官選擇等方面都有明確規定，形成了制度化管理。嚴謹的考風有利於促進人才遴選工作，比起當代留學考試選拔僅公共外語等級考試，江浙等省的官費生考選方式更爲全面，但在實際操作中受到時代局限，依然存在諸多問題。

一是不乏徇私之處。如1922年教育部數百部員全體鬧薪罷工，引發黃郛召集全體閣員開緊急聯席會議。教育部罷工一個多月來，留學生考試亦陷入停頓，「各省送考留學歐美之學生早經報到聽候試驗，徒以教部無人辦事迄未擇定試期」，〔註117〕主任其事的朱炎氏在專門司大發其急，並約平昔最熟之友人出而爲之幫忙，但「同人以限於團體行動，故鮮有願意出頭到部辦事者」，留學生考試只能宣告暫緩。〔註118〕直到彭允彝就任教育總長，迅速籌發欠薪後，部員方面才恢復職務。12月14日，主管司員呈准部長准於本月十八日舉行留學生考試。各地候考學生到京守候三周之久始能應考，有衣服少帶，經濟拮据之學生大受其累。十八日往部考試，考生叢集，有一江蘇人大發牢騷，謂「四個額子被陳有豐占去一個，尙餘三個。現在一個被已出洋之自費生補之，一個爲瞿某所佔去，一個供女生學醫者所用，現在額已無餘，吾等十餘人來此何爲（蓋初試及格者六人免初試者十人共十六人也）。浙江學生某謂，吾省七個額子只餘三個，而考者五十餘人，早知如此，吾等何必空勞跋涉」。〔註119〕按照這位江蘇考生的說法，考生們長途跋涉，又空候數周，但留學考試似乎黑幕重重，人選早已確定，他們不過是陪襯而已。邵力子也在《選派留學生問題》一文中表示自己也聽朋友說過類似的話，比如南京的留學選拔考試，「本來打算送農工各科，後來因爲北京某總長保送前來一個考醫科的，於是改爲工醫兩科，末後又有廳長的親戚某某，聽說是某教會大學畢業的，要加入考試，因爲他是文科出身的，於是又加上教育哲學一門，其結果爲工醫教育各一人」。〔註120〕邵力子還指責江蘇省教育廳只提前不到一個禮拜的時

〔註116〕《蘇省考試歐美留學生之呈報》，《申報》1924年8月4日，第11版。
〔註117〕《北京教法兩界工潮已息》，《申報》1922年12月15日，第7版。
〔註118〕《北京通信》，《申報》1922年12月9日，第6版。
〔註119〕《北京：應試留學歐美之怨聲》，《申報》1922年12月23日，第11版。
〔註120〕邵力子：《選派留學生問題》，《民國日報·覺悟》，第11卷第24期，1922年，第3頁。

間，且只在時報上刊登招考廣告，故意讓人無法應考。

二是官費考選需做好地方初試和教育部復試的銜接工作，但事涉地方與中央權力分割、考選時間有限、交通不便、信息阻塞等現實問題，因此存在諸多不便。

三是教育行政官員占考選負責人比重依然較大。王光祈就曾批評說，「從來留學考試，多係由中央政府教育部（或地方官）執行。但是教育部（或地方官）中，畢竟做官人多，讀書人少。對於該項學生是否具有研究學問之能力，當然不能審知。因此我主張將來中央應組織一種『國家學會』的永久機關。其中應該聘任各種專門學者為會員。將來如考取留學生時，即由該會執行，並隨時考覈各國留學生成績」。〔註 121〕

二、各方的派遣建議及參與風氣

社會各界通過建議、質疑、抗議和聲討等方式有效促進了留學派遣的良性發展。

首先，一些社會人士對地方教育當局的留學生考選方式、考試過程和結果提出質疑，而官員也大多做出積極回應。江蘇省考選的出洋留學生常道直就曾批評說，「究竟需要何項人材，非少數教育行政人員所能決定」。〔註 122〕還有人還對 1924 年江蘇省考選留學生第一試結果公佈後，教育廳接到多封攻擊信，一是批評「考試委員均偏於東大教授方面，大有有意給興東大利益之慮」，但典試委員並不承認偏向東大，「第一場所取仍以東大占多數，殆以東大分科多人材濟濟也，投考女生五人僅取倪亮一人，亦係東大教育科學生」。不過由於東南大學當時在江蘇教育界舉足輕重，因此江蘇省廳在留學問題上有所偏向也屬正常；二是認為美國芝加哥大學教育碩士陸士寅「既已入過大學院，宜以此額讓與未曾留學者，似不可再搶他人名額」。而且典試委員中「有回國未久之留美學生某某二君在內，陸君係彼等老前輩」，有失公平。而典試委員則認為，陸回國後擔任上海滬江大學附中主任，「好學且既有經驗，再求深造於社會人材方面，亦不無裨益」。而且反對者所說的兩位典試委員看到陸在名單內時，「頗不自安，曾推諉一次」。而且此次考試「確甚嚴密，除於考

〔註 121〕王光祈：《留德學生問題》，《中華教育界》，第 15 卷第 9 期，1926 年 3 月。
〔註 122〕常道直：《留美學生狀況與今後之留學政策》，《中華教育界》，第 15 卷第 9 期，1926 年 3 月。

時由教廳特派專員監視外，並用密封考卷，以杜流弊」；三是當塗職業學校校長孫某投考鄉村教育成績及格，但典試委員卻說孫未能通過資格審查。批評者稱，「孫某如資格不合，即不應准其與考，既已准其與考，再因審查資格不合而除名，兩方面似皆不能圓其說」；四是批評此次體檢「對於驗砂眼一層尤為認眞」。〔註123〕不過此條規定倒非中國人自定，而是因爲美國人不允許華人得砂眼者入境。

東吳大學畢業生、美國密歇根大學法學博士陳霆銳也爲考選之事致函江蘇省教育廳長蔣維喬，批評江蘇省教育廳禁止私立學校及教會學校學生參加考選的做法，「蘇省遊學經費蘇省全體人民擔之，則其機會與權利當與全省學生共之……今貴廳對於官校學生則奉之如驕子，對於非官校學生則視之如化外，毋與先聖有教無類之旨大相刺謬乎？或者近日國內收回教育權之聲浪洋洋盈耳貫，廳此舉即其導河亦未可知也」。陳霆銳還質疑此次招考的八門科目，「其中七項科目與東南大學科目適相符合」，「今日中國需才孔亟，形上形下皆有乏才之歎，不知貴廳獨認此八門爲最要？」陳提出，「留學經費既出之公家，則一切招考規定自當一秉至公，不阿所私，不當以公家有限之經費供少數官校學生之專利。若顯分門戶，抑彼揚此，則殊非所以爲長養人才鼓勵後生計也」，並希望江蘇省教育廳能「在下屆招考之時於投考科目及資格二事博采眾見，愼重將事，以息浮言」。〔註124〕

面對陳霆銳的質疑，江蘇省教育廳長蔣維喬覆函解釋稱，「查本屆選派歐美留學官費生考試應試資格係按照部定規程及歷屆居案辦理，以曾經教育部立案之公私立專門以上學校爲限，其未經立案之教會及私立各大學畢業生以格於定章，致未能與試。至留學科目，敝廳先經彙集各方意見呈奉省長，交由本省教育行政委員會公同議決，並非私自決定。此次留學生考試額少人多，誠不免有遺才之憾，但敝廳完全根據成例及議決案辦理，此係行政手續當然如此，不能自亂醜例。執事未悉原委，致有此懷疑，亦不足怪」。〔註125〕事實上，江蘇省教育廳的確曾就教會及私立各大學出身之學生應試資格問題請示過教育部，但教育部未予同意，因此教會各大學及復旦大學畢業生未得與考，並非教廳之過。

〔註123〕《各省教育界噪聲》，《申報》1924 年 7 月 30 日，第 10 版。
〔註124〕《陳霆銳致蔣竹莊書》，《申報》1924 年 8 月 6 日，第 13 版。
〔註125〕《教育廳覆陳霆銳書》，《申報》1924 年 8 月 10 日，第 14 版。

　　1925 年浙江省會中等以上學校職教員聯合會致函教廳，希望教育廳將本屆歐美留學生考試「全部試卷由主試襄試員簽字負責，在鈞廳陳列三日」，以消除社會人士對選拔的疑心。但浙江省教育廳計廳長「僅許酌推代表一二人來廳，將辦法相告，未允陳列試卷」。〔註 126〕

　　其次，地方教育行政部門、教育團體、學者和學生積極探討適合本省的留學派遣方式。1925 年 4 月 3 日，浙江教育行政會議在省教育會召開第三日會議，討論教育廳提出的《修正浙江省留外官費生選補待遇辦公案》。在中央與地方、地方內部的權限關係上，葛敬中認為首先應確定「部章是否可以打破」，馮學臺則認為「事實上各省未必均遵部章」。趙乃傳則認為，「至於權限問題若完全由省選派，不由部選派，其責任全在本省，此層應顧到」。在本省權限劃分上，葛敬中認為，「本會只須定一選派標準，至管理方法事屬行政，可由教廳定之」。在初試方式上，陳大齊「不贊成完全取消免試，應留一部分為高等程度以上各學校之教員或各大工廠之技師留地步」；在留學生派遣資格上，主張培養學術骨幹。湯爾和則批評中國留學生為害中國，認為應提高留學資格，「日本派遣留學生須有幾十年根柢確有成績者，對於所研究之科目確有門徑，然後指定科目及地點去留學，故能得到外洋學術之骨髓，中國派遣學生根本既經錯誤，無論章程如何定法，總弄不好」，「此後派遣留學生必須專門或大學畢業後，經過若干年之研究確有所操作或指揮者，就其所研究之專門科目，由專門家嚴重口試，始行派遣，其名義不必拘定派遣留學，或用遊歷考察等名目均可，其經費或另定，或即在官費內留出幾個額子，總之方針與方法務須注意」。李傑認為「於年齡上亦須限制，尤須能知中國之歷史與國情」。錢家治也認為「選派應以學識與經驗並重，假使不明國內情形，將來實行必多窒礙，至究竟本省應需何種科目，缺少何種人才應請教廳詳實調查」。趙乃傳則認為「事實與理想須並顧，有幾種學問中國確實無從研究，若請外國教師必須另行設備，不如到外洋為留學佳」。會議討論結果：（一）派遣方針提高程度以研究與學習並重而以研究為原則（二）派遣事宜應組織委員會（三）增加學費。〔註 127〕當時擔任浙江督辦的是孫傳芳，從浙江教育行政會議討論結果來看，諸位議員都從本省實際出發，積極探索留學派遣改進之方。

〔註 126〕《浙職教員會請陳列留學生試卷》，《申報》1925 年 12 月 3 日，第 10 版。
〔註 127〕《浙江教育行政會議第三日大會紀》，《申報》1925 年 4 月 4 日，第 11 版。

再次，當時考試選拔方式深入人心，1924 年湖北省教育廳長程鴻書未經考試就選拔學生出國留學，結果引起教育各界的討伐，最終以教育部下令暫停派遣，一場風波始告平息。

1924 年湖北教育廳長程鴻書不循教育部留學規章，不經考試與免試手續就私派鄧卓明等七人留學歐美。當程鴻書在廳為母做壽時，不速之客南京高師畢業生、《中華教育界》主編陳啓天直入登堂，質問「選派留學向須考試，有部令可查，有成規可按，此事關係本省高等教育與學術至為重要，應如何秉公考試選拔真才方不至虛糜者帑，玷辱人格。況留學經費取自鄂省人民，自應為本省培植人才，不可私派貴胄與軍閥指派之子弟，為貴廳長個人保持祿位之交換品，更不可違背部令一意孤行，應請回收成命，遵令辦理」。而廳長程鴻書的反應則為「當時面赤耳熱，無言可答，但求原諒」。經眾人排解後陳啓天始憤憤而去。去後即上質問書洋洋數千言。而中華大學校友會亦因此事召集校友會議，結果推舉代表喻進賢，饒光榮等往教育廳質問，喻進賢等到廳質問，程鴻書惱羞成怒，以奉得長官命令相恐嚇。喻等請將命令見示，程答長官開有紙條，喻等復請將紙條見示，程答紙條不知去向。喻等謂，「既無紙條，顯係捏造，誣衊長官。殊屬不是，即使長官有命，貴廳長亦應據章抗爭。況事屬中捏造，則違章私派情已顯然至此」。〔註128〕程始要求據情轉呈，限期答覆，約於 8 月 11 日請諭等來廳談話。一個校友會的代表竟敢與教育廳長針鋒相對，步步緊逼，而教育廳長竟無招架之力，步步後退，可見當時的行政機構官員在教育團體面前毫無絕對權威。中華大學校友會還建議省教育會召集全體評幹會議，對付此事。11 日省教育會召集評幹會議，但因值暑期酷熱，到會者僅十餘人，喻等請改為茶話會。眾以事關重大，一致贊成公推值月委員吳士崇主席，陳仁璧記錄。討論結果分四項辦法：（一）致公函與教育廳請其遵章辦理，速急撤消私派，並請迅予見覆；（二）呈省署請飭廳遵章考派，並請究辦；（三）呈教育部請飭廳遵章考派，並請撤懲及停發出洋護照等件；（四）如該廳答覆仍堅持私派，即起而為驅逐之辦法。政務廳獲悉後不敢專斷，電湖北省省長兼督軍蕭耀南請示。據聞蕭督覆電頗不以程鴻書為然，因此程尤為不安，準備遞交辭呈。

而其違反部章，擅自派定的留學生六名報到部後，教育部已於 15 日咨行省署請停止派遣留學歐洲學生。當時正值停派期間，湖北省公署此前多次請

<hr>

〔註128〕《各省教育界噪聲》，《申報》1924 年 8 月 25 日，第 11 版。

求酌補留歐官費生多人，教育部均未同意。而鄂省旅京學生祝存照等又提出請派留學生之要求，而教育部則表示「該生等所陳各節，尚多誤會」，因此加以批駁。教育部批示：「湖北留學經費同感困難，亦未能按時匯寄，現共出缺若干，能否照額選補，尚未決定，須俟暑假後察酌情形，再行核辦」。教育部也解釋了前補留法自費生夏安修一案，雖在本部停止選派期內，但「該生在法巴黎大學，肄業多年，成績頗優，且經湖北省公署特別咨請提補，因予通融照准，他生不得援以為例」，並稱，「湖北省公署送請酌補留歐官費學生多人，均以與部定手續不合，未能照辦，嗣後遇有官費生出缺，務須按照部章辦理，不得自為風氣，隨意指名請補各存案」。〔註129〕

　　湖北教育廳不經考試就擅自派遣，本就有違部規，如今引來社會各界討伐，教育部樂得順水推舟。教育部稱，「湖北留學歐洲各國學生經費僅發給至民國十二年十二月止，截至本月止，計欠費八月之久。青年士子負笈異國，費不時給，飢餓讀書，不惟有荒學業，抑且有損國家體面。各國公使迭電本部停止遣派留歐學生，當經費未確定以前，相應咨請貴省停止遣派」。〔註130〕8月下旬教育部又稱，「鑒於美國限制官費生入境，暫行停止選派留美學生，「請貴省長令行教育廳，查明留學歐洲、日本缺額，按照規程舉行第一試驗，按額加倍錄取合格學生暨卷送部覆試，至第二試日期本部已定於本年十月在京舉行，再歐美學額概應移補留歐學生，……該廳前次私派西洋留學鄧卓明七名一事自應自行撤消，一併考試」。〔註131〕

　　除了上告教育部，湖北學子還向地方長官投訴教育廳長。湖北專門以上畢業生王禮堂等百餘人也致函湖北省長兼督軍蕭耀南，云：「竊查湖北教育廳此次私行濫派留學生至六七名之多，不經考試，不按成規，事前並不公佈。旋經部令駁回，仍置若罔聞。近來報紙喧傳，人言嘖嘖，始悉教育廳之黑幕至於此極，誠有出人意料之外者。夫留學生之派遣，關係本省高等教育及學術至為重要，不得其人虛糜國帑，應如何遵照法令慎重考選，庶不失國家養育人才之至意。乃教育廳長程鴻書竟視留學生名額為徇情營私之具，不顧公理，不惜人言，欺我學界莫此為甚。無論所派遣者是否得當，而藐視法令已屬罪不容辭，且惡例一開，將來天下士子均不知學問之可貴。有志深造者又

─────────────────

〔註129〕《各省教育界噪聲：教部不准鄂省選派留學生》，《申報》1924年7月14日，第10版。
〔註130〕《鄂教長程鴻書不安於位》，《申報》1924年8月16日，第11版。
〔註131〕《各省教育界噪聲》，《申報》1924年8月25日，第11版。

失此求學之路，而無恥者遂以鑽營爲務，爲中國留學史上留一大污點，天下其謂我鄂人何？生等爲湖北青年前途計，爲湖北學界人格計。不得不起而力爭，特呈鈞座，明令教育廳撤消前案，另行依法組織考試委員會，愼重考試，以端士風而拔眞才。素仰鈞座熱心教育，嘉惠士林，當必能准如所請也。迫切陳辭不勝營屛待命之至」。〔註 132〕其行文有三層含義，一是將矛頭直指湖北教育廳，二是稱讚自己此舉是正義之舉，三是奉承湖北省長，希望能借省長之力打擊程鴻書。

北京女子高等師範鄂籍畢業生也因回省投考歐美留學原額未果而參加到這場討伐中來。她們上書督軍蕭耀南，指責此次派遣「爲不合資格者所補」，請求撤消私派。她們指出派遣應「按照各省先例暨教育部定章，須專門以上畢業生任省初試，赴教育部再試及格乃能派遣出洋」，並稱，「查江浙等省每年遣派留學均有女子名額，並指定學程爲發展將來教育地步」，希望湖北省亦能傚仿。〔註 133〕

官費留學不僅能爲留學生帶來經濟和學業上的收益，也是無上的光榮，利益的誘惑、派系鬥爭的需要和民主平等思想的傳播都促使當時的社會各界對官費留學考選給予了極大的關注熱情，而表達的方式也不盡相同。考選的制度化管理值得當代借鑒，但其中徇私、不公之處也值得當代警戒。

第五節　半官方派遣：以留法勤工儉學爲例

除了官方和民間派遣外，半官方派遣也是一個重要組成部分。教育界、企業界人士和一些原政府官員共同組建一些協會和學校負責留學生事務，有時中央和地方政府也會給予支持。北京政府時期的留法運動就帶有這種性質。除官費留學外，當時的留法運動主要包括三種類型：一是儉學運動，二是勤工儉學運動，三是里昂中法大學。而其中影響最深遠，最爲人所熟悉的當屬赴法勤工儉學運動。勤工儉學運動的前身是儉學運動，而勤工儉學運動走向沒落的標誌之一就是勤工儉學生佔領里昂中法大學失敗。

由於出國費用昂貴，一些先行出國留學人士先後成立了留法、留英、留美、留東儉學會，推行節約型留學模式，在中國掀起了一股儉學之風。吳稚

〔註 132〕《鄂省教育界消息》，《申報》1924 年 8 月 20 日，第 10 版。
〔註 133〕《各省教育界雜訊：湖北女學生請求撤消派西洋留學》，《申報》1924 年 8 月 31 日，第 11 版。

暉、李石曾、褚民誼在法期間「試驗節儉之生活，減於普通之生活一倍：每月房租十五佛郎，飯費六十佛郎，且三君所鼓吹者，為平民主義；所接近者，為勞動社會；此皆留法儉學會之張本。是年，蔡孑民君與自費同學數人留學於柏林，亦實行儉學」。〔註134〕1912 年 4 月，吳玉章在北京同李石曾、吳稚暉等一起倡辦了留法儉學會，附設預備學校。時任教育總長的蔡元培指撥方家胡同直隸師範學堂原址為留法預備學校校舍，積極給予支持。同年夏天，吳玉章、朱莆煌、黃復生等在成都創辦了四川留法儉學會，並送學生入北京之預備學校。儉學會規定：一、自願到法國儉學的人，年齡一定要在十四歲以上，而且必須加入儉學會；不狎妓、不賭博、不吸煙、不飲酒，不為一切耗生耗財之事。二、儉學生的費用也有明確規定：每年的學費和住宿費用是六百元，另加旅費 200 元，服裝費 100 元，悉為自費。三、到法國的路線是：坐火車經過西伯利亞到法國，18 天時間。四、以學習科技實業為主，不學法政軍事，學習的年限由自己定，但至少要學三年。還講明所學課程所需衣服和注意事項等。〔註135〕而曾參與勤工儉學生管理的留法學生李璜則認為吳稚暉主張的「移家就學」不適合「中國的知識分子」，「要他們去到外國過窮苦生活，甚至等於叫花子的生活，未免有點難堪」。〔註136〕

　　留英儉學會也於 1912 年成立，與留法儉學會彼此互通，兩處都可辦理留英留法儉學事務，只不過上海只有英文補習，北京只有法文補習。1913 年程恩普、卜松林、吳稚暉、張鍾嶽等人發起留東儉學會，留東儉學會積極尋求官方支持，理事卜松林曾致電教育部汪伯棠總長，彙報該會從事社會教育之宗旨，「乞隨時指導，以利進行」，並將留東儉學會新譯《中日會話指南》全冊呈驗。〔註137〕1914 年留美學生成立儉學會，宗旨是「以半工半讀為助成學業之方法，以節省費用為推廣留學之方法」。1917 年更名為歐柏林中國學生工讀會，「入會費一元」，「常年費三元」，該會主要負責，「介紹學生入校」、「交涉酌減學費」、「辦理寄宿舍」，在該會之寄宿舍作工者，「其膳宿費可略減或全免」，該會還提供閱書報室、體育設施和遊覽機會。〔註138〕概而言之，儉學

〔註134〕清華大學中共黨史教研組編寫：《赴法勤工儉學運動史料》第 1 冊，北京：北京出版社，1979 年，第 167 頁。

〔註135〕王政挺：《留學備忘錄》，杭州：浙江人民出版社，2003 年，第 177 頁。

〔註136〕陳三井：《勤工儉學運動》，臺北：正中書局，1981 年，第 125～126 頁。

〔註137〕《留東儉學會致教育部電》，《申報》1913 年 10 月 6 日，第 10 版。

〔註138〕《東方雜誌》，第 14 卷第 4 號，1917 年 4 月。

會不僅鼓動了近代青年出國留學，而且是一個免費的留學服務中介機構。

1912 年，四川、北京兩地留法預備學校所收學生，分三批，送往法國，共約百人。當第三批學生送走不到一個月，二次革命爆發，教育部將之前蔡元培擔任教育總長時劃撥給北京留法預備學校的校址收回，國民黨人退出北京，留法儉學會的活動全部停止。李石曾、蔡元培、汪精衛、吳玉章等人也相繼轉移到法國。流亡法國的李石曾、蔡元培、汪精衛、吳稚暉、張靜江、吳玉章等人反對袁世凱在國內推行洪憲帝制，擬組織「華法聯合會」。該會有兩個功能：一是「當革命之時，可利於當時之進行」，二是「傳達教育等事業，爲永久之進行」。〔註 139〕在法方建議下，該會將政治活動與文化教育活動分開，1916 年，吳玉章、蔡元培、李石曾、法國人歐樂教授、穆德議員等人，共同組織了華法教育會，「目的是對在法國的大批華工進行教育，並希望國內貧苦能來法留學」〔註140〕。蔡元培和法人歐樂爲會長，李石曾和法人裴納爲書記，吳玉章、李大章和法人宜士、法露爲會計。從會綱上看，華法教育會已不是單純地搞華工教育了，它還要負責編輯出版刊物、辦學校、組織留法勤工儉學，組織中法學術交流等工作，它實際上成了中法兩國在文化教育方面交往的總機關。

第一次世界大戰爆發，巴黎成爲前線，原先在蒙塔爾紀男子公學所辦之中國學生班學習的中國學生不得不隨著法國政府遷往法國西南部，李石曾等人成立「旅法學界西南維持會」來幫助學生維持生活。很多儉學生因收不到國內的匯款，到工廠去作工以維持生活和學業，成了勤工儉學生。李石曾等人還將主要精力用在從家鄉招募來的高陽工人身上，讓這些豆腐公司的工人在工作之餘學習知識。時人稱讚高陽華工勤工儉學後提高了素質和氣質，因此李石曾開始將「留法儉學」引向「留法勤工儉學」的方向發展，學生出國相關手續則由華法教育會代辦。

1917 年吳玉章、李石曾和時任北京大學校長的蔡元培共同創辦了留法勤工儉學預備學校（即法文專修館）。留法儉學會在北京設立預備學校，規定「凡欲赴法留學者，不拘程度年齡男女皆可入校。惟必已通國文及普通知識，方能得留學之益，望學者自度之」，學課「以法文爲主科，附以留學須知之講演，

〔註 139〕清華大學中共黨史教研組編寫：《赴法勤工儉學運動史料》第 1 冊，北京：北京出版社，1979 年，第 197 頁。

〔註 140〕清華大學中共黨史教研組編寫：《赴法勤工儉學運動史料》第 3 冊，北京：北京出版社，1979 年，第 445 頁。

每日分上午、下午兩班」，學費「每月每班收現費二元」，「本校學生赴法，出發時之指導一切，由本校擔任，不另取資。校外之人有欲結伴同行，託本校指導及代領護照等事，每人納費二元」。〔註 141〕預備學校簡章規定，「開辦及普通經費，由同志捐集補助」，學費「如二十人，每人每月八元；如四十人，每人每月六元，入校時，即一律交足六個月」。〔註 142〕

當時全國各地一共冒出了二十餘所留法預備學校，如直隸公立農業專門學校（今河北農業大學）、河北保定市育德中學和高陽縣布裏村都設有留法預備班。1917 年夏在李石曾老家直隸省布裏村成立的預備學校還「是直接向教育部報批成立的，……除了考國文和算學，還要考體力，……學生畢業的時候，可以拿到中法文對照的畢業證書」。〔註 143〕直隸公立農業專門學校招收的三十餘名學生沒有能夠趕上勤工儉學，但大部分學生考進了里昂中法大學。

四川、湖南、廣東、直隸、山西、山東等省地方政府對勤工儉學運動都予以了經濟支持和開辦支持。1918 年，李石曾和四川省長楊滄白則在成都創辦了「中國留法勤工儉學會成都分會留法預備學校」，四川留法勤工儉學會開學時，政務財廳兩廳廳長、教育科長、省城各公立學校校長、法國領事均蒞校演說。1919 年，四川省政府統一命題，在一百二十名預備學校的勤工儉學生中，選拔出前三十名學生官費留法。「所謂官費，是楊滄白省長撥了一萬二千元出來，前三十名學生每人分四百元；……除三十名官費外，還有三十四名自費生，一共六十四人。」〔註 144〕後來熊督軍以數萬元，送第一次留法學生六十餘人來法，以後並常年如期由預備學校畢業後，即以公費送來；至於來法找工廠之事，則並不必經華法教育會。〔註 145〕

廣東陳炯明也積極支持勤工儉學運動，汪精衛贊許說，「現在漳州每一縣派一人至三人到法國去留學，用半官費的法子。廣東省政府亦在每一縣裏派一人至三人，一年內又可以多一二百的留學生了。將來各省倘然能照這樣的

〔註 141〕陳三井：《勤工儉學運動》，臺北：正中書局，1981 年，第 16 頁。

〔註 142〕陳三井：《勤工儉學運動》，臺北：正中書局，1981 年，第 18 頁。

〔註 143〕王政挺：《留學備忘錄》，杭州：浙江人民出版社，2003 年，第 183 頁。

〔註 144〕清華大學中共黨史教研組編寫：《赴法勤工儉學運動史料》第 3 冊，北京：北京出版社，1979 年，第 425 頁。

〔註 145〕清華大學中共黨史教研組編寫：《赴法勤工儉學運動史料》第 2 冊，北京：北京出版社，1979 年，第 176 頁。

辦法做去，我想一定有很好的效果」。〔註146〕

　　沈宜甲在《第一次報告書》中介紹，除僑工局局長張岱衫外，儉學會得到各方支持，湖南由於有熊秉三、楊懷中及該省教育廳邦理一切，並設立華法教育會，而學生來法者，又多給以津貼，所以人數爲各省之冠。直隸方面，前次開中法協進會時，總統、各部總次長、段督辦、李長泰等皆捐鉅款；且曹督軍對於保定之預備學校，除捐款兩萬元外，更捐機器三座，專爲預備留法生之用。山東方面，則該省有國會議員王納等組織華法教育分會外，該省省議會、教育廳更發給學生每名四百元之旅費，並以後常年津貼數百元，且各該生縣中又發給常年津貼數百元。山西方面，閻錫山省長派選學生九十一人至北京預備，其費用則由省縣分擔，且其外更提先派遣學生來法，近已到二、三十人，凡該生等學成後，皆須回本省服務。〔註147〕1920 年 3 月到法的數十位山西學生均由該省委員陪同，規格可謂不低。

　　在地方政府、省教育會、地方各縣、社會團體的共同努力下，留法勤工儉學運動在規模上取得了顯著成效。有人稱留法勤工儉學學生的數目共達三、四千人，特別是以湖南、四川兩省人數爲最多，都各在四、五百人左右，只是四川省的江津縣就有三十餘人之多。〔註148〕不過根據各省勤工儉學生委員會的調查，中國赴法勤工儉學的青年學生已達 1579 人，其中儉學生占 459人，他們來自全國近 20 個省市，其中四川 378 人，湖南 346 人，廣東 251 人，直隸 147 人，福建 89 人，浙江 85 人，江蘇 69 人，安徽、湖北均爲 40 人，江西與山西均爲 28 人，此外河南、山東、貴州、廣西、陝西、雲南、奉天也有少量勤工儉學生。〔註149〕勤工儉學生群體分佈在四川、湖南、廣東、江西、河北五省，不像其他類別留學生那樣主要分佈在南方沿海。河北因是倡導者李石曾的家鄉，因此參與勤工儉學運動的人數也較多。而川湘等省因軍閥混戰，青年學子避戰，而且這些地方一直政治熱情高漲，如湖南新民學會就大力推動留法勤工儉學運動，內陸貧困子弟終於有機會打破富家子弟的留學壟

〔註146〕《汪精衛之演說：留學法國之近狀》，《申報》1920 年 1 月 19 日，第 10 版。

〔註147〕清華大學中共黨史教研組編寫：《赴法勤工儉學運動史料》第 2 冊，北京：北京出版社，1979 年，第 176 頁。

〔註148〕清華大學中共黨史教研組編寫：《赴法勤工儉學運動史料》第 3 冊，北京：北京出版社，1979 年，第 446 頁。

〔註149〕周恩來：《勤工儉學生在法最後之運命》，清華大學中共黨史教研組編寫：《赴法勤工儉學運動史料》第 1 冊，北京：北京出版社，1979 年，第 42～43 頁。

斷，就連女學生也有積極參加進來，在四十多位勤工儉學女生中，「非勤工不能儉學者約有十八人。但此十八人皆係國內女子師範學校或中學畢業，而又歷任小學校教育事業者，年歲普通在二十以上」。〔註150〕向警予、蔡暢等人還成立了湖南女子勤工儉學會。

表 2－5－1：歷屆留法勤工儉學生人數統計表

屆　　數	出發時間	人　　數	屆　　數	出發時間	人　　數
第一屆	1919 年 3 月	89 人	第十屆	1920 年 1 月	60 餘人（儉學生）
第二屆	1919 年 3 月	50 人	第十一屆	1920 年 3 月	50 人
第三屆	1919 年 7 月	120 人	第十二屆	1920 年 5 月	130 餘人
第四屆	1919 年 8 月	50 人	第十三屆	1920 年 7 月抵達馬賽	230 人
第五屆	1919 年 10 月	190 人	第十四屆	1920 年 10 月抵達馬賽	90 人
第八屆	1919 年 12 月	158 人	第十五屆	1920 年 11 月	197 人
第九屆	1919 年 12 月	50 人	第十七屆	1920 年 12 月	140 人

資料來源：清華大學中國黨史教研室編寫：《赴法勤工儉學運動史料》第 2 冊，北京：
北京出版社，1979 年，第 65～147 頁、152～158 頁。

注：第八屆學生人數另有 152 和 153 兩說；第十三、十四屆另一說共計 220 餘人。

　　正是官民學界的共同努力，勤工儉學運動才能在中國留學史上掀起浩瀚的波瀾。如果不是當時的袁世凱要當皇帝，使得蔡元培等人被迫流亡海外，依照儉學會擬定的計劃，在 5 年內要組織 3000 人出國留學。〔註151〕不過勤工儉學派遣卻雜亂無序，主要依靠李石曾一人之力，雖然李有一腔熱誠，但一是缺少有效的管理機制和管理機構，也沒有教育行政機構的專業管理人員，選拔不嚴，出國隨意，致使一些身體羸弱、無作工之力，無求學經費的學子也加入了運動之中，發動者只知送人出去，卻沒有考慮出去後的發展；二是缺少持之不斷的經費來源，當運動出現窒礙時，不能及時有效地解決財政危機；三是發起

〔註150〕陳學恂、田正平編：《中國近代教育史料彙編——留學教育》，上海：上海教育出版社，1991 年，第 171 頁。
〔註151〕王政挺：《留學備忘錄》，杭州：浙江人民出版社，2003 年，第 178 頁。

者雖然熱情高漲，但卻理想主義情結嚴重，並非長於留學管理之人。李石曾是清末名流李鴻藻之子，他深受巴枯寧、蒲魯東和克魯泡特金的無政府主義思想感染，「人類互助與世界大同的見地，可以說在他腦海中根深蒂固，常不去懷的」。〔註152〕「法國人一向自稱其國人爲七十多族類相混而成，使李先生更感到法國這塊土上，是適於中西大量交流，足致人種混合的好地方」，李石曾認爲「華工在法工作大受歡迎」，〔註153〕卻忽視了法國戰後經濟的變化已越來越不適合勤工儉學運動；四是發起者缺少持久力，很快就內部分歧，蔡元培、吳稚暉等人推卸責任，先後捨勤工儉學運動而去。1920年吳稚暉曾說「華法教育會是李石曾辦的，里大是我辦的」。〔註154〕據盛成回憶，巴黎城內的華法教育會與其他的華法教育會不生關係。會長歐樂先生曾對其友白理愛先生說：「那勤工儉學生事，完全是李石曾先生管的，我不能負責，因爲與我無關」〔註155〕；五是留法勤工儉運動被認爲是在野黨國民黨擴張海外勢力的一種方式，因此駐法公使陳籙等人不免心存介蒂；六是雖然一些政府部門和政府官員積極支持勤工儉學運動，派遣本省子弟赴法留學，但他們大多對勤工儉學一知半解，汪精衛曾解釋說，儉學會與勤工儉學會的性質是完全不同的，「勤工儉學的最要條件就是要有高等的工業技能，山西閻督軍誤會了勤工儉學會的意義，以爲可以半天做工半天讀書。如今派去的人也有具高等工業技能的，實時便入了工廠但是大多數是沒有工業技能的，所以到法之後祇得先學後工就發生學費問題了。近來陸續去的人也都有誤會此意」。〔註156〕因此雖然赴法勤工儉學運動外表轟轟烈烈，但卻很快陷入困境之中，雖經李石曾四處尋求資助，駐外公使陳籙和國內外熱心人士的幫助，但還是未能擺脫衰亡的命運。

　　勤工儉學運動之後的里昂中法大學是中國歷史上最早的中外合作辦學機構，里昂中國大學海外部所希望造就的是「製造學者」、「製造眞研究的學者」、「製造算學問是消遣終身的學者」。〔註157〕海外部要求學生同時具備英

〔註152〕陳三井：《勤工儉學運動》，臺北：正中書局，1981年，第124頁。
〔註153〕陳三井：《勤工儉學運動》，臺北：正中書局，1981年，第125～126頁。
〔註154〕清華大學中共黨史教研組編寫：《赴法勤工儉學運動史料》第3冊，北京：北京出版社，1979年，第489頁。
〔註155〕清華大學中共黨史教研組編寫：《赴法勤工儉學運動史料》第3冊，北京：北京出版社，1979年，第484、485頁。
〔註156〕《汪精衛之演說：留學法國之近狀》，《申報》1920年1月19日，第10版。
〔註157〕《里昂中國大學海外部的經過、性質、狀況》，陳三井：《勤工儉學運動》，臺北：正中書局，1981年，第361頁。

語和法語能力。

1919 年李石曾、吳稚暉等乘南北政府爭相攫取關余時竭力鼓吹經政府及各方面之讚助，據 1920 年 6 月 5 日的《時事新報》報導，「西南政府、南洋華僑陳嘉庚君等，暨廈門大學及各團體咸各認鉅款。目前蔡子民、李石曾兩君呈請政府籌撥常年經費二十五萬。擬以二十萬爲該大學費用，以五萬作國內預備學校經費。聞經費從關稅收入內提撥此數，給助該校」。但在閣議中，卻有閣員提出反對，「與其以偌大款項籌設國外大學，不若以之添辦大學於國內」，且「歐洲年來過激派思潮留學，興學法國，青年留學彼處，恐易染過激思想」。〔註 158〕傅斯年、任鴻雋等人也對此持反對態度。吳稚暉則認爲在海外設立巴黎中國大學，聘請三十位中國教授和十名外國講師做教員，不僅可以彌補留學生「增添西洋嗜好」、「忘卻內國情形」、「拋荒國粹」〔註 159〕這三大缺憾，而且節省費用。〔註 160〕

在中國社會各界的支持下，1921 年里昂中法大學得以在法國里昂開辦。據《新聞報》報導，「西南政府已撥付十五萬元，換去十萬佛郎，共約法幣一百三十八萬一千八百三十五佛郎，尙存 5 萬元存彙理銀行。徐世昌助開辦費十萬佛郎，僑工局助開辦費十萬佛郎，北京大學助開辦費十萬佛郎，……又中幣五萬元，常年費法政府年助十萬佛郎，中國北方政府年助十萬佛郎，南方政府年助八萬佛郎。」〔註 161〕另一說爲「斯校之修理開辦費二百餘萬佛郎。常年經費由廣東政府年給四十二萬佛郎，中法兩政府共給十七萬五千佛郎，合計每年約用六十萬佛郎」。〔註 162〕

充足的辦學經費保障了里昂中法大學的順利開辦，但因經費來源複雜、校方與學生溝通不足、主辦方內部分歧、學生自治意識濃厚等原因也引起了不少風波，一度令管理各方頗爲被動。起初是留法勤工儉學生認爲吳稚暉等人曾允諾選拔勤工儉學生入校，因此學生們爲了保障自身的求學權益進而採取了占領

〔註 158〕清華大學中共黨史教研組編寫：《赴法勤工儉學運動史料》第 2 冊，北京：北京出版社，1980 年，第 586 頁。
〔註 159〕吳敬恒：《海外中國大學末議》，陳三井：《勤工儉學運動》，臺北：正中書局，1981 年，第 335 頁。
〔註 160〕吳敬恒：《海外中國大學末議》，陳三井：《勤工儉學運動》，臺北：正中書局，1981 年，第 339 頁。
〔註 161〕清華大學中共黨史教研組編寫：《赴法勤工儉學運動史料》第 2 冊，北京：北京出版社，1980 年，第 579 頁。
〔註 162〕舒新城：《中國留學小史》，《中華教育界》，第 15 卷第 9 期，1926 年 3 月。

里昂中法大學的行動。但在法國軍警的干預下，勤工儉學生占領里大的行動以失敗告終。而此後該校自行招募的學生亦與校方發生不少糾紛。里昂中法大學雖說是中法合辦，但法方僅提供校舍（由古堡壘改建，每年僅收象徵性租金一佛郎），經費則由中國南北政府共同擔負，大部分的錢出自廣東，所以廣東學生較受優待，但這後來也引起其他學生的不滿，要求學校平等對待各省學生，學生還群起攻擊學校徇私、植黨，致使吳稚暉一氣之下離校出走。

　　根據 1924 年里昂中法大學留法同志會提供給留歐學會的調查數據，共有學生 143 人，男生 129 人，女生 14 人，其中廣東 67 人，江蘇 15 人，直隸 12 人，四川、湖南各 12 人，福建、湖北、浙江、安徽各四人，河南 3 人，貴州、廣西各 2 人，奉天、江西各 1 人。〔註 163〕

　　除廣東學生，里昂中法大學學生另一主要來源是北京中法大學，「各學院每班畢業前五名，總平均分數滿七十分者，一律送往法國里昂中法大學留學，作為免費生，免受學費及宿膳各費，並可轉入法國其他國立各大學」。〔註 164〕雖然勤工儉學生曾諷刺吳僅帶富家子弟進里昂中法大學，但據鄭彥棻回憶，「里昂中法大學的同學中，自然也有些是家庭富有的子弟，然而就我所知，家貧苦學之士實為數更多。……一位專攻音樂的同學，……他經常的生活非常簡單，飲食也十分粗劣」。〔註 165〕

　　除了里昂中法大學，當時還有一所傳授中國文化的巴黎大學中國學院，執政府令云：「……巴黎大學，前經我國與法國學者商設中國文化講座，現在中國學院次第觀成，正宜切籌挹注，力圖擴充。所有應撥款項，由各部處按照議決辦法，陸續籌撥。並派專員充任監督。……又令派韓汝甲充巴黎大學中國學院監督，兼籌辦巴黎大學在華分校事宜。」〔註 166〕

第六節　民間派遣

　　北京政府時期，教育界和實業界積極參與到留學派遣之中，並制定章程，派遣自己認為合格的學生、學者出國留學或實習，雖然被派遣者人數不多，但大多學有所成，學以致用，是北京政府時期留學派遣的重要組成部分。此

〔註 163〕《留法學生之報告里昂大學之概況》，《申報》1924 年 2 月 11 日，第 13 版。
〔註 164〕《北京中法大學之留學新章》，《中華教育界》，第 17 卷第 1 期，1928 年 1 月。
〔註 165〕陳三井：《勤工儉學運動》，臺北：正中書局，1981 年，第 419 頁。
〔註 166〕《中華教育界》，第 15 卷第 4 期，1925 年 10 月。

外，一些留學預備學校、政黨和報館等也派遣人員出洋留學，但有的因未能
順利成行，甚至引來糾紛和官司。時至今日，學校留學派遣依然是留學派遣
的重要形式。

一、學校派遣教員留學

北京政府教育部曾資助大學和各高等專門學校中的優秀教員赴歐美各國
學習，這是高校與北京政府的一次良性互動，政府出政策，學校具體實行，
並且將留學派遣作爲學校規程長期有效地堅持下去。

1917 年 5 月的教育部《國立大學職員任用及薪俸規程》規定，「凡校長、
學長、正教授每連續任職五年以上，得赴外國考察一次，以一年爲限，除仍
支原薪外，並酌支往返川資」。〔註 167〕1919 年 3 月，教育部結合各校所提方
案出臺《專門以上學校酌派教員出洋留學研究辦法》，選派資格爲「須充教授
三年以上者」、學習科目「由各校酌度需要情形定之」，「國立各校教員留學經
費由教育部支給，省立各校由各省支給，私立各校由各該校支給」。〔註 168〕
當年的《教育部全國教育計劃書》也提出，「遣派研究高深學術之教員、學生
留學外國。邇來國內大學及專門學校之教員及畢業生請求留學作高深之研究
者，頗不乏人。以中央及各省官費有限，致多向隅。以後應加增留學費額，
使得研究專精。」〔註 169〕

根據教育部規程，各國立、公立大學先後制訂了派遣教師出國進修、留
學方案。比如北京大學於 1917 年 12 月訂立留學規程：（1）資格：在校連續
任職五年之教授，得由大學派遣出洋留學。連續任職未滿五年之教授，若自
願出洋留學時，可提出研究案於評議會，評議會投票認可時，亦得派往。（2）
期間：至少一年，至多兩年。（3）學費：除官派學費及往返川資外，仍支原
薪之半數。爲官費無空額時，得支原薪之全數外，加往返川資。（4）著作：
歸國後對於所研究之學科，必有著作。（5）契約：出洋時學校與教授雙方，
須訂立歸國後任職三年以上之契約，契約條款另行規定。〔註 170〕

〔註 167〕《法規》，《教育公報》1917 年 6 月第 8 期。
〔註 168〕劉眞主編、王煥琛編著：《留學教育》，臺北：國立編譯館，1980 年，第 1016
頁。
〔註 169〕《教育部全國教育計劃書》，《教育雜誌》1919 年第 3 期，第 13 頁。
〔註 170〕《北京大學日刊》第 22 號，1917 年 12 月 11 日，轉引自吳民祥：《流動與求
索：中國近代大學教師流動研究，1898～1949》，杭州：浙江教育出版社，2006

1918 年北京大學根據規程推薦了 8 人，但北京政府教育部只批准了朱家驊和劉復兩人。教育部還選取了北京高等師範學校教授鄧萃英等人出國留學。值得一提的是，此次派遣的 8 位教授中，有兩位女教授，即楊蔭榆和沈葆德。1923 年 1 月蔡元培辭去北大校長職務後，轉赴歐洲研究學問，也是援用「任職五年以上出洋研究」之成例。

一些高校還出臺和完善學校派遣出國規程，選派才俊出國深造。1918 年 10 月，北京大學評議會結果議決頒佈了《大學校長等派赴外國考察規程》和《選派教員留學外國暫行規程》，其中特別提到「教育部指定留學額數內有空缺時，各科學長得就學科需要情形，請校就曾在本校連續任職一年以上之本科教授預科教授助教選補」。〔註171〕北大 1920 年、1921 年依照這些規定派遣教師出國。

1924 年 7 月，北京女高師改大後，開評議會對於津貼教員留學歐美章程，規定七條如下：「凡本校專任教員，繼續任職三年以上，留學歐美者，均由校長提交評議會通過，由校按月津貼之；津貼數目為在校原薪十分之五，但此項原薪，以最近專任三年中所得薪俸之平均數為準；此項津貼自放洋之日起，至回國之日止，由本人委託一人向本校會計處代領，但津貼時期，至多以兩年為限；同時津貼教員人數，以四人為限；前往歐美留學教員，同時請本校津貼者，其先後次序，以在校專任期長短定之，期限相同，以抽籤定之，凡受本校津貼之留學教員，每一年中至少應將研究之學術詳細報告二次，其學位論文或他項著述，而應隨時送校；如違背未規程時，得由校停止津貼」。〔註172〕該規程最大的進步之處在於重視考覈留學人員，而且規程採取的考察學術報告、論文及著述的考覈方式也符合高校考覈實際情況。與之相比，當代很多高校對派遣歸國留學人員竟然沒有任何考覈機制，這是當代高校應該向北京政府時期高校大力學習的。

不過學校留學派遣也存在一些問題。一是可能會出現被派遣者不合學校心意的情況。比如廈門大學教師歐元懷接受廈門大學津貼留學美國，「月給美金九十餘，約合國幣百八十元」，但歐元懷卻電稱自己曾「支領北京高師留學

年，第 148 頁。

〔註171〕《北京大學日刊》第 219 號，1918 年 10 月 4 日，轉引自吳民祥：《流動與求索：中國近代大學教師流動研究，1898～1949》，杭州：浙江教育出版社，2006年，第 148 頁。

〔註172〕《各省教育界雜訊：北京女師大津貼教員留學章程》，《申報》1924 年 7 月 20日，第 11 版。

費二千數百元，非先到彼服務不可」，除非廈大能代為歸還此項留學費。廈大校長命會計處匯款代還。這樣一位廈大傾力資助的學者，廈大後來卻指責他「植黨營私，誅鋤異己」，「鼓動學生，反對學校」。〔註173〕並將他提前解聘。這主要是因為歐元懷來廈大後，挺身力保學生，引起校方不滿。歐元懷離職後到上海籌辦大廈大學，安置隨他一起離校的學生。

而存在的另一個問題就是學校經費不足，而向教育行政部門申請留學經費卻又無望。比如1925年2月，江蘇省立第三女子師範校長錢用和擬赴歐美留學考察師範教育，並調查西方文化以資研究，呈請教廳給予官費。教育廳長蔣維喬轉呈省長韓國鈞，韓表示，「所請免試派送一節，應俟本屆實行考選留學歐美學生時察酌辦理」。〔註174〕當年9月，錢用和乾脆呈請辭職留學。5月，江蘇省立第九中學前校長張開軒也呈請教育廳派遣留學，省長鄭謙指令，「應俟下屆選派留學時再行核奪」。〔註175〕

二、實業家資助選送

為將留學與實業發展有機結合，實業界一些有識之士自行出資派遣留學生。實業家資助留學，選拔方式十分靈活，有的採用考試形式，有的採取教授推薦制。他們對被派遣者的專業、留學年限以及回國就業都未加以嚴格限制。比如穆藕初擬花費五萬兩派遣學生赴歐美留學，「由於考試方法不足以得真正人材」，因此穆藕初委託蔡元培、胡適、蔣夢麟和陶孟和等教授「觀察並審查北大畢業生中之能對學術社會確有貢獻，而負有希望者，不經考試斟酌選派，以實行選派留學生之一種新試驗」。經反覆審查和開會討論，最終確定羅家倫、段錫朋、周炳琳、康白情、汪敬熙五名北大學生。穆藕初計劃讓學生先留美二三年，然後再分赴歐洲。「某君年支美金一千二百元治裝，在外按年付給，年限無定，由學者研究之志願為轉移，回國後並無他項拘束，僅望能為學術之發展，謀社會之改良。基金由蔡先生及蔣夢麟、黃任之、沈信卿三君共同管理」。〔註176〕後在蔡元培的推薦下，穆藕初又花費美金二千五百元派遣曾經在美讀書的北大學生江紹原再度赴美深造。穆藕初也未對所派遣的

〔註173〕《廈大學潮之雙方理由》，《申報》1924年6月9日，第7版。
〔註174〕《蘇三女師校長請官費留學之省令》，《申報》1925年2月22日，第11版。
〔註175〕《蘇省九中前校長請送留學之省令》，《申報》1925年5月21日，第11版。
〔註176〕《北大選派出洋之五君》，《申報》1920年6月30日，第6版。

六名學生學習專業作出限制，學生赴美都是學習教育學、政治學、社會學、心理學和哲學等看起來與實業發展毫無關係的文科專業。

穆藕初還積極資助東南大學學生留學。南京高等師範學校開辦後曾派兩名教員赴美留學，「後郭校長以歷屆畢業學生，頗有志願留學研究高深學問者，特商請校董穆藕初君捐助留學基金五萬元，穆君當即允許，惟所派之人當以東南大學畢業生為限」，穆藕初「更捐銀五千兩，派遣該校體育教員張信孚赴美，專學體育，以二年為期」。〔註177〕

1920 年 3 月，恒豐紗廠經理聶雲臺宴滬上中英商學各界於聯華總會，聶表示為進一步增進中英兩國友誼，「擬發起多送中國學生至英國大學留學，其費可由各行補助或由個人贈與，所學科目可由各行指定，畢業後可由各行聘請」。〔註178〕恒昌祥機器廠廠主張延鍾曾得西人資助留學英國，張資助畢業生李允成、張今法、王珪孫學費，派其赴英學習工業，「並不限以年月，強以服務，蓋全為國家社會造就人才，而不雜以絲毫私利之見也」。〔註179〕1921 年11 月，德國西門子電器廠上海分廠經理管趾卿也派遣 22 名男女學生赴德留學，同時在西門子總廠實習。

南洋兄弟煙草公司經理簡照南曾在赴美調查煙葉狀況時攜帶子媳自備資斧留學美洲大學，他深知出國留學對青年才俊的重要性。1920 年，簡照南目睹「國內貧寒子弟不乏英俊，每以學費無出不克留學外洋進求高深之學，因發宏願決由該公司每年選派外國留學生十名，簡個人擔任五名，暫派三年為度」〔註180〕，並函託國內聖約翰大學、復旦大學、北京大學、滬江大學、文華大學、南洋公學、金陵大學等十八所著名學校各自推選兩名學生來上海應試，校長推薦學生時需告知學生年齡、婚姻狀況、聯繫方式、歷年在校之成績及證書、品行、家境、身體狀況、是否有服務活潑之精神、保護人姓名及住址職業、保證店名住址及營業種類，並提供該生最近四寸半身相片二張。南洋兄弟煙草公司還制定了《選派留學暫行簡章》，主要內容包括承擔考生應試的「往返舟車費」和「治裝、川資、留學用費、歸國旅費」，留學年限「為四年，連實習時期在內」，留學生管理「本公司另委託管理人照料一切」，研

〔註177〕《東南大學與南高消息》，《申報》1921 年 5 月 26 日，第 8 版。
〔註178〕《聶雲臺發起留英儉學》，《申報》1920 年 3 月 26 日，第 10 版。
〔註179〕《實業家資助學生赴歐》，《申報》1920 年 8 月 22 日，第 11 版。
〔註180〕《煙公司選派學生籌備處消息》，《申報》1920 年 6 月 23 日，第 10 版。

究學科「以農工商三科為限，由本公司會商海內教育家視其試驗成績分別指定，不得更改」，公司專門組織選派外國留學生籌備處負責選派事宜，延聘黃任之、餘日章、李登輝、唐露園、朱少屏等為顧問。〔註181〕

根據 1922 年 3 月南洋兄弟煙草公司駐美紐約分公司報告，本學期肄業各學生所習專業大多為商業、土木工程、電機工程，一人習冶金工程及工廠管理，一人習農業，一人習製糖工程，另有唐啓宇一人，在喬治省立大學種棉種煙及鄉村教育。〔註182〕簡照南十分重視留學生的實習考察活動，1921 年留美生陳其鹿獲得銀行管理碩士學位後，簡又令陳赴英國倫敦銀行實習半年後即赴各地考察英國各種銀行組織制度，1923 年春又讓陳轉赴法國巴黎視察該國歐戰後之經濟狀況。

簡照南前後共花費約五六十萬金，派遣了三十餘人赴歐美留學，他也深受留學生的愛戴。簡去世後，歸國留學生稽儲英、陳其鹿等人籌資在江蘇省教育會內為簡設立銅碑，以作紀念。但周恩來在談到派遣問題時卻曾經加以批評，「官費生在學業上不受限制，在責任上對抽象的國與政府負責，此何能與私人遣送的學生學科受人限制，責任已有實際對象——軍閥資本家等——相提並論。故我們對資本家穆藕初之收買學生反對，對南洋兄弟煙草公司之招收學生反對，更何況軍閥張作霖之遣送學生習航空術明明為其窮兵黷武之用的又焉得不反對。」〔註183〕此語似可看作不同價值取向對資助選送留學的認識亦有所不同。

三、其他派遣

北京政府時期，個人、家庭、社團和政黨的留學資助派遣多彩紛呈，選派方式包括擇優推薦、公開招考、秘密選派和保送等，這些都是官費留學派遣的重要補充，亦培養了一批留學精英。

清末以來不少教育家和社會人士就致力於資助學生出國留學。比如國子監生陸寵廷創辦梧州國民學堂，並及時將廣州留日學生考試的消息傳遞給學生。1902 年，湖南湘潭的袁樹勳、王可里等捐洋 7000 元，選派 4 人赴日本習速成師範，開湖南私人資助留學之始。〔註184〕1904～1907 年的 3 年間，陸寵

〔註181〕《南洋煙公司選派留學生簡章》，《申報》1920 年 6 月 19 日，第 10 版。
〔註182〕《南洋公司資送留美學生近訊》，《申報》1922 年 3 月 5 日，第 15 版。
〔註183〕清華大學中共黨史教研組編寫：《赴法勤工儉學運動史料》第 3 冊，北京：北京出版社，1979 年，第 268～270 頁。
〔註184〕孫輝：《清末民初湖南留學運動特點探析》，《湖南師範大學教育科學學報》，

廷送了梧州府近 70 名有志氣的知識青年到日本留學。〔註 185〕江蘇泰興人丁文江和志同道合者 1904 年由日本去英國留學，自費留歐學生，經費非常緊張，幸得康有爲及其女婿資助（分別給他們 10 英鎊和 20 英鎊）。後來，丁文江在康有爲晚年的時候，還專門送他一千元。丁文江在英國留學，也得到過端方和中國駐英公使的一些資助。〔註 186〕

北京政府時期的社會名流繼承了前清民間弘揚和資助留學的風氣，爲當時的留學派遣添磚加瓦。首先是經濟資助好友或晚輩留學。比如 1914 年初，朱家驊在張靜江的資助下留學德國，研究地質學。再如滬北五區商界聯合會前任職員孫毓衡赴美專門研究電汽工業，所有遊學養家費用都由其好友蔡仁初資助，旨在促進中國實業之發展。而林語堂留學期間，生活資金斷絕，胡適也曾加以資助。王祝晨和省議員聶湘溪也曾資助山東省立二中學生孫清晨赴美留學。臺灣華僑林熊徵「資助青年留學者四十餘人，尤熱心移資於南洋，與華僑相提攜」。〔註 187〕周恩來在歐洲期間，南開大學創辦人之一嚴秀也曾給予經濟支持，周恩來說，「許多愛國的老先生私下裏幫助我們這些學生，他們完全沒有個人的政治目的」，「後來有些朋友說起我用了嚴秀的錢去做共產黨員，嚴秀就引用一句中國成語說：『人各有志』」。〔註 188〕再如中華書局經理陸費逵每月給二百元，馬君武則每月爲中華書局翻譯四萬字，以付給工作報酬的形式資助馬君武再次赴德柏林農科大學攻讀農業，併兼任波恩化學工場工程師。

其次，社會各界大力弘揚官自費留學，促進留學派遣事業的發展。比如山東教育家王祝晨與鞠思敏共同謀劃和多方奔走，從 1918 年開始，山東每年的留美公費生由 16 名增至 34 名，另增留美公費補助生 100 名。〔註 189〕再如 1917年時任加州大學中國文化課講師的江亢虎受美國國會圖書館之委託向我中央及地方政府采集官書，江回國後鼓勵自費留美，有意者可致函寰球學生會咨詢。鑒於「留學諸生年長通漢文者，則英文每不及格，年幼習英文者，則漢文

2008 年第 4 期。

〔註 185〕陸欣：《梧州國民學堂——廣西辛亥革命人才的搖籃》，《文史春秋》，2012 年第 2 期，第 35 頁。

〔註 186〕王政挺：《留學備忘錄》，杭州：浙江人民出版社，2003 年，第 122 頁。

〔註 187〕《華僑聯合會今晚歡宴林熊徵》，《申報》1921 年 8 月 25 日，第 14 版。

〔註 188〕清華大學中共黨史教研組編寫：《赴法勤工儉學運動史料》第 3 冊，北京：北京出版社，1979 年，第 400 頁。

〔註 189〕張美：《留學生與山東現代教育的初步發展》，山東師範大學碩士論文 2005年，第 26 頁。

毫無門徑」，江亢虎提出，「年齡無論男女，以十二歲至十八歲爲限」，「程度不問現在程度如何，以將來能在美國高等學校畢業爲限，過此而入大學則一切聽其自理」。留學生「到美後擬於嘉省之卜技利市特賃一屋，男女分居，備美婦爲經理，飲食起居均從美俗。學生與美人同赴公學，每晚回寓特課國學兩小時，星期假日或旅行遊戲，或開會演說，務使心身發達，中西淹貫，養成理想的人才」。如有學生不遵守規章，或不服從教令，「當函告其父兄斥出之」。「通常官費生留美總年費幾及華銀二千元」，而按照江亢虎的方法，除出發時需要「川費及整裝約四百元，船位頭等二等」，一般年費華銀「六百元」，「可訂明按期匯寄」。「凡年費均須預付，當代存美國銀行，按期報告其家長逾期未到，當代息借彌補，惟以半年爲限，過此即不負責任。凡從遊諸生概不出外工作，以免牴觸禁例，妨礙學程」。有意留學的學生需「偕其家長或監護人預來接洽，以便先定船位辦護照」。對於年齡較大但能入大學者亦可同行，但「到美不便同居，費用不免略巨，每年以華銀八百元至一千元爲率」。〔註 190〕

再次，北京政府時期社會各界成立各種留學預備學校，不僅爲留學人員提供各類出國前的語言培訓，還可推薦學生出國留學。比如上海東語專門學校，主旨是「培植留東學生之資格與養成商學界對日交際能力」，「修業期限六個月，學費每月三元，每三個月預繳一次，中途退學概不給還，膳宿遠道來學諸君，可就本學校膳宿，每月納費七元半。卒業修業期滿之學生考試及格者由校長給與卒業證書咨送日本留學，其別有志願者聽之。咨送卒業生欲由本校咨送日本留學者，可具立請願書，本學校自當爲之咨送入學，至旅學各費均由自給」。〔註 191〕1916 年開辦的中華英文專門學校，「該校校董謝善吾近向檳榔嶼僑商張國權、鄺金城二君募捐鉅款，以充資送美國留學之費」。〔註192〕1920 年浦東中學校改革之前的津貼獎勵，規定自本年起，「凡在校肄業滿二年以上之畢業生，考入國內五大學者年予津貼一百元」，額定「六名」，「國外（限歐美各國）四名，赴國外留學年予津貼三百元」。〔註193〕國立北京工業大學全體教職員學生在《敬告全國同胞書》中自誇，「吾校畢業生出洋留學，均能直接插入各大學研究班」。〔註194〕

〔註190〕《江亢虎告有志自費遊美者》，《申報》1917 年 6 月 21 日，第 11 版。

〔註191〕《東語專門學校章程》，《申報》1914 年 10 月 30 日，第 11 版。

〔註192〕《僑商熱心教育》，《申報》1918 年 8 月 14 日，第 11 版。

〔註193〕《浦東中學畢業生聯袂西渡》，《申報》1920 年 6 月 29 日，第 10 版。

〔註194〕《北京工大急待維持之呼籲》，《申報》1924 年 2 月 9 日，第 10 版。

　　此外值得關注的是，一些社會團體和政黨也組織留學派遣。如工黨共進社曾在第三次修訂簡章中提及，「黨員如有聰穎子弟，學有成踏，有志留學外洋而力有未逮者，本社可在預備費項下酌撥學費，以成其志，歸國後無論處境如何，均當遵守本社定章，讚助本社」。〔註195〕1914 年 4 月 26 日，進步黨開特別會，欲廣招國內外人才，擴張該黨勢力。「聞國民黨在外洋留學者已達三千餘人，本黨如不甘居於劣敗，則須速籌鉅款多送黨員出洋」。〔註196〕1920年起社會主義青年團、上海外國語學社（中共早期創辦的培養革命幹部的學校）和中共旅歐支部都曾組織學生赴俄留學。國共兩黨還在 1925 年和 1926年選送赴蘇留學。「上海、北京及周邊省份則由國民黨各省黨部負責，採取秘密選派的形式。北方各省選送的留蘇學生共四十餘人，均在北京會合。南方各省選送的留蘇學生亦有四十餘人，均在上海會合，等待集體出發」，「廣東地區的考試分為初選、筆試、口試，考生填報名單後，首先接受國民黨中常委指定高級官員的甄別，以判定其是否合格」，「筆試題目是作一篇題為《什麼是國民革命》的論文」。根據 1925 年 12 月的《中國國民黨選派學生赴莫斯科孫文大學》一文，「國民黨當時有 1030 人報名，招生名額為 150 名，最終錄取者為 147 名」。〔註197〕除公開招考外，鮑羅廷和國民黨高層人士直接推薦了一批國民黨達官要人的親信和子弟赴蘇，一些軍事院校也直接推薦保送學生赴蘇。應該說，國民黨的選派，即便是考試選拔，也缺乏嚴格的考選機制，更多的是出於政黨發展考慮，而非選拔技術型人才。

　　雖然民間派遣者一腔熱情，甚至訂立派遣章程，嚴格考試，但因權責不明、應對之策不當、經費不濟以及時局變化等原因，不免引起一些糾紛，有時甚至引來警署介入，或是差點惹上官司。

四、民間派遣糾紛

　　1916 年 1 月商務報館在各報刊登招考留日新聞學生消息，稱「由該館保送出洋，每歲每人發給學費日金三百元，並聲明自考試日起一月以內即行放洋」。〔註198〕消息一出，吸引了三千五百餘人報名。商務報館因試卷眾多為鄭重披閱

〔註195〕《工黨共進社第三次修訂簡章（續）》，《申報》1912 年 5 月 30 日，第 7 版。
〔註196〕《進步黨開特別會紀詳》，《申報》1914 年 5 月 1 日，第 6 版。
〔註197〕章開沅、余子俠主編：《中國人留學史》（上冊），北京：社會科學文獻出版社，2013 年，第 314～315 頁。
〔註198〕《來函》，《申報》1916 年 10 月 22 日，第 11 版。

起見，遂延期至當年 5 月 17 日揭曉錄取情況，並通知正取生做好出洋準備，備取生亦會發給通信費及新聞講義。然而當正取生辦好輟學或辭職手續靜等出國時卻遲遲等不來報館的通知。學生遂專函或聯名責問，但該館不是託辭就是不作回覆。當學生來滬探問時，該館總理王薇伯的秘書顧某稱再等一月定可放洋。學生不願再等，又函請總理王薇伯將放洋一事提前辦理，但王卻不作答覆。學生周然、潘有猷等一怒之下致函日報公會，指謫商務報館總理王薇伯行騙，並稱「該報館招考數月，所得報名證金不下萬元，如其所收沒而不發遠者亦數千元，今既將此事自行根本取消，則其前此種種荒謬之處置亦自有相當之罪戾。生等除函覆該館總理誓不承認此項廣告外，將集合同案宣佈其罪狀，並訴之法庭，事關報界，特將經過詳情滋陳左右」。〔註 199〕

　　爲此，陳鴻來致函申報館申辯。陳稱該報館曾言「凡正取諸生俟本館呈請當局補給官費公文批回後即行定期出洋，備取諸生照章發給新聞講義錄」。但因時局變遷，款無著落，商務報社議決「先將正取十名送入中華商業學校肄業，學費由該館擔任，預備英日文字及各種普通學問，俟該校卒業之後再行設法渡東，以償初志。至備取諸生亦令其於陽曆十二月十日來館領取講義」。陳鴻來辯解稱，「該報社何嘗背棄信義，而於留學之前再加負擔商校學費一款，亦可謂對得起學生矣。要知不諳日語，即不能直接聽講，不得中學文憑即不能直進大學（早稻田大學有新聞科）。與其到東預備不如在本國之便利也，且該館亦可藉此光陰爲諸生作東遊之籌備，一舉兩善，各得其便。倘該館果存欺騙手段之意志，則當時考取之時何不捏造假姓名十人則諸生亦無從查考，即此一端可證該館之始終果無欺騙之行爲也。該學生等果有求學之心，何妨屈就範圍學向不厭精詳，幸勿躁急欲速也，至謂該報登佈之通告，該學生誓不承認，尤屬可笑。要知保送留日一事純係該報館對於學生一種特別之權利，既與學生無交換之義務，亦無強制之行爲。假使該館即食言而肥，背棄信義，亦不成法律上之問題，況該館固始終履行未曾取消也」。〔註 200〕

　　按照陳鴻來的說法，報館確是一番好意，並非欺騙。商務報館自籌經費派遣學生出洋，刊登招生廣告，安排考試閱卷，這些都是花錢費力之事，而且在派遣受阻的情況下還爲學生提供免費入商業學校學習的機會，也算是仁至義盡

〔註 199〕《來函》，《申報》1916 年 10 月 22 日，第 11 版。
〔註 200〕《陳鴻來來函》，《申報》1916 年 10 月 23 日，第 11 版。

了。但既然款無著落，日後能否出洋依然是未知之數，還是應該盡早告訴學生，讓學生作出選擇，願意在國內進校學習的安排學習，不願意的學生也可早作安排，如果一味躲避，不免有拖延懈怠之嫌，也容易造成學生的誤解。

還有一樁民間派遣公案則是讓人匪夷所思。北京某私立大學教員梁家義，長沙人，平素喜歡參加政治集社。湘人許馥芝自稱范源濂之表弟，與梁相識後稱，「余雖爲湘人，然余母則英人也，人皆稱之爲舍勒夫人，現寓天津。擬出鉅資選湘籍女學生數名，前往英國留學專習師範之學」。許囑梁爲之吹噓，並自擬章程九條，其最著者有「不得與英人結婚及學生用款須存儲於指定之銀行，不得隨身攜帶」。許又自稱係英公使館武官，因朱爾典公使卸任，遂以連帶關係自行辭職。梁起初將信將疑，但按照許提供的地址與舍勒夫人通信後發現雙方所言一致，加上許馥芝寄來的信件均爲某使館信差轉送，信件內容中關於戰地消息也十分詳盡，因此梁對於舍勒招生之事始深信不疑。

戰事平息後，許回京與梁籌備招考事宜。招生定額只有三人，但應聲而來報名的女生約有二十餘人，包括遠道從上海來的某女學學生。因應考者英文程度不佳，遂擇其稍優者六人就梁寓開英文補習班，以一個月爲期，屆時復行考試，最後只錄取了向瑞琨女兒一人。於是又續招新生，續開補習班，並將名額擴爲六人。此事爲教育部所聞，向英使館查詢，而英公使覆函則謂，「不知有招考女生赴英留學之事，且亦不知舍勒夫人爲何如人」。教育部以事近誆騙，行文警察廳查辦。梁雖得釋，但許因稱招考女生是自己，並未供出舍勒夫人係其母親，因此被警廳羈押。不過此案頗爲撲朔迷離，許看起來「並不像詐騙人物，況華人赴英例須先請英公使館發給護照，而其所取之女生則又未必切合程序，且招考補習亦未徵過分文費用，又不像志在金錢，是眞莫明其用意之所在者矣」。〔註201〕

這位神秘的舍勒夫人到底有無其人，許馥芝招考女學生出國留學究竟出於何種目的，實在是令人費解。

〔註201〕《舍勒夫人招考赴英女生案》，《申報》1920年11月9日，第6版。

第三章　北京政府時期的留學生海外管理

　　北京政府時期的海外留學管理在機構設置、人員安排、事務管理、關係協調上都屢經調整，並對管理中出現的衝突進行化解。但經費缺乏、利益博弈、人員龐雜、政見分歧、愛國運動等因素都引發了海外管理中的衝突，留美、留日、留法學生在衝突中表現不一，而海外管理者處理衝突的方式各有不同，效果也大相徑庭。

第一節　海外留學管理機構

　　北京政府沿襲了清末的留學管理制度，教育部是留學事務的最高負責機構，教育部派遣留的學監督負責留學生海外管理，某些對外事務需商請駐外公使辦理。北京政府還先後成立了留日、留歐和留美監督處負責管理工作。北京政府最初設立經理員代替留學監督，但很快就又改回監督制度。二十年代中國的留學管理部門無論是駐外公使館還是國內的教育部都紛紛陷入經費不足的窘境，加上戰事困擾和政權更迭影響，留學生監督處工作日漸陷入停頓。

一、清末海外留學管理概況

　　中國近代留學生海外管理工作始於清末，1872 年，在容閎、曾國藩和李鴻章的努力和支持下，中國首次官派留學留美幼童運動拉開了歷史序幕。此次留學運動先在上海設局經理挑選幼童派送出洋事宜，後於 1875 年首次在美

國哈德福市設立了留美事務所管理留學生日常事務，這是中國歷史上最早的海外留學管理機構，正監督爲陳蘭彬，副監督爲美籍華人容閎。由於人數較少，學生相對集中，因此管理相對便利，留學生監督每月考覈留美幼童成績，對於不及格者先給予嚴厲訓斥，若再無長進，就要遣送回國。此後清政府選派的留歐學生大多以學習船政爲主，留學生監督華、洋各一人，每三個月兩位監督都會一同考查學生成績，並將所有考冊彙送船政大臣轉咨通商大臣備核。藍伯特、佛瑞爾、丹尼等洋監督都曾負責過留學生海外管理工作。由於這一時期尚屬海外留學管理的草創期，因此許多管理模式都延續了封建時代的做法，對於國家主權亦未加以注意，出現了留學生監督爲外國人的現象。

各省首批派往外國學生，起初由督撫派員監督。由於中國監督多不通外國語，對外國情況和留學生一樣茫然，有些到任後數月即返，學生託由公使照料。1904 年清政府遵循駐比公使建議，由兩江、湖廣、四川總督，從資淺的外交官中，選派一人負責監督各省留歐學生。並建議由政府頒行留學生統一管理辦法。〔註1〕

學部成立後欲調查留學生成績，再加上端方出洋考察憲政時受到留歐學生之辱，回國後奏派蒯光典爲留歐學生之總監督，負責調查革命，檢查學生成績等事。1908 年蒯光典出使英國後加強留學生管理，但受到留歐留學生的抵制。以留法學生爲主體所辦的無政府主義刊物《巴黎新世紀》嘗載文諷刺蒯光典，對其極盡挖苦之詞。留英學生還在來稿中稱「西洋留學生散處各城邑，毫無統治之可言，一切入學諸事，皆能自爲謀。又斷不需一行動維艱、語言不通、智識平常之人爲之幫助」，稱蒯光典有罪。〔註2〕1909 年留歐學生發動風潮，聯名稟呈學部要求查辦留歐學生監督蒯光典。而由於當時留歐學生監督直屬學部，並不受駐外公使的節制，因此當學部大臣電詢駐歐各國使臣時，「各欽使以蒯監督與留學生起風潮詳情未能深悉，復請學部直詢蒯監督」，駐外使臣的推諉迫使學部只能召回蒯光典。此後清政府取消留歐學生總監督職位，1910 年《管理歐洲遊學生監督處章程》規定：「英德法俄比五國遊學生監督處事務，由各該出使大臣董理一切」，「英德法俄比五國各設監督處

〔註1〕 汪一駒著，梅寅生譯：《中國知識分子與西方——留學生與近代中國（1872～1949）》，臺北：久大文化股份有限公司，1991 年，第 45 頁。

〔註2〕 重印《巴黎新世紀》，1908 年第 58 號，轉引自劉曉琴：《中國近代留英教育史》，天津：南開大學出版社，2005 年，第 201 頁。

一員，由學部遴選通曉學務人員，商同出使大臣奏派」。〔註 3〕但這種雙軌管理體制並未能消除留學生監督與駐外公使的矛盾。如留比學生監督閆海明和駐比公使楊兆鋆在留學生管理上發生分歧，雙方互相攻訐，最終以閆海明抱病回國而告終。

美國退還部分庚款興學後，1909 年，爲適應庚款留學生管理的需要，外務部和學部會奏《爲收還美國賠款遣派學生赴美留學辦法摺》提出：設遊美學務處，由外務部、學部會派辦事人員，專司考選學生，管理肄業館，遣送學生，及與駐美監督通信等事，並與美國公使所派人員商榷一切。……專設駐美監督，負責在美學生的安置學校，照料起居，稽查功課，收支學費等事。准其調用漢洋文書記支應員各一人，幫同辦理。〔註 4〕遊美學務處設總辦一員由外務部、學部會同選派，會辦二員由外務部、學部各派一員。此外，還設庶務長一員、文案二員、英文文案二員（以一員兼任譯事）以及庶務員四員、書記生六員。〔註 5〕最終清政府確定由外務部左丞兼學部參上行走周自齊爲總辦，外務部主事唐國安及學部員外郎范源濂爲會辦，駐美公使館參贊容揆爲駐美學生監督。除范源濂爲留日出身外，其餘三人均爲留美出身。

留日學生海外管理工作最初由駐日公使兼任，但隨著留學生人數的迅速增加，1899 年駐日公使李盛鐸請求清政府派遣留學生監督，同年夏偕復作爲留學生總監督赴日，任期到 1901 年 2 月，此時的留學生監督仍然附屬公使館。1901 年蔡鈞繼李盛鐸任駐日公使。1902 年因蔡鈞拒絕送 9 名自費生入成城學校學習武備，引發「成城學校事件」，清政府遂於 1902 年 10 月在日本設置日本遊學生總監督，由汪大燮任留學生總監督。1903 年汪大燮赴外務部任職，總監督由駐日公使楊樞兼任，此後分別由李盛鐸、李家駒、胡惟德兼任。

1906 年，學部奏定《管理遊學日本學生章程》四十一條，規定在使署內設管理遊學日本學生監督處，其職責是「對於學部及各省督撫，應將學生成

〔註 3〕陳學恂、田正平編：《中國近代教育史料彙編——留學教育》，上海：上海教育出版社，2007 年，第 316 頁。

〔註 4〕陳學恂、田正平編：《中國近代教育史料彙編——留學教育》，上海：上海教育出版社，2007 年，第 180～181 頁。

〔註 5〕陳學恂、田正平編：《中國近代教育史料彙編——留學教育》，上海：上海教育出版社，2007 年，第 183 頁。

績高下功課勤惰品行優劣據實報告」,「凡遊學日本學生,無論速成畢業普通畢業專門高等及大學畢業,均須有總監督證明書,無證明書者不得赴部投考,並不得充各省官立學堂教習。」〔註6〕根據出使日本大臣胡惟德的建議,學部又於1908年奏改管理日本遊學生監督處章程,裁撤總監督、副監督以及監察員,另設監督協助駐日公使辦理留學生事務,當時由田吳炤任監督。1910年底,由於留日學生減少,清政府出臺《改訂管理遊日學生監督處章程》,監督處編制縮小,除設監督一人外,另設學務委員七名,分管文牘、會計、庶務等事務,最後一任監督是胡元倓。

表3－1－1:《管理遊學日本學生章程》、《管理日本遊學生監督處章程》
　　　　變化一覽表

項　　　目		1906年章程	1908年變動的內容
內　　容	管理權限	出使大臣兼總監督,下設副總監督,由學部會商出使大臣奏派;監督處所設庶務、會計、文牘、通譯四科的工作人員原「受總監督副總監督之指揮」	出使大臣下設監督,由學部會商出使大臣於使館參贊內遴選奏派;四科人員「均歸出使大臣監督統屬,並附設諮議員以備採訪」
	品行管理	「凡遊學日本學生,如有品行不修,學業不進者,經本處查明,即行勒令退學,並咨回原省。」	增加了「並將事實咨部備核」,加強了學部對遊學生的管理
	編報所職責	編報所每月出報一次,報告遊學生往來人數、遊學生成績及行為、官費生有無開除及自費改官費者以及關係學務一切應報告之事項等情況。	編報所職責增加了編輯「遊學生之有疾病事故者」一項
	入學資格	入學官立高等及專門學校的資格為「在本國中學學堂畢業及有同等之學力,或在日本各普通學校畢業者」	去除了「有同等之學力」
	人員分配	監察員和諮議員並存,監察員以二十人以內為額,由副總監督秉商總監督酌派,掌分視各學校,考察學生之事	只留「諮議員以十員為額,由監督秉商出使大臣酌派,遇有重要事件隨時諮商,該員如有所見,亦可陳明出使大臣監督核辦」

〔註6〕陳學恂、田正平編:《中國近代教育史料彙編——留學教育》,上海:上海教育出版社,2007年,第402頁。

項　目		1906 年章程	1908 年變動的內容
	經費來源	監督處常年經費銀二萬兩，其餘各省原有監督經費仍照奏章匯寄駐日使署，以資本處辦公之用	「經費銀二萬兩」具體爲「外務部每年撥銀一萬二千兩，學部撥銀八千兩」

資料來源：陳學恂、田正平編：《中國近代教育史料彙編——留學教育》，上海：上海教育出版社，2007 年，第 401～415 頁。

二、北京政府時期的教育部與外交部人事變動

　　北京政府在袁世凱死後派系林立，內閣更迭頻繁，教育主管部門自然也隨著政潮起伏而動蕩不安，由下表可見，自 1912 年至 1928 年的 16 年中，先後換了 35 個（次）教育總長。教育部主管大多爲政治人物，分屬不同派系，且多爲留日學生。政治因素是教育總長不斷更迭的原因之一，如教育總長湯爾和曾提出廢止留學監督，部員褚某竭力反對，雙方劍拔弩張，而褚某懷恨在心，煽動了 1922 年教育部部員罷工，其目的除了要換新教育總長，背後更爲推翻內閣。而由於當時地方勢力強大，一些地方首腦甚至入主中央政府，自然也就帶來教育總長人選的更迭。但更多的則是經濟因素，即教育經費太少，導致教育界索薪風潮，部員無法安心工作，官員亦無心執掌教育部。比如 1923 年 11 月 13 日蔣夢麟致信胡適調侃道：我現在忙了「不亦樂乎」，有幾分厭倦。教育部無人負責，他校大都不死不活。京師教育事務，我首當其衝，簡直是大學校長而兼教育總長。〔註 7〕

表 3－1－2：北京政府時期教育總長的變更

姓　名	時　間	工作或教育經歷	備　註
蔡元培	1912.1～1912.7.14	留德	
范源濂	1912.7～1913.1	留日	
汪大燮	1914.2 辭職	留日生監督	1922 年署理內閣
嚴　修	1914.2～1914.4	自費留日、清學部侍郎	
湯化龍	1914.5～1915.4	日本法政	
張一麐		清舉人	免職

〔註 7〕中國社會科學院近代史研究所中華民國史組編：《胡適來往書信選》（上冊），北京：中華書局，1979 年，第 219 頁。

姓　名	時　間	工作或教育經歷	備　註
張國淦	1916.4～1916.6	清舉人	調農商部
孫洪伊	1916.6～1916.7	清秀才	調內務部
范源濂	1916.7.12～1917.11.30	留日	
傅增湘	1917.12；1918.3；1919.1	清進士	兩次被免，又兩次復任。五四因彈壓學生不力，再次被免職
傅岳棻	1919.6～1919.8	清舉人	次長代總長
袁希濤		清舉人、赴日考察	次長代理部務
范源濂	1920・8.；1921.5	留日	1921 年未任
馬鄰翼		清舉人、留日	回族、代理部務，一說爲「馬麟翼」
黃炎培		清舉人、逃亡日本	未就職
齊耀珊	1921.12.25	清進士	農商總長署
周自齊	1922.4	留美	國務總理兼
高恩洪		留英	交通總長兼
王寵惠		留美	司法總長兼
湯爾和	1922.9 後	留日	短期署理
彭允彝		留日	短期署理
彭允彝	1923.1.25	留日	
黃　郛	1923.9 起未足 4 個月	留日	
范源濂	1924.1	留日	堅辭未就
張國淦	1924.1.12	清舉人	教育總長
黃　郛	1924.9.14～11.10	留日	教育總長
易培基	1924.11.10～11.24	留日	署理
王九齡	1924.11.24～1925.4.14	留日	先署理，後實任
章士釗	1925.4.14～7.28	留日、留英	司法總長兼任，後改專任
易培基	1925.11.31～1926.3.4	留日	再次署理
馬君武	1926.3.4～3.31	留日	

姓　　名	時　　間	工作或教育經歷	備　　註
胡仁源	1926.3.31～5.13	留日	
王寵惠	1926.5.13～6.22	留美	
任可澄	1926.6.22～1927.6.20	清舉人	先署理，後實任
劉　哲	1927.6.20～1928.6.4	短期留日	滿族

資料來源：1. 錢實甫編著：《北京政府職官年表》，上海：華東師範大學出版社，1991
年，第 4～33 頁；2. 但昭彬：《話語與權力：中國近現代教育宗旨的話語
分析》，濟南：山東教育出版社，2008 年，第 146、171、188、206～207、
213、243～244 頁；3.百度百科。

注：1925 年 5 月 13 日任命黃郛（1880～1936）復任教育總長，然而又於同日下令免
去其教育總長職。

教育總長大多為留日學生出身，亦有部分總長雖為清末舉人或進士出
身，但亦有從事新式教育的經歷。而留學英美的教育總長人數較少，且任職
時間較短，有的只是短期署理，並未實任。教育總長的教育背景也使得教育
部在留學政策制定上較為重視留學日本，並且在留學監督人選問題上較為重
視選拔具有留日背景的官員或學者。雖然教育總長的頻繁更迭，導致教育部
控制力削弱，政令也無法持續執行，但由於當時教育總長大多學者出身，重
視教育，樂於聽取社會各界的建議，因此對當時留學事業的良性發展還是有
著諸多貢獻的。

與教育部相比，1912 年至 1927 年間，外交部共更換過 20 次外交總長，
計 14 人。次長較總長穩定。除初期署理外交部的黃郛和曹汝霖為留日背景，
王蔭泰為留德背景，夏詒霆為駐德法使館翻譯出身，陸徵祥、汪大燮、胡惟
德、孫寶琦和沈瑞麟為清末駐外公使背景外，梁如浩、唐紹儀、陳錦濤、伍
廷芳、顏惠慶、顧維鈞、王正廷、施肇基、蔡廷幹、羅文幹都是留學英美出
身。1917 年親日派上臺，掌握了北京政府，留美派之聖約翰人在外交部的勢
力消退，10 月 12 日，以劉文治為首的北京教育界人士，向外交部、教育部及
教育界傳播長約 5 千字的「北京清華學校之黑幕」公啓一文，矛頭直指校長
周詒春。但 1922 年以後，不論是國務總理或外交總長，多由顏惠慶、顧維鈞
與王正廷三人輪流擔任。他們與美國關係密切，因此在他們主管下的清華學
校留學管理工作基本能順利開展。

三、陷入困境的留學監督處

北京政府初立之時分別派遣經理員赴日本、歐洲和美國經理留學事務。其後又改稱監督，並在日本、歐洲和美國設立了留學監督處。由於留學監督制度自身的缺陷，加上 20 年代以來留學經費嚴重缺乏，留學監督處實際陷入停頓局面。

（一）留學監督制度缺陷

留學監督制度始於清末，貫穿於整個中國近代，但一直飽受爭議，就連一些留學管理人員也主張取消這一制度。首先，由於制度化結構存在「原生缺陷」，在海外管理模式發揮作用的過程中，留學監督與駐外公使權限劃分一直令政府倍感糾結。「原生缺陷」正是由於必須遵循「可操作性原理」和「效用原理」才引致的一類缺陷。如同社會調查中所運用的抽樣方法，因其必須遵循隨機原則而必然造成代表性誤差一樣。……當消解了制度化結構的所有「原生缺陷」之後，制度化結構也就喪失了自身的優勢，諸如可操作性、精確性、剛性約束等。結論只有一個，即制度化結構的「原生缺陷」不能通過一個代替另一個、一部分代替另一部分的辦法去「矯枉」，而是必須走出這個構架，在與非制度化結構的作用過程中去尋求「系統性補償」。〔註 8〕鑒於當時發達國家日本歐美等國都無留學監督，只有印度和埃及之類國家才有，時人主張將監督的部分職責，轉給駐外公使和教育部。就連南京國民政府留日監督處的姜琦也認為北京政府時期的留學監督處管理混亂，國內外機構、中央與地方機構、各省之間均欠缺協調。姜琦諷刺留日監督處「不啻中國教育行政制度上之一大變相，好像人身上的一個贅瘤相似，必須及早割治，而不該任其永久存在，將成為終身之累」。〔註 9〕

其次，受留學監督的管理權限、個人能力品行以及海外環境的制約，留學監督制度存在種種不便，有失存在必要。有人將留學監督形象地比喻為機器，而公使則為開動機器的匠人。一是由於各國學校甚少有寄宿舍者，即使有，也很難將學生聚居在一起，因此難以實行統一管理。二是一些留學生監督品學欠缺，為品學高尚之學生所輕視，而一些不好讀書的學生則因與監督

〔註 8〕 李瓊：《衝突的構成及其邊界——以湖南省 S 縣某事件研究為中心》，上海大學博士論文 2005 年，第 148 頁

〔註 9〕 中華民國駐日留學生監督處：《中華民國駐日留學生監督處一覽》，1929 年，姜琦序言，第 1 頁。

關係良好，反而獲補官費，糜費公款。三是檢查學生成績一項，「教育部可與
外國學校直接交涉而得」；四是咨送入學一項，咨送海陸軍留學生之入學非監
督之力，不及格學生欲求入學，「惟日本有之」，建議取消。「合格之學生倘所
擬入之學有准免入學試之章程，而欲免入學試驗，可將其所有本國文憑之類
譯成外國文字，請吾駐該國之公使簽字，再由本人將此文憑送至擬入之學校
以爲請求」；五是管理學生學費，發放學費非常簡單，時人建議取消按月發費，
改爲每半年發給學費。而對外借費或是向國內催費則非公使不可。〔註 10〕民
初教育總長汪大燮還曾一度廢除現有之監督或經理，「其法即以經費存貯外國
銀行，由外國銀行按時發放。〔註 11〕

　　再次，設立留學監督耗資巨大。留歐監督「每年經費約五六萬元，再加
留美留日之監督，則每年監督經費當不下九萬元」。若取消監督，可將節省的
費用用於他途。若「充西洋留學學費而可以派選學生五十名，以之充東洋留
學學費又可以派選留學生二百名，以之補助大學校經費亦不失爲鉅款，即不
然充他項公益經費而終可以有裨於國」。〔註 12〕根據 1916 年數據，教育部所
管「留學經費 277092 元，其中各國留學監督經費 28678 元」〔註 13〕，管理費
用約占留學經費的百分之十左右，的確是一筆較大的開支。

　　雖然北京政府初期主張取消留學監督制度，消解海外管理弊端者頗不乏
人，但也有學者認同監督制度，主張改進而非取消。留法學生李璜建議，應
設一名符其實的留學生監督處於歐美先進各國，以便實行管理學生。李璜批
評現有監督處「無一定之管理標準」，認爲「監督處不應管學生經濟問題」。
監督處職責只需有兩樣：一是與歐美有中國學生的學校接頭，叫各校將學生
每月或每學期的成績交來塡入表中，照國內總經理處所預定的學業標準，而
加以按語，呈報國內。學生學業不及標準，即由國內加以警告，或告其父兄
（如係自費）或停其公費（如係公費），以待其自新悛改。成績特優者則給以
獎金。二是與歐美各學校與教育機關交涉，便與中國留學生以種種求學上及
參觀實習的便利。〔註 14〕李儒勉則認爲應由駐外使館派專員管理官費事務，

〔註 10〕《中國教育制度論三芙》，《申報》1912 年 8 月 22 日，第 1 版。
〔註 11〕《王廣圻案》，《申報》1914 年 2 月 1 日，第 3 版。
〔註 12〕《中國教育制度論三芙》，《申報》1912 年 8 月 22 日，第 1 版。
〔註 13〕劉功君、沈世培：《北京政府時期留日經費籌措考察》，《歷史檔案》2009 年第
　　　　1 期。
〔註 14〕李璜：《留學問題的我見》，《中華教育界》，第 15 卷第 9 期，1926 年 3 月。

「各國留學監督應係一確有道德學識和富於經驗的學者」，所管理的事務應「是學生們的學業和操行。凡留學生在外國所有的良好或不好的成績，包括品行學問，都由他負責報告國內教育當局」。〔註15〕

（二）留美監督處

留美監督處最早主要是管理清華派遣的美國庚款生，監督處設在華盛頓。監督處設監督一人，事務員二人，分任文牘、會計等事務，管理學生的學費、月費、川資、核准自費生津貼，並負責約束風氣、統計報告等。隨著中央和地方留美官費生人數的增多，監督處權限擴大，兼管中央及各省派遣的留美學生。但也存在兩大不足：一是一些地方省份不服從管理，如奉天省留美學生經費不屬駐華盛頓留學生監督處經管，因此 1925 年 3 月 15 日所開之教育部、各省及交通部學生清單中並無該省記錄；二是國內欠費使監督處經費管理陷入困境。由於美國庚款數額固定，初時留美監督的海外管理工作較為順暢。當管轄範圍擴大至大多數留美學生後，起初是留學經費匯寄不及時，1922 年以來更是經費缺乏，各省欠費甚至長達半年以上，學生生活困難，學業難以為繼。而留學生監督或經理員卻大多地位較低，無法號令各省匯費。駐美留學監督嚴恩椿抱怨，留學監督「向美國自行挪借，而國內又延不償還」。〔註16〕各處官費生因向監督催款之故，皆有團體組織其去華府（監督駐在地）較近之處，且派人坐索，然借貸無門，點金乏術，監督與學生如獄囚相對，惟有共作仰屋之歎而已。有時學生因窘迫太甚，索款不得，與監督大起衝突，結果亦不過大鬧一番，終無由以得款也。〔註17〕1925 年 2 月，上海某留美官費學生惶恐之下只能致電家屬匯款。駐美公使施肇基則公開宣佈不負責留學事務。1925 年美國留學生監督嚴恩椿因留學生索費甚急，而自己之前借款無力償還，告貸無門，求助駐美公使、教育部和各省均無人理睬，嚴迫不得已，潛逃回國，監督處遂告停頓。

留美學費停頓一是由於教育部「負派造學生之責，而不思善後之方，甚至負責無人，聽其焦爛」，遣派學生出國卻不寄款接濟，「積欠數萬」。而交通部「素稱富饒，派生且達七十人，年需美金七八萬，乃匯款每多遲滯」，雖一

〔註15〕 李儒勉：《留學教育的批評與今後的留學政策》，《中華教育界》，第 15 卷第 9 期，1926 年 3 月。

〔註16〕 《粵省留美學費之催發》，《申報》1925 年 1 月 8 日，第 11 版。

〔註17〕 《留美官費生之呼籲》，《申報》1925 年 5 月 2 日，第 12 版。

再經公使、監督報告和學生呼吁，但卻「皆如針投海，充耳不聞」；二是由於欠款各省或因「兵災匪禍，糾葛不清」，或因「出納之吝」；〔註18〕三是「學期官費之匯寄惟應在本學期開學之前，惟其能於開學之前彙到，故留學監督始能分發各生，以爲求學之費，以爲衣食之資」，「今各省欠款積至數年者姑無論矣，即寄款各省亦皆遲至半年以後始行彙到。試問此半年之中，學生等將藉何以求學，藉何以衣食？且留學經費在常年預算之內，學款既有根據籌措，必非難事，而必遲遲匯寄，以置學生等於困境，此非各省長吏之溺職，何以至此」；四是「歷年政府積欠之數尚非甚巨，留學監督每遇官費遲到之時輒向美商轉借，以紓一時之困，及後積欠漸多，不能清償借款，既不能償即莫肯續借，於是留學監督之信用掃地，而周轉之方法遂窮，故今日之勢官費緩寄一日，即學生等多困苦一日」。〔註19〕

教育部、陸軍部及各省所派留美官費生在美生活艱難，美國政府也引起關注，美國駐京美公使也爲此照會中國政府，希望教育部及其它機關能重視此事，盡快解決，否則「對於資助學生之本國人士欠公允」。照會稱，駐華盛頓留學美生監督曾向外國銀行借款，「共計美金十八萬元以上」，但留美官費「學生大半兩年僅得不按定時所付之一半學費，且有一部分學生不能不停止其功課，或有在外挪借歸還所欠之學費及他費，或由慈善機關資助等」。教育部接此照會立即致電各省，「從速設法將積欠各費掃數歸清，用資接濟，以全國家體面」。〔註20〕由於中國留美學生常年積欠留學經費，且數額頗巨，以致學生爲謀生計在美工作者頗多。爲此美政府擬頒發訓令，囑駐華各領使「嗣後遇中國欠費部省所派學生請領護照，概行停發，以示限制」。

因經費短缺，致使留美學子在美國人面前斯文掃地，更引起美國政府現在中國留學生入境，實爲中國教育界及外交界之恥辱。

（三）留日監督處

北京政府時期，教育部派遣的經理員或留學生監督負責留日學生事務，下設專員處理具體事務，留日監督處設於駐日使館內，各省亦可派遣本省經

〔註18〕《留美部省費學生爲學款停頓事敬告國人書》，《申報》1922 年 4 月 6 日，第10 版。

〔註19〕《留美官費生之呼籲》，《申報》1925 年 5 月 2 日，第 12 版。

〔註20〕《各省教育界噪聲：美使照會教部接濟留美學費》，《申報》1924 年 8 月 25日，第 11 版。

理員經理本省留學事務。駐日公使依然是學務實際上的海外最高負責人，但當時的駐日公使一改清朝駐日公使的舊例，不屑於留學管理，駐日公使陸宗輿就聲言「學生概不接洽」，至1914年12月，教育部亦因留日學生人數眾多，學務繁重，提出復設留東監督，並請外交部轉告駐日公使陸宗輿。而留日學生對留學管理者也頗爲不敬，甚至干涉留學監督人選。

1916年4月，駐日公使陸宗輿在給張仲仁總長的信中寫道，「兩月來學生鬧費日日開會，洶議攻打使館。……監督處及館廚房已被搗毀。言監督家內打毀尤甚，湘經理員窘辱至死，經理員夫婦皆被窘辱」。陸宗輿在敘述事件過程後，推測此事件是由國民黨的指使有關。〔註21〕1922年4月20日，東京中國留學生因北京政府斷絕供給，窘困異常，遂向使館索費，駐日中國代使馬廷亮不勝其煩，索性攜其眷屬離日躲避，而使館張、顧二秘書也隨後離開東京躲避。〔註22〕監督處名存實亡。因此外交部提議將監督處裁撤，「於駐日使館內附設一學務處，用正副長各一人，正處長由使館一等秘書兼任，副處長由教部呈簡」。教育部認爲此舉「近於大權旁落」，不予同意。後經駐日公使汪榮寶與教育部長彭允彝協商，基本同意外交部提議，「惟處長改爲委員，不設正副名義，由外教兩部各請簡一人」。〔註23〕駐日使館委書張元節、教育部僉事陳延齡二人分任委員。

1924年2月，留日學務處專員陳延齡，以留日獎勵金問題請假回國後，又向教育當局呈請辭去學務專員職務。但汪榮寶公使來電催派專員赴日辦理學務，張國淦仍欲派陳氏前往。陳遂提出，一是「留日學務處亟應脫離使館關係，改爲教育部直轄機關，至人選一層，則以朱念祖爲合宜」，二是用日本「補助費解決各省缺費問題」，原有不妥，「中央及地方政府早日設法籌還，免滋紛擾。」〔註24〕

北京政府時期的留日學生經常對管理者人選提出質疑。1920年2月，因新任駐日公使劉鏡人辭不赴任，外間盛傳代使莊景珂行將實任駐日本公使。

〔註21〕中國第二歷史檔案館：《駐日公使陸宗輿函述洪憲帝制議起留日學生受民黨指使聚眾索取學費情形》，1916年4月（順序號587），《北京政府教育部檔案》（卷宗號1057），轉引自周一川：《近代中國女性日本留學史：1872～1945年》，北京：社會科學文獻出版社，2007年，第69頁。

〔註22〕《駐日代使之行蹤》，《申報》1922年5月19日，第4版。

〔註23〕《留日學生監督處裁撤》，《申報》1923年4月10日，第7版。

〔註24〕《陳延齡解決留日生風潮辦法》，《申報》1924年2月29日，第7版。

「東京留學生得此消息大爲反對，全體急電政府，謂如以莊景珂爲駐日公使，學生等誓不承認」。〔註25〕

　　1924 年 6 月，蒯壽樞被任命爲駐日留學事務總裁，遭到留日官自費生的反對。7 月 11 日，留日生代表廖競天、姚壽齡、潘廷幹等，相繼到教育部請願免蒯，其理由是「蓋蒯既非教育家，又非負有時舉者」。學生還威脅說要「直接發警告書與蒯壽樞，勸其勿赴任，再就其它方面，爲種種之準備」。〔註26〕1925 年 2 月，教育部被迫改派部員吳文潔、鄧萃芬赴日暫行管理留學事。

（四）留歐監督處

　　留歐監督處亦存在經費困難、公使與監督矛盾衝突的問題。1913 年歐洲留學生經理員事務所設立於比利時。由於駐歐經理「因事歸國」，教育部轉發各使館來電至各省，如果各省來年學款年前不能彙到，教育部和使館「萬難籌墊」，屆時學生勢必群聚使館索費，恐「貽笑外人」，要求各省「速將春三月學費連彙使館」。〔註27〕

　　歐戰中，由於負責留學經費彙劃的華比銀行因比利時戰事被毀，中國學生生活無著，只能向中國駐外公使館尋求庇護，令駐外公使不勝其煩，公使館多次致電中央聲明不負責任。如駐英公使施肇基呈稱「使館事繁不能兼顧留學事務，請速派監督專辦」。施肇基希望教育部能派員管理或歸中國海軍留學生監督兼領。總統袁世凱遂令教育部特派監督爲之料量一切，並讓財政部代爲籌措經費。但財政部卻提出教育部應從教育決算案中抽出一部分作爲留學監督經費，教育總長湯化龍則予以拒絕。鑒於三年度留學費已減至每年十六萬元，「僅敷教育部所派留學各國學生學費之用，實在無可騰撥」。周學熙與湯化龍多次協商，「擬將此項監督經費由各省分擔，其應擔數目以各該省所派留歐官費學生人數多寡爲衡，在各省平均計算每年分任無幾，而留學事宜得以遴派專員以資管理」。〔註28〕1915 年教育部遂設置總監督一員，負責留歐學生事務。然而 1915 年 12 月卻鬧出了一場留學生監督朱炎被駐英公使施肇基扣留的鬧劇。歐洲留學生監督朱炎抵歐之後，爲避去紛擾起見，遂常駐於

〔註25〕《京華短簡》，《申報》1920 年 2 月 28 日，第 7 版。
〔註26〕《各省教育界噪聲：留日生拒蒯之請願》，《申報》1924 年 7 月 14 日，第 10 版。
〔註27〕《公電》，《申報》1913 年 12 月 4 日，第 2 版。
〔註28〕《歐美留學之監督問題》，《申報》1915 年 5 月 28 日，第 6 版。

學生較少之巴黎，久久不赴倫敦。留英學生遇事遂直接與施使交接，施甚以爲苦。1915 年 12 月，朱赴英，施即勸其常駐英國，但爲朱所拒。雙方遂大起衝突，施使乾脆強制挽留朱於使館之內，「實際即與扣留無異」。〔註29〕此事暴露了教育部派遣的留學監督與外交部派遣的駐外公使之間的矛盾糾葛。

20 年代以來，交通部因收入頗豐，除有時不能及時匯款外，留學生經費一般都能按期兌付。而各省則因軍政安亂情形不同，欠款不一。根據留歐監督處報告，四川、湖南、廣東、福建、江蘇、直隸、河南、陝西、奉天九省均欠款不發，總數高達三萬七千九百四十鎊，其中以四川欠款最多。〔註30〕

北京政府時期大部分留學生監督的主要職能是分發留學生經費，當各省欠款不彙時，監督只能通過挪用不欠款省份或交通部經費暫時維持。若款項減少或匯寄延誤，無以爲繼時，由於監督並非正式外交官，對外信用至微弱，加上沒有確實之抵押，因此監督很難借到款。加上當時金鎊漲價，尤以英國爲甚，一些原本家境寬裕的自費生也自顧不暇，很難再接濟官費生。留德學生曾發起留歐學生代表團與監督處交涉，亦無結果。經費無著，生活困窘的留學生只有求助於駐歐公使。

駐英公使顧維鈞在赴華盛頓前制定兩項辦法，一是設立「維持官費學生委員會」，該會由駐英公使館朱兆辛、監督處監督高魯、學生代表徐彥之共同組織，「專研究維持留英官費生之經濟」；二是介紹某銀行作維持學生經濟之出入機關，其辦法分兩部：（一）收入（二）支出。收入項下有三種，「（甲）監督處收到各方面入款（教部財部各省）先扣出英國應得數目（乙）電請北就徐東海私人捐款一萬元（此款已到但不消費作爲保險費，俟國內應解之官費到時即還此項款，仍存儲爲臨時救濟之用）（丙）國內各處來款萬一不接濟時由公使私人名義設法接濟」。〔註31〕兩項辦法於 1921 年 11 月實行，使得英國官費生得以維持下去。

使館作爲駐外最高代表機關，在對外借貸或交涉學費減免問題上較爲有能力。但只要有監督在，駐歐公使往往選擇觀望，而不肯急切維持，一些官費生遂爲此抱怨留學生監督。致使駐歐代理監督高魯只能離職回國，監督處經理書記兩人代理文件，完成事務移交及報銷手續後即相繼辭職，駐歐監督

〔註29〕《教育部近事》，《申報》1915 年 12 月 10 日，第 6 版。
〔註30〕《倫敦通信》，《申報》1922 年 3 月 5 日，第 6 版。
〔註31〕《倫敦通信》，《申報》1922 年 1 月 20 日，第 6 版。

處機關完全破產，全歐留學事務只能由使館出面勉強維持。由於積欠過多，無人支持，使館最終也無計可施。

不過留歐監督處取消，倒是每月少了一筆開支。1925 年 10 月，駐比公使王景歧致電教育部，稱已派定館員代管留學事務，「請貴部按月支給津貼國幣一百元，公費三十元」。〔註 32〕比起每月兩千元的監督處開銷要少了許多。

總體來說，北京政府時期的留學監督處因經費困難陷入困境，加上其與駐外公使職權設置重疊引發雙方矛盾，服務職能和事務性工作未能充分完成，進而造成管理失效。

第二節　北京政府時期的海外管理者

民初北京政府曾改留學生監督為經理員，後又改回留學生監督。留學管理者職位低下、素質參差不齊，以及管理主客體之間的誤會等因素激化了監督與留學生矛盾。由於缺乏激勵考覈機制，北京政府時期的留學生監督大多乏善可陳，但當時也湧現出留日學生監督江庸這樣的優秀管理者。

一、管理者概況

北京政府時期的海外管理者主要包括留學生監督和駐外公使。由於留學生監督群體受時代局限和自身因素影響，大多未能圓滿完成職責，學務管理和矛盾糾葛無形中轉移到駐外公使身上，再加上利益糾葛，導致兩者關係不睦。與清末相比，海外管理者管理素質有所提高，大多具有留學或國內新式教育背景，但因缺乏獎懲機制，加上當時存在政治派系鬥爭，難以調動管理者工作積極性。

北京政府時期的駐外公使大多來自沿江沿海地區，不少人具有在上海聖約翰大學讀書後出國留學的經歷，並有基督教信仰。比如陸徵祥、伍廷芳、顏惠慶、王正廷、王寵惠、張群、宋子文。〔註 33〕在薪金待遇上，據顧維鈞回憶，「外交使節的薪給比京官要高。例如民國初年駐外公使為簡任，月支薪金一千八百元，尚係清朝所定的俸額。清朝使節分為兩級，稱作一等欽差（級別等於大使）和二等欽差（等於公使），頭一級使節俸銀一千八百兩，第二級

〔註 32〕《駐比公使派員代管留學事務》，《申報》1925 年 11 月 8 日，第 10 版。
〔註 33〕岳謙厚：《民國外交官人事機制研究研究》，北京：東方出版社，2004 年，第 186 頁。

使節俸銀一千二百兩。那時有各種不同的銀兩，此項俸銀係指「關平」而言。「關平」值一元五角。因此一千二百兩折成銀元即為一千八百元。此項俸額晚清一代直至民國初年一向未動，而就我記憶所及，甚至在國民黨統治時期也一直沿襲下來直到不久以前」。「北京政府中各部總長為特任官，月支薪俸一千元。」〔註34〕

　　隨著管理制度的逐步確立和健全，留學管理流程日益順暢，對留學管理者個人名望和職位的要求降低，教育部選拔派遣的留學生監督地位較低，薪酬待遇也遠低於駐外公使，留學生對管理者缺少應有的尊敬，管理難度較大。而教育部從未出臺留學生監督考覈方法。

　　從管理者的政治取向來看，由於民元國民黨勢力強盛，當時有不少駐外公使均為國民黨員，如胡惟德、胡惟德之弟胡惟賢（總領事）。然公使中「年少氣銳，熱心為黨盡力者」，則主要是駐荷公使魏宸組及駐比公使王廣圻。黨派之爭不免連累到海外管理者。辛亥革命發生後，歐洲學生學費暫時中絕，駐外公使甚至有「以使館作抵而借得僅少之經費者」。駐比留學生監督高逸與王廣圻甚稱莫逆，二人合謀籌劃學費之事。高、王二人屢次電部，稱「款絀及學生待款，債主催債之亟，非借不可」。教育部代理總長董鴻禕乃覆電允許，但慎重聲明須少借。於是高王二人即以公使名義蓋印簽押，借了一宗大款。「此款細數雖尚未詳，但綜之不特可還舊債，並足支持此後數年間之留學經費」，因此有人疑高王「將利用經濟之獨立勢力，而別有所圖」。〔註35〕後因高逸託人遊說，試圖恢復官職連累到王廣圻被查辦，但背後深層原因則還是因為借款一事被袁世凱懷疑是要用此款為國民黨擴張勢力。

　　部分留學生監督及經理員人員情況可見下表。

表3－2－1：經理員、留學生監督及部分地方經理員人員表

任職時間	離職時間	姓　名	職　位	工作或教育經歷	備　註
1913.9		黃鼎	留美學生經理員	外交部駐美遊學監督	月薪華銀300元，各省無需另給津貼

〔註34〕中國社會科學院近代史研究所譯，顧維鈞著：《顧維鈞回憶錄》（第1冊），北京：中華書局，1983年，第382頁。
〔註35〕《王廣圻案》，《申報》1914年2月1日，第3版。

任職時間	離職時間	姓　名	職　位	工作或教育經歷	備　註
1917 年		沈寶善	美國留學生監督署秘書長	中華職業教育社特別社員	月薪國幣 400元，事務所辦公費國幣 300 元
	1918.12	黃佐廷	留美學生監督	清華學生	因學生借款事遇刺身亡
1919.8		施贊元	留美學生監督		
1923 年		趙國材	清華留美監督		
1916 年	1925 年	嚴恩檯	留美學生監督		嚴逃跑回國
1925 年		黃文恩	交通部派留美學生監督		
1914 年		吳宗煌	陸軍留學生監督		代任海軍留日學生學監
1913.9	1915.10	施作霖	駐英海軍留學監督		
1915.10		魏瀚	代理駐英海軍留學監督		
1915.12	1916.6	王崇文	駐英海軍留學監督		裁撤駐英海軍留學生監督
1912 年		錢文選	留歐學生監督		清末連任
1912 年	1914 年	高逸	駐比留學生監督		清末連任
1913 年	1915 年	朱炎	駐歐經理員	教育部僉事	更名
1915.10	1919 年	朱炎	留歐學生監督		辭職
1919.4		沈步洲	留歐學生監督		
1921 年	1922 年	高魯	代理留歐學生監督		1924.12 監督處裁撤，改學務專員，由駐外秘書或領事館兼任
1913 年		不詳	留日學生監督		月薪 450 元，辦公費 100 元
1914.12		彭清鵬	留日學生監督		月薪 300 元，辦公費 200 元

任職時間	離職時間	姓 名	職 位	工作或 教育經歷	備 註
	1918 年	金之錚	留日學生監督	留日	
1918.5	1920.1	江庸	留日學生監督	留日	月薪 600 元,辦公費 200 元,郵電雜費 500 元,薦任待遇科長 200 元,3 人;委任待遇科員 60～90 元,10 人
1920 年		林鷗翔	留日學生監督		
		金之錚	留日學生監督	留日	
	1924 年	陳延齡	留日學務處專員		隸屬使館
1924.6	1925.2	蒯壽樞	駐日留學事務總裁	留日	
		朱念祖	留日學務專員		
1925.2		吳文潔、鄧萃英	留日學生管理員		
1913.5		袁希洛	江蘇駐日經理留學事務委員		月薪 300 元
	1915 年	陸規亮	江蘇留日學生監督	留日,江蘇省教育會幹事	
1914 年		曹世昌	湖南駐日留學經理員		
	1924 年	郭憲章	湖北日本留學經理		
	1924 年	吳善	安徽省留東學款經理員		曾遭留學生控告
	1924 年	徐廷瑾	天津留東經理		曾遭留學生控告
1924 年		徐亭璽	天津留日經理員		
1924.3		孫自晤	湖北日本留學經理	甲種工業校長	

資料來源：劉眞主編、王煥琛編著：《留學教育》，臺北：國立編譯館，1980 年，第 1022～1024 頁，第 1299～1307 頁；《南京電》，《申報》1913 年 11 月 16 日，第 2 版；《申報》1919 年 8 月 10 日，第 10 版；《大批官私費留學生今日放洋》，《申報》1923 年 8 月 17 日，第 13 版；《部派留學生監督黃文恩昨日放洋》，《申報》1925 年 10 月 6 日，第 10 版；《中華職業教育社通訊》，《申報》1917 年 10 月 22 日，第 11 版；《中華教育界》「留學問題號」，第 15 卷第 9 期，1926 年 3 月；《劉總長彈劾案續聞》，《申報》1914 年 12 月 18 日，第 6 版；《京華短簡》，《申報》1919 年 5 月 11 日，第 7 版；《陳延齡解決留日生風潮辦法》，《申報》1924 年 2 月 29 日，第 7 版；《申報》1920 年 3 月 13 日；《鄂省教育界最近消息》，《申報》1924 年 3 月 11 日，第 7 版；李喜所主編、元清等著：《中國留學通史‧民國卷》，廣州：廣東教育出版社，2010 年，第 86～87 頁；陳學恂、田正平編：《中國近代教育史料彙編——留學教育》，上海：上海教育出版社，2007 年，第 213 頁。

由上表可知，除教育部派遣的留學生監督和地方政府派遣的留學生經理員，外交部、交通部、陸軍部、海軍部等部門也曾派遣監督或經理員管理留學生。留學生監督和經理員大多接受過新式教育，有的還有派往國的留學經歷，如金之錚、江庸、蒯壽樞等；還有一些人在清末時就曾擔任過海外管理工作，如駐歐留學生監督錢文選、駐比留學生監督高逸，留美學生經理施肇基後任駐美公使、駐日公使胡惟德後任駐法公使。

留學生監督待遇各有不同，經常變動，但總體來說，監督待遇低於駐外公使。由於留學經費嚴重缺乏，留學生監督成了高危職業，1918 年美國留學生監督黃佐庭因為學生借款事被刺身亡，1925 年美國留學生監督嚴恩棫屢遭學生糾纏，只能潛逃回國。

由於缺乏考覈機制，一些留學生監督和經理員頗不稱職，但教育部卻缺乏懲處措施。有的素質不高，行為不夠檢點，如安徽、天津等留東經理員屢遭留學生投訴，而陸軍留學生監督兼海軍學監吳宗煌則是一個癮君子，海軍留學生曾利用其煙癮發作迫使其多發給回國川資；有的留學生監督與留學生避而不見，只知一味推諉，有的為擺脫請費學生，甚至中途逃跑回國；一些留學生管理者一心謀求私利，無心學務管理。如 1922 年留歐學生陷入經費危機，駐歐留學生監督高魯要求駐英公使顧維鈞維持全歐官費生，而非由駐歐

各國公使分頭維持。除希望顧利用外交優勢和使館地位維持大局外，還因爲高魯擔心若由駐各國公使負責，監督處就會無所事事，且薪水無著。如由監督處發放官費，監督處可先把自己的機關費扣留下來。當時留歐監督處職員薪水開支「每月爲兩千元，無論收入多少，薪水悉照兩千元開支」。此外，監督處還可利用匯率漲跌、銀行存款利息以及發款時間與學生到國外的時間差獲利。因此留歐監督處對顧維鈞提出的維持辦法「曾屢次作梗，以期不成，此余所謂當局者之放棄也」。〔註36〕

二、海外管理者個案考察：以江庸爲例

在諸多留學生監督中，值得一提的當屬任職期間頗有建樹的江庸（1878～1960 年）。江庸，字翊雲，晚號澹翁，福建長汀人，出生在四川，是中國近代著名的法學家、社會活動家和文化名人，其任職跨越了清末、北洋、南京國民政府和新中國四個時期。

1901 年江庸赴日本留學，先後就讀成城學校和早稻田大學法制經濟科。1906 年畢業回國後歷任學部司員兼京師法政學堂總教習、修訂法律館專任纂修兼法律學堂總教習、大理院正六品推事兼京師法律學堂監督。1908 年、1909年江庸在學部考試和歸國留學生考試中均獲得好成績。1911 年江庸作爲唐紹儀隨員參加與南方革命軍的南北議和。民國成立後歷任大理院推事兼北平法政專門學校校長、京師高等審判廳廳長、司法部次長和王士珍內閣的司法部總長。

1918 至 1920 年江庸出任日本留學生總監督，在位期間勵精圖治，積極與留學生溝通交流，完善留日學生管理細則，爲留日管理做出了貢獻。

1918 年初，留日自費生因缺少經費與使館發生衝突，由於章宗祥處理不當，再加上中日交涉事件刺激了學生的愛國熱情，大批留日學生歸國，江庸受命於危難之際，慨然出任。當時政府在國務會議提出三個候選人，但候選人金邦平反對另設監督機關，范源濂堅決不肯就職，只有江庸「留東有年，頗願爲學生謀今後之幸福，遂毅然擔任」。〔註37〕當然，江庸出任留日監督，並非全無一己私利，江庸自稱來日初衷還包括避去政治風潮和從事日本研究。

江庸對於留日學務管理存在的問題認知準確，管理目標明確，管理方式獨到。

〔註36〕《倫敦通信》，《申報》1922 年 1 月 20 日，第 6 版。
〔註37〕《設立留學生監督之經過》，《申報》1918 年 6 月 8 日，第 6 版。

　　首先，江庸認爲留日管理於北京政府至關重要，留日學生監督應是職責權力一致的命官。江庸接受監督一職是因爲受大總統之直接任命，「非如以前之由教育部派員充任」。〔註38〕「此次之任命較從來之監督其權限擴大，除國際關係外不受駐日公使之牽制，且又至某程度不經教育部商議，得以自由處理」。〔註39〕而且江庸所帶隨員皆是向來與其共事者，便於指令下達和工作開展。

　　其次，江庸深知經費問題是留日學生管理的關鍵所在。「凡事並無所難，惟學費苟不如期匯寄，往往因此激成風潮」。〔註40〕請求政府預籌數月之費。

　　再次，留日學生過於關注政治，無益學業，在管理方法上應該因勢利導，而非一味打壓，這體現了江庸維護留日學生愛國熱情和正當權益的良知。留日監督江庸在赴日上任前就頗注意改善與留學生之關係，並意圖欲到任後爲學生設立一個大型俱樂部組織，由各學校學生中選出代表，協助監督處實施管理，促進管理主客體溝通交流，聯絡感情。江庸在接受記者採訪時感歎，「余未赴東，而學生已因外交而歸國」。江庸認爲政府不必強迫學生限期回校，「余意不如寬其時日，勸學生自行回校方爲圓滿」。針對留日學生在日本集會討論時，「日警署輒妄加以干涉，且任意侵犯其身體之自由」。江庸認爲，「學生集會只須不妨礙日本之治安，余意亦應予以相當之自由，且須尊重學生之面目，以培養其軌道以內之行動」。〔註41〕江庸在法學會開茶話會招待留日學生後，又先後接見留日學生代表唐成章、阮湘、林炯群，建議學生返校。阮、林二人否認了唐成章的說法，稱「生等近日實仍抱定請政府宣佈之宗旨進行，至返校問題刻下時機未到，容後籌商可也」。江庸表示，「善後事情，余亦未籌出良好辦法」，但江答應赴日後會設法辦理日警侮辱事件。阮湘、林炯群稱，「各報載教育部已交經費若干與先生，囑運動學生返校一節是否確實，此事於學生人格名譽極有關係，若果屬實，請亟更正」。江庸表示確無此事，並允會以電話商請於教育部，但「據稱從來教育部對於報端所載之事，並不更正」，並表示，「依余所見，不更正亦無大要緊」。阮湘又稱，「據各報載，日人假親善之名，設立日華學會，希圖籠絡學生，此係仿日韓協會故事，引誘我國一

〔註38〕《東京通信》，《申報》1918年7月10日，第3版。
〔註39〕《北京電》，《申報》1918年5月31日，第2版。
〔註40〕《設立留學生監督之經過》，《申報》1918年6月8日，第6版。
〔註41〕《江監督之談話》，《申報》1918年5月31日，第3版。

二賣國奴入內，以爲將來發啓兩國合併問題之用。據最近由東返國者云，日人將乘先生抵東時，即請先生擔任斯會會長，切望先生愼重，勿輕允許爲禱」。江庸表示「此事決不承認，諸君放心」。〔註42〕

　　第四，留日學生管理需要得到日本的合作與配合。1918 年 6 月 16 日，江庸抵日後接見日本記者，在談話中稱，「我國留學生散在日本各地者甚夥，監督之方針如何，尙須與貴國文部當局交換意見，更擬考察各種學校。貴國多數之私立學校對於留學生之入學過於放任，今所希望者與貴國當局磋商限定入學相當之資格。蓋教育部於數年前取限制留學生之方針，非受教育部或各省之考試者，勿令擅自留學。北京法政學校入學尙有學力之考試，而留學生之入貴國私立大學者，往往未經何等考試，即允入學。且因同文之故，毋須受預備教育，經過一定之年限即終了其形式上之學業。……東西兩洋歸國留學生學力比較，貴國留學生不免相形見絀，此雖事實所萬不得已，而亦願貴國當局者有所注意者也。欲改斯弊，擬由監督處證明其學力，方許留學也」。〔註43〕

　　尤爲重要的是，江庸一針見血地指出地指出日方對留日學生入學管理放任及惡化中日關係的惡劣行徑。江庸提及，留日學生歸國後，往往對日本懷抱惡感，不利於中日親善，希望能與日本相關人士交換意見。日本一些學校貪圖經濟利益，對中國學生來日留學不加以資格限制，隨意出入，「一紙文憑，三年資格，歸國即欲應文官法吏之考試，其貽誤匪淺鮮也」。〔註44〕針對日本一些實業家有意爲留學生設寄宿舍，江庸則認爲，「寄宿舍之設與學校性質迥異，不無困難之點。故所望者不如多設預備學校，或各學校多設預備機關，使留學生之向學者養其力之爲愈也」。〔註45〕

　　江庸任職兩年中，加強留學生管理，改善與留學生關係。具體表現如下：

　　首先，鑒於留日學生醫藥費發給規則存在問題較多，1918 年留日學生監督江庸擬訂了《限制發給醫藥費辦法》及《官自費生獎勵章程》，建議將節省下來的留日學生醫藥費移作官自費生獎金，制約了醫藥費發放的弊端，運用激勵機制促進學生專心學業。獎勵留學起於清末，其主要目的在於吸引留學

〔註42〕　《關於新約之北京學界近狀》，《申報》1918 年 6 月 11 日，第 3 版。
〔註43〕　《新留學監督江庸氏談話》，《申報》1918 年 6 月 24 日，第 3 版。
〔註44〕　《新留學監督江庸氏談話》，《申報》1918 年 6 月 24 日，第 3 版。
〔註45〕　《新留學監督江庸氏談話》，《申報》1918 年 6 月 24 日，第 3 版。

生專心學業，不要忙於政治運動。1918 年 7 月，留學生監督處定於十六日「贈獎品於高等工業化學之優等生及勤學之學生，此為創例，亦即留學生監督江庸氏到任後第一著手之新例，頗為一般人士所注目」。〔註46〕為吸引歸國留日學生歸國，江庸還提議教育部增加官費生經費，留日學生自八月一日起每月加增日幣四元。〔註47〕

其次，加強自費生管理，敕令整理自費留學報批審核手續，過制自費留學放任無序狀況。1918 年，留日監督處江庸請教育部轉告各省，各省赴日留學自費生「必須攜有各本省署公文或本部證書，抵留學國後至監督處報到」。雖經彭、金兩任前監督一再延期，但還是有學生不遵部令。江庸「擬再展期至本年十月末日為止，無論新舊各生，已報未報，須一律來處報到，以備考覈」。〔註48〕

再次，重視推進體育活動，加強學生身體素質。1918 年 11 月，留東學生在農科大學運動場開陸上運動會，來觀者約二千餘人，為東京留學生之盛舉。該會「推江庸為會長，其餘均由學生擔任」，「經費由學生捐募，復由監督補助約費八百圓」。運動會每年於春秋兩季舉行一次，「於留學生之體育上頗有進步之望」。〔註49〕江庸對體育的重視體現了他的高瞻遠矚，在其之後的教育部和地方各省也開始陸續意識到身體健康對於留學事業的重要性。1922 年 11 月 4 日教育部發佈第八號布告，「凡赴歐留學各生出國前須受體格之檢驗，曾分致各部署查照覆」，為防日久生懈，特「於日前再重申前令，飭各教育機關轉各學校遵照，以後赴歐美留學各生放洋以前，向該國使館或領事館請求簽發護照時，務須取具著名醫院確實健康證明書送往查驗，使館或領事館即以此項證明書為簽發護照之依據」。據 1923 年里昂大學致函外交部，「有中國留學生數人體質羸弱異常，萬難留學研究學問，並已經訊明得有重大之傳染病或已遣送回國或將遣送回國。是以對於往歐之中國青年，不惟須檢查其學問，並須檢查其體質是否強健，關係極為重要，應請轉達主管部署注意為要」。外交部當即轉咨教育部辦理。〔註50〕1924 年江蘇省考選歐美留學官費生時就將體育作為派遣專業之一。

〔註46〕《東京電》，《申報》1918 年 7 月 16 日，第 3 版。
〔註47〕《勸令留日學生回校之辦法》，《申報》1918 年 8 月 14 日，第 10 版。
〔註48〕《赴日自費生須向監督報到》，《申報》1918 年 10 月 16 日，第 10 版。
〔註49〕《東京通信》，《申報》1918 年 11 月 13 日，第 6 版。
〔註50〕《京教部申令檢查留學生體質》，《申報》1924 年 8 月 8 日，第 10 版。

　　第四，江庸重視留日學生總會，善於籠絡學生感情。一方面，江庸主張學生總會以各學校校友會爲基層單位，改變過去以各省同鄉會爲基層單位的組織方式，及時準確掌握留學生的信息，如學生人數、個人品學、就讀學校優劣等。具體改良方法爲，「一方由監督處從事調查，一方由各校校友會與監督處接觸，且時至各校參觀或調查，或能爲留學生謀便利者也」。〔註51〕另一方面，資助留日學生總會經費與房屋等，並代爲包辦國慶節祝賀會。1918 年留日學生因外交事歸國，致使留日總會一年一度舉辦的祝賀會幾近泡湯。幸有江庸代爲精心準備祝賀會，花費五百元購置了千份茶點，吸引了近千名留日學生，其中不少爲新來者。

　　江庸管理理念先進，管理技巧高明，打破了留日監督與管理對象之間的隔閡，緩解了雙方對立關係。

　　首先，江庸注重調整與留日學生的溝通方式。一些留日學生欲爲新監督江庸開歡迎會，但爲江庸所拒，「余固知歡迎者不過一小部分，苟因之而橫遭謾罵，於余與學生間反生不快之感」。7 月 1 日江庸借日本帝國教育會爲會場，邀請留日學生參加談話會，參加者約四百人。江庸還拒絕了日本警察來會保護的建議，「蓋日警之來徒足惹惡感，起魔障也」。〔註52〕

　　其次，江庸注重與管理對象的溝通交流制度化，拉近管理者與管理對象的心理距離，搭建管理中協商解決問題的平臺。鑒於學生通常周日才有空暇，江庸打算將監督處周日休息的慣例改爲周一，這樣學生可以得常有見監督之機會。

　　再次，重視管理中信息通報機制，注重及時說明眞相，使學生能信任監督，避免政治風潮擴大。「從前之監督乃由教育部所派，故鮮有能知其詳者，未能爲留學生詳細說明，以致誤聽流言，陡起風潮，蓋學生對於監督未嘗有信用也」。因此江庸提出要及時說明眞相，「使一般留學生易於瞭解，則斷不致因政治上之風潮而波及於學界」。江庸也承認，「學生雖不宜干涉政治，而亦不能作爲絕對觀，況海外留學生所受之刺激不同亦不能絕不與聞」。「因監督爲一種國家之機關，非一種隨政治潮流移轉之機關，故學生能對監督有信用，則政治之眞相易明，不致有激起之風潮也」。〔註53〕

〔註51〕《東京通信》，《申報》1918 年 7 月 10 日，第 3 版。
〔註52〕《東京通信》，《申報》1918 年 7 月 10 日，第 3 版。
〔註53〕《東京通信》，《申報》1918 年 7 月 10 日，第 3 版。

第四，江庸具有較強的管理水平和能力。比如在會場上發言的兩位留日學生因論及歸國問題，被指「詞過冗長」、「語多空漠」，結果被聽眾呼斥制止，會場秩序也因此大亂。江庸趕緊起身打圓場，建議「如有意見，請俟改期更集各校代表重開一茶話會以討論之」，避免了會場衝突的擴大，緩解了現場矛盾。媒體評價此次會議「其結果尚佳，蓋留學生集會能慎始慎終者不多覯也」。〔註54〕

雖然 1920 年江庸因學生愛國運動左右為難，遂辭職歸國擔任法律編查館總裁，兼故宮博物院古物館館長，結束了留日管理工作。但從江庸擔任留日學生監督兩年的成效來看，管理者的個人素質、管理水平和敬業精神直接影響留學管理的績效。江庸最大的優點在於他認真對待留學生監督一職，注重加強與留學生的聯繫，將留學生管理視作一項事業，而不像大多數監督那樣只是為了混日子。雖然他也曾遭一些學生譏諷，但總體而言，像江庸這樣敬業守職的留日學生監督，在北洋時期是屈指可數的，但因時運不濟最終只能退避三舍。

第三節　海外管理內容

北京政府時期的留學生監督管理工作範圍十分廣泛，除了常規的經費管理、學業管理、生活管理、留學手續外，在一些特殊時期更需要管理和救助並重。即使對於一些並非政府派遣的留學生，管理者也需要加以援手。但由於北京政府時期軍閥混戰，政權更迭頻繁，留學經費缺乏，因此留學監督的主要職責便成了替海外留學生積極向國內教育部提出經費申請，其他管理往往流於表面，未能貫徹實行。

一、留學手續管理

加強留學手續管理，實行登記制度，並對違規現象進行調查處理。但由於管理存在漏洞，違規現象屢見不鮮，懲罰機制卻未能及時跟上。

首先，發放留學證明，實行備案登記，完善留學手續。由於涉及官費發放、職位安排，國內機構往往需要瞭解留學生畢業和學業情況，這就有賴於駐外使館及時反饋信息。如 1920 年教育部的「批留英畢業生吳逢恩憑證驗訖

準備案」和「批留日畢業生馬淑蘭憑證驗訖準備案」等。〔註55〕留學生就學和畢業都需呈報留學生監督，這就有助於人們掌握留學生的相關信息，便於調查情況和加強監督管理。比如留日學生林其華呈送教育部的留學日本私立法政大學畢業證書有造假之嫌，教育部請駐日經理員將材料呈報到部查核真假。〔註56〕湖北省選舉時，陳映寰冒其亡兄之學名陳時參選，結果被人揭發，「係現年僅二十七歲，有留學日本早稻田大學專門部學冊、駐日公使館履歷可證……」，「查其年未滿三十，與法定資格不符」。〔註57〕再如20年代以來人民提倡國貨，反對日貨，中華火柴公司大股東陳伯藩被人質疑為日本國籍，受到攻擊。上海總商會致函市民大會證明，其父雖加入日本國籍，但其仍為中華民國國民，而憑據就是陳伯藩曾於1922年在日本獲得法學士學位，不僅「畢業文憑注明中華民國陳伯藩字樣，並蒙教育部派駐東京留日學生監督劉紹曾給予證明書」。〔註58〕

其次，對於違規現象進行調查處理。據江蘇省臨時調查留日學生委員陸規亮報告，江蘇官費留學日本東京女子大學校理數科學生趙玫，江蘇上海縣人，清光緒三十年六月由奉天省派遣留學日本。民國元年，改補江蘇官費，本應於1915年畢業。但該生卻於日本大正三年（1914年）十月離校，並即不繳學費，而根據公署登記，該生官費領至1914年12月底，但公署未收到學費收條，對該生去向亦不知曉。「趙生籍貫究竟是否上海，該家族是何名號，本署均無案可稽」。經查，「該生原名趙顧玫，其填送調查表附詳項內載明通訊處上海南洋路六號湘西熊宅轉交」。〔註59〕此事暴露出地方在留學派遣時缺乏審核力度，管理鬆懈，以至屢有冒領學費之事發生。但由於既往查核不嚴，以致無法追究違規者。

再如1917年，據駐比汪公使彙報，江蘇官費生曹鈞「早經畢業，今春由朱監督給發川資，飭令回國，該生於領到川資後遲不動身，至資斧罄盡，復來擾賴」，使館用教育部經費餘款墊付給曹鈞「共計一千三百二十五佛郎六十生丁」，因此駐比公使讓教育部向該生「照數追繳」。教育部則請江蘇省

〔註55〕《留學日本歐美事項摘要》，《教育公報》1920年9月。
〔註56〕《地方通信北京》，《申報》1914年2月12日，第6版。
〔註57〕《鄂省選舉違法之起訴》，《申報》1917年1月26日，第7版。
〔註58〕《總商會覆市民大會函》，《申報》1923年6月11日，第14版。
〔註59〕《查究溢領官費之女學生》，《申報》1915年9月1日，第10版。

長「就近向該生家屬追還彙部，以重公款」。經查該生「係由前學部於清末
光緒三十一年派遣，未曾取具保結備案，故該生原籍詳細住址無從查考」。〔註
60〕此事最終只能請上海縣知事沈寶昌繼續追查。一個 1905 年由清政府派遣
的留學生居然能在外十二年後滯留海外，滋擾留學生監督和駐外公使，發放
川資也不回國，這一方面說明該留學生無賴，另一方面也說明國內外管理者
在派遣與海外管理上存在漏洞，而且雙方缺少協調溝通，以致被無賴學生鑽
了空子。

二、經費管理

　　經費管理是當時海外留學管理中頗為重要的一項內容，是官費生學習、
生活的根本保障，也是自費生選補官費的重要途徑。但受到當時政局波動等
影響，造成經費保障不力。

　　首先，常規經費管理包括：按時發放各類留學經費，如每月學費、旅費、
醫藥費、回國川資等，並將學生領款簽署的收據收齊後交到國內；轉達官費
生增加學費的申請；對留學生做出與經費相關的提醒。1923 年駐德公使電告
教育部，「德幣大跌，物價奇昂」，「擬往德留學者多帶經費」。〔註 61〕留法勤
工儉學運動時期，教育部也曾發佈通告，法國經濟形勢變化，在法學生經濟
無著，警告國內學生不要赴法；對留學經費額度做出調整。鑒於德國生活程
度日高，留德官費生旅費五千六百馬克不足使用，教育部通令各省教育廳，
自 1923 年 1 月起，每年加費二萬馬克。〔註 62〕此後駐德使館又致函教育部，
陳述留德學生所處之困境，雖然國內財政亦屬緊張，但教育部還是決定自 1924
年 8 月起，「留德學費改為每生月支二十萬馬克，以免學子輩陷入進退維谷之
境」，並電飭留歐學生監督處遵照辦理。〔註 63〕1924 年留日經理員徐亭璽轉呈
教育廳《官費生請增加學費等情》，但教育廳以美國香港等處，物價勝貴，與
日本同。留日學生於去年十一月曾加費一次，計日幣十元。而留學歐美香港
之學費，悉仍其舊。茲該生等，續請增加，倘准入所請，留學他國者，紛紛

〔註60〕《查追留比學生之川資》，《申報》1917 年 4 月 17 日，第 10 版。
〔註61〕《北京電》，《申報》1923 年 2 月 28 日，第 4 版。
〔註62〕《留德官費生加給津貼》，《申報》1923 年 1 月 8 日，第 13 版。
〔註63〕《北京教育界零拾：教部增加留德學費》，《申報》1924 年 8 月 11 日，第 11
　　　　版。

援例要求，現值庫空如洗，勢將何以應付。所請自本年九月起，每月酌增十數元，礙難照准。〔註64〕

其次，在經費不到位的情況下，通過催促國內匯費、挪用不欠費省份經費和向外借款等方式努力解決經費困難。如果說起初中央政府或是駐外公使、留學生監督借款資助留學生，只是因爲一時匯兌不及的一種暫時行爲，其後經費缺乏卻成了一種常態，一些省份見有人接濟，更加不思匯款給學生，而一些學生也趁亂重複領款，既領取本省經費，又冒充缺費生領取崇文門救濟。1926 年留日學生監督吳文潔辭職的原因之一就是「湘省學生一方在本省領費，一方又冒領崇款，無法應付」。〔註65〕1922 年 1 月列強以明年之鹽餘悉已押盡，拒絕財政部以鹽餘作抵借款。也有人分析是因爲法國留學生曾攻擊政府借款，因此「政府對於留學生之經費，不無還報之意存於其間也」。〔註66〕3 月 29 日，胡維德致電國內，「留學生經費日銀行以政府發行九六鹽債不肯付款，茲派張元節晉京與教陸參海各部協商辦法」。〔註67〕

1922 年 2 月 12 日，駐日公使胡維德代教育部向神戶大阪華僑借五萬爲留學生接濟，部允代還。〔註68〕不過駐外公使和監督在外借款接濟留學生，教育部最終卻無法承擔債務。根據財政部公債司數據，1921 年 12 月教育部積欠華比銀行「歐洲留學墊款英金八千一百三十九磅十七先令九本士」，歐洲留學生監督沈步洲積欠華比銀行「歐洲留學墊款英金二千二百七十六磅六先令一本士」，均未歸還。〔註69〕至 1924 年 7 月教育部積欠美國學款共三筆，「皆美會惟加尼吉平和社一筆七萬元無利餘，本利十六萬餘元」，財部無款決撥。〔註70〕有鑒於此，1924 年 7 月，王克敏咨外交教育兩部，「請速制止駐外公使及留學監督自行借欽，接濟留學生，以後非本部承認，不許議借」。〔註71〕

〔註64〕《留日生請加學費不准》，天津《大公報》1924 年 2 月 17 日，第 2 張第 2 頁。
〔註65〕《留日學生監督吳文潔又辭職》，《申報》1926 年 4 月 5 日，第 4 版。
〔註66〕《倫敦通信》，《申報》1922 年 1 月 20 日，第 6 版。
〔註67〕《北京電》，《申報》1922 年 3 月 30 日，第 4 版。
〔註68〕《北京電》，《申報》1922 年 2 月 19 日，第 4 版。
〔註69〕《財部公債司編內外債款表之說明（七）》，《申報》1923 年 11 月 28 日，第 7 版。
〔註70〕《北京電》，《申報》1924 年 7 月 27 日，第 4 版。
〔註71〕《北京電》，《申報》1924 年 7 月 2 日，第 7 版。

　　留美庚款學生留學經費向來充足，但各省留美官費生卻陷入了困苦流離之境，常因經費缺乏被驅逐出學校或宿舍。1917 年以前各處尚能按期籌款，偶有不及，留學監督輒向美商轉藉以濟燃眉之急，待官費到後再行撥付。但1919 年以來，各省欠費日多。1925 年留學監督致電國內請費多達四十餘次，但政府不但不匯款，有時連電文也不回覆。留學生監督遂商請公使作擔保向美商借債，因積欠太多，不但不能清償本金，連利息也付不起。1925 年 1 月駐美留學監督嚴監督再次向廣東省署催撥經費，「否則請暫時停止派送學生」。省署准函後即訓令教育廳轉咨財廳迅速籌撥。嚴監督還通知駐華各地領事，「凡中國學生來美，除清華學生外，無論公費自資，必須有殷實商店擔保，方能簽字護照」。〔註 72〕

　　經濟窘迫每天難免不慮錢，這就造成了留學生心理上的牽擾。這一層對於用功影響尤大，不說苦學生，即每月收入比較苦學生多至七八倍的官費生亦每每因素月官費不到之故終日奔走於借貸避債的生活中，學業上也受不小的打擊。〔註 73〕

　　再次，聽取和採納留學生對經費管理提出的建議。留美部省費學生也在《敬告國人書》中提出救濟辦法：一是「根本解決之希望，於各省者不欠款」。學生希望不欠費省份議會能給予援助，「將解款時期明定規劃，無使延擱」，通過預算案時應將學費指定，「不得挪用」。希望欠費省份如四川、福建、直隸、河南、湖南、甘肅、陝西、廣東諸省能速籌款項，恢復學款；二是「暫時解決之希望」，希望北京政府設法擔任北京與各省政府前後積欠的二十餘萬學款。若不能立撥此款即請速設他法，「或暫借清華學款若干將部欠省欠學款解決，或即將欠費各省學生歸併清華」；三是希望社會人士「加以援助或願以款項暫相借貸」，學生自稱同人可請駐美公使施肇基留學監督嚴恩槱二人「出名借款，待將來學款解決時清還」。〔註 74〕

　　當時的經費管理存在以下問題：一是留學生監督對留學生經費使用缺少監控，留學生不上學照樣能領到學費。1926 年夏衍從明專畢業之後，於 4 月考入

〔註 72〕《粵省留美學費之催發》，《申報》1925 年 1 月 8 日，第 11 版。
〔註 73〕周太玄：《留學問題的各面觀》，《中華教育界》，第 16 卷第 2 期，1926 年 8 月。
〔註 74〕《留美部省費學生爲學款停頓事敬告國人書》，《申報》1922 年 4 月 6 日，第 10 版。

九州帝國大學工業部冶金學科。……在日本留學的後期，夏衍只是把進入九州大學作爲領取官費以維持生計的條件，實際已是全身心地投入到革命活動中，大學課程幾乎一門也沒有修完。1927 年 5 月，夏衍由於在日本的革命活動，收到當局的威脅無法存身，……被迫回國。〔註 75〕二是官費設置不合理，導致一些留學生將經費挪作他用，有的甚至濫用經費。即便是在留學生飽受留學經費缺乏之苦時，依然有一些官費生過著養尊處優的日子，無益於個人學業，無益於國家發展。如果說胡適、唐國安和梅貽琦留美期間是將官費節省下來寄回家中使用，留德學生尤其是官費學生則是花天酒地，貽笑外人。1923 年 12 月 16 日留德學生郭一岑致信胡適，「因爲他們挾有二十鎊一月的金錢，又無須加學費，又不要出居留稅，單是生活上便要比人家便宜，而供給反比人家豐富，所以便『飽暖思淫逸』了。其實，德國目前生活雖貴，比其英美來還算便宜。我們夫婦二人在此，每月僅用十鎊，也不覺怎樣的過不去。……我真不懂中國教育當局的人爲什麼不切實調查一下，僅憑几個人的誇張的話，便貿然定了二十磅一月的官費，致令一些心志不定的青年，得了這許多錢，不知如何利用，於是去幹墮落人格的勾當了。……國家每年花了這麼多的錢，而反得些惡果，殊堪浩歎。」〔註 76〕周太玄也認爲官費生留學經費過高，「現時各省及教育部的官費生的官費額盡寬饒，例如在法此等官費生月收一千五六百佛郎，而上面所說的苦學生則只用二三百方，其實在法國的生活每人有八百方一月無論學何科皆足用了。經濟太寬裕了，還是有許多的壞處。」〔註 77〕

三、學業管理

北京政府留學生學業管理內容雖時有變化，但大體包括收取留學生各項資料（留學日記、學位論文、著述和考察報告）、指定入學學校、加強留學專業管理、負責學生實習、轉學和自費生選補官費事務、調查留學情況並提出海外管理改進方法等。

首先，留學監督根據教育部要求審查留學生學習報告。范源濂執掌教育

〔註 75〕沈殿成：《中國人留學日本百年史》，瀋陽：遼寧教育出版社，1997 年，第 426 頁。
〔註 76〕中國社會科學院近代史研究所中華民國史組編：《胡適來往書信選》（上冊），北京：中華書局，1979 年，第 222～223 頁。
〔註 77〕周太玄：《留學問題的各面觀》，《中華教育界》，第 16 卷第 2 期，1926 年 8 月。

部時「嘗通令海外留學生，按其每日所習功課，作日記以覘成績」，但從實際情況來看，收效甚微，留學界竟然「多示反對」。〔註78〕而且管理者未能秉持公正原則，對於一些特殊學生實行特殊政策，如 1920 年「鄂生姜景曾二次落第」，但教育部仍令留日學生監督，「既有特殊理由，准從寬免予開除，下不為例」。〔註 79〕民國十三年一位留法學生在報告中說：「同胞中認眞讀書的很少，拿到學位的不到卅人，尤以官費生行爲失檢，有位張之洞派去的學生，在法國待了廿多年，……有的專門提供拜訪中國所需的旅遊服務，……報告指責嚴重，曾刊載於我國名教育學報中，但無人出面究詰」。〔註80〕據留日學界情況則更爲糟糕，據楊步偉介紹，「在日本留學中文關係非常的大。要是學文學的，可以全用中文寫答案不算錯的」。〔註81〕即便如此，還是有許多留學生缺席課程，不思學業。

其次，指定入學學校，限制隨意轉學。1907 年，駐日留學生監督處與日本接受留學生的各學校共同召開了「中國留學生教育協議會」。此會議決定早稻田等 19 所學校爲留學生教育指定學校，其中包括女子學校——實踐女學校。此會議決定：「普通教育、速成科及名非速成而實則速成者，皆暫行停止」，「普通科及師範科學年應延至三年以上」。〔註82〕北京政府成立後延續了清末訂立的五校特約協議，一直到 1922 年合同期滿才中止協議。江西省在本省留學規程中規定，「凡學生在一國留學二年以上者得留學監督之許可方准轉學他國」。〔註83〕

再次，專業管理，包括官費生專業選擇和更改專業的限制。各省留日官費生在一校學習某學科後，竟任意自行升學至其他高等專門學校，重新學習毫不相干的學科。教育部認爲學生有「藉名支領學費」之嫌，浪費「國家公帑」，有失「培養人才之意」。因此，1926 年 6 月教育部發佈訓令，限制留日官費生升學，「凡留日高等學校官費卒業生有志升學，除升入帝國大學本科與

〔註78〕 王一之：《敬以「寰球」涉歷所見聞爲我「中國學生」謀幸福》，黃炎培：《寰球》，寰球中國學生會印行，1926 年 4 月出版，第 2 頁。
〔註79〕 《留學日本歐美事項摘要》，《教育公報》1920 年 9 月。
〔註80〕 汪一駒著，梅寅生譯：《中國知識分子與西方——留學生與近代中國（1872～1949）》，臺北：久大文化股份有限公司，1991 年，第 96 頁。
〔註81〕 周一川：《近代中國女性日本留學史：1872～1945 年》，北京：社會科學文獻出版社，2007 年，第 77 頁。
〔註82〕 《教育》，《東方雜誌》第 4 卷第 4 期，1907 年，第 118 頁。
〔註83〕 《法規：三、重訂留學辦法》（義務與派遣方法），《江西教育周刊》第 5 期，1927 年，第 18 頁。

原卒業學校學科性質相同，始准繼續給費，以資深造外，所有卒業後升學他科，或升學後中途改科，應由部核准後始准繼續給費，以杜流弊」。〔註84〕但從實際情況來看，北京政府對此並未過多干預。清華自 1911 年始到 1929 年留美預備部結束，留美生中習經濟者占 20.6％，在選習人文社會科學的留美生中所佔比例最大。〔註85〕按照早期清華派遣遊美章程，規定以 80％學理工農醫實科，20％習人文社會。早期直接選派留美者，大多符合此一比例，但由學校畢業後出國者，多依自己的志趣選讀科系，結果是理工農醫占 51.6％，人文社會科學 48.4％，相差不到 4 個百分點。〔註86〕由於當時農學院不要學費，胡適、蔣夢麟和竺可楨最初都選擇了讀農。胡適本想省下一筆錢給母親。但後來由於興趣所在，胡適轉向哲學，但「必須一次付總數為二百美元的四個學期的學費」。〔註87〕蔣夢麟後來則改學教育。趙元任的專業是數學和物理，1918 年取得物理學博士學位。1919 年到 1920 年，他在康奈爾大學教物理。1920 年趙元任回國在清華大學教數學。但他卻是一位語言學家。周太玄批評留學生隨意轉換專業，「學應用科學的回去教書或竟至教語言；學純粹科學的回去高談文哲之類」。〔註88〕

當時自費留學生轉學現象更為嚴重，比如張聞天從水產學校畢業後，在上海留法預備學校就讀，因沒有經費，先是去了日本，後來又到美國加州伯克利分校留學一年多，學習翻譯和寫作，1925 年張聞天赴蘇聯中山大學學習，曾給斯大林當過大會翻譯，還翻譯出版馬克思著作，並和蘇聯女孩結婚，生活、學業才算安頓下來。雖然專業管理放任失控，但卻使中共日後多培養出一個總書記。

此外，許多不同專業的留學生轉向文學後，成為文學大家，也為社會做出了貢獻。如學醫學的魯迅、郭沫若、陶晶孫，學海軍的周作人，學礦物的

〔註84〕《教部限制留日官費生升學之訓令》，《申報》1926 年 6 月 17 日，第 11 版。
〔註85〕清華大學校史編寫組：《清華大學校史稿》，北京：中華書局，1981 年，第 68～70 頁。
〔註86〕蘇雲峰：《從清華學堂到清華大學：近代中國高等教育研究》，北京：生活·讀書·新知三聯書店，2001 年，第 339～340 頁。
〔註87〕Hu Shih,「My Credit and Its Evolution」, p252，轉引自〔美〕周明之著，雷頤譯：《胡適與中國現代知識分子的選擇》，桂林：廣西師範大學出版社，2005 年，第 34 頁。
〔註88〕周太玄：《留學問題的各面觀》，《中華教育界》，第 16 卷第 2 期，1926 年 8 月。

張資平，學兵器製造的成仿吾，學物理和數學的丁西林，學心理學的鄭伯奇、汪敬熙，學經濟的郁達夫，學教育的田漢，學電機的夏衍，學美術的聞一多等。而且對於學有餘力的留學生來說，政府應該鼓勵他們改讀不同專業，擴大知識面，不應限制留學專業。比如清華學校出身的留美廣東籍學生程樹仁，1922 年獲哥倫比亞大學碩士學位和紐約攝影學專校的專科文憑，他最後從事的工作並非教師，而是電影業，1923 年他擔任中美合辦孔雀影片公司協理，爲中國電影事業做出了貢獻。

如此多轉專業成功的例子告訴我們，專業控制有時也不一定完全科學可行，關鍵還是讓留學生學習符合自己興趣和特長，並能裨益於國家的專業。

第四，負責學生實習、轉學和自費生選補官費事務。如 1920 年「咨四川省長留比官費川生廖錦明准再赴英實習六個月，已令准請查照」、「令留日學生監督陝生錢元准續給官費一年，以資實習」；如 1920 年令留歐學生監督准留德畢業粵生廖尚果改留瑞士研究，以六個月爲限；〔註 89〕「令留歐學生監督魯生杜殿英、樂賓琳、徐佐夏准留德續學」，「咨雲南省長留美學生盧錫榮轉學赴歐，已令准請查照」。〔註 90〕1926 年陳岱孫在哈佛獲得博士學位後，留學生監督處批准其預支餘下的 4 個月的公費和回國旅費，赴歐洲遊歷，主要是在法國巴黎大學聽課。再如 1920 年「咨福建省長留日自費陳世雄、林獻彝，女生顧竹筠、鄧翠青應查照補費辦法補給官費，已令准請查照」；「令福建教育廳閩省官費名額候令行留日學生監督詳查再核辦自費生王景祺應照自費生補費辦法辦理」；「咨江蘇省長南京高師教員陳錫麟頂補張諤名額，赴美留學照准，茲送證書一紙，請轉發」；〔註 91〕咨福建省長檢寄自費生補給官費辦法二份，請查照。〔註 92〕但是當時有的留學生監督從自費生中選補官費生隨意性較大，而有的自費生也繞開監督直接呈文教育部申請，因此自費生選補官費存在諸多問題。

第五，視察所在國學校，會晤校方及中國留學生，撰寫情況報告，並根據海外管理的實踐經驗和具體案例，提出自己對留學生學業管理的意見，完善留學規程。比如教育部《經理留學日本學生事務暫行規程》第二十八條規定，醫農工卒業留學生實習「應先行呈報教育部或各本省行政公署察核辦

〔註 89〕《留學日本歐美事項摘要》，《教育公報》1920 年 10 月。
〔註 90〕《留學日本歐美事項摘要》，《教育公報》1920 年 9 月。
〔註 91〕《留學日本歐美事項摘要》，《教育公報》1920 年 9 月。
〔註 92〕《留學日本歐美事項摘要》，《教育公報》1920 年 10 月。

理」。鑒於日本各校計算成績有以甲乙丙丁評定者有以分數品評者，湖南駐日留學生經理員曹世昌建議，「請定為丙以上及六十分以上者准送實習」，「實習年限至長不得過一年，其有特別原因，年限必須延長者，得由經理員臨時斟酌詳請，庶於研究獲有實益，又不至毫無限制」。〔註93〕1914 年駐日公使陸宗輿向教育部提出「留東學務繁重，各省經理員無論得力與否，不過為照料學生庶務之員，而重要之件及關係全局之事，仍非有人綜理其事不可」，因此建議教育部擴大管理者權力，「改中央經理員為中央留學生監督」。但教育部則認為「對外關係仍須秉承公使辦理，毋庸列入官制，以免紛更」，因此教育部擬訂《管理留學生事務規程》，「中央留學生監督仍由部中遴選熟悉留東學務人員充任，不作為實官。其薪公等費亦力求撙節」。〔註94〕1916 年留美學生監督嚴恩槱到美以後，屢向各工廠探詢「凡大學畢業生入廠練習，究需幾年始能成一完善之工程師，而可獨立經營事業」。嚴調查發現，「實習二年不過略建基礎，欲收實用非四五載不為功」。〔註95〕

四、生活管理

首先，管理學生改名、改年齡事宜。如 1920 年教育部令留日學生監督，「湘生黃昂改用原名厚端，准註冊備案」。〔註96〕1924 年 8 月教育部因國內外學生中請求更改姓名及年齡者日見增加，為慎重起見，禁止學生更改，並訓令駐日及歐美各留學生監督處抄錄致各省。教育部認為，「該生等如果名犯祖諱，於未入專門以上學校以前本不難查覺，早為更正。且吾人命名之字有限，而世系之傳無窮，二名小徧諱，古有明訓，年代久遠，原不必曲為避諱，致滋附會。至於年齡，豈有錯誤之理，推其弊源，無非借用他人證書取得資格後再請求更正本部」。〔註97〕教育部的理由不無道理，反映出教育部面對弊端能夠積極回應，但一概禁止未免有失偏頗，倒不如嚴格變更手續，並將變更人員信息加以公示，以收監督之效。

〔註93〕《規定醫農工畢業學生實習期限及准送資格》，《申報》1914 年 9 月 29 日，第 10 版。
〔註94〕第二歷史檔案館編輯：《北洋政府檔案》，北京：中國檔案出版社，2010 年，第 89 卷，第 639〜640 頁。
〔註95〕《留美學生展期實習問題》，《申報》1916 年 11 月 25 日，第 6 版。
〔註96〕《留學日本歐美事項摘要》，《教育公報》1920 年 10 月。
〔註97〕《取締留學生更改名姓齡》，《申報》1924 年 8 月 9 日，第 10 版。

其次，負責病故學生後事。北京政府時期的報紙上經常刊登留學生因意外事故、生病或學習過於刻苦不幸身亡的消息。如 1920 年工作於某化學工廠的中國四川留法勤工儉學生學生安子初因工作時曾多吸青酸之毒氣，在法不幸身亡。據負責在蒙達尼管理留法勤工儉學生的李璜說：「兩年不到，病死者六十一人，目前送入公立醫院就醫者有八十餘人之多。」〔註98〕留學生監督、駐外公使需要配合教育主管部門負責學生身後事宜，如 1920 年留法學生方師夏乘坐法國郵船回國途中病故後，照章海葬。其家屬請求江蘇特派交涉員楊晟代為轉詢該生何時何刻病故。再如 1920 年教育部咨廣東省長留法官費生龍紹康病故，請備案並轉知該生家屬；咨河南省長據留歐學生監督呈報曹鍾華身故請備案並轉知該生家屬；咨山東、湖北省長張宗寶、方留歐故生運柩到滬日期請飭該生家屬接收。〔註99〕

再次，查詢留學生信息。北京政府時期，交通電訊都不發達，留學生孤身在外，一旦音訊中斷，國內親人不免憂心忡忡。而當地教育機構就會轉請駐外公使或留學生監督代為尋人。如上海縣籍人何傑才於 1915 年由清華學校赴美留學，先後就讀於耶魯大學、哈佛大學和哥倫比亞大學。其家屬通過上海勸學所呈江蘇教育廳長，請轉詢留美監督，該生「是否仍在該校，因家中已有二十個月未接來信，曾迭函寄美詢問，亦無答覆」。〔註100〕再如江寧人楊祖錫於清光緒三十年由兩江總督端方派遣留學法國，歷時十三年卻仍不回國。歐戰發生以後更少音信，其母張氏於 1915 年稟請楊前交涉員函致駐法使館訪查，僅收到一封信，嗣後再無消息。1917 年其母只能懇請交涉員朱鼎青致函駐法公使胡惟德，請求尋訪，希望其子能早日歸國。

不過當時的海外管理忽略了留學生初到異國生活不適應的狀況，缺少相應疏導和服務措施。1926 年，時留學美國的潘光旦說：「留學生去中土數萬里，語言風俗習慣到處不同，有時一種「投荒」的感想是免不了的。所以留學期內最不易對付的，不在功課，不在得學位，卻在日常生活裏種種瑣碎的順應工夫。順應得法，已煞費苦心；不得法則有病的，有死的，更有成狂的。……近年來留學生，患癲狂者之多，其原因未必在遺傳之不佳，而在境遇之劇變。西方之城市生活及其複雜，神經比較脆弱的，左支右絀終至於無

〔註98〕王政挺：《留學備忘錄》，杭州：浙江人民出版社，2003 年，第 198 頁。
〔註99〕《留學日本歐美事項摘要》，《教育公報》1920 年 10 月。
〔註100〕《請查留美學生何傑才蹤跡》，《申報》1920 年 5 月 31 日，第 11 版。

法應付。……其他順應比較得法，不出毛病者，與此但有程度上的差別而已。有的合群性較強，則團結成若干會社，以自得排遣之法；近年來留學界自由組織之多，有秘密的有半秘密的，其為留學生生活之一種調劑力，不可否認也。」〔註101〕如果當時的海外管理者能夠認識到留學生獨居海外時的困惑、孤寂和無助，加強心理疏導和跨文化交際培訓，多給留學生以關懷，將更好地促進留學生的海外學習和生活。

五、特殊時期的救助工作及其他

北京政府時期可謂多事之秋，除了要在地方各省欠費不發時救濟欠費學生，政府成立之初接濟前清政府派出的留學生，歐戰時期接濟留歐學生，日本地震時期救濟留日學生，政府即將消亡時也需要接濟留學生，沉重的包袱也令原本就脆弱的北京政府雪上加霜。還有的留學生監督則利用職務之餘兼負調查和接待工作。

（一）政府交替之際的管理與救濟

政府更迭之際，往往信息不通、經費短缺，這就需要執政者及時解決海外留學生的困境。1912 年教育總長蔡元培到任接收學部事務，提出五大綱，其中一條即為接濟在各國留學生問題。〔註102〕1912 年浙省留東學界因旅費缺乏，迭次函電告急。前都督提交臨時議會議決，「從前之官費應繼續給發，私費之在各國私立高等專門校者亦須補給，惟思日本私立各校從前既無成約，入學又無定額，若概給官費，財力恐有不及，現擬妥籌辦法期以額定人數，與官立校一律辦理，官費生自光復後起算繼續給費」，並通告學生「向校長領取留學證書及清公吏辛亥支費簿檢送貴會，匯寄敝部，俾資標準」。〔註103〕1912 年 5 月，北京政府教育部發公文催各省補交留學生的學費，廣西欠留英學生的學費 192 磅 15 先令 1 便士，留日學生學費日幣 3451 元。陸榮廷於 5 月 31 日覆電：「省現無銀彙，候財力稍舒，當即遵辦。」〔註104〕

〔註101〕 石霓：《觀念與悲劇：晚清留美幼童命運剖析》，上海：上海人民出版社，2000 年，第 95 頁。

〔註102〕 朱有瓛：《中國近代教育史資料彙編——教育行政機構及教育團體》，上海：上海教育出版社，2007 年，第 107 頁。

〔註103〕 《杭州近事記》，《申報》1912 年 1 月 30 日，第 6 版。

〔註104〕 《廣西公報》，民國元年六月七日印，九月發行，轉引自吳曉：《試論陸榮廷統治時期廣西「出國留學潮」》，《廣西民族研究》，1996 年第 1 期，第 106 頁。

1927年12月，北京政府搖搖欲墜，但北京教育部還是以「留學生費斷，流落國外，決定在西洋者給以船票回國，在東洋者由崇關津貼，以三省為限」。〔註105〕體現了主持北京政府殘局的奉系軍閥對本省留學生的最後關懷。

（二）歐戰時期的管理與救濟

1914年歐戰爆發後，工商業停頓，學校亦大多臨時休校，留歐學生十分惶恐，分請留學經理員或駐外公使請示教育部，希望能夠允許回國。駐法公使胡惟德還向外交部申請由中法銀行速彙川資，購買船票，資遣留法官自費學生回國。教育總長湯化龍呈報總統，「所有各留學生一律准其回國，俟歐事平定後再繼續就學」。〔註106〕

由於財政部將駐日陸公使商借的數十萬元日款除用於清還日商三菱公司外，所餘款項都充作留日學生經費，卻未籌發留學西洋學生經費。為此教育部催促財政部，值此歐戰爆發的特殊時期，應盡快撥付留歐學生經費。

駐德公使則「向某國銀行議借留學經費，以足敷三個月之用為度，倘歐洲戰事相持日久，有逾此預備期限時再行電請核辦」。〔註107〕因此教育總長湯化龍重新做出決定，「各該公使約束各留學生，不准擅行歸國」，命留學德法比三國的學生一律轉赴荷蘭，暫避戰亂。在英國的學生則繼續留居英國專心修學。〔註108〕

1917年中國對德奧宣戰後，公府顧問韋羅貝提出四條辦理方法，一是將德奧比三國留學生分別送往瑞士丹麥，二是等中國輸運材料派員赴歐實行應戰等事時順便用便船將留學生分期接回國內就學，三是送往中立國留學，「應由中央接濟學費，俾得照常上課而竟前功」，四是「將來敵國文字已不通行，應將各留學生分別送往美國肄業，以資減期」。〔註109〕根據1918年教育部戰事會計之調查，中德兩國宣戰後中國政府救濟留學敵國學生費包括：（一）官費生轉學他國之川資（二）自費生津貼（三）其它費用。〔註110〕

〔註105〕《京津雜電》，《申報》1927年12月13日，第5版。
〔註106〕《戰事影響之北京觀》，《申報》1914年8月30日，第6版。
〔註107〕《北京之戰事影響談》，《申報》1914年9月6日，第6版。
〔註108〕《教育部近訊》，《申報》1914年9月17日，第6版。
〔註109〕《留學敵國學生之處置》，《申報》1917年10月28日，第6版。
〔註110〕《京聞零拾》，《申報》1918年8月22日，第6版。

（三）自然災害時期的管理與救濟

1923 年 9 月，留日學生二千餘人，震後僅生存九百餘人，〔註111〕日華學會和日本外務省救護收容了大批留學生。駐日中國代理公使施履本等人代表中國政府慰問留學生，上海各團體派出救助留學生專員林騤、江庸等，攜鉅款絡繹東渡。〔註112〕中國國民黨本部致函日本駐滬總領事矢田，詢問該黨黨員災後情況。社團組織也積極加入救助行動中。學藝社鄭貞父號召賑災各團體急運藥品繃帶等物赴日，並代表林騤赴日調查留學生被災狀況及慰問日僑。上海總商會還幫助留學生家屬調查其家人下落，使得家屬們在通過郵局傳遞郵件詢問外，又多了一層機會找到親友。

日本地震後物價上漲數倍，不僅自費生難以為繼，就連官費生也面臨嚴重的生計問題。因此駐日代辦張元節呈請外交部致電各省，阻止學生赴日留學。為此，江蘇交涉公署致函江蘇省教育會及上海總商會，請國內學生不再赴日留學。

1923 年 3 月，教育部決議禁止留學生轉學別國，但在實際操作中，教育部卻又對某些省份轉學美國予以批准。日本大地震後，北京參議員蕭輝錦鑒於日本震災後文化損失甚巨，留學東京各省學生多有呈請以原有官費轉學歐美以求深造者，為留日學生轉學自由起見，特提出請准令留日學生以原有官費依志願轉學歐美，並取消教育部十二年三月部令決議案。蕭輝錦指出，教育部取締留日學生轉學歐美原案，其用意在「防止學生之見異思遷」，但「吾國年派歐美留學生甚多，既能由本國徑送，何不可由日本轉學」，而且雖然日語和歐美語言文字不同，但可以留日學生「在校所素習者為轉學標準（如素習英文者准轉學英美，素習德法文者准轉學德法）」，不必「強令留日學生求學於灰燼之餘」。〔註113〕因此教育部最終做出通融。

不過政府的接濟也有不足之處。留日學生歸國團在報告書中就批評了地震後中國駐日代公使張元節既不向日本政府警告旅日華人所出現的災難，也不謀求收容保護之方。當蔣建吾等留學生被難後路遇張元節，大呼公使救命，公使置之未理。有學生赴使館求救，公使說使館只幫助華工，留學生之事全歸日本

〔註111〕《中華留日同胞急賑會代表團報告》，《申報》1923 年 9 月 20 日，第 10 版。
〔註112〕沈殿成：《中國人留學日本百年史》，瀋陽：遼寧教育出版社，1997 年，第 441頁。
〔註113〕《各省教育界消息》，《申報》1924 年 2 月 17 日，第 11 版。

政府辦理。〔註114〕日本政府給予了留學生歸國幫助，神戶川崎造船所和神戶華僑也加以慰問，但「留學生在歸國之時，中國駐日公使館及神戶領事館的官員皆未露面」。〔註115〕此事也反映了當時駐外使館與留學生關係之冷漠、惡劣。

（四）其他兼職

有的留學生監督還在留學生管理工作之餘兼負其他職責，主要是應地方或其他部門之請承擔調查之責或其他臨時性事務。如教育部所派美國留學生監督嚴恩樾，本爲朱啓鈐之坦腹，曾受農商部聘請兼充駐美調查員，「幾於一事不辦，而月支薪水至三百元之多」，1916年農商部自谷總長蒞任後裁汰大批兼差及曠職人員，嚴也被裁汰。〔註116〕再如1917年山東省長公署整頓實業教育，令留日經理員轉知農工商留學生於假期內調查日本實業小學狀況，並呈報省公署備查。1924年5月廣東省教育廳選定公費學生謝清等十五名，又自費附隨旅行學生梁濟亨等十一名，並派柳金田爲指導教員赴日考察。教育廳長許崇清致函駐日廣東留學生經理處，請經理處到時代爲照料。這些兼職雖非教育部所派，但與其本職工作有所關聯，而且可以幫助照顧出國人員，且對於瞭解國外情況，促進中國地方發展還是頗有裨益的。

第四節　管理主客體的經費衝突

留學經費少、利益群體多、自費學生多和民衆監督意識強，導致北京政府時期出現了當代所無的幾種怪異現象：一是留學生與駐外公使鬧翻，公使避而不見，甚至召警驅趕；二是留學生與外交部、駐外使館聯手，對抗教育部挪用留學經費；三是留學生與本省經理員、地方政府鬧翻；四是留學生見利忘義，內鬥爭費。而自費學生謀求與官費生同等待遇也是衝突產生的重要因素之一。

一、自費留學生與駐外公使的經費博弈

留日、留德和留法自費生先後因爲經費問題與駐外公使發生衝突，自費生要求補助學費和生活費、擔保借款或是要求政府對外交涉，爲自費生爭取

〔註114〕沈殿成：《中國人留學日本百年史》，瀋陽：遼寧教育出版社，1997年，第440頁。

〔註115〕沈殿成：《中國人留學日本百年史》，瀋陽：遼寧教育出版社，1997年，第440頁。

〔註116〕《農商部之裁員與辭職》，《申報》1916年9月2日，第6版。

學費平等權。駐外公使僅僅資助回國川資的應對措施未能令自費生滿意，以致雙方大動干戈，駐外公使避而不見，或是召喚外國警察保護的做法則激化了雙方矛盾。

吳稚暉曾總結說，「官場的厭苦學生，是一個流行病。外交官的怕留學生，更是搖籃裏的小孩怕老虎，出於根性。所以每每有放了冷僻國的小公使，便自己解嘲，說缺不重要，卻也沒有留學生。留學生是官費，還有一點身份，並且牛鼻管裏有條繩，可以控制控制。見得最頭暈的，就是自費生。自費生雖號稱『自費』，似乎與『官費』是個對峙名詞，然大都帶出去了一個『自』，往往中途卻沒了『費』。這種沒費的自學生，曾經煩惱了多少日本公使，演出了多少活劇，這是無人不知的典故，⋯⋯西洋這種同樣的把戲，雖然也演過不只一次，然而到底學生老爺，不容易光降」。〔註117〕

最為典型的當屬留日學生與駐日公使的糾葛。留日自費生前因四川戰亂，匯兌不通，聚眾請求留學監督給予維持費。監督商準公使章宗祥，援照成案，發給學生兩個月維持費，並準備籌給川資，遣令回國。監督強迫學生寫願書承諾領款後歸國。但由於當時國內烽火連天，學生歸國困難，且回國後學業無法繼續。學生寄望川事能很快平息，重獲國內接濟，因此學生都未歸國。1918 年 3 月 30 日四川留日學生又向本省經理員提出每月借二十四元暫維生活，並覓官費生擔保，而四川駐日經理員以不能直向銀行借款為由，轉商監督金之錚，但為金所拒。學生再三表示是想請政府擔保借款，「非請政府維持」。〔註118〕金又將責任推於公使章宗祥身上。學生數次前往監督處靜候解決，但監督處人員卻一再逃避。經理員好容易找到留日監督，監督卻稱公使不同意，第二日早上監督又改口讓眾人到使館解決。

4 月 7 日，自費生集合全體川生請費，要求每月每人發給維持費二十元。使館方面，以人數過多，又無一定時期，而現在用兵省份不僅四川一省，倘均援例請求，無法籌濟如此鉅款。使館表示需請示政府定奪，勸令學生暫散。而學生對於監督經理員向不信任，認為是在敷衍搪塞，因此第二天學生又聚集至使館，導致使館無法正常辦公。章公使見該館監督不孚眾望，令館員出勸，結果遭到痛毆。但學生卻稱去使館等候消息時，有莊姓館員出來斥責學

〔註117〕吳敬恒：《勤工儉學問題──致上海民國日報記者》，陳三井：《勤工儉學運動》，臺北：正中書局，1981 年，第 149 頁。

〔註118〕《留學生借費風潮之報告》，《申報》1918 年 5 月 2 日，第 3 版。

生，大放厥詞。「學生與之辯論，莊則揮拳欲擊，並大呼學生亂暴，咆哮而走，立召警察數十名入館，逮捕學生」。〔註 119〕章宗祥用電話招日警彈壓學生，此舉進一步刺激了學生，學生竟將日警毆傷，結果數名爲首者被日警捕去。日警署以毆警學生妨礙治安，擬從嚴處罰。隨後公使館監督處宣告戒嚴，警察遍佈，學生無法再見到公使和監督。同鄉官費生代表和各省同鄉會代表屢次交涉，但被逮捕進東京監獄的八名學生半個月後仍未獲釋。政府接得此項報告後，體恤川省自費生滋鬧使館的確是因爲經濟困難，因此致電章使，「自本月起，每人每月各給維持費二十元，以三個月爲期，此後不得再肆要求。其它用兵省分尚通匯兌者不在此例。該款先由使館暫向銀行借墊，隨即另籌寄還。至爲首滋事之學生，務即查明嚴辦，以儆效尤」。但學生則埋怨公使監督不僅遲延不發，還開除了同鄉會長韓天鵬學籍。章公使爲此事電請中央政府轉電各省，「嗣後派遣學生，無論官費自費均須嚴定資格，寧闕無濫。至監督一職，並須資望較深、德學兼優者，由外交、教育兩部公同推選，呈請大總統簡授，以崇體制，俾免學生之藐視」。〔註 120〕

由此可知，四川戰亂導致經費不濟，但管理部門在應急處置中的推諉和拖沓是滋事主因。不過一些國內要人則認爲解決留學生問題須從根本著手，指責章宗祥於「當歸國風潮未熾之先，解導無方，坐視擴大」，「而事後復發電誣枉，意圖推卸，尤爲荒謬，若不嚴詞訓戒，則無以服學生之心」。〔註 121〕五四運動後，留日學生救國團還發表通電，指責北京政府「橫肆淫威，……違背民意」，「章賊宗祥，國人指目。賣國之罪，事實昭然。被毆致死，深快人心」。〔註 122〕章宗祥受留日學生毆打與其駐日時期與學生的摩擦不無關係。

1922 年 6 月和 1923 年 6 月，留日學生爲學費問題兩次包圍公使館，在中、日兩國引起極大震動。

除了留日學生，留法勤工儉學生也在歐洲掀起了大波瀾。由於法國經濟不景氣，勤工儉學生人數又過多，出現了學生失學失工的狀況，華法教育會

〔註 119〕《留學生借費風潮之報告》，《申報》1918 年 5 月 2 日，第 3 版。
〔註 120〕《留日學生滋鬧使館之京信》，《申報》1918 年 4 月 18 日，第 3 版。
〔註 121〕《兩日之中央政紀》，《申報》1918 年 6 月 14 日，第 6 版。
〔註 122〕大中華國民編：《章宗祥》，《五四愛國運動》（下冊），北京：中國社會科學出版社，1979 年，第 416 頁，轉引自沉殿成：《中國人留學日本百年史》（上），瀋陽：遼寧教育出版社，1997 年，第 404 頁。

給學生每人每天發給五法郎的維持費，供在學的人繼續求學，失工的人暫維生活，但因杯水車薪，難以為繼。以湘籍勤工儉學生為代表的學生利用輿論壯大聲勢，並積極向華法教育會、使館、本省政府和社會名流求救。一些人對勤工儉學生也深表同情，並有心相助。而北京政府卻以「中央經費奇絀，無款可資」為由，對留法學生置之不理，湘省政府也僅撥款萬餘光洋，作湘生維持之費。省議會還議決：「不得再匯款接濟留法學生，所有在法之湘籍學生一律遣送回國」。〔註123〕激起了湖南留法勤工儉學生的極大憤慨。他們推舉湘生汪澤楷、鍾巍、方敦元等 6 人為代表，向使、領兩館交涉。起初公使陳籙避而不見，領事則言「惟有遣送回國」，學生遂在三日內向使、領兩館發出七十餘通警告，署名的達一千五百餘人。在此情況下，駐法公使、領事館和華法教育會只得聯電向政府告急，「請求補助」。〔註124〕但政府仍然要求勤工儉學生回國。1922 年 2 月 28 日，請願學生在蔡和森的帶領下，向中國駐法公使館請願，並提出了三個口號：「爭取讀書的權利」、「爭取吃飯的權利」、「爭取自由思想的權利」。〔註125〕蔡和森等 11 名代表進入使館與陳籙談判，陳籙也曾一度出館與學生交流，但受到一些學生的拉扯，陳籙緊張之下通知法國警察維持秩序，結果造成多名學生被打傷，其中一名學生，因軍警追趕，不慎被電車軋死。此後勤工儉學生還組織「勵志會」等團體，繼續與陳籙較量。但據陳籙電文所稱，勤工儉學生代表提出「非分要求」，「每人月給四百佛郎，四年為期。當經反覆曉諭，勸令安心回校，靜候辦法，該生等居心搗亂，置若罔聞。遂親偕高魯監督前往公園，即大眾學生聚集地點，詳為勸告。不但不從，且因籙不允其每月四百佛郎之請求，將籙圍住，勢欲用武，幸經巡警當場保護，始得出險」。〔註126〕此時的陳籙心生寒意，認為自己屈尊幫助教育部分擔學務，為學生解決經濟困境，卻受辱於學生。因此，陳籙開始反感起那些自己曾經同情過的境遇悲慘的學生「聲明嗣後對於該項學生不再過問，

〔註123〕《留法通訊》，長沙《大公報》，1921 年 4 月 18 日，第 9 版。

〔註124〕賀培真：《留法勤工儉學日記》，長沙：湖南人民出版社，1985 年，第 54～55 頁，轉引自劉斌：《20 世紀 20 年代前後湖南青年在法國的工學實踐》，《西南交通大學學報》2004 年第 5 期。

〔註125〕清華大學中共黨史教研組編寫：《赴法勤工儉學運動史料》第 3 冊，北京：北京出版社，1979 年，第 403 頁。

〔註126〕《新聞報》1921 年 3 月 9 日，轉引自清華大學中共黨史教研組編寫：《赴法勤工儉學運動史料》第 2 冊，北京：北京出版社，1980 年，第 396 頁。

並請教育部電派專員辦理」。〔註127〕駐外公使的這一態度轉變也導致了後來部分留法勤工儉學學生被遣返回國。

20世紀20年代初，德國因物價低廉，吸引了大批中國學生赴德留學，但很快德國物價暴漲，留德學生生活艱難，而德國政府又採取對外國人高收費的排外方式。留德學生認為，根據1921年5月20日訂立的《中德條約》第四條規定，「兩國人民應遵守所在國之法律，其應納之稅捐租賦不得超過所在本國人民所納之數」，因此，「留德中華民國學生當然與彼己國學生受同等之待遇，不容歧視，今乃額外需索三十美金元顯係背約，吾人安可不爭」。但固稱「庸中佼佼者」的駐德公使魏宸組與德交涉後，只有官費生和帶著「五分官氣」的津貼生受益，「官費生額外費全免」，「有津貼費者半免」，而「私費生全繳」。自費生認為「留德自費生實占留學生中之大部分」，而「私費生大多皆屬平民，似乎應受特等待遇，即一旦不受使館支配，盡有昔年強迫留法學生歸國之舊案可以抄襲」。柏林留德學會連開緊急會議，但學生們除了通電國內呼籲哭訴，別無他法。〔註128〕

留德自費生認為，德國外交部並不清楚官費生，津貼費生的區別，只要使館肯出具公文給德國外交部，並出具證明書給學生交至大學即可免費。但駐德使館借機「將應納半費之津貼生捏報為官費生，以討好半官派者」，「獨令自費生受異邦不平等之待遇」，並且公使魏宸組居然在關鍵時刻藉口索取使館費溜回國內。〔註129〕這種漠視自費生權益的做法自然受到自費生反對。但我們也應該看到，當時尚屬貧弱國家的中國公使能夠在德國經濟困難時期為部分留學生爭取到權益，已屬不易。由於留德學生人數眾多，很難蒙混過關，一旦被揭穿，將有損中國國家形象，屆時可能連官費生也無法享受免收額外費的優惠政策。

二、留學生與地方經理員

由於素質參差不齊，且與留學生接觸最多，因此一旦矛盾出現，握有自費生選補官費權力的各省地方經理員首當其衝，成為留學生宣泄不滿情緒的

〔註127〕清華大學中共黨史教研組編寫：《赴法勤工儉學運動史料》第2冊，北京：北京出版社，1980年，第396頁。
〔註128〕程浩：《留德學費之交涉案》，《申報》1924年2月17日，第7版。
〔註129〕程浩：《留德學費之交涉案》，《申報》1924年2月17日，第7版。

對象。20 年代以來，各省因爲政局混亂，屢有欠費之事發生，這也加劇了留學生與各省經理員之間的矛盾，常有留學生投訴甚至毆打各省經理員之事發生。而有的留學生具有極強的監督留學經費的意識，要求清查留學經費甚至本省賬目，雖然一度得到駐外使節的支持，但最終仍未如願，自己反而遭到取消官費的懲罰。

北京政府時期，山東、湖北、貴州、安徽、天津等省市經理員都屢遭留學生投訴。1912 年山東方燕年遭到彈劾的原因之一就是「其充日本留學生監督，自當以學術踏實爲目的，不料侵蝕公款，扣克學生旅費，在日本弘文學院西樓上與留學生大起衝突」，經學生屢次辯白，「始允將扣克學生每人六十金回至上海如數交還，及到上海僅交每人日幣五十元，餘均侵吞不發」。〔註130〕再如 1913 年的湖北駐日經理員王寶經，爲鄂省教育司長姚晉圻之至戚。王寶經想赴日留學，因無官費留學資格，姚便特派其充駐日經理，月俸日幣一百元，而其教育司署統計課員一職並不銷除，每月仍由家屬具領。〔註131〕一個腐敗無能之輩，靠親戚關係，搖身一變，成爲留日學生的管理者，自然是無甚權威，反而成爲留學生鬥爭批判的對象。進入 20 年代以後，留學生陷入經費無著的困境。除了向中央求援，留學生還致函敦促省署彙學費。由於地方缺乏接濟，留學生多將怨氣發在經理員身上。1922 年 9 月，留日貴州學生請求撥款接濟，並稱除了匯款中絕造成困境外，另一個原因就是「年來經理任非其人，妄爲浪費，不明學務，以致莘莘學子呼籲無門，勢將斷炊」。〔註132〕

自費生與本省經理員的矛盾焦點還在於北京政府時期自費生力爭補給官費，對於失去選補官費名額的自費生來說，握有實權的經理員無疑是斷了自己經費的罪魁禍首。

1913 年，江西和江蘇先後發生了自費生闖入經理處，搗毀器具的事件。由於江蘇籍自費生夏鈞是在 5 月 26 日（周一）經理處照例休息之時闖入經理處，因此未造成人員衝突。因遠在日本，既無法用中國法律制裁，也不便在日本法庭起訴。因此江蘇民政長致函駐日代表，要求根據教育部咨行《經理留學日本學生規程》第十二條規定，與日本官廳交涉，將夏鈞勒令退學回籍。

〔註130〕《魯議會建議彈劾方燕年》，《申報》1912 年 12 月 26 日，第 6 版。
〔註131〕《鄂省官場現形記》，《申報》1913 年 3 月 29 日，第 6 版。
〔註132〕《留日貴州學生請求撥款接濟》，《申報》1922 年 9 月 10 日，第 13 版。

1913 年初江西都督特派留學生赴日，引起自費生不滿。一些自費生將怒火發在經理員身上，在除夕到館，毆打經理員林關翔，並在正月十二日同鄉會開懇親會時，當場毆打會長閔星臺，「搗碎器皿，毀損文件，致受警察干涉，復迫令經理員王修瑾將特派生官費領出日幣二百元存放銀行，並假自費全體名義函告各處，痛肆詆諆，同鄉會因而解散。自費生致函考送生和官費女生，稱考送生曾經感受過當自費生的困苦，雖然此次在省幸得公費，卻是「經高師符九銘數次考試始行得來，未見十分體面，較之此五特派生之資格相去已有天淵」，因此要求考送生反對五名特派生，不應依附特派生。〔註133〕而自費生劉壽朋等人則向本省政府示好，表示風潮與己無關。

　　與江西的這場風波相比，湖南留學生的查賬風波則更為迂迴曲折。1922年 2 月，湘省報刊登留日學生名額及匯兌價格等項，湖南留日學生認為其中頗多疑竇，「留日官費經理處出納國幣年逾鉅萬，趁此時機應有先行請求公開之必要」，並決議由同鄉會請求經理處賬目公開，經理處以「須奉政府命令」為辭拒絕請求。同鄉會遂求助於「留學界最高機關」留學生監督處和「國家全權代表」駐日公使，經馬前代使協調，「一面電請趙省長將經理處報銷卷冊寄東，以憑核對，一面派員會同路前監督將該處帳簿提查」。湖南省長趙恒惕起初表示配合，然而一周後趙省長卻來電稱「此案為一二少數人所為」。8 月，省長電令取消兩位同鄉會職員公費，並請公使、監督開除其學籍，押解回國，聽候處置。致使矛盾升級，湖南留日同鄉會召開全體大會，議決選舉雷昺等為代表歸國，一則向省政府請願，要求公開留日經理處歷年支收報銷，進而推動省政府財政公開，「以為全國先聲」；二則要求經理處嗣後出入款項，每月除呈報政府外，須向留日同鄉報告，以資核實。〔註134〕同鄉會代表所提的這兩項提議，一為監督政府，二為爭取經費開支的知情權。

　　在這場留學生、公使監督與地方政府的三方博弈中，湖南留日同鄉聯合駐日公使、留學生監督，對湖南留日經理員孔某展開調查。但留學生所仰仗的公使、監督並非強勢力量，況且只為代使，甚至是前代使，因此湖南省長趙恒惕並不買賬。官費留學生認為自己出國是為國爭光，留學經費決不能為腐朽之官僚貪污。「事無不可對人言」，政府應該把一切都放到陽光下。但要求強勢的地

〔註133〕《贛省遊東留學界爭費風潮》，《申報》1913 年 2 月 20 日，第 6 版。
〔註134〕《湖南留日同鄉代表雷昺等敬告國內父老書》，《申報》1922 年 10 月 31 日，
　　　　第 10 版。

方實力派自揭其短，公開賬目，無異於與虎謀皮，最終只能不了了之。

三、留學生、駐外使館與教育部的經費博弈

在教育經費匱乏的時代大背景下，留學生、駐外使館與教育部的經費博弈，既反映了當時留學經費與國內其他教育經費的利益分配衝突，也反映了在雙軌管理機制下，駐外公使館與教育部的管理衝突。留學生聯合駐外使館，共同對抗教育部，其共同目的都是為了保障留學經費充足，避免雙方在海外發生「內訌」，但對教育部來說，則需平衡留學經費與其他教育經費。日本庚款補助計劃的介入導致教育部取消對留日學生的崇文門撥款資助，改用於國內教育，這就加劇了留日學生對教育部的疏遠和雙方矛盾。而教育部扣彙留法經費之時，駐法公使陳籙則直接上陣，告發教育部。

遠在海外的留學生因經費欠費圍堵使館，迫使使館求助國內當局，而教育部則需考慮教育全局，加上自身管理缺陷，往往重派遣，輕管理，因此雙方在海外管理責任問題不免時有摩擦。1914 年，駐日公使曾致函向大總統抱怨，「在東官費生千八百餘人，自費生近六千人，各省拖欠學費，糾葛不清，教育部亦復放任，事皆叢集於使館」，要求教育部「對於內外一切教育方針似應早為定奪」。對於駐日公使的指責，教育總長湯化龍表示，教育部裁撤監督為經理制度，由中央和地方各省分別派遣駐日經理辦理留日學務，是根據前任教育總長汪大燮的方案，而汪大燮為駐日公使出身，對於留日學務之利弊「洞悉無遺」，該規程實行一年多來「尚無窒礙」。湯化龍強調教育部對內對外教育方針早有定奪，1913 年 12 月教育部就曾擬定海外留學統一辦法提交國務會議，現已由院函交財政部核辦，教育部還另訂留學經費支付規條函交財政部會核。「對於官費自費之留日學生，本部無一不從嚴格主義入手，從未敢稍形放任」。由於近來湘粵等省以財力支絀，擬裁汰留日自費學生等情，先後呈部核定辦法分別執行。至各省拖欠學費一節，於事實上誠屬難免，惟各省均派經理員常川駐日經理。各本省之留學事務所有發費催費等事各該經理員固負專責，即有時值本省匯費較遲電部轉催，本部恒據電催彙，以資應用。至與日本官廳應行交涉事宜，非經理員所能直接辦理者，自應由該員呈請駐使酌辦。此種對外事項凡有留學事務之國均由駐使核辦。即去年本部發佈留學歐美規程亦經分別規定，其它若官費生之缺課缺席，不守規則，或由官立學校改入私立學校者，均隨時飭令經理員停止官費。其關於私費生

者，如資格之限制、出發之程序以及調查格式管理方法等類亦經詳晰規定，分行遵辦。〔註135〕

由於留日學生一再向國內請費，北京政府一度議決崇文門每月應撥學費二萬五千元資助留日學生，留日經費暫時有了著落。但因日本用退還的部分庚子賠款補助中國留學生，因此教育部於1922年提交國務會議議決，將崇文門款用於京師地方教育補助及社會教育經費。

東京中國公使館代辦張元節見只收到一萬二千餘元，致電財部詢問，財政部回覆，錢款由教育部直接劃撥。1923年7月，留日公費生代表團呼籲，「留日學生之缺費省份現已達十五省之多，人數千餘，每月全賴崇文門稅項下指撥之二萬五千元」。留日生抱怨教育部自1923年2月以來挪用十萬經費，公舉代表九人歸國向教育部嚴重交涉，而教育總長早不在京，會計課長趙楨亦請假赴津暫避。這種避而不見的冷處理方式引起了留日學生的憤慨。代表們詰責教育部「擅將七至十一月份應撥之崇稅作抵，向察哈興業銀行借款九萬」，而財政部亦謂「以留學生經費抵押借款事未與聞」。代表們咸謂「教育部當事者，人格破產，不配管理留日學費」。〔註136〕代表們一面將情況報告給留日學生，一面請駐日公使汪榮寶、留日學務處長陳延齡及外交次長沈瑞麟設法維持，恢復崇文門稅項下指撥之經費，與教部斷絕關係以後，改由外交部經手。財政部長張英華遂於前月二十九提案閣議議決留日學生經費仍照原案交外交部直彙駐日使館自發，「想如狼似虎之教育部，今後無從染指矣」。代表們對於教育部所侵挪之款，決定嚴重追索，同時並對該部「以指撥之崇文門稅作抵押一層認為非法，絕對反對，誓用一切手段貫徹目的」。〔註137〕因學費積欠數月，六月份崇文門稅雖向可提撥萬元，但為數太微，代表們要求外交部設法速向某銀行通融，借籌兩個月份學費，以救眉急。代表們還請外部派員往崇文門提六月份未撥之款，並請崇文門稅關監督薛篤弼力為疏通，請「此後留日學費概撥現洋，不搭兌換券」。〔註138〕

為了盡快解決留學經費問題，留學生懇請汪榮寶早日赴任，以免學務外交無人。但汪榮寶早有遠見，「歷任駐日公使之最為顧慮者，厥為留日學生經

〔註135〕《湯總長整頓教育之呈文》，《申報》1914年5月18日，第6版。
〔註136〕《留日公費生代表團之呼籲》，《申報》1923年7月7日，第10版。
〔註137〕《十五省留日學生之呼籲》，《申報》1923年7月8日，第14版。
〔註138〕《留日學費侵蝕問題》，《申報》1923年7月11日，第10版。

費之困難問題，倘此項經費無著即漫然就任，則余朝抵東京，夕必遭學生之包圍」。〔註139〕因此汪榮寶與政府當局力爭，希望「每月由鹽餘項下撥付二萬五千元」。〔註139〕但因留學生經費無著，汪榮寶還是於 1923 年 7 月 11 日提出辭職。

　　無獨有偶，1923 年駐法公使陳籙致電外交總長顧維鈞，告發留法學費被人侵吞十二萬。陳籙電稱「留學經費被監督處擾亂後，支絀萬分」，在周自齊、董康和自己的共同努力下，1922 年 11 月，國務院議決「由關稅月撥留法學校一萬五千元，以十月爲限，共計十五萬元」，以緩留法學生之急。但至 1923 年 9 月，駐法使館「僅收到匯款三次，共不足三萬元，只敷回國學生川資之用，其餘十二萬元迄無著落，何人侵吞，殊爲駭異」。此時的駐法使館經費欠發，館務已難維持，再加上留學生因欠費已達半年以上，群集使館，守候不去。陳籙懇請外交部「照留東學費成例，向財政部徹底根究，將十二萬元餘款如數追還，逕彙法館，以符國務院原案，否則學生挺而走險，國體攸關，籙責任在，不敢緘默，並懇速電匯款三萬元救急」。〔註140〕

　　事實上，教育部對於學生的呼籲並非無動於衷。1926 年 2 月教育部因留日缺費生待款甚急，特於 11 日向崇文門稅關設法領出一萬餘元，並因數目太少，臨時由該部會計科長另借四千元，共計日金一萬五千六百七十五，電匯東京中國留學生監督處。〔註141〕但隨後的閣議卻通過關景山呈請，「自本年四月起將崇文門月撥之留學費二萬五千元，連同原撥中小學三萬五千元，一併撥充京師地方教育補助經費」。〔註142〕

四、留學生內部的經費博弈

　　留學經費的長期匱乏導致留學生內部圍繞經費問題時有衝突。留學生根據費別、性別、宗教信仰等劃分利益小群體，通過當面爭執、威脅公使、求助各界、尋求輿論支持及向教育部控告其他留學生等方式爭奪經費。留日學生和留法學生內部分別因日本庚款補助和中法經費補助發生激烈爭奪。由於駐日使館未能及時制止學生的內訌，駐日公使索性將日本庚款分配事宜轉交教育部以圖清靜。而留法學生補助費主要來源於北京政府和中法友誼會，雖

〔註139〕《汪榮寶將赴日就任》，《申報》1923 年 6 月 8 日，第 7 版。
〔註140〕《法比留學生待款孔亟》，《申報》1923 年 9 月 27 日，第 7 版。
〔註141〕《教育部撥彙留學費》，《申報》1926 年 2 月 18 日，第 10 版。
〔註142〕《閣議之要訊》，《申報》1926 年 4 月 5 日，第 4 版。

然學生興論爭奪激烈，但主要由華法教育會等相關團體在教育部和法方意見基礎上負責經費分配。

（一）留日學生的庚款補助之爭

自中日委員非正式簽約後，駐日使館即著手分配補助費。日本庚款補助引發了留日官自費生、男女學生互爭補助費的現象。

1924 年 1 月初，使館通知各省留日同鄉會及各公私學校留學生同窗會，征集分配日本庚款之意見。庚子賠款留學補助費每月初定為每人八十元，額數為三百二十名。當時留日公費生，「其額款最多者如廣東等省為七十二元，最省者為奉天等省。每月不過五十餘元」。因此官費生主張自己應有優先補之特權，但官費生尚有千人，難有餘額留給自費生。自費生則認為補助費應用於補助自己這樣的困苦學生，公費生已有公費，不應再思獨佔補助費。並揭發說，「大學本科及研究科學生，恒有名登記學籍，而本人則回國內求差，將公費寄回國內供養者，尤屬不平，到與自稱缺費生，曖昧尤多，毫無標準，重支冒領」。由於官費生曾放言，「汪某欲久與其位，當注意與補助費問題，為有利與公費生之解決」，且有兩校公費生，「日夕包圍使館」，因此汪榮寶起初採取了偏向官費生的方案。但這又與學務處陳延齡意見衝突。1924 年 1 月 27 日使館召集缺費生代表唐瀛、鄭棠青，自費生代表潘廷幹，留日學生總會代表吳漢濤、劉文藝等，在使館開聯席會議，「留日學生會代表發言失檢，侮辱自費生，學界譁然」，〔註 143〕學生會幹部調停無效後，學生會幹部相率辭職。由於當時京津滬上各報均稱讚官費生，詆毀自費生以五元可以購買成績，自費生認為這是官費生利用媒體詆毀自己。

使館決定補助三百八十名學生，其中全費生二百四十名，半費生一百四十名，按庚子賠款各省分擔數額及眾議員各省選出人數之比例以定各省學生應占名額之多寡。分配之後尚餘全費生額十一名，擬以補助女學生以示優待及獎勵之意。不料男學生群起反對，稱「半費生分配標準不特不公，即女生亦無優待之必要，反有侮辱女生人格之嫌」。男學生連日包圍駐日公使汪榮寶，要求更改分配標準，汪遂取消半費生名目，全部改為每人補助七十元，優待女生名額十一名，亦擬一併取消。女生得知後又群起責難，

〔註143〕《留東學界之風雲》續，天津《大公報》1924 年 3 月 3 日，第 1 張第 3 頁。

稱「女生並不須人優待，但我國女學不昌，向來男尊女卑，致女子無受高等教育機會，此時既有機會，自應提倡獎勵，女生在女醫專、女高師及女子大學三校者全數不過三十五六人，即全數補助，爲數亦不甚多」，並指責男生恃強凌弱、見利忘義，批評使署輕視女生。女生連日迭派代表與汪榮寶、朱念祖、張元節、陳延齡等委員交涉，要求全數補助，否則寧可不受。還有女生提出應要求中國教育當局明令獎勵，或是向全國宣佈汪使辦理不當及男生強橫實況。汪榮寶又打算「從各大學專門最高級之學生補起，公私學生各占其半，似於成績一事不甚注重」。此舉更加遭到女生反對。因爲女生只有女子大學一校有大學之名，其餘皆爲專門學校，若照這種補助辦法，女生將完全不能受補助之利。〔註144〕

鑒於兩次草案皆遭取消，駐日使館難有進展，而官自費學生之爭執亦愈演劇烈。早在1923年7月，自費生聯合會就曾向教育部控告缺費生七大罪狀，「侵吞公款，浮報名額，營私舞弊，不報開支，藐視法令，脅迫監督，包圍使館等」。有些省份的官費生只是偶而學費中斷，但也加入缺費生聯合會，領取北京救助款。缺費生「恆以中國主人翁自負」，而公使「畏其咆哮」，經理員「懼其毆打」，濫發經費。據使館中人透露，缺費生名額「原有六百餘人，及令查之，只有四百人」。〔註145〕教育部憑自費生一面之詞，就電令解散缺費生聯合會，並停彙每月二萬五千元的崇文門稅款，致官費生又陷與困窘，雙方矛盾激化。自費生則變本加厲，四處散發傳單，攻擊公使不公正，打算爭取獲得全部補助費。汪榮寶一氣之下謝絕所有留日學生來訪。自費生又自訂一種補助費公配辦法草案，主張「補助費分爲三份，私費生得三分之二，公費生得三分之一，並要求汪使承認，限一星期內解決」。〔註146〕使署遂撒手不管，讓學務專員呈請教育部擬定分配辦法，然後依據部定辦法履行。

教育部基本參照駐日使館意見制定分配方案。然而1924年7月11日，留日生代表廖競天、姚壽齡、潘廷幹等，相繼到教育部請願時則提出，「日本官私立學校成績之優劣，及學生程度之等差，日本文部省歲有調查，且列表定其次第，此次教育部所定分配十三年度庚子賠款辦法，竟不依日本

〔註144〕《留日學生互爭補助費》，《申報》1924年2月22日，第11版。
〔註145〕《留東學界之風雲》續，天津《大公報》1924年3月3日，第1張第3頁。
〔註146〕《留日學生補助案移京解決》，《申報》1924年3月4日，第11版。

文部省所定學校資格分配，不知果以何爲根據」。〔註147〕由此可見，由於留日學生內部小群體在關係切身經濟利益時爭奪激烈，對管理當局的各種方案均有非議，令當局無所適從。

（二）留法勤工儉學生的補助之爭

除了留日學生的爭奪庚款，20年代的留法學生也爲了國內外補助陷入內鬥。留法勤工儉學運動陷入困境後，除各省補助本省學生外，北京政府的彙來十萬元至巴黎俄亞銀行，法外部的留法中國青年監護處（後改名爲中法友誼會），也提出津貼百名勤工生。於是勤工儉學生又籌組勤工儉學生總會。華法教育會幹事李光漢向勤工生總會聲稱，「此款指定津貼勤工儉學生，其他官費生、半官費、儉學生等均不得染指」。勤工總會還公然訂出條件，謂「在八月一日前，宣佈與宗教脫離關係，或優待條件者，得享受津貼利益」。雖然李光漢和華法教育會反對宗教，李石曾還曾禁止勤工儉學生入青年會和其他教會，但李光漢仍然認爲發放十萬元是爲培植中國人才，「不管教徒不教徒」。〔註148〕然而當部分留法學生獲得中法友誼會資助後，其他留學生又對其大肆攻擊，稱其受到外國宗教勢力雷鳴遠的收買。

留法女生積極尋求資金援助和社會支持。1921年留法女生郭隆眞以血書乞援，向警予借回國省親之際向朱淑雅、熊希齡和中法協會求助。在留法勤工儉學女生的努力下，法上議員于格儒夫婦與鄭毓秀女士出資資助留法勤工儉學女生，而且在法國人于格儒夫人的堅持下，李光漢雖受勤工儉學生的威脅，只能按照教育部來電要求「先撥十萬方接濟女生」。〔註149〕教育部優待女生的做法引起大多數男生不滿，男生批評女生拿了經費補貼就喪失原則。

1923年，勤工學生機關報上還刊登了《里昂中法大學學生預備爭奪庚子賠款之優先權利》一文，不需里昂中法大學學生染指庚款。「中法教育之在法國，具有充足理由，有歷史關係，而於賠款有優先權利者只有華工與勤工儉學生。……況且里昂大學自早有他的常年款，已安然讀過了幾年的

〔註147〕《各省教育界噪聲：留日生拒絕之請願》，《申報》1924年7月14日，第10版。
〔註148〕清華大學中共黨史教研組編寫：《赴法勤工儉學運動史料》第2冊，北京：北京出版社，1980年，第723～725頁。
〔註149〕清華大學中共黨史教研組編寫：《赴法勤工儉學運動史料》第2冊，北京：北京出版社，1979年，第734頁。

快活書，而其與庚子賠款又並沒有歷史上的關係，亦可不須要，說情說理，都不應分此賠款。今該校學生會，反打起高調說本校爲中法教育事業之惟一機關，對於賠款當然有優先權利，不知我們華工朋友及勤工同學聞之，應作何感想，作何運動，作何努力？」〔註150〕

留學生在利益面前爭鬥不止，反映了當時留學環境惡劣，留學生生計攸關，不得不淪落到內訌爭費的境地，但也有部分留學生是以自我爲中心，見利忘義，粗暴無禮。雖然爭鬥往往冠以種種美名，但依然有辱留學生作爲社會精英的「體面」。由於當時管理客體留學生過分強勢，而管理方又受制於經費來源，在經費分配上底氣不足，因此在一些留學生的強勢威脅下採取退讓推諉的做法。

第五節　民族主義浪潮下的管理協調

五四時期，留日、留法和留美學生都針對各國列強和國內政府官員掀起了反帝愛國運動，其鬥爭方式各有不同。其中留法勤工儉學運動因受留學生經費限制、政治派系鬥爭以及官方、社會團體和學生自治三方共同管理機制等因素的多重影響，給海外管理者帶來了諸多困擾，而駐外公使陳籙在多起風潮事件中處理得當，化解了管理危機。本節突破傳統革命史的研究視角，從民族主義浪潮下的留學管理衝突及政府應對角度切入分析。

一、多重矛盾下的留法勤工儉學運動

五四運動時期興起的留法勤工儉學運動，爲廣大青年提供了另一條求學發展之路，打破了留學只是官宦富商子弟特權的舊例，反映了留學作爲個人陞遷捷徑，吸引了更多社會層面人員參與。一般來說，合理的社會流動是減少社會衝突的機制，一旦社會流動的屏障加大、機會喪失，處於社會底層、下層的階級階層就會尋求其它形式表達和爭取自己合理的權益。然而在那個連官費生都缺乏留學經費的時代，勤工儉學生追求平等求學的願望難以實現。

〔註150〕筱齋：《華法教育界的派別》，《時事新報》1923 年 8 月 29 日，清華大學中共黨史教研組編寫：《赴法勤工儉學運動史料》第 1 冊，北京：北京出版社，1979年，第 159 頁。

　　群體性事件是指具有一定規模的人群，爲了達到特定的目的，聚集在一起並採取非常規手段行動的事件。〔註 151〕大多數的群體性事件，從矛盾的發生到升級，有一個較長的發育過程。根據斯梅爾塞的價値累加理論，當具備結構性誘因、結構性怨恨、一般化信念、觸發性事件、有效的動員、社會控制能力的下降這六個因素，群體性事件將不可避免。〔註 152〕駐法公使陳籙和華法教育會等領導都對留法勤工儉學運動存在的問題有所瞭解，但矛盾始終無法解決，最終導致矛盾上升，勤工儉學生以集體抗爭的極端方式，希望引起國內外社會與公使館的重視並予以解決問題。

　　從留學管理機制來看，官方、社會團體和學生自治三者並存，但三者缺乏配合，且三者內部派別林立，因此帶來了管理協調上的困境。勤工儉學運動是由帶有無政府主義色彩和國民黨背景的華法教育會、儉學會、勤工儉學會等機構倡議發起的，並得到一些地方政府的支持和資助，華法教育會等機構還承擔勤工儉學生在海外的找工、入學、經費保管等工作。然而由於發起者很快失去對運動的控制力，當時負責海外留學事務管理的北京政府駐法使館和留歐學生監督不得不承擔起解決問題的重任。由於留歐學生監督高魯常駐英國，而且監督一職在留學生心目中地位一向不高，因此勤工儉學生往往直接圍堵使館。陳籙雖爲海外管理最高領導，但在經費籌措、學生處置等問題上仍需依靠國內教育部、地方各省和法國政府。

　　從勤工儉學運動發起方來看，李石曾、吳稚暉和蔡元培等人側重點各有不同，李石曾側重勤工儉學運動，吳稚暉側重里昂大學，蔡元培側重儉學會。勤工儉學會主任劉厚在第三次通啓中解釋，「教育會、儉學會、勤工儉學會、華僑協社是四個組織，成立先後、組織目的與方法，都各不相混。不過勤工儉學會的力量有限，一時會員來法又極踴躍，教育會故以同志的團體，來作友誼的互助。教育會的事務，不是專止助理勤工儉學一部的，會中職員，也非專爲助理勤工事務而設的」。〔註 153〕當時在法華人分爲四派，即高陽派、宗教派、政治派和社會派，也有人稱華法教育會內部分爲

〔註 151〕朱力：《突發事件的概念、要素與類型》，《南京社會科學》2007 年第 11 期。

〔註 152〕趙鼎新：《社會與政治運動講義》，北京：社會科學文獻出版社，2006 年，第 64 頁，轉引自喬曉徵，朱力：《謠言在群體性突發事件中的發生機制》，《江蘇警官學院學報》，2007 年第 1 期。

〔註 153〕清華大學中共黨史教研組編寫：《赴法勤工儉學運動史料》第 2 冊，北京：北京出版社，1980 年，第 364 頁。

工人系、學生系、里大系和北洋系四大派。

從管理客體留法學生來看，當時留法學界分為三大派，一是新舊官費生、新舊自費生和各省半官費生等傳統留學生；二是勤工儉學生及由儉學改勤工、勤工改儉學的留法學生；三是里昂中法大學生。各派留學生與國內政治派別互為呼應。而勤工儉學生內部，由於政治派別、地域分佈、男女性別、宗教信仰的差異，亦是合作與鬥爭並存。留學生依託報刊雜誌，發表犀利觀點，痛罵對立派別。《先聲》站在陳炯明、王寵惠一邊，批評國共兩黨和蘇俄革命，青年黨的胡國偉還稱陳獨秀為「老狗」，說陳獨秀的新文化提倡「百善以淫威首，萬惡以孝為先」。《赤光》則與之針鋒相對，大罵青年黨是「軍閥的走狗」，且為「國際帝國主義的走狗」。理由則是「曾琦曾與研究系暗送秋波；周鐵鳴為齊燮元駕飛機；周培超（即周道）為張作霖的走狗當翻譯；鄧孝情為王寵惠的旅歐中華國民外交會當辦事人；胡國偉、梁志尹等捧王寵惠為領袖，組織旅歐中華民國外交會，為官僚網羅青年」，美國帝國主義機關——青年會在法分部職員、陳炯明的舊部張子柱是青年黨的領袖，「近且與美國帝國主義爪牙李錫祥重行勾結」，青年黨還「很光榮地去請法帝國主義的國會議長班樂衛」參加去年雙十節的國慶跳舞會。〔註154〕後來周恩來還率領勤工儉學生衝擊留法學生會館，打擊一些腐化的留法官費生，令留法學界風氣為之一新。

衝突的爆發往往需要導火索，在留法勤工儉學運動中，衝突事件一件接著一件，此起彼伏，掀起了一場場風潮，從蔡元培1921年1月發出兩則與勤工儉學生斷絕關係的通知，到學生圍堵中國駐法公使館的二二八請願事件，再從中法借款風波，到佔領里昂大學的一百多名勤工儉學生被遣送回國，歸國學生和在法學生在各方救助下各奔前程，事件才宣告結束。

羅生門原為日本導演黑澤明拍攝的同名電影，羅生門的主要用法是指每個人為了自己的利益而編造自己的謊言，令事實真相不為人所知。〔註155〕在勤工儉學運動風潮中，各派對於同一件事情的認識和解讀往往不同，而各派內部也經常是意見分歧，加劇了各派間的矛盾。第一階段主要是勤工儉學生與華法教育會衝突，第二階段主要是勤工儉學生與駐法使館

〔註154〕清華大學中共黨史教研組編寫：《赴法勤工儉學運動史料》第3冊，北京：北京出版社，1979年，第275～276頁。
〔註155〕http://baike.baidu.com/view/28002.htm

的請費衝突，第三階段主要是勤工儉學生與駐法使館的中法借款衝突，第四階段是圍繞里昂大學入學權，勤工儉學生與華法教育會和駐法使館的三方衝突，第五階段是在法學生為爭款而起的內部衝突。一系列風潮大致過程請見下表。

表 3－5－1 留法勤工儉學運動風潮階段表

序號	事　件	學生觀念／行為	管理方觀念／行為
第一階段	華法教育會找工	找工拖沓，態度惡劣	法國經濟環境變化、學生不勝任工作，態度蠻橫
	華法教育會機關組織	機關中人「有官氣」與「不能辦事」	機關中人，或完全盡義務，或得細微之報酬；至就作事而言，官家機關每日辦公不過三、五小時，此種機關，恆由早至夜，且星期亦往往不輟〔註156〕
	華法教育會錢款糾紛	貪污論（挪用學生經費和貪污各類捐款款）：將國內匯款「套購外匯謀利或買古董私藏了」〔註157〕	多方籌款，勞心勞力。經費是「蔡、李、汪、吳及歐樂、貝乃、杜實諸先生幾個私人的事」，「有幾個人竟以為出了一兩元錢，或寫了一個名字在教育會的冊子上面，就買到了會中一切權利，就是學生對於學校一樣關係，就可用選舉班長、室長一樣手段」〔註158〕
	蔡元培兩則通告	拋棄學生，造成一些學生自殺或病死：1920 年留法勤工儉學生死於非命者 5 人，因病死亡者 61 人〔註159〕	「既無勤工之志，又乏儉學之能」〔註160〕，因此華法教育會與勤工儉學生脫離關係

〔註156〕清華大學中國黨史教研室編寫：《赴法勤工儉學運動史料》第 2 冊，北京：北京出版社 1980 年版，第 339～340 頁。

〔註157〕王政挺：《留學備忘錄》，杭州：浙江人民出版社 2003 年版，第 201 頁。

〔註158〕清華大學中國黨史教研室編寫：《赴法勤工儉學運動史料》第 2 冊，北京：北京出版社 1980 年版，第 358～359 頁。

〔註159〕王奇生：《中國留學生的歷史軌跡》，武漢：湖北教育出版社 1992 年版，第 377 頁。

〔註160〕清華大學中國黨史教研室編寫：《赴法勤工儉學運動史料》第 3 冊，北京：北京出版社 1979 年版，第 491 頁。

序號	事　件	學生觀念／行為	管理方觀念／行為
第二階段	國內拒絕救助	不負責任論：見死不救，群起抗爭	經費困難，無能為力；事不關己
	二二八事件	「生存權、求學權」，使館不予理睬，勾結法國警察，有辱國權	毆打使館人員，召喚法警屬於正當防衛
第三階段	朱啓鈐救助 5 萬元	收買學生	幫助勤工儉學生
	中法借款事件	賣國論	借貸關係
		懲治賣國賊	聚眾毆打使館人員
		報復論	公事公辦
第四階段	考選勤工儉學生	完全平等論；防止管理者利用考試選拔打擊報復	不願支持流氓學生，要綜合考察學生的學歷、財力、人品和管理方實際承擔能力
	新生擬入里昂大學	吳稚暉從國內招收富家子弟，未招收勤工儉學生	里昂大學與勤工儉學生無關
	進駐里昂中法大學事件	爭取讀書權；吳稚暉勾結法國警察；陰謀論：受陳籙誘騙佔領中法大學，結果遭遣返	過激黨、擾亂治安；無能為力論：已努力協調，但未能改變法方態度（注：也有學者認為佔領里昂大學運動為蘇俄代表策劃。）
	學生不願歸國	傾家破產出國，中途輟學歸國，無顏見江東父老。	經費缺乏，遣送回國方能解決問題
	李鶴齡刺殺陳籙	正義之舉	懷疑有國民黨背景；陳籙大度放棄在法起訴李鶴齡
第五階段	國內外捐款與庚子賠款	接受捐款者是被各方勢力收買的叛徒	救助學生

　　導致社會變遷的最根本的原因是利益。利益常常分化為兩個或兩個以上對立的利益主體，利益主體之間的衝突不可避免。衝突是社會變遷的主要動力。正如馬克思所指出的：「沒有衝突，就沒有社會進步，這是人類文明延續

至今的法則」。〔註161〕由於信息溝通不暢，學生對華法教育會的懷疑與日俱增，加上當時派別林立，各種傳言四起，其中既有真相也有誤解。就連運動發起者也受到勤工儉學生的詬病，比如一些勤工儉學生指責吳稚暉「置身社會，頗悉群眾心理，較之官僚手段，尤爲老辣也」。〔註162〕蔡元培、李石曾也落了用人不當的惡名。就連徐特立也說，「勤苦的學生能到歐洲求學，是蔡元培和李石曾諸先生倡導的，我們應該感謝他們。但是華法教育會被褚民誼、曾仲鳴、蕭子昇等利用」。〔註163〕

從衝突的方式和程度上看，留法勤工儉學運動中的經濟衝突主要表現爲辯論、口角、拳頭和暗殺；從衝突的主體來看，包括了個人衝突、群體衝突和國家衝突，既有勤工儉學生與華法教育會辦事人員的個人糾紛，也有勤工儉學生群體與駐法公使陳籙、北京政府來法借款官員的衝突。勤工儉學生通過與外界的屢次衝突，維持並一度擴大了群體的疆界，壯大了討要維持費的隊伍。雖然衝突的失利最終造成了成員的流失，但帶來了群體隊伍的淨化。而且衝突也進一步警示管理方，使蔡元培、李石曾等人意識到勤工儉學運動過於先行，應該及時壓縮學生人數，避免了更大規模的衝突。此外，衝突參與各方都積極利用輿論與第三方宣傳自己的理念，使人們看到，無論是留學生、勤工儉學生還是華工都有追求各自經濟利益的權利，團結一致，群策群力，就有機會在衝突中獲勝，反之，如果一意孤行，孤軍奮戰則必然在博弈中敗北。當然，這場經濟衝突所引發的群體事件在一定程度上破壞了社會秩序，尤其是一些激進行爲破壞了勤工儉學生在一部分公眾和管理者心中的形象，使得勤工儉學運動失去了官方、學界和企業界的支持，最終走向衰落和消亡。

留法勤工儉學運動經過多輪激烈衝突，最終在多方面的共同努力下才得以解決。從管理者一方看，官方管理者如教育部發佈通告建議學生不要赴法勤工儉學，公使陳籙等先後採取了出面協商、經濟支持、向法方求助、分化瓦解和誘導學生離開巴黎等策略，半官方管理者如華法教育會和留法勤工儉學會的李石曾、吳稚暉和蔡元培則先後採取積極支持、言語安慰、宣稱徹底

〔註161〕〔美〕史蒂文・瓦戈著，王曉黎等譯：《社會變遷》，北京：北京大學出版社，2007年，第47頁。

〔註162〕清華大學中共黨史教研組編寫：《赴法勤工儉學運動史料》第2冊，北京：北京出版社，1980年，第574頁。

〔註163〕清華大學中共黨史教研組編寫：《赴法勤工儉學運動史料》第3冊，北京：北京出版社，1979年，第412～413頁。

放棄和求助他方的措施，而勤工儉學生則加強各地學生的團結和溝通，並積極利用媒體爲自己辯護，並尋求外界支持和經濟資助，一些學生被遣返後還積極與各地政府和政治軍事實力派聯繫，尋求認同和支持。但學生之間爲經費分配等問題也不時引發衝突，並借政治或宗教分歧互相攻擊。這場運動粉碎了來自社會中下層的青年通過勤工儉學實現出國務工和留學國外的夢想，使得他們走上了另一條發展道路。除部分學生仍繼續在法讀書外，有的學生轉向蘇聯留學，更多人則選擇了回國發展。

二、駐法公使與勤工儉學生的矛盾協調與應對

留法勤工儉學生號召在法各界團體聯合發起拒款運動，採取威脅、分化對手等方式，並將矛頭直指駐外公使陳籙。陳籙則先後採取迴避政策、出面周旋和經濟限制，緩解了矛盾。雙方在博弈中既有「理性」權謀，亦有粗暴動武的「非理性」行爲。

1921 年 3 月徐世昌派專使朱啓鈐和吳鼎昌來法交涉借款五萬萬元。6 月部分學生聞知朱啓鈐以中國的印花、煙酒等稅和滇渝鐵路的築路權爲抵押，向法國借款，以維持法國中法實業銀行和購買軍火，掀起拒款運動。學生要求公使陳籙出席在哲人廳召開的華人大會，一等秘書王曾思代陳赴會答覆，在會場與學生發生言語衝突，結果遭到學生毆打。此事即爲留法勤工儉學運動時期的中法借款事件。

1921 年 6 月周恩來、趙世炎、蔡和森、陳毅等人，聯合巴黎華僑各團體（包括勤工儉學學生會）組織了拒款委員會，並於六月三十日在巴黎召開了成立大會，會議通過發表了《拒款宣言》；宣讀了周恩來起草的借款眞相的調查報告。參加此次拒款的旅法五團體爲華工會、中國留法學生聯合會、國籍和平促進會、亞東問題研究會以及由巴黎通信社、旅歐周刊社和旅巴新聞記者改組而成的旅法新聞記者團。旅法代表在通告中指出，借款一事，有損於中國經濟利益和政局平穩，是徐世昌政府「以全國交通實業購料做抵」，「實借七千五百萬之債，而償還之額將超三萬萬以上」，而且還要將其中的二萬萬存儲近瀕破產的中法實業銀行，「且三年內營業倘有虧折，均由中政府包賠」。還指出，「年來內亂頻仍，鬩牆之端，均肇於借款成立之後」。鬥爭持續了兩個多月，取得了一定的勝利。

五團體採取了四項措施應對，按照衝突解決方式可以分爲：（1）威脅，

即恫嚇當事人吳鼎昌；（2）拉攏同盟，擴大影響。即散佈傳單，向國內團體、各國留學生和華僑發佈通告。當時國內的《時事新報》、《晨報》、《益世報》等多家媒體都對借款案予以報導；（3）利用政府權威，即向中國駐法最高政府長官駐法公使陳籙提出要求，並且做好對決準備，即欲拉攏旅法各界華人，與公使陳籙談判；（4）分化對手內部。五團體印刷一千餘份法文宣傳資料，通過向法國各界通告借款決議案，使法國國內的反政府議員以此案攻擊政府。

五團體雖兩次發函要求公使陳籙前往巴黎哲人廳，與群眾當面交流。但陳籙因 2 月份剛剛經歷過被四百多勤工儉學生包圍的陣勢，自然不敢前來，只有駐巴廖世功總領事、李俊副領事到會。廖的發言十分圓滑，稱「吾敢斷言此事必為事實，但現在真相如何，則不得而知」。〔註164〕不過也許是因為此次發言的緣故，兩位領事八月底就被換掉了。

繼 6 月拒款大會後，第二次拒款大會又於 8 月召開，要求陳籙解釋法報所說陳籙等人在借款草約上簽字一事。陳籙此時自然更不敢前來，採取迴避政策，藉口消夏避居外地，只派秘書長王曾思和沈秘書二人前去。

到會群眾見陳籙居然再次避而不見，心懷不滿，再加上王否認公使借款簽字，且態度強硬，激怒了一些聽眾。群情激奮之下，眾人暴打王曾思，並迫其立下字據，「陳公使及王秘書全體館員，准將一切在法借款事項，交由留法中國各界所組織之委員會審查，得其同意，方能照辦」。〔註165〕眾人還當場推舉袁子貞、謝東發、毛以亨、李書華、徐特立、李光宇、宋紹景、張君勱、李哲生、曾琦十人為臨時委員，要求王曾思將文件帶給陳籙簽字後在一周內交給委員會，委員會三天後即收到陳籙簽字件，並將「決議譯為法文，影印寄法外部，並附以法文宣言」。〔註166〕在推選臨時委員時，也有人當場就欲辭職，主席毛以亨則聲明「此係臨時擔任，以後尚須經正式選舉，辭職可勿庸議」。〔註167〕這就穩住了欲辭職者，使其不好意思再作推辭，保持了旅法華人

〔註164〕清華大學中共黨史教研組編寫：《赴法勤工儉學運動史料》第 2 冊，北京：北京出版社，1980 年，第 465 頁。

〔註165〕清華大學中共黨史教研組編寫：《赴法勤工儉學運動史料》第 2 冊，北京：北京出版社，1980 年，第 481 頁。

〔註166〕清華大學中共黨史教研組編寫：《赴法勤工儉學運動史料》第 2 冊，北京：北京出版社，1980 年，第 489 頁。

〔註167〕清華大學中共黨史教研組編寫：《赴法勤工儉學運動史料》第 2 冊，北京：北京出版社，1980 年，第 482 頁。

的團結一致，避免了內訌和分化。

此次旅法華人取得了名義上的勝利，暫時令公使館員屈居於群眾之下，但卻令陳籙在國內外顏面盡失，進一步激化了公使館與留法勤工儉學生的關係，令原本因與李石曾、吳稚暉不和，有意借機拉攏勤工儉學生的陳籙心存芥蒂。而且由於留法生參加拒款運動，引起了法國不滿，以至停發維持費，令學生再次陷入經濟恐慌之中。周恩來在《勤工儉學生在法最後之運命》中寫道，「七八百少年們因爲反對借款，妨礙了法國的遠東利益，更影響了中法政界有關係人的陞官發財的機會，在他們看來自然是罪無可恕。你破了他的大飯碗，他自然也要打碎了你的小飯碗。然而這七八百少年們，豈能因爲怕飯碗打碎，他們便銷聲匿跡起來，不去破他們的大飯碗？」〔註168〕

陳籙不愧爲官場老道人物，爲《晨報》撰稿的筱青曾出言，「王曾思並沒掙陳籙的三兩八、四兩二，白白地替他挨了頓打，實在冤屈。陳籙的僥倖，總算是惡尚未滿，陽壽未終，他若到會，我知道明年這日準是他的週年」。〔註169〕因此陳籙找王曾思頂替自己參加拒款大會實屬明智，避免了與留法學生的直接衝突。

爲安撫學生，9月14日下午陳籙又親自接見學生代表，忽悠學生說，「停止維持費，遣送回國的話，是法外部不滿意於學生八月十三日之事。我陳籙在法一日，決不使此事實現。但長久維持，非借鉅款不可，借款又非抵押不可，使館何能辦到，只好暫借數萬元，維持目前，一面向國內設法。我很希望在十月一日以前有具體的辦法，使諸位安心向學。章士釗先生主張無條件借款一千萬維持同學，但必須經過考試，再定維持辦法，我很贊成。吳稚暉先生不日即可來法，里大開學在即，或能安插一部分同學。」〔註170〕陳籙的這番說辭可謂滴水不漏，先將學生陷入困難的責任全部推給法國，接著慷慨表態，然後又說出自己雖力有不逮，但已竭盡全力，最後則將衝突解決的重擔交給到章士釗和吳稚暉身上。這樣既穩住了學生，又推卸了責任，避免了直接得罪學生。駐法公使陳籙還提出，「以後留法者要繳國幣五千元做保證

〔註168〕清華大學中共黨史教研組編寫：《赴法勤工儉學運動史料》第1冊，北京：北京出版社，1979年，第61頁。

〔註169〕清華大學中共黨史教研組編寫：《赴法勤工儉學運動史料》第2冊，北京：北京出版社，1980年，第492頁。

〔註170〕清華大學中共黨史教研組編寫：《赴法勤工儉學運動史料》第2冊，北京：北京出版社，1980年，第535～534頁。

金，才辦護照」，﹝註171﹞陳籙身爲官場老手，處事老辣，避免了留法勤工儉學生規模的進一步擴大，便於使館開展管理工作。

三、民族主義浪潮下的留學生管理比較

　　留日、留法和留美學生反帝愛國運動既有相似之處，亦有所不同。留美學生重文鬥，留日則重歸國抗議和粗暴動武，留法學生則注重鬥爭方式的多元化。駐外公使陳籙老道的處理方式化解了管理危機，而駐日廖代使則因自身資歷尚淺、中日關係惡化程度較深陷入管理困境，甚至遭到學生驅逐。而留美學生監督因當時中美關係尚可，且留美學生未有過激舉動，因此置身事外，沒有遭到太多衝擊。

　　首先，從時代背景來看，五四運動前後，中國知識界的民族意識和愛國熱情空前高漲，留學生反對政府與外國開展的各類不平等合作，與留學生直接接觸的駐外公使首當其衝，成了賣國政府代言人。而外國警察對留學生的打壓是駐外使館賣國辱權的表現，並非治安管理。因此駐外使館缺少管理權威，很難從法律和道德層面實現對勤工儉學生的控制。當時學生思想激進，熱衷於學運，如王光祈就在勤工儉學生紀念五四運動的會議上稱，「五四運動，是學生與官僚奮鬥的第一次，從前只准官僚殺人放火，現在我們亦可打官放火了」。﹝註172﹞

　　其次，留學生中具有領袖才能和號召力者頗多，他們充分發揮「卡里斯馬效應」，鼓動和勸說廣大學生。比如1918年留日學生因中日新約事件歸國。起初有留學生不同意全體回國，一次在中國青年會開會時，一個湘籍學生李言怒斥那些留戀一張文憑的人，把他剛在岩倉鐵道學校領到的文憑，當眾撕毀，說他不稀罕這東西，大家受到很大的鼓舞。﹝註173﹞留法勤工儉學生蔡和森、向警予、周恩來等人，成功鼓動大多數勤工儉學生參與向駐法公使請願活動和拒款大會。他們還採用發表演說、散發傳單、拍發電報、回國求助等方式向國內外輿論求助，並得到一些社會人士的支持。

﹝註171﹞清華大學中共黨史教研組編寫：《赴法勤工儉學運動史料》第3冊，北京：北京出版社，1979年，第412～413頁。

﹝註172﹞清華大學中共黨史教研組編寫：《赴法勤工儉學運動史料》第2冊，北京：北京出版社，1979年，第121頁。

﹝註173﹞沈殿成：《中國人留學日本百年史》（上），瀋陽：遼寧教育出版社，1997年，第390頁。

再次，北京政府各方都缺少應對當時複雜環境的管理經驗和制度建設，尤其是當時留法和留日學生人數眾多，且大多聚集在巴黎和東京這樣的大城市。這樣的群居環境既有利於消息的迅速傳播，也便於學生領袖鼓動宣傳和發起集體運動。

總體來說，留法學生在伸張國權，反對列強，懲治國賊時，雖然也有粗暴動武的一面，但管理主客體都採取了多元化的鬥爭方式，注重獲取各方支持。留美、留日學生則有所不同。留美學界大多學風較甚，因此留美學生注重通過聯絡政府外交官員、出版刊物、上請願書等文斗方式，留美學生的愛國行爲體現了高知分子在處理國際事務上的外交才幹。再如 1925 年歐美留學畢業生向留日學會正誼社接洽，擬聯合日本留學生，要求參加國民會議。

而留日學生在鬥爭手段上比較單一偏激，這也與當時留日學生身處日本對華關係惡劣的漩渦之中有關。由於北京政府外交積弱，而日本又未能給予留日學生公平待遇，給留日學生留下了心理陰影，一旦遭遇刺激，留日學生就難以控制情緒。1923 年 5 月 7 日國恥紀念日，中國留日學生全體休學一日，「東京公私立各校之我國學生無一上課者，較之往年，甚爲一致」。上午在女子青年會寄宿舍內開國恥紀念會，下午一點，男女青年會開全體學生國恥紀念會，「男女學生到者幾及千人」。學生一致主張抵制日貨，並且赴使署強迫廖代辦即日辭職也。途中被日警檢舉者數人，抵使署後，廖代辦當即接見，詢問學生來意，某生要求廖氏即日辭職，謂「三月二十二日我國學生舉行收回旅大運動，當時日警逮捕學生，並有受傷者數人，使署何故不嚴重抗議，實屬有忝厥職，此種無用之外交官，應即逐回本國，以減國家之恥辱」，大多數人都附和之，並有人用日語罵廖爲馬鹿（按即蠢材之意），廖答以「此事業經交涉，日外務省已有覆文」，並當即取出使署抗議文底稿及外務省覆文與眾閱看，但眾人仍不滿意，有學生要求廖「即刻退出使館，不能稍留片刻，如廖氏不去，全體亦不退出使署」，〔註 174〕還有人甚至打算對廖用武，廖氏被困至九點多，被強迫寫下辭職電稿，並於當晚發出電文。學生又要求廖即日離東，廖稱倉猝間實難辦到，雙方僵持，幸虧有學生出面解圍才寬限三日。東京留日學生協會電旅滬留日學會轉全國各團體，告知學生們已請廖代辦回國，並望能「轉告政府，擇夙有外交經驗者駐日，俾再據理交涉，而雪學生之辱，對日經濟絕交之主張，須請國人堅持到底，達撤消二十一條之目的，

〔註174〕《留日學生驅逐廖代辦》，《申報》1923 年 5 月 18 日，第 7 版。

吾人雖遠離祖國，亦與有榮焉」。〔註175〕學生敢對廖代辦如此無禮，一方面是因爲學生受日本欺壓將怒火發洩到廖身上，另一方面也是因爲留日學生連公使都敢對抗，而廖僅爲代辦，且資歷尚淺，留日學生對其態度自然更加惡劣，因此作爲管理方出現的駐日廖代辦在這場博弈中完全無招架之力。

　　留學生的愛國運動值得欽佩，但不得不承認過多的政治運動影響了學生學業，而且一些學生採取的暴力手段有欠妥當。留學生受中國傳統思想影響，「學政不分」，學生政治參與意識強，以愛國者自居，視駐外使館人員爲賣國賊，認爲可以通過批判使館官員達到懲處賣國賊，伸張國權的目的，結果導致使館與學生矛盾激化。北京政府時期的留學管理官員可謂難做，當留學經費缺乏時留學生要求官員籌款救濟，但當官員對外借款時，留學生將自己對外國的不滿轉嫁到管理者身上。北京政府時期外國借款層出不窮，固然有官員謀私之事，但經濟困難亦是主要原因。因此當時也曾有學生質疑爲何朱啓鈐給華法教育會捐款十萬時無人指責，當朱啓鈐提出爲勤工儉學生捐款五萬元後卻對其發難。1918 年 6 月，總理段祺瑞在接見九名歸國留日留學生代表時表示，政府還將向日本借款一億，開發礦山，振興工廠。「外債不足以亡國，惟視其用途之得當與否而已。中國現雖有外債二十億，若舉辦要政，雖再借二十億何害焉」。〔註176〕段對借款的性質界定，頗有幾分道理。試以美國而論，美國作爲世界超級大國，但卻是世界上最大的債務國。借款一節，關鍵在於借款用途、借款利息以及借款附加條件。

〔註175〕《留日學生電告廖代辦回國》，《申報》1923 年 5 月 19 日，第 13 版。
〔註176〕《關於新約之北京學界近狀》，《申報》1918 年 6 月 11 日，第 3 版。

第四章　歸國留學生管理

　　北京政府時期，留學生自詡爲中國救亡圖存的精英力量，這一觀點也得到了當時社會的廣泛認同。他們有的投身於科教事業，成爲杏壇的學術巨子；有的則把持中國教育科研界，甚至利用外國勢力對抗中國政府；也有的成了縱橫捭闔的官僚政客。當然更多的留學生則是在各個領域，爲促進中國進步而默默耕耘。總之，他們的所作所爲，無論從積極方面抑或消極方面，對近現代中國之影響，都不容低估。

　　本章重點通過描繪歸國留學生就業概況，研習政府留學人才就業政策，及政治失序下的歸國留學管理在留學人才延攬任用上的缺失。

第一節　歸國留學生就業概況

　　北京政府時期，歸國留學生提高了政府行政效率，改進了外交方式，促進了教育業、新聞出版業、衛生事業、金融業和工業的發展，也因此獲得了較爲優厚的待遇。

一、就業去向

　　北京政府時期，留學生在教育界和政界成績斐然，此外，一些有志向的留學生也積極利用自己所學維護國家利權和商業利益，他們或自主創業，或就職於各行各業，爲中國自主發展各項事業作出了傑出貢獻。當時留學人才流動性較大，尤以政界與教育界爲著。由於政見不同，一些歸國留學生隨政局的變化遊走於政界與教育界。比如留法生李石曾剛過而立之年就辭去駐法

公使職務，後來投身於留法勤工儉學事業中。更爲人們熟悉的當爲蔡元培、胡適、蔣夢麟等人。

首先，北京政府時期的歸國留學生熱衷從教，並在教育界佔據主體地位。清末時由於留學人才大多爲各衙門調用，因此教師缺乏，爲確保師資力量，清末還曾出臺規定，「凡此次所選派之出洋遊學生，及以前學務大臣暨臣部先後所派之官費出洋遊學生，近來畢業歸國，皆令充當專門教員五年，以盡義務，其義務年限未滿之前，不得調用派充他項差使」。〔註1〕到了北京政府時期，教師成了最熱門的職業。如清華學生回國後大部分集中於大都市，以從事教育的最多，其次分別爲商界和實業界。1909～1923 年清華共派留美學生15 批 911 人，其中除 4 人未出國，23 人病故，及 406 人尚未完成學業，返國者占 52.2%，其中服務於教育界者 170 人，商界 70 人，實業界 59 人，政界36 人，其他 43 人，未明者 100 人。〔註2〕而據舒新城統計，在 1909～1922年的 516 名清華歸國學生中，從事教育者 187 人，占全數的 36.2%，居第一位。居第二位的爲公司，有 62 人，占 12%，從政者 44 人，占 8.5%。〔註3〕歸國留學生之所以熱衷躋身於教育界，一是由於當時國內高等教育師資缺乏，歸國留學生憑藉留學資格即可取得大學教師甚至教授地位；二來是因爲教育界地位崇高，教育界名流不僅可以隨意批判政壇要人，而且可以輕鬆問鼎政壇要職。當然也有些留學生是因爲找不到合適的工作，只能選擇在中學從教。

雖然當時出現了留學人才供過於求的現象，但各省高校對高端人才的爭奪仍很激烈，人才的去留甚至影響高校的學科發展。江蘇省教育廳長蔣維喬積極關注本省高校人才流動，深有憂患意識。1927 年 2 月，他在《致江蘇教育行政委員會書》中指出，學習法政工商專業的留學生歸國後失業者較多，但江蘇省所需要的一些專業人才卻極爲難得。比如理論物理學，「東南大學聘請此項教授已經年餘，未得其人」，1926 年終於預約到吳有訓、方光圻二位即將畢業的留美學生回國任教，並於半年前呈送聘書，不想吳有訓上學期到校

〔註1〕 陳學恂、田正平編：《中國近代教育史料彙編——留學教育》，上海：上海教育出版社，2007 年，第 78 頁。
〔註2〕 蘇雲峰：《從清華學堂到清華大學：近代中國高等教育研究》，北京：生活‧讀書‧新知三聯書店 2001 年，第 343 頁。
〔註3〕 舒新城：《近代中國留學史》，上海：上海書店出版社，2011 年，第 168～170頁。

後，因回江西省親，「乃爲南昌大學不問理由，強制截留」。而本可於 1927 年
暑假回國的方光圻「又爲清華學校以重幣奪去」。〔註 4〕東大心理學專業因有
泰斗陸志韋，因此東大心理系在當時各高校中較爲有名，但自 1925 年來燕京
大學就極力拉攏陸跳槽，並於 1927 年挖人成功，導致東大心理學從此發展受
損。

　　其次，受中國傳統「學而優則仕」思想的影響，許多留學生歸國後熱衷
於從政，在政府內，歐美留學生逐步取代了留日學生。雖然有一些人提出政
壇污濁，留學生歸國後如果一心爲官，容易荒廢專業，「惟有擔任教授，爲教
學相長之事」，「其所得當不弱於官吏，無庸別籌生計，更足以高尙人格養成
人才」。〔註 5〕但留學生投身於政界，客觀上還是促進了北京政府時期的政治
現代化，提升了北京政府國家形象。東洋派留學生在清末時佔據政府要職者
居多，但隨著歐美留學生歸國人數增多，國民對西洋派留學生寄予更多厚望，
西洋派留學生也在政府教育等各行業佔據越來越多的重要職位，雙方地位由
民初的旗鼓相當漸漸演變爲歐美留學生勢力強盛，而這也在某種程度上影響
了日本和美國在華勢力的消長。

　　1912～1928 年間，北京政府先後更換了 32 屆內閣。歷任國務總理國外留
學出身者有 13 人，占 41.93%，內閣閣員留學出身者 56 人，占 51.37%。〔註
6〕從歷任總長的學歷來看。先後擔任交通總長的 21 人，農商總長（包括農林、
工商及農工、實業）共 29 人。實際上爲 47 人。在這 47 人中，留學美國、日
本和英國的共 23 人，占 49%；科舉出身的 1 人，占總數的 34%。〔註 7〕1912
年新內閣成員中，除了趙秉鈞沒有留學經歷外，唐紹儀、陸徵祥、段祺瑞、
熊希齡、劉冠雄、蔡元培、王寵惠、宋教仁、陳其美等人均爲歸國留學生。
民初國會議員留學生出身有 258 人，占 51.7%。〔註 8〕據 1916 年留美歸國學
生職業統計，在 340 人中，從政者 110 人。其中，90% 以上的從政留學生在中

〔註 4〕《蔣竹莊致江蘇教育行政委員會書》，《申報》1927 年 2 月 16 日，第 10 版。
〔註 5〕《限制官吏兼充校長教員之辦法》，《申報》1915 年 11 月 27 日，第 6 版。
〔註 6〕王奇生：《中國留學生歷史軌跡》，武漢：湖北教育出版社，1992 年，第 210
　　　頁。
〔註 7〕張靜如、劉志強主編：《北洋軍閥統治時期中國社會之變遷》，北京：中國人
　　　民大學出版社，1992 年，第 11 頁。
〔註 8〕張朋園：《從民初國會選舉看社會參與》，《國立臺灣師大歷史學報》第 7 期，
　　　轉引自王奇生：《中國留學生歷史軌跡》，武漢：湖北教育出版社，1992 年，第
　　　206 頁。

央一級行政、司法和立法部門工作，只有 8 人下到各省行政部門。﹝註9﹞1917
年歸國留美生從政比例大致相當，344 人中有 115 人為行政官員。﹝註10﹞而據
1917 年某方面調查，華人在歐美日本留學歸國至京者 950 人，投身政界者 806
人，其餘或為大學專門學校教員，或為大公司經紀。各部中主事、僉事、司
長、參事、技士、技正為留學生 23%，其在農商部者幾及 50%，其中以留美
學生為最多，蓋美人退還庚子賠款即以之培植中國少年，於是往美留學者多，
歸國執事者亦多。留學生之屬於各省者又以江蘇為最多，共 208 人，浙江 143
人，湖北 117 人，廣東 79 人，其它則分配之於其餘各省。留學生為官，年最
長者 67 歲，最少者 21 歲，平均論之多在 30 歲以上。陸軍部有留學生 34%，
教育部 28%，森林局 32%，農商部 48%，大理院 40%，交通部 46%。若以
所學者觀之，則陸軍 136 人，工程 56 人，法律 79 人，商業 61 人，農林 34
人，財政 30 人，醫藥 28 人，其餘則多學工業界者，又學美術者 1 人，文學
15 人。﹝註11﹞

因此 1923 年蔡元培曾發表文章稱，「當局的壞人，大抵一無所能的為多，
偶有所能，也是不適於時勢的。……現在政府哪一個機關，能離掉留學生？
若留學生相率辭職，政府能當得起嗎？」﹝註12﹞

表 4-1-1：安福國會議員教育背景一覽表

安福國會	議員總數	新式教育人數	本國中上學堂	留學日本	留學美歐
參議院	143	45	20	17	8
眾議院	329	78	26	48	4

資料來源：張朋園：《安福國會選舉——論腐化為民主政治的絆腳石》，《中央研究院
近代史研究所集刊》第 30 期，1998 年 12 月，第 196、206～224 頁

民初以來，作為整個官僚制度體系下行政效率和職業化程度最高的部門
之一，外交機構吸引了不少優秀的留學人才，甚至教授、博士也只能充任使

﹝註9﹞ 《遊美同學錄》（1947 年），轉引自王奇生：《中國留學生歷史軌跡》，武漢：
湖北教育出版社，1992 年，第 208～209 頁。

﹝註10﹞ Who's Who of American Returned Students，1917 年，轉引自李喜所：《中國留
學史論稿》，北京：中華書局，2007 年，第 347 頁。

﹝註11﹞ 《政海中之留學生人數》，《申報》1917 年 12 月 14 日，第 6 版。

﹝註12﹞ 《蔡元培全集》第 4 卷，第 311～312 頁，轉引自王奇生：《中國留學生歷史
軌跡》，武漢：湖北教育出版社，1992 年，第 209～210 頁。

館二等或三等秘書。如留美博士李維果在中央大學教書兼任政治系主任，派往德國使館當二等秘書。王某清華大學及留美畢業，做過八年教授，進入外交界只能做三等秘書；李某留學法國，擁有二十餘年的外交經歷，不過一名二等秘書；另一位李某日本帝國大學畢業，精通六國外國語言，也不過爲一名主事。〔註13〕

表4－1－2：外交部總長次長及參事廳、秘書處、總務廳下屬機關人員教育經歷表

年份	留法	留美	留日	留英	留比	留俄	國內新式教育	其他	未詳	總數
1914 年	3	2	2				3	3	1	14
1920 年	5	5	2	1	1		1	1	3	18
1926 年		6	1	4		1	3	3	3	21

資料來源：岳謙厚：《民國外交官人事機制研究》，北京：東方出版社，2004 年，第173 頁。

　　由上表可見，民國初立之際，留日學生居多，隨後歐美留學生日益增多。當時外交部人員構成中留學生人數居多，主要是因爲外交部選拔人才尤其是使節時通常要考慮「其人選的語言、學識和對所使國家政治文化等的瞭解程度，以及派駐國是否能夠接受等因素」。〔註14〕北京政府歷屆外交總長幾乎均爲留歐美學生，爲改變中國受列強控制之局面，他們運用外交手段周旋於列強之間，並在北京政府後半期積極於收回利權運動。

　　客觀而言，留學生的知識結構與傳統官僚政治機制不相諧調，加之中國官場、職場講究論資排輩，循序漸進，難容剛畢業的留學生榮升高位，而留學生則視老輩爲老朽，雙方矛盾日益加深，於國無益。俞希稷在《敬告留學生》中指出新舊人才存在的矛盾，「凡中國年高望重之人大率視留學生爲土苴，凡留學生之一言一動，彼等無一直之。若而人者，雖以守舊稱，然國家倚之，大率如長城，其聲望之隆，勢力之大，遠非年少者可比。故留學生凡

〔註13〕何鳳山：《外交生涯四十年》，香港：中文大學出版社，1990 年，第 1、40、42 頁，轉引自岳謙厚：《民國外交官人事機制研究》，北京：東方出版社，2004 年，第 171 頁。

〔註14〕岳謙厚：《民國外交官人事機制研究》，北京：東方出版社，2004 年，第 173 頁。

有所設施，不可不先令彼等信服，必先檢束自己之言行，勿涉於荒惰」。〔註15〕宋發祥傳達馮玉祥意見稱，「我國顯要之職寥寥無幾」，卻由不通中國國情的留學生佔據各省高官要職，「國家設官分職，純以新造人材握其要津，則老成練達者必不甘居其下而爲之輔佐。若再專用新造人材，則中國現狀更不明了，兩相盲昧政局將何以堪」，「甫畢業之留學生，志大而識淺，才能有餘，而閱歷不足也，故必本其學問，加以閱歷，俾國民知其經驗有素，才能足以勝任」。建議「應令外洋留學生先任副級官職，俾實地練習，以增進其才能足以應付重任，斯得國民信仰矣」。〔註16〕

再次，一些留學生不負政府和國民的厚望，利用所學知識，致力於奪回昔日被外國人佔據的職位，收回國家利權和發展本國事業。當時許多人都寄望留學生，希望他們學成後能取代外國技師、教習和工廠。1916 年 12 月，梁啓超在上海總商會演說時指出，欲將公司辦好，「只有以眞實商人去辦，公私二字分得明白，屏除從前一切惡習，便可杜絕此弊」。此外，「須從收用新人才上入手」，如政府不能充分啓用成績良好的外國留學畢業者，社會方面應設法羅致至實業界，「則最新之智識技術皆可應用，自然可與外人競爭」。〔註17〕

民國成立初期，東西洋留學法政科畢業生蔡寅等經上海都督批准，在上海組織律師公會，力圖改變中國人訴訟權操於外人之手的局面。5 月，蔡寅被任命爲滬軍都督府軍法司司長。中華民國鐵道協會也在宣言書中感歎，「吾國數十年來，凡經濟上之企業無不引用外人坐授利柄，而鐵道其尤甚者」，〔註18〕提議延聘留學生和專門學校畢業生，盡量不用外國人。1916 年 10 月中華書書局印刷所也提出，輸入歐美技術和派遣留學生的最終目的是爲了實現「將來印刷日有進步，凡最精之商標證券等件均可自印，不欲利權外溢，則所以助文化之進步者非淺鮮也」。〔註19〕1916 年 11 月廣東省擬恢復工業學校，延聘學習工業的留學生主持教席，「使之本其學反哺宗邦，毋庸延聘洋人」。〔註20〕

〔註15〕俞希稷：《敬告留學生》，《環球》1917 年第 2 卷第 2 期。
〔註16〕《宋發祥傳達馮副座意見》，《申報》1917 年 3 月 1 日，第 6 版。
〔註17〕《梁任公在上海總商會之演說》，《申報》1916 年 12 月 28 日，第 10 版。
〔註18〕《中華民國鐵道協會宣言書》，《申報》1912 年 5 月 2 日，第 3 版。
〔註19〕《中華書局概況》，《申報》1916 年 10 月 10 日，第 23 版。
〔註20〕《粵省恢復工業學校之動機》1916 年 11 月 22 日，第 6 版。

　　一些留學生還自主創業，開辦學校、化工廠、礦廠和醫院等。1912 年 5 月，天成五金化煉廠商人陳達等呈上海民政總長、實業總長稱曾留學比利時六年，可以為代為鎔化礦砂，以免礦產利權外溢。留美學生董學清獨資創辦化工廠，生產能擦各種五金及搪磁器等的八卦牌擦銅油又名擦銅水。還有的留學生在江蘇、安徽勘查煤鐵等礦後，回上海籌集資本開設公司。蔡元培兒子蔡無忌於 1913 年留學法國，1924 年在法國實習獸醫，1926 年春回國在上海設立獸醫院。1918 年 12 月，留學歸國的中國醫士們與朋友合夥在北京西山創設一養病院，京師憲兵總司令李長泰、北京國立大學監督范源濂到場觀禮，水利局總裁熊希齡和稅務處督辦孫寶琦也分別派代表參加。1924 年，粵人化學碩士梅冠豪、藥學學士劉洪瑞、工程學士何自立等約集東西洋留學同志十數人，設立廣東科學專門學校，並附設英文專科。前蘇常鎮守使朱琛甫之子朱家仁留美期間專攻飛機工程，其回國時攜同飛機兩架，並在其父資助下籌建飛機廠。

　　五四運動後國人紛紛提倡抵制日貨，有人提議將上海製造局改為商辦工廠。1925 年 2 月，胡仇湘建議羅致機械等專業歸國留學生，發揮他們的才幹，既使人才有用武之地，又可改變中國實業落後的局面，建成實力雄厚的汽車工廠。時人還建議政府派遣優秀學生官費留學歐美，研究各國路政、市政、建築、機械及製造汽車等，待學成歸國後可分配至各路局及各汽車工廠擔任工程師，這樣可以挽回國家權利，免使落入外人之手。1925 年 5 月，航空學校籌設機械班，擬待學生畢業後將派往各國留學，以期中國今後能自製飛機。一些留日留美回國藝術及商學專家集資創設上海一四公司，以流通國貨、輔助教育、發展文化、提倡美藝為宗旨，五卅案後國人對於國貨之需要驟增，該公司也因此業務量大增。〔註 21〕20 年代「國內現時一切衛生事業之設施，大半由英國留學生主持，如伍連德辦理滿洲防疫事宜，陳祀邦在北京主持中央防疫處等」。〔註 22〕

　　值得注意的是，北京政府時期女子留學歸國後服務於社會者較少。1914、1916、1918 和 1921 年四個年度，清華歸國女生共計 28 人，從事高等學校教職員 5 人，中等學校教職員 2 人，醫院 4 人，而未詳則為 17 人，高達 60.7%。〔註 23〕雖然職業未詳可能是因為統計上的偏差，但亦可看出女子出國留學歸

〔註 21〕《留學生之新組織》，《申報》1925 年 7 月 11 日，第 19 版。
〔註 22〕《中華醫學會開會之第三日》，《申報》1926 年 2 月 20 日，第 14 版。
〔註 23〕舒新城：《近代中國留學史》，上海：上海書店出版社，2011 年，第 172 頁。

國後並未投入社會工作的人數較多，甚爲可惜，這也引起一些社會人士提議
限制女子留學。

二、就業待遇

　　從留學生就業待遇來看，北京政府給予了留學生較高的待遇。留學生考
試揭曉後，總統曾由公府酌給以八十元或六十元之津貼，除內務部未定如何
派法，因此公府津貼尚未停止外，其餘分發到部院的及第留學生，待各機關
派定津貼後即行停止。各部院對於分發之留學生雖均加以優遇而辦理，尚未
能一致。最優者爲農商部，超等上士自百二十元至百四十元，甲等中士自八
十元至百元，丙等少士則亦自六十元至八十元。財政部除商科超等首名之徐
君新被派在秘書處辦事，「月俸二百元」。其餘「多者六十，少者亦四十元」。
司法教育兩部及審計院則次之，而以外交部爲最下。外交部對於分發該部之
留學生，並不責以辦事。無論超甲乙各生，「概以學習員名，其津貼多者六十
元，少者四十元，該部支薪之名冊，所有此項之學習員，均列在雇員部分之
內」。〔註24〕政事堂以留學生考試「係開國以來之特典，分發各機關，未便參
差」，擬劃定統一章程呈明總統，分行各機關，「凡將來可以得薦任官資格者，
即予以薦任官月俸之半額，將來可以得委任官資格者，即予以委任官月俸之
半額，以免紛歧」。〔註25〕

　　北京政府時期大學教授待遇較高，這也是歸國留學生熱衷在大學任教的
原因之一。如 1917 年，時任北大教授的胡適在給母親的家書中提到，自己
在大學的薪水爲每月 260 元，10 月份增至 280 元，此爲教授最高級之薪俸。
〔註26〕

　　當時留學生待遇一般是國內大學生的數倍，而西洋留學生待遇高於東
洋。據陶希聖回憶，在 20 年代以前商務印書館編輯的待遇與其學歷相關。例
如美國哈佛大學博士，曾任國內大學教授的，月薪 250 元；若是英美名牌大
學博士而未曾任國內大學教授的，月薪 200 元；日本帝國大學博士曾任國內
大學教授的，月薪 150 元；日本帝大博士未曾任教的，月薪 120 元；此外，

〔註24〕《分發各部院之留學生俸給問題》，《申報》1915 年 6 月 6 日，第 7 版。
〔註25〕《分發各部院之留學生俸給問題》，《申報》1915 年 6 月 6 日，第 7 版。
〔註26〕耿雲志、歐陽哲生編：《胡適書信集：1907～1962》（上冊），北京：北京大學
　　　　出版社，1996 年，第 106、111～112 頁。

日本明治大學畢業的，月薪 100 元；上海同濟大學及蘇州東吳大學畢業的，月薪 90 元；北京大學畢業的，月薪 60 元。〔註27〕

從寰球中國學生會 1920 年的幾則招聘啓事來看，幾所學校招聘教員都是要西洋留學生「寰球中國學生會代聘一英文商業教員，每月薪金百五十元，以西洋留學生爲合格，如有願應聘者可向該會介紹部接洽」，〔註28〕「湖南某工校託該會聘請機械工程教員一人，月薪二百四十元，河南某農校託聘農科主教一人，月薪百六十元以上，二處均以西洋留學生爲合格」〔註29〕，「有人（在外埠）託該會聘請一英文教員，須英語純熟並熟悉留學美國之情形者，薪水可以從豐」。〔註30〕

而當時縣立高等小學校長月薪爲奉大洋四十元，鄉立高等小學校長月薪爲奉大洋三十元，教員月薪，分二十六元、二十四元、二十二元、二十元、十八元、十六元六級。〔註31〕遠遠低於留學生的薪水。然而隨著北京政府經濟惡化，留學生待遇也一落千丈。1924 年江亢虎任南方大學校長時，有半數教員爲東西洋留學生。江規定，「該校教員以不兼差爲原則」，但輿論卻稱，「事實上此層殆不可能，蓋以該校之薪資決養不活一個留學生及其家屬也」。〔註32〕

第二節　政府歸國留學人才政策

北京政府前期，袁世凱在北京政府機樞要位上排斥異己，安插其舊僚屬，但在歷史潮流的推動下，整個官僚隊伍被迫做出調整。1915 年袁世凱仿照前清舊例，舉辦了北京政府時期唯一的歸國留學生考選。其後，地方軍閥爲了發展地方勢力，積極拉攏留學人才。由於受到當時政治紛爭和經濟危機的負面影響，北京政府時期的人才政策在實際運作中大打折扣。

〔註27〕《潮流與點滴——陶希聖隨筆》，臺北：傳記文學出版社，第 64 頁，轉引自王奇生：《中國留學生歷史軌跡》，武漢：湖北教育出版社，1992 年，第 122～123 頁。

〔註28〕《寰球學生會介紹部消息》，《申報》1920 年 7 月 6 日，第 11 版。

〔註29〕《寰球學生會介紹部消息》，《申報》1920 年 8 月 30 日，第 11 版。

〔註30〕《寰球學生會介紹部消息》，《申報》1920 年 10 月 14 日，第 11 版。

〔註31〕《中華教育界》，第 16 卷第 3 期，1926 年 9 月。

〔註32〕《北京教育界零拾》，《申報》1924 年 8 月 27 日，第 11 版。

一、政府歸國留學人才政策特點

　　北京政府時期中央與地方政府都重視多渠道吸納各類留學人才，並給予人才傾斜政策。

　　首先，中央和地方都重視任用留學人才，強調官自費留學生歸國後爲己效力。1912 年 4 月，袁世凱將擬錄北京各部職員分爲四類，以南京政府舊人之曾留學者爲第一類。〔註33〕袁世凱對優秀的留學人才數次相邀，頗有誠意。在顧維鈞尙未畢業之際即轉達邀請，請其擔任辦公室的英文秘書。公使張蔭棠親自接見了顧維鈞，並轉達了袁的邀請。顧因未完成學業拒絕了邀請，袁世凱則請張蔭棠再次向顧發出邀請。在顧維鈞完成學業後，顧提出「購置一定數量的重要參考書」，張立刻打電報爲其申請經費，後來隨著顧維鈞的路費「彙來了一筆大約五百美元的特別津貼」。〔註34〕顧維鈞一回國就被領到事先預訂好的東交民巷六國飯店的房間內，舉薦人總理唐紹儀也在次日親自到飯店帶顧維鈞去總統府，令顧維鈞「惶恐不安」。〔註35〕在「地方自治」的形勢下，地方政府也重視任用留學人才。1912 年 1 月江西省臨時議會臨時議會一切章程及議事細則業經留學界共同擔任擬定草稿。江西李烈鈞都督任用曾留學英國，並先後在北京東三省行政官署工作過的徐秀鈞擔任民國銀行總理。1918 年雲南歸國留學生鼓吹開發本省天產，在雲南省城組織實對會，「提倡滇省實業，促進滇省與外界各處之商業，並注意於農業及森林之改革」。該會得到當地政府支持，「一省長爲該會名譽會員，財政廳長爲該會會長，會員大多能操英語，其中自日本歸國者甚多」。〔註36〕廣西陸榮廷軍政府的教育司司長唐仲元、財政司司長嚴端、法制局局長盧汝翼都是留日學生出身。陸榮廷的女婿蘇希詢也是當時的留法博士，畢業於巴黎大學。1921 年 2 月蘇任梧州海關監督兼北京政府外交部特派廣西省交涉員，後任廣西省教育廳廳長。曾先後留日、留英和留美的教育學博士雷沛鴻，1921 年春回國後曾四度出任教育廳長，並直接從事高等教育工作。1922 年初，廣州市政廳中領袖、辦事人員大半爲歐美日之留學生，如市政長孫科爲加利福尼亞大學市政科之畢業生，

〔註33〕《西報之北京消息》，《申報》1912 年 4 月 12 日，第 2 版。

〔註34〕中國社會科學院近代史研究所譯，顧維鈞著：《顧維鈞回憶錄》（第 1 冊），北京：中華書局，1983 年，第 78 頁。

〔註35〕中國社會科學院近代史研究所譯，顧維鈞著：《顧維鈞回憶錄》（第 1 冊），北京：中華書局，1983 年，第 84 頁。

〔註36〕《雲南之新氣象》，《申報》1918 年 12 月 14 日，第 6 版。

六個局的領袖、工程局及衛生局的工程師均爲留學生，市政廳職員亦有二十餘人曾受西方大學教育。〔註37〕1924 年，與馮玉祥、孫岳兩將軍返京的國民軍副司令胡景翼，在答覆北京英文導報記者柯樂文采訪時表示，「希望多得回國之留學生出而擔當國事，以扶助建設中國所需要之新事業」，對於未在外國留學者，胡表示這些人「亦須與留學生通力合作，蓋其目的在使富有學識經驗之留學生將有建造改革之機會，不若前此之概置閒散」。〔註38〕

其次，多渠道吸納留學人才。（一）考試選拔：袁世凱執政時期延續清朝的歸國留學生考選政策，曾舉辦過歸國留學生考試，招攬留學人才。留學生考試結束後，國內大學畢業生也援例請考，而此時國外留學生畢業回國者亦益增多，因此政府令法制局制訂規章，「政法國學分門考試，須由國內外大學及專門畢業者方得應高等文官考試」，〔註39〕擬於 1915 年 9 月公佈考試信息，次年 2 月舉辦文官考試。但因此次考試係奉袁世凱之命舉行，因此袁死後未再舉辦。1924 年 6 月，張作霖令鍾世銘主辦招考各國留學生事宜，選拔外交人才；（二）錄用清末官僚：北京政府重視任用通過清末考選的歸國留學生和五大臣出洋考察期間選拔的留學人才，如顧維鈞、顏惠慶、王寵惠、王正廷、孔祥熙、伍朝樞、刁敏謙、施肇基、陳錦濤、陳籙等；（三）親信推薦：袁世凱在唐紹儀赴美前，曾託他「物色有爲青年，以便介紹他們回國任職」。〔註40〕唐紹儀在前清憲政考察團離美回國前，曾通過清帝國駐華盛頓公使發出邀請書，邀請四十位中國學生作爲他的客人在華盛頓逗留十天。（四）官員尋訪和保薦：1915 年 1 月安徽省韓巡按留意訪查皖省留學人才，欲引爲國用。但因兵亂送洋留學卷宗大多散失，人名無處查考，因此韓巡按通飭各縣知事尋訪留學人才，並迅速詳報。1922 年 1 月，北京政府令駐外公使「從留學各國法律科畢業生中，悉心遴選，切實搜羅，擇其堪勝審檢之任者，酌加保薦，依法甄拔，從優錄用」。甄拔辦法則由司法部擬定；〔註41〕（五）設立人才儲備機構：1914 年 12 月北京政府擬在中央設立儲才館，「政事堂存記人員」、「留學生考試中學欠佳者及不諳國情者」、「前清時代官僚中稍有才望者」及

〔註37〕《廣州市政實況》，《申報》1922 年 1 月 1 日，第 18 版。
〔註38〕《胡景翼對柯記者之談話》，《申報》1924 年 11 月 9 日，第 7 版。
〔註39〕《考試聲中之文官與法官》，《申報》1915 年 8 月 16 日，第 6 版。
〔註40〕中國社會科學院近代史研究所譯，顧維鈞著：《顧維鈞回憶錄》（第 1 冊），北京：中華書局，1983 年，第 84 頁。
〔註41〕《命令》，《申報》1922 年 1 月 31 日，第 6 版。

「閒散顧問」可入該館。〔註42〕1918 年政府擬設戰後實業調查會，安插東西留學生及實業界知名之士。1924 年，奉天張作霖擬設外交養成所，收留學各國畢業生肄業；（六）經費資助：當時一些軍閥只知對歸國留學生錦上添花，在他們尚未學成亟需經費援助時卻不知雪中送炭，而張作霖則及時加以援手，拉攏人才。1921 年，張作霖在會見美國人孟祿（Monroe Paul）時說：「現在救急的法子，就是凡本省自費出洋的，都由省政府酌量與以救濟，不使他們失學。」對於那些「官費斷絕，流離失所，衣食不給」的非東北公派留學生，張也慷慨地稱：「我著實可憐這些呼救無門的學生，所以前幾天我拿自己的錢，給他們彙去十萬元，稍救他們目前之急」，「我是不分畛域的，因為他們都是國家的人才」。〔註43〕許多曾由張作霖資助的留學生為其昔日的恩惠與優厚的待遇所動，歸國後紛紛湧入東北。

再次，注重選拔具有從政經驗的留學生。比如袁世凱喜好任用唐紹儀、段祺瑞、章宗祥、湯化龍等同時具備留學背景和從政經歷者。英國人莫理遜稱讚袁世凱執政有方，中國新舊兩派正迅速融合，「袁總統之輔弼嘗留學英美者至少四十人，嘗留學日本者至少六十餘人，粵人中之最有能名者多被擢舉要任，且博選時彥，佐治國務，甚至舉不避仇，以示無私」。〔註44〕

第四，政府注意選拔與軍事相關的留學人才。1912 年 3 月，譚都督和陸軍部一再電召德國留學工科畢業生賓步程接辦南門外機器局，一改從前虛糜國帑、成效毫無的狀況。再如留德醫學博士江逢治留學時正值一戰之際，江精通戰事上之醫學，因此 1916 年黎元洪大總統和陸軍部召北上就職。1913 年 5 月，海軍部劉子英總長向袁世凱遞交呈文，提出擴充海軍教育，設立海軍輪機學校、艦藝專門學校、海軍駕駛學校和水雷鎗炮學校，全部聘請留學生為教員。袁世凱選拔效忠自己的留學人才，用來對抗舊派力量，袁氏父子曾組織模範團培養新興軍事勢力以對抗段祺瑞勢力。在蔣方震的建議下，袁世凱在統率辦事處之下設立模範師籌備處，先練兩個師，中級軍官用留學生，下級軍官用軍官生及速成生，改變歷來重用速成生而排斥留學生的風氣。

〔註42〕《政聞零拾》，《申報》1914 年 12 月 18 日，第 6 版。
〔註43〕郭建平：《奉系教育》，瀋陽：遼海出版社，2000 年，第 47〜48 頁，轉引自冉春：《南京國民政府留學教育管理研究》，華中師範大學博士論文 2007 年，第 28〜29 頁。
〔註44〕《莫理遜對於中國政局之樂觀談》，《申報》1914 年 7 月 15 日，第 3 版。

　　第五，北京政府中央各部對留學人才均有所傾斜。民國初年，京師各學校校長、教員常有以行政司法各官兼充者。鑒於本職職務與教授時間互有妨礙，1915 年，教育部出臺規定，限制官吏兼充校長、教員。但教育部對於經政事堂考取奉令分部任用的歸國留學生卻准予變通。20 年代初雖然政府提出裁員計劃，但 1923 年 10 月，內閣決議留學生考試及格者可納入不裁員之列。

　　總體來說，當時的中央與地方政府都重視吸納各類留學生從政，但未能為留學生從事其他行業工作提供良好的外部支持。時人曾針砭此次考選，「政府乃以考試一舉集數年中之留學生而置之部曹閒散之地。是名用而實錮之也。即用得其所，而注全國有用之才於政治一途」。〔註45〕而且雖然各級政府都強調留學生歸國後就業需聽從政府安排，官自費生就業享受同等待遇，但在實際操作中未能執行。

二、歸國留學生任用考選

　　為了緩解北京政府與留學生僵硬關係，拉攏留學人才，1914 年 9 月 17 日，袁世凱下令舉辦留學生歸國考試，選拔人才。9 月，政事堂以人才報名工作為長期事務，建議於政事堂公所設立一留學回國試驗報名處，並派曹秉章、吳鼎昌等八人為該處辦事員，籌辦一切事宜。袁世凱派政事堂參事金邦平、伍朝樞、美國法律顧問韋羅貝、日本法律顧問岡田朝太郎等四人為考官，所有襄校人員均由金等自行聘請。1915 年 1 月留學生甄拔考驗委員會設於政事堂內，委員會長為國務卿徐世昌，委員由委員長指定。留學生經委員審查文憑合格後，還需有兩名同鄉京官擔保，最終通過審查准予考試者為 249 人。

　　清末及北京政府時期的歸國應試留學生，都存在留學生缺乏中文功底的問題。清末西洋留學生中文很差，而 1915 年歸國留學生考試時，應考的留學生依然有不通中文者，有人將「董仲舒寫作董仲世，王文成寫作王文中」。〔註46〕此次考選後政府還仿傚清末考選歸國留學生的覲見制度，1915 年 4 月 3 日，及第留學生由徐國務卿代見，分授以上士、中士、下士。總體來說，此

〔註45〕任源雋：《歸國後之留學生》，《留美學生季報》第 2 卷第 2 期，1915 年，第 82 頁。

〔註46〕《留學生甄錄試已發表》，《申報》1915 年 3 月 2 日，第 6 版。

次考選留學生，是在模仿清末考選流程的基礎上略作調整。

　　首先，都注重實業，但此次考選對西洋留學生有所偏好。清末考試留學生注重實業，凡在外國工業各學校畢業者底分最優，故所取多爲最優等及優等，商業次之，法政又次之。此次考試按照前學部章程，按照學科分別甲乙丙三等，給予底分八十至六十不等，而西洋實業學生所定分數較留日實業學生爲優，後審查會提議對法政生稍予優待。

　　其次，考試科目更爲豐富。在考試科目上，清末試卷分兩部分：一爲本科，一爲語文測驗，學生必須用外文作答，留日學生則只需用中文即可。此次考試則分三場：「（一）第一試試國文一篇、外國文一篇（二）第二試試專門科學，答題用何國文字得自行選擇（三）第三試口述，考詢學問事業」。1915年 2 月 22 日，第一試開始。「第一試以每篇滿六十分爲及格，第一試及格乃准應第二及第三試。第二、第三試及學業分數合計以三除之，爲平均分數。學業分數由委員會酌定，平均分數滿九十分者取列超等，滿八十分取列甲等，滿七十分取列乙等，滿六十分取列丙等」，「考取及格人員由委員會呈報大總統酌量錄用」。〔註47〕

　　考試題目分文實兩科，文科題云，「泰西學者謂哲學爲各門科學之根本，與我國古籍形下形上之說若合符節，試引申其義而詳論之」，實科題云，「行成而上，藝成而下，學成而先，事成而後義」。外國文題則英法德俄日各種不同，日本文題云「理想與實際往往有不何處，何也」。〔註48〕洋文題目有二：「（一）何謂愛國意思（二）中國今日最急之要務」。皆以外國文字作成論文由韋羅貝、岡田太郎評閱。漢文試卷則由各參議之派充襄校官者，分同評閱，擬定分數呈候相國。〔註49〕應試學生認爲，「所出題目太空」，且皆多年留學，文筆生疏，故得意之作甚少。西洋學生多半不嫻漢文，而洋文較好。東洋學生則漢文較佳，而洋文又遜。〔註50〕3 月 3 日，第一試及格的 192 名留學生在政事堂公所西花園舉行第二試，分科命題。

〔註47〕《甄考留學生之規則》，《申報》1915 年 1 月 22 日，第 6 版。
〔註48〕《考試留學生之甄錄試》，《申報》1915 年 2 月 27 日，第 6 版。
〔註49〕《留學生甄錄試續聞》，《申報》1915 年 2 月 28 日，第 6 版。
〔註50〕《留學生甄錄試續聞》，《申報》1915 年 2 月 28 日，第 6 版。

表 4-2-1：1915 年留學生歸國考試第二試分科考試題目

科目	題　　　　　目
商科	（一）何謂資本資本之起原如何勞動者之念是否爲資本之一端能臚舉而詳言之與（二）商業競爭之結果其利弊若何（三）一般商業登記與會社設立時之登記其效力之差異若何（四）合資株式會社遇有何種之場合得變更爲株式會社試詳舉以對（五）中央銀行之特權若何會社組織者有幾國國家出資設立者有幾國其利害若何（六）柏林今與米蘭令與英國商業之影響。
法科	（一）批評中華民國暫行新刑律關於時之效力（二）債權讓與債務承任代物清償三者與更改之區別試詳論之（三）約法第五條曰人民享有左列各款之自由權試說明自由權之意義並列舉其種類（四）（甲）軍艦左外國領海內其國際法上之地位何如試批評此種軍艦爲所屬國領土浮動一分之說（乙）兩國開戰按照現行法律應有何種形式（五）列舉中華民國暫行新刑律所定刑罰商業城市批評其得失（六）試論解釋規定與任意規定之差異。
政治科	（一）與法科第三題同（二）評論一千九百十一年英國國會法關於上院權陸九淵之制限（三）何公用徵收試分疏其義（四）平政院職權與日本行政裁判所權限異同之點試詳述之（五）與法科第四題同（六）（甲）一國干涉他國之內政外交有何理由乃爲國際法所許可（乙）何謂門羅主義自宣佈後有何變更試申論其價值。
政治經濟科	（一）與法科第三題同（二）與政治科第三題同（三）與政治科第四題同（四）準備準合法與準備分離法之利害（五）殖民之利害。
農業製絲科	（一）我國出口貨絲爲大宗，是蠶業之改良銷路之推廣均爲切要之圖，試就中外情形而申論之（二）試詳論絲之體質與化合質（三）試詳說繰絲之法及製造絲線所經之階級（四）歐美發明假絲之後製造家多利用之，此種假絲與蠶絲之點如何能詳細辨明之歟（五）試舉殺蛹諸法，並論其得失。

資料來源：《留學生第二試紀聞》，《申報》1915 年 3 月 8 日，第 6 版。

　　由上表可知，法科、政治科和政治經濟科考題較爲接近，考試注重考察留學生對當時國內外形勢和中國商業發展的見解。爲防止有人干擾公正閱卷，徐相國令各襄校從速校閱，當日閱完，次日揭曉。但事實上並未能按期完成。遂改在第二試結果揭曉前舉行留學生第三次口試。

　　再次，此次考試分等之法與清末留學生考試不同，各科超等共八名，文科、法科無超等，理科無甲等丙等。清末如金邦平榜盡賜出身並未分等，陳錦濤榜始分等並賜出身。先有部試以分科，繼有廷試以授職，而廷試受職之資格又按合部試之成績而規定之，故高等授編修，下亦不失爲七品小京官及

試用知縣。今次分甲乙丙三格，本可與前清最優中相當，但於甲等之上更有所謂超等，以待非常優秀之士。〔註51〕此次考錄人員，其中「超等」分發至中央各部，以薦任文職或技術職任用；甲等和乙等分發至中央各部實習一至二年後，以薦任文職或技術職任用；丙等則分發各省委任相當各職。〔註52〕

第四，此次考試並非學位試驗，含有任用學生之意，因此政府克服困難，盡力為此次入選留學生安排職位和發放津貼。當時一些曾經在清末學部試驗中獲得商科進士或舉人身份的學生仍需第一試合格後方可應第二試，如清末商科進士出身的留日學生劉輔宣回國後歷辦銀行各事，此次仍需參加第一試。1915 年 2 月，從歸國留學生試驗初試合格的 192 名留學生中，選拔錄取了 151 人。4 月 5 日，袁世凱令各該部根據及第留學生所學各科，「分配于京外各項公署、學校、鐵路、銀行、礦局、醫院、電政、市政、農工商各場廠，並將各生名冊由政事堂飭銓敘局備案，以為將來核定授職標準。總期人人有任事之心，事事有得人之效，各該生等志在行其所學，而不致耗精神於奔走期會之途，庶幾精益求精，與各國科學大家齊頭並駕」。〔註53〕時值北京政府各部裁員減薪之際，如果大批安置及第考生，勢必影響各部院原有人員，但若不設法安排適當職位，又有失國家取材之意，因此 1915 年 6 月，某總長向袁世凱建議部員外選。礦學一科的及第留學生，除超等翁文瀚因在京為地質學教習，未派往外省，「其餘甲等、乙等諸君，除甲等四人已派分各省為技師，餘亦有分省之說。……而農商部於留學生試驗發表後數日，即將部內技正、技師及各礦務監督署裁撤之人員，共派出三十八人，故額數已將滿。在乙等者，人數雖少，亦有暫時向隅之感，就中如江蘇，雖只派一人，然聞當局以蘇省本治礦山甚少，有緩行續派之議，故一般留學生多有運動往邊省之希望。〔註54〕但仍有不少留京任用的及第留學生順利通過試用期。1916 年 11 月，外交部發佈第三十三號令，同意分部學習的及第留學生張翼燕、林紹南等人「銷去學習字樣，仍留在原廳司處辦事」。〔註55〕

〔註51〕《第一次留學生考試全榜》，《申報》1915 年 3 月 24 日，第 6 版。
〔註52〕《政府公報》，1915 年 2 月，轉引自王奇生：《中國留學生歷史軌跡》，武漢：湖北教育出版社，1992 年，第 208 頁。
〔註53〕《命令》，《申報》1915 年 4 月 8 日，第 2 版。
〔註54〕《留學生與大學生之致用談》，《申報》1915 年 4 月 28 日，第 6 版。
〔註55〕第二歷史檔案館編輯：《北洋政府檔案》，北京：中國檔案出版社，2010 年，第 77 卷，第 421 頁。

第三節　留學生就業問題及改良方法

受政府、留學生、用人單位和當時的就業環境的影響，北京政府時期的留學生任用上存在不少問題，在政府和各界的共同努力下，問題有所緩解。

一、就業存在的問題

首先，政府未能量材適用，亦未構建暢通的就業信息渠道，學而不用的現象大量存在。袁世凱去世後，北京政府就未再舉辦過歸國留學生考試，而且因財政緊張和政局動盪，這些通過考試而被錄用的留學生險遭裁員，一些人在各部無所事事，還有些人則被派送到地方效力。依照 1918 年外交部和教育部會訂的《清華遊美畢業生回國安置辦法》，規定畢業生回國後應到清華報到，校長每年於歸國學生到齊後，將其所學科目和履歷咨送教育部，由教育部派員到外交部會同考覈，認為可以分送相當之機關練習任用者，「得酌予分別咨送」。但由於國內政局不安，教育部權威中落，安置辦法形同具文，清華學生大多依靠同學和其他社會關係尋求職業。〔註 56〕隨著歸國留學生的日益增多，許多留學生只能自謀出路，有的到外國機構就職，有的回籍教書，有的則索性賦閒在家。再加上當時就業信息不完善，政府部門缺乏有效的就業指導和培訓措施，地方政府也缺乏引導和扶持政策。經常是用人單位找不到合適人才，或是不善因材利用，而許多留學人才則不知何處為用武之地，只能在工場實習，或是在學校作研究。歸國留學生在實業領域有所成就者較少，人才的缺乏也進一步惡化了實業界的生存環境，導致惡性循環。留美學生監督嚴恩槱就曾批評地方各省「對於工場實習頗不注重，學生一經畢業，即欲令其歸國，否則停止學費，使難再留」。雖然地方政府是擔心留學生藉實習之名浪費學款，但嚴認為「實地練習乃工科學生決不可廢之事」。〔註 57〕

其次是學非所用，用非所學。北京政府時期的管理者在知識結構和管理水平上要高於清末，沒有出現「牙科翰林」、「獸醫知縣」的笑話，但一些官員依然視留學生為點綴，未加以合理任用，也未提供與留學生發展配套的政策、設備和設施，留學生費時費錢，學來的專業知識經常不能運用於實際工

〔註 56〕蘇雲峰：《從清華學堂到清華大學：近代中國高等教育研究》，北京：生活・讀書・新知三聯書店 2001 年，第 342～343 頁。
〔註 57〕《留美學生展期實習問題》，《申報》1916 年 11 月 25 日，第 6 版。

作之中。根據劉湛恩在 1927 年 5 月的調查，「現在回國的留學生及大學畢業生「所學非所用的約占百分之九十五」。〔註58〕比如由於政府缺少專利意識，阻礙了留學生的發明創造。「若留學海外者，即有所發明，往農商部註冊更有登天之難。如華文打字機一物，紐約祁生發明最早，歐西報紙贊許尤深。徒以政府不加裨助，卒令捷足先登之日商於大正五年十一月告厥成功。而一般中國學生從事發明業者無復當時勇往直前之氣概矣」。〔註59〕（注：此處「祁生」似應為留美碩士周厚坤，1915 年周曾向《留美學生月報》投稿，介紹自己發明中國打字機的情況。1916 年周回國後曾在商務印書館嘗試打字機投產。）川中至今還流傳著劉湘與此相關的一則逸聞：劉湘督川之初，為表示尊重知識、尊重人材，對從省外或國外學成歸來的大學畢業生一律委任為掛名的省府秘書，並發給薪棒。後來這樣的秘書愈來愈多，竟達上百號人，其中不乏濫竽充數之輩。省府財政難以負擔，遂決定改為只給燈油的實物補貼。於是乎，每天動輒有幾十位「秘書」手提馬燈輪番往省府打油，成都百姓遂不無戲謔地稱之為「洋油秘書」。〔註60〕

再次，政府未能平衡各方人才的關係。一是政府「重洋輕本土」，引起了「土鱉」的嫉妒與不滿，激起了留學生與「土鱉」之間的矛盾。1912 年袁世凱讓各部將舊日人員造具簡明履歷以備選擇，各部老司員恐新進留學將佔優勢，造冊時故意不將各人畢業出身列入。〔註61〕1913 年江蘇軍隊改組，引發激烈的內部衝突，除了各軍為裁軍和各長官為了位置爭鬥外，第三個原因即為留學派與非留學派之爭。1913 年 3 月，因司法部宣佈改組法院，要求法官必須在「國家所設法政專門學校或外洋三年以上畢業以及留學外洋年半以上者方為合格」，結果引起了奉天、吉林及直隸司法界的極力反對。〔註62〕1913 年 5 月，京師法律學堂本科畢業學員王錫鑾等為京師法律學堂不在中央學會互選資格之內請願。法律學堂學生認為自己與留日學生「同一教習，同一課程」，待遇卻截然不同，有失公平；二是政府雖然意識到留學生內部尤其是東西洋留學生之間存在種種矛盾，但未能妥善協調紛爭。一些具有留學背景的

〔註58〕《我對於十年後職業教育的希望》，《申報》1927 年 5 月 8 日，第 10 版。

〔註59〕一之：《旅美觀察談》（五）（十）（九），《申報》1919 年 4 月 3 日，第 14 版。

〔註60〕冉春：《南京國民政府留學教育管理研究》，華中師範大學博士論文 2007 年，第 28 頁。

〔註61〕《燕京談薈》，《申報》1912 年 4 月 2 日，第 2 版。

〔註62〕《奉吉直司法界之風潮》，《申報》1913 年 3 月 21 日，第 3 版。

政府官員甚至推波助瀾，阻礙了留學人才的協同發展。蓋「西洋畢業人員多看不起東洋學生，而東洋畢業人員又妒忌西洋學生，於是南北東西時生衝突」，1912 年財政總長熊希齡曾抱怨，「如此意氣用事，全無國家觀念，甚爲痛心」。〔註63〕1912 年 9 月陸軍總長段祺瑞在軍事處會議上提出軍政統一辦法六條，包括「一二師團內不得雜用留學各國人員，以免臨機失宜」。〔註64〕曹汝霖回憶袁世凱執政時期，汪袞父任比利時公使，部中歐美出身的人，「疑我偏袒東洋學生，一若侵了西洋學生的地盤，可發一笑。」。〔註65〕1923 年吳毓麟出任交通總長，東洋學生積極爭取隴海鐵路督辦，其原因之一「則爲打破西洋學生派之勢力。在交通界任事各員凡屬位置較重要者，大都爲西洋學生所佔，即非西洋學生出身，有所汲引亦必重西而輕東」。〔註66〕直隸教育界派別甚多，1924 年教育廳長張謹地位動搖，即各黨系勢力消長之關鍵。其中東洋系在清末提學司時代，有絕大勢力，五六年來，勢漸渙散，促進系即直隸教育促進會中人，以嚴修、張伯芩、李建勳、陳寶泉爲首領，新回國留學生及北京高師學生，多聚其旗幟之下。〔註67〕

　　第四，政府重視引進留學生人才，但是在實際操作中，卻存在不足。一是一些人才政策缺乏操作性和合理性。1914 年 5 月，新任教育總長湯化龍爲免失職者埋怨，擬設獎勵留學基金。「以六百萬爲基金，年息可三十萬。凡畢業學生回國無職者，年給三百元，限千人」。〔註68〕這可以說是中國最早的吸納留學人才的「千人計劃」。不過當時正處於經費無著，裁減學堂之際，湯化龍之宏願難以實行。況且獎勵留學「蓋爲國家儲才也」，即留學生回國可在官場或民間得到適當職位，如果因留學生失業而給予獎勵，「國家多養此一種留學生之廢民」，有失獎勵留學之本意。〔註69〕1915 年 6 月，教育總長湯化龍在接受記者採訪時也意識到歸國留學生多數從政，不能爲社會所用的弊端，「此類學者，學業雖高，人數雖眾，苦臃腫無用，或轉增社會多數之遊民，故欲求實業之發達，亦先擡高人民程度，使知有國家生活之感念，然後知興辦各

〔註63〕《各部司員升沉記》，《申報》1912 年 5 月 28 日，第 2 版。
〔註64〕《陸軍部之整軍經武》，《申報》1912 年 9 月 14 日，第 2 版。
〔註65〕曹汝霖：《曹汝霖：一生之回憶》，北京：中國大百科全書出版社，2009 年，第 156 頁。
〔註66〕《隴海督辦之逐鹿問題》，《申報》1923 年 2 月 6 日，第 6 版。
〔註67〕《直省教育界之新變化》，《申報》1924 年 3 月 29 日，第 7 版。
〔註68〕《北京電》，《申報》1914 年 5 月 18 日，第 2 版。
〔註69〕《獎勵留學》，《申報》1914 年 5 月 18 日，第 3 版。

事，然後知需求各項人才」。〔註70〕二是因受政治因素、減政裁員、新舊人才之爭和各部門缺乏配合等因素影響，難以受到重用，歸國留學生即便一時位居高位，也缺乏良好的工作環境和未來的發展空間。1912 年北京政府委任章宗祥爲法制局局長。章招攬了一批知名的東西洋留學生，如朱獻文、余啓昌、林行規、楊蔭杭、陳介等。但到了 6 月，法制局卻全體辭職。這主要是因爲法制局對南京訂定的官制多做修正，因此引起南京舊主法制事者的強烈不滿，批評章辦事遲緩，令章不快。再加上所編訂之法制，往往法制局尚未接洽，總統府、國務院已將修改意見交給參議院，有些機關則自定官制，直接請總統交院議，根本不經法制局審查。陸軍部秘書長更是直接跑到參議院稱陸軍部不贊成設僉事主事。章宗祥有感於「政出多門，而外間輒責備法制局」，〔註71〕決定辭職，各局員也相率辭職。1915 年有人發表《留學生之用途》一文，感歎留學生命運不濟，學優而不能仕。國家雖耗費鉅資派遣，但「或廢於半途，或因事斥退，或被累停費，其學成而歸者無幾也」。待學成歸國，「爲政府用者無幾也」。〔註72〕三是一些官員用人失察，盲目相信留學生，忽略了對留學生學位、學識和人品的考察，未經嚴格選拔的留學生濫竽充數，騙取錢財，有的甚至釀成了嚴重的安全事故。留學生林元良稱自己熱心愛國，並謂「無須現款能購到數百萬金大宗軍品」。滬軍陳都督爲之所動，委託其赴日代購軍需品。但林卻獨斷專行，凡事都不與陳都督的兩名特派員協商，「所定之毛毯各件到滬後不將定單攜回，以備交涉，率向軍需軍械兩科直接索值」，經軍需科檢驗，貨品價高物廉，「本應全數退還」。考慮到部分貨品已經到滬，故囑託將未運各貨一律退還，但林元良「竟違抗不遵，且聳同日人取鬧」。陳都督面詰該生，「爲國民之上流，人品何不反躬自咎」。〔註73〕1912 年 4 月陳都督還請示國務院批示，但國務院則推託，「今該代表所稟各節係與林元良個人直接交涉，本府無從核悉，仰即徑向林元良自行理處」。〔註74〕而馮玉祥在南苑時也曾被一位留德學生欺騙，該留學生自稱欽佩馮玉祥，願意將盧永祥託他買的十架飛機轉給馮，馮只要支付一萬元運費將飛機從南洋運來即可。馮玉祥派劉驥與這名學生一同到上海去探探虛實，結果快要上岸時，這名德

〔註70〕 《湯總長主張平民教育》，《申報》1915 年 6 月 7 日，第 6 版。
〔註71〕 《法制局全體辭職之眞相》，《申報》1912 年 6 月 7 日，第 2 版。
〔註72〕 《留學生之用途》，《申報》1915 年 3 月 22 日，第 7 版。
〔註73〕 《滬督對於良之懊惱》，《申報》1912 年 4 月 14 日，第 7 版。
〔註74〕 《再誌都督對於林元良之懊惱》，《申報》1912 年 5 月 8 日，第 7 版。

國留學生不知所終，劉驥的手提皮包也不翼而飛，包內的五百餘元也一同被
騙了。再如李協和都督委任的煤礦總辦留學生歐陽沂到礦後，自矜為礦學專
家，改用明火取煤，結果導致 1912 年 5 月 17 日餘干縣煤礦被焚，礦工三十
八人遇難。該礦聯名向該縣自治會控告歐陽沂，該會評議，「歐陽君不識礦務，
竟敢擔此重任，妄用火採，致斃多命，公舉代表晉省控告」。〔註75〕1918 年時
人諷刺北京印刷局「以前清之候補道或以素無實學之留學生充任局長，其於
印刷一學，固絕無經驗，且不能與工徒相處一堂，每日到局任事，不出乎簽
字批文之數稱，而於工廠實務異常隔膜，蓋印刷局事業含有商業之性質，非
官僚所能為」。〔註76〕

　　第五，由於受到學業關係（同學、同年、師生）、地緣關係、親緣關係、
結拜關係和上下屬關係等傳統人際網絡的影響，留學人才的選拔任用有失公
允。比如任鴻雋的同學「礦學及地質學經驗不少」，本欲入京應聘中美合資煤
油公司探油隊，但職位卻被不合要求者所佔，以致不能找到合適的工作崗位。
這些人「甚有並英語不能者」，煤油籌辦處聘雇的這些人，「不過備翻譯供外
人驅使耳。其探測及工程等事自有外人可恃」。〔註77〕最為突出的是地方軍閥
通過自行派遣留學生，尤其是軍事留學生來培養和籠絡親信，其軍事要位自
然留給這些親信，其他留學生很難有機會。時人批評說，墮落學生憑藉留學
資格以獵取軍閥爪牙，作成時勢所造之最大利窟。〔註78〕軍事留學生尤其是
留日士官生被稱為中國內戰的根源。日本留學歸國士官生成了清末民初中國
軍隊的領軍人物，閻錫山、唐繼堯、李烈均、孫傳芳、趙恒惕等都是民初地
方都督大員，掌管一省軍政要務，稱霸一方。前雲南都督、雲南共和軍第一
軍司令蔡鍔及其下屬總參謀羅佩金、參謀副長方聲濤、秘書長李日垓等人均
為留學日本士官生。

　　第六，政府在留學生歸國就業上忽視城鄉平衡。雖然一些留學生回到鄉
村，在基層的教育崗位上，為培養下一代而默默耕耘，但大多數歸國留學生
都選擇了集中於大城市，造成城市和鄉村的脫節。「中國高等教育由留學生掌

〔註75〕《餘干縣煤礦被焚》，《申報》1912 年 5 月 31 日，第 6 版。
〔註76〕《北京實業之悲觀（冷眼）》，《申報》1918 年 12 月 30 日，第 3 版。
〔註77〕任鴻雋：《歸國後之留學生》，《留美學生季報》第 2 卷第 2 期，1915 年，第
　　　　79～80 頁。
〔註78〕《財政整理會之末路心史》，《申報》1924 年 3 月 11 日，第 3 版。

管，他們和大學一樣又多集於幾個大都市中，這幾個都市的生活費，較內地諸省高出數倍，而西方對中國都市和鄉村的影響程度，亦極不平均。高等教育費的增加意味著，只有富家子弟或住在大學城裏才讀得起大學，至於那些來自鄉間的少數大學生，教育對他們而言，不過是一個都市化的過程而已。因爲，他們一旦受到都市的感染，再也不會回到他們的家鄉定居。〔註79〕民國十五年金陵大學瑞納說，「據我所知，沒有一個在美國大學農科畢業生，回國後真正地回到農村服務。」〔註80〕

除了政府政策上的缺陷，留學生自身也存在許多問題。駐美公使顧維鈞就曾在布朗大學（Brown University）中國留美學生大會時發言，指出歸國留學生有大問題：自視過高、不屑小就、忽略小節、不能耐勞、立志不堅。〔註81〕留學生在就業時大致存在以下問題：一是留學人才水平較低，不能滿足社會對專門人才的需要。黃炎培曾指出，「分科愈專，就業斯易」。〔註82〕1925年12月，商務印書館總編輯王雲五先生批評留學生在國外學習時「小題大做」，「有的學生在大學研究院念了七八年的書，研究的問題還是什麼『鼠之生殖器構造』、『臭蟲之種類』的一般小問題」。〔註83〕陳啓天則批評留學生缺少獨立成功的能力，做事經常需要外國人的幫助。「某大學要蓋一座健身房，請了一位在美國學建築工程的回國留學生作建築部的主任，這可以說用得其才，而才適其用了，但是這位建築部的主任可是大才不肯小用。聽說他連這座健身房的圖都不肯親自繪畫，終是拿五千元請了一個外國人繪的」。〔註84〕中國銀行總裁徐恩元也由於「中行糜爛之餘無法清理」，「理財政策本無自信力」，因此聘請英國人魯克斯充任副總理一事。〔註85〕

〔註79〕 汪一駒著，梅寅生譯：《中國知識分子與西方——留學生與近代中國 1872～1949》，臺北：久大文化股份有限公司，1991 年，第 155 頁。

〔註80〕 汪一駒著，梅寅生譯：《中國知識分子與西方——留學生與近代中國 1872～1949》，臺北：久大文化股份有限公司，1991 年，第 98 頁。

〔註81〕 鄭學海譯：《留學生歸國後之難題》，《約翰聲》第 29 卷第 1 期，1918 年，第 15～18 頁。

〔註82〕 黃炎培：《一九一四年至一九一五年留美學生統計》，《教育雜誌》，第 8 卷第 6 號，陳學恂、田正平編：《中國近代教育史料彙編——留學教育》，上海：上海教育出版社，2007 年，第 220～221 頁。

〔註83〕《王雲五演講》，《申報》1925 年 12 月 7 日，第 17 版。

〔註84〕 陳啓天：《中國教育宗旨問題》，《中華教育界》，第 15 卷第 9 期，1926 年 3 月。

〔註85〕《徐恩元聘洋副經理原因》，《申報》1916 年 8 月 1 日，第 6 版。

　　二是留學生既缺乏與國內的信息交流，又未將專業知識與中國國情結合，結果照搬國外，脫離國內實際。1922 年 7 月南洋煙草公司職員在談到此次工人罷工原因時稱，「實爲對人問題，因該廠各部職員多爲歐美留學生，管理方法多采新制，少數人覺有不便」。〔註86〕王雲五認爲，去國外讀專科有其不適用之處，不如在中國多設幾所高深的研究院供學者深造，比如「讀建築學的學生，他在美國研究美國的木料確是很有心得，但是回國之後，看見了中國土產的山木，他就不知道他的成分，他的重量，還是和不讀的一樣」。王雲五建議，應當把各地大學中辦理完善的幾科極力的擴充整頓。〔註87〕由於留學生對於國情缺少瞭解，畢業回國後不肯採用漸進主義，不願先從小資本改進入手，寧可家居賦閒，也不願因陋就簡。趙錫恩建議省各中等以上之學校學生利用暑假調查本省農工商實業發展狀況及改良之辦法，以便將來出國留學能有參考數據，歸國時能聯合同志創辦農工商實業。〔註88〕

　　三是留學生受「學而優則仕」的傳統思想和國內社會負面現象影響，存在就業誤區。1917 年的《東方雜誌》有文指出「留學生中固不乏抱愛國愛民之心，負改良政治社會之志者。無奈一入政界，則心志改變，道德學問日形退步。爲自己地位計，爲自己利祿計，則不暇顧及國家社會之安危矣。〔註89〕1920 年，蔡元培也指出有一些留學生進入政界後，腐敗一如舊官僚，加之學得外國鑽營的新法，就變爲「雙料官僚」了。〔註90〕

　　四是眼高手低，不能腳踏實地地工作，被稱爲一種特殊的「坐食階級」。歸國留學生往往不甘小就，有的留學生寧可回國後游手好閒，成爲寄宿蟲，也不肯「屈就」中學校長職位。廣東代表高等師範校長、省教育會會長金湘帆舉例說，「廣東教育科曾籌款六七萬元，囑一留學生辦一工業學校。答云需有開辦費三百萬元，常年費三十萬元方可舉辦」。〔註91〕1920 年 8 月，余日章在青年會舉行的歡送赴美學生會上也批評從前留學生回國時自視過高，「習政

〔註86〕《南洋煙草公司罷工餘聞》，《申報》1922 年 7 月 27 日，第 7 版。
〔註87〕《王雲五演講趙家璧紀錄》，《申報》1925 年 12 月 7 日，第 17 版。
〔註88〕《省教育會注意調查農工商業》，《申報》1924 年 7 月 22 日，第 14 版。
〔註89〕《青年會與留學生之關係》，《東方雜誌》第 14 卷 9 期，1917 年，轉引自王奇生：《中國留學生歷史軌跡》，武漢：湖北教育出版社，1992 年，第 219 頁。
〔註90〕蔡元培：《在〈法政學報〉週年紀念會上的演說》，《蔡元培全集》，轉引自王奇生：《中國留學生歷史軌跡》，武漢：湖北教育出版社，1992 年，第 219 頁。
〔註91〕《學生會演說大會紀》，《申報》1918 年 10 月 28 日，第 10 版。

治者希望爲總統，習教育者希望爲教育總長或校長，習商業者希望爲總經理」。〔註92〕留學生在國外時覺得國外無不完備，回後發現理想與現實存在距離，改造中國之幻想難以實時實現，於是就變得意志消沉。

五是除了留學生與非留學生存在矛盾，留學生內部因留學國別、留學專業、從業年限和政治觀點等因素存在派別之分和不同程度的衝突。包括南北政府留學生、東西洋留學生和新舊人才之爭。1917 年福州省立之女子師範第一師範工業農業商業第一中學各校教員罷課雖因「各教員爭五元三元之數」，但主要還是因爲「舶來品與土貨（閩學界呼出洋教員爲舶來品，本省學生爲土貨）」爭雄所致。「查閩省校務素由少數留學生所把持，此次爲本地學生稍占優勝，故有此無謂之罷課」。〔註93〕

從用人單位角度來看，一是工商界與留學界缺乏溝通，就業渠道不暢。1922 年 5 月總商會會長聶雲臺等人在發起工商留學生協會時就提及二者之間存在的尷尬關係，「邇日吾國競言實業矣，然留學諸君之畢業工商各科者歸國之後，與吾國工商界中人每有扞格不入之虞，以致二者之間用非其材及材難於用者比比皆是。叩其故，此則曰工商界時代幼稚，習慣深錮，無所用我，且不願用我也；彼則曰留學生經驗缺乏，欲望奢大，不能用，且不敢用也」。〔註94〕

二是用人單位由最初重視留日學生，輕視本土學生，到重視歐美留學生，輕視留日學生。「1918 年國立北京大學文科一部分以桐城派之古文家最有勢力，法科則東洋留學生握有實權……法科近來英美留學生勢力較盛，然東洋留學生仍不失其固有之地盤。」〔註95〕1920 年北京工專學生的排洪風潮與教職員東西洋留學派別之分有關。洪鎔係東洋留學生出身，因此東洋派極力擁護洪，並在教育部的支持下對學生採取強硬態度，而西洋派則較爲冷淡，且主張採用勸解手段，結果導致教職員與學生對峙。農大校長章行嚴引進留美歸國學生爲教授，學校東洋派教員相率辭去。1923 年冬西洋派教職員又發生內鬨，引致教育部派員調解。1924 年廈大校長秘書孫貴定被迫辭去教務主任兼職後，「於閒談中偶謂美國學位不如英國學位之難得，少數留美之

〔註92〕《青年會歡送赴美學生會紀》，《申報》1920 年 8 月 23 日，第 10 版。
〔註93〕《福州學校罷課風潮續志》，《申報》1917 年 6 月 7 日，第 7 版。
〔註94〕《工商留學生協會之發起》，《申報》1922 年 5 月 30 日，第 13 版。
〔註95〕《國立北京大學之內容（續）》，《申報》1918 年 12 月 29 日，第 6 版。

教員藉端尋釁，有哥侖比士某君孔武有力，竟欲用武力解決，校長極力暫停，終歸無效，孫氏不得已乃修函道歉」。〔註96〕1924 年湖北甲種工業學校教員李性晟接充校長，因李為美國留學生，且所學為文科而非工科，而該校教職員大多為日本留學生，因此教職員大為反對，以致李「不敢接事，退還委狀」。〔註97〕

從當時就業市場行情來看，就業形勢日益嚴峻，逐漸供過於求。一方面由於政局動盪，內戰頻繁，生產力落後，實業蕭條，就業崗位減少，尤其是一些理工科專業的留學生歸國後無用武之地；另一方面，隨著國內教育的發展，畢業人數逐年攀高，據統計，1905 年以前，新式學堂學生人數最多不過258873 人，而 1907 年達 1024988 人，1908 年到 1909 年，每年仍淨增 50 萬人。幾乎同一時期留美學生也有 599 人。〔註98〕據 1926 年中華職業教育社、寰球中國學生會、青年會介紹部的報告，供求比大於十比一，「一機關廣告徵求額一，而應者什百」，比如最近上海郵務生招考，「定額不過數十人，月薪不過數十元，而應考者在六千人以上，乃至外國留學畢業歸來，昔日歡迎之不暇者，儂今屆調查百人中亦有五六十人，急切未有所事，此大可注意矣」。〔註99〕

二、各界的改良努力

政府和社會各界都積極採取各項措施，改善留學生就業中存在的問題：實業界和留學生則通過組織團體，加強聯絡，實現共贏；教育界和一些社會人士積極建言，為留學生就業出謀劃策。一些學校則通過歸國留學生再培訓幫助留學生適應國內發展；留學生自身則積極自主創業，並組織各種歸國留學生會，加強留學生群體的互助，充分發揮留學人才自身的主觀能動性。最可貴的是留學生也積極進行自我剖析，分析自身存在的問題。

首先，針對就業信息不暢問題，搭建職業介紹平臺。商務印書館總編輯王雲五、光華大學校董劉湛恩、教育家黃炎培等人紛紛建議逐年宣佈留學統

〔註96〕《廈大學潮之雙方理由》，《申報》1924 年 6 月 9 日，第 7 版。
〔註97〕《鄂省教育界最近消息》，《申報》1924 年 3 月 11 日，第 7 版。
〔註98〕姜朝暉：《民國時期教育獨立思潮研究》，北京：中國社會科學出版社，2008年，第 47～48 頁。
〔註99〕《救濟學校畢業生失業問題宣言》，《申報》1926 年 9 月 8 日，第 11 版。

計，加強職業指導，設立職業指導所。如留法學生李璜建議設立全國性的留學生職業介紹機關，幫助全國各界找到合適的留學人才，「至於已得高深研究之人才不易謀事，或社會無此種位置，則由國家出錢津貼之，或收買其著作，或設專門講學院以位置之」。〔註100〕侯德榜在 1919 年指出，派留學生「最好由各該業團體舉行，則所派學生在外學習既有專一目的，而回國又有虛位以待。回國之後，出其所學傳授諸多數之人，則收效速而且大」。〔註101〕一些社團組織如寰球中國學生會、中華全國道路建設協會等也積極行動，爲留學人才與用人單位搭建用工平臺。1915 年 7 月 10 日，勸用國貨會常會上，洪復齋提議請精於製糖的留美歸國學生到會研究開辦製糖廠。1922 年 7 月，中華全國道路建設協會公函呈請交通農商兩部，通告各省長，「凡留學國內外之專門畢業工程技師，由該地方官調查報部註冊，並函知本會，以便紹介全國」。〔註102〕當時的報紙上還經常刊登歸國留學生的家庭背景、留學國度和專業特長等情況介紹，這實際上也是一種變相的求職廣告。有些廣告直接由社團替留學生刊登，比如寰球中國學生會就曾在報紙上刊登廣告，主要是幫助學校招聘留學生教員。1920 年寰球中國學生會還在報紙上爲學習製糖的留美學生曹君珽等做宣傳，號召有志興辦製糖事業的中國人與曹等人共同創業。據《申報》報導，1918 年回國的百餘名留學生，「大半均已就事，學生會出力不少」。〔註103〕1927 年中華文化教育基金會出資協助組織工業實習社，主要是爲中國留美工業學生介紹工作。

其次，鑒於留學生回國後閒散無用，而實業界和教育界又缺乏合適人選，北京政府開始注重加強留學生實習管理。都肅政史莊蘊寬、肅政史夏壽康、傅增湘等十四人上救亡條陳，「從前專門學校所造者，不過高等普通之學，今宜派大學畢業者留學歐美，注意實習，歸國後當就所學分佈各地助理練習，勿閒置部中或遽授重任以驕惰其志氣」。〔註104〕北京高等師範學校校長陳寶泉向總統袁世凱建議，應讓此次及第之留學生就其所學，振興地方實利。農商部亦深以爲然，「前次分發到部之及第留學生二十三員，除留部分任各司技術

〔註100〕李璜：《留學問題的我見》，《中華教育界》，第 15 卷第 9 期，1926 年 3 月。
〔註101〕侯德榜：《論留學之缺點與留學之正當方法》，《留美學生季報》，1919 年第 1 期。
〔註102〕《全國道路會緊要報告》，《申報》1922 年 7 月 24 日，第 14 版。
〔註103〕《學生會招待留學生之忙碌》，《申報》1918 年 9 月 5 日，第 10 版。
〔註104〕《肅政史救亡條陳原文》，《申報》1915 年 5 月 27 日，第 3 版。

事務外，其礦科專員並經派任所屬地質研究所教務，及分充各省財政廳礦務科技術員，並已與各省辦有成效之礦業公司接洽酌派此項專員往充技師，藉收實效而助興業。一面再派分查各省礦產礦業，俟得視察之報告，再定倡導之方針。其農科專員並經酌派所屬農事試驗場擔任技術事務，現本部籌設之棉糖林牧各場辦理正在進行，人材自多需要，尚擬陸續遴派俾展所長，其工科商科專員亦經酌派在工業試驗所及權度製造所分任事務，藉以實地練習，養成致用之材」。〔註 105〕1916 年 9 月 24 日，教育部招待全國商會聯合會代表，教育總長范源濂稱，「據最近調查，留學外國畢業生報部有案者，共八百六十一人……惜外國留學各生歸國以後獲有精深學術者雖不乏人，而能於實業界有所建樹，卓然自立者則甚形寥寥」。〔註 106〕1916 年留美學生監督嚴恩樧調查美國工廠後建議教育部延長實習期限，鑒於學生入廠實習滿三年後工廠能略給薪俸，教育部可「規定學生實習已滿三年者只給半費」。〔註 107〕1917 年北京政府出臺《留東高歸學生考察學務之規定》，「學生應於畢業前一學期，由駐日留學生監督將其履歷及學科先行開列具報，由部就該國教育狀況指定事項，令其分途考察，期以三個月為限。務令該生等本所耳聞徵之目見，隨時隨地記錄，不厭求詳，一事一物研究必觀其要，不得專以畢業時與該國學生一同參觀，便竣厥事，果能於此延期考察中確有心得，他日回國從事教育教授管理，既有取資之方，計劃設施必無畸偏之弊，其所裨益當非淺鮮，至關於報告及旅費應即按照選派留學外國學生規程第五、第七條參酌施行，至女子高等師範畢業生亦准一律照辦」。〔註 108〕1923 年 9 月，為考查歐美日本各國實業，北京政府還懸獎徵文，凡留學各國學生及本國大學學生均可參加，由各國使館轉寄各國留學生監督及留學生各機關分送各學生，應徵者將材料郵寄至駐美公使館轉考查實業專使收即可。一些地方政府也意識到留學生實習對於就業的重要性。如 1917 年 4 月浙江省議會通過議案，派遣留學日本實業練習生。

　　而留學生自身對實習一事也日益重視，1923 年陳簡發表了《再論清華學制》，提出增加實習派遣力度，「以留學一人之費，足以供三人實習之用。

〔註 105〕《留學生與地方實利之關係》，《申報》1915 年 7 月 21 日，第 6 版。

〔註 106〕《教育部招待商會代表》，《申報》1916 年 9 月 24 日，第 6 版。

〔註 107〕《留美學生展期實習問題》1916 年 11 月 25 日，第 6 版。

〔註 108〕《留東高歸學生考察學務之規定》，《申報》1917 年 2 月 1 日，第 6 版。

今後清華何不每年增加派送國內大學畢業生入美國工廠實習，助以川資，
與以每月二三十元美金之津貼。」「至實習所入之工廠，則隨所習工程，與
美國大工廠約定每年派送。美國工廠欲展其商業於遠東，自必樂於接洽。」
〔註109〕1925年4月，中國留美中部學生選擇在普渡大學召開第十六次年會
的一個重要原因就是普渡大學在當時的全美工業大學中排名第二，實習工
廠設備十分完善。不少留學人才都曾在學校學習結束後在國外工廠實習。
如後來成為中國直升機之父的朱家仁就先後在美國芝加哥惜士飛機製造廠
（後成為休斯公司）、底特律沃阿格西飛機製造廠和堪薩斯美鷹飛機製造廠
工作。1916年9月，寰球中國學生會朱少屏君在演說中批評近年遊學歸國
者雖有百人之多，但大多只為求一紙文憑，「不知美國尚有無文憑之學科，
其用較有文憑者列廣，學成返國即可經營其事，利益甚大，吾國現在所最
缺乏者亦惟此種學科」。朱少屏建議，「學生畢業後當入工廠實習一二年，
而後出遊歐美等處，返國後再赴中國各省遊歷一周，如是則經濟學識俱深，
將來行事自有把握也」。〔註110〕王寵惠博士與周詒春也主張清華學生在美
畢業後最好能再遊歷歐美一二年。1917年5月，中華職業教育社劉仁航建
議，「大實業如鐵道、輪船、礦山大公司、大商社、大機器廠等此類專門高
深學術，應請政府嚴選學生赴各國實習，或就已有之海外留學生使之考察
國內各大公司、商場等機關，如有願託外國留學專門學生調查其狀況者，
可由本社介紹以資聯絡。〔註111〕

再次，工商界人士注意加強與留學生的聯繫，促進雙方溝通。周太玄曾
在《留學問題的各面觀》中指出，「社會不重視學術上的成績，沒有想法子給
研究的人以一種物質上的扶助，故留學生回國後要想在學術有獨立的建樹每
每較在國外為難」。〔註112〕為了促進留學界與實業界的共同發展，1920年1
月，中華工商研究會舉辦歡迎留學歐美歸國學生大會，提議加強本國工商業
與外國留學界的聯絡，會上沈卓吾主席等還討論了物色搪磁、玻璃兩項工程
專門人才事宜。1922年5月總商會會長聶雲臺還與工商界錢新之等十六人發
起工商留學生協會，「凡當年畢業回國之留學生願入工商界者，及工商界之願

〔註109〕《教育評壇》，《教育雜誌》1923年第9期。
〔註110〕《再誌赴美留學之壯行》，《申報》1916年9月3日，第10版。
〔註111〕《中華職業教育社通訊》，《申報》1917年5月19日，第11版。
〔註112〕周太玄：《留學問題的各面觀》，《中華教育界》，第16卷第2期，1926年8
月。

用學生者，均有達其目的之術，而不致徒託空言」。〔註113〕工商留學生協會簡章介紹該會「宗旨專爲聯絡新回國學生，免除隔閡，共同研究工商業之改良」。協會承擔職業介紹工作，但介紹或試用之後情形該會「槪不負責」。該會不收會費，每三個月開一次常會。〔註114〕

第四，留學生組建各類團體，發揮互助精神，改變留學生在歸國後孤軍奮戰的狀態。前法國華工青年會編輯主任、留美學生會總幹事傅若愚曾提出，因中國國內舊勢力太大，留學生回國後非聯絡團體互助不可。例如「能求回國後開一河，必須聯合關於開河之各方面各種人才成一小團體，預備回國後達其目的」。雖然宗旨正大，但只能秘密行事。〔註115〕

留學生回國後，爲了維持在國外留學時期的團結，加強學術交流和事業合作，先後在北京、天津成立了各類同學會。如 1913 年的歐美同學會和 1924 年的留日同學會。鑒於「歷年留日畢業歸國學生散居各省者共約三四萬人，其在北京各機關各學校任事者約有六七千人」，〔註116〕1924 年北京留日學生意識到加強留日學生聯繫的重要性，成立了留日同學會。該會會務除設立學校、發行雜誌、刊印書籍、創立圖書館、開設講演和設備俱樂部外，「對於留日畢業學行卓絕者，由本會審校後得爲相當之介紹」。〔註117〕1917 年 4 月，多名留學生鑒於工商發展有待改善，組織工商學會，宗旨爲「灌輸文明、指導工商」，主要從事雜誌出版、書籍編譯、通函教授、調查代理業務。〔註118〕1924 年成立的聯青社爲從事商業的歸國留學生組織，其性質與上海扶輪社相同。該社自稱「純以服務社會，促進公益爲宗旨」，「會員足以代表各種行業」，並自誇「如此會社，幾無國無之也」。〔註119〕1924 年冬，留美市政學生爲促進中國市政發展，在各方讚助下組織中華市政協會，延聘美國著名市政學家爲該會顧問，吸引了政治、經濟、教育、工程、醫學等其他專業的歐美留學生紛紛加入。該會以「調查市政狀況，研究市政學術，力謀市政進行」爲宗旨，會務包括調查各地市政實況、研究各項

〔註113〕《工商留學生協會之發起》，《申報》1922 年 5 月 30 日，第 13 版。
〔註114〕《工商留學生協會之發起》，《申報》1922 年 5 月 30 日，第 13 版。
〔註115〕《留美中國學生近況之演說紀》，《申報》1922 年 6 月 15 日，第 13 版。
〔註116〕《北京留日學生同學會成立》，《申報》1924 年 8 月 20 日，第 11 版。
〔註117〕第二歷史檔案館編輯：《北洋政府檔案》，北京：中國檔案出版社，2010 年，第 93 卷，第 235 頁。
〔註118〕《組織工商學會》，《申報》1917 年 4 月 1 日，第 11 版。
〔註119〕《聯青社聚餐會紀》，《申報》1924 年 12 月 2 日，第 9 版。

市政問題、輔助各處市政之改進、編譯關於市政之書報、介紹專門人才、接洽關於市政各問題之咨詢、提倡市政事項、推廣公民教育、籌設市政圖書館和促進其它一切地方自治事項。〔註120〕

第五，加強留學人才的歸國再教育工作。針對留學生回國後「對於本國時勢有未及周知，致多隔閡」，金陵大學農科招收西洋留學農科畢業學生爲特課生，「返國後不滿意者到本校再行練習，以期深造」。〔註121〕針對一些人批評留學生缺乏經驗，1916年12月，梁啓超在上海總商會演說時指出，「苟予以相當之習練，數年之後經驗自富」。梁啓超舉例說，「某家子弟其所學爲銀行，而成績甚好，則爲先輩者應幫助以資本，爲之組織一新式銀行，俾得盡其所長，以傚力於社會。則數年後彼等於金融情形既熟，經驗自富，再過十年且可推爲銀行之前輩矣。總而言之，後輩新人才欲以自己力量創辦一事業，實非容易。獎勵提倡，其責任全在於先輩商人也」。〔註122〕

第六，獎勵發明，鼓勵留學生發明創造。1918年11月全國教育會聯合會第四次大會議決「請勵行教育政策案」，並呈交國務院及教育部，提案稱，「吾國專門以上學校畢業生及東西洋留學畢業生已歲有增加，然其學術往往至畢業而止，能潛心考究而發明一新學理新技術者則未有所聞。此國家乏獎巡之術故也」。提案建議應設立圖書館、實驗室，給予學者研究機會；「宜酌給實驗費，並時時派遣已受高等教育或於教育確有經驗之人員出洋考察」；「凡學術貫通，有所發明者」亦得授予學位。〔註123〕

第四節　輟學歸國留學生管理

北京政府時期，除學成歸國留學生外，亦有不少中途輟學歸國的留學生。這些留學生有的因爲經費缺乏或自然災害被迫中途輟學歸國，也有的如部分留法勤工儉學生則是被法國政府遣送歸國，還有的則是因爲政治運動歸國。鑑於留學生大多社會地位較高，家庭背景較好，北京各級政府有時採取了較爲溫和的應對方式，或是量力而行，給予了一定補助。但隨著時局變化，政府態度也發生相應變化，對歸國求助的留學生較爲冷漠，置

〔註120〕《留美學生組織中華市政協會》，《申報》1925年5月19日，第4版。
〔註121〕《金陵大學農科簡章》，《申報》1915年1月18日，第11版。
〔註122〕《梁任公在上海總商會之演說》，《申報》1916年12月28日，第10版。
〔註123〕《全國教育會聯合會第四次大會議決案》，《申報》1918年11月26日，第11版。

之不理或是索性電召回國，而對參加政治運動的學生有時則較爲強硬，甚至予以逮捕。

一、歸國留學生救助

　　由於留學生遠在海外，每當國內中斷匯款時，爲了敦促國內政府及時匯款，留學生經常推舉代表回國請費。20 年代以來，留學美日等國官費學生頻頻回國請費，雖然中央和地方政府有時給予一定程度上的補助，緩解了留學生的經濟困難，但因國內政局動蕩，經濟衰敗，經常無法滿足學生經費需求，有時則索性放任不管，如自 1921 年以來，貴州省停彙留日學費。當時貴州留日公費生共計三十人，每月學費不過千餘元，留日公費生迭電政府求救，該省政府僅在春季彙過五千元，其他時候始終以「籌彙」二字打發學生。1922 年 9 月，學生一面上哀請書請求政府匯款接濟或是乾脆發結旅費下令歸國，一面又請歸國代表譚勤餘、傅少華等向留京貴州同鄉呼籲。各地政府對留學日美歐留學生，採取了不同方式。1924 年湖南「留學經費，按月匯寄日本萬元，歐美學生，均電召回國服務，將來財力稍裕再派遣」。〔註 124〕這也與留日學生人數眾多，而且中日兩國地理位置靠近，留日學生能夠頻頻歸國請費有關。

　　1923 年日本大地震後，許多留日學生返回國內，其中一些留日官費生希望改赴別國留學，雖然教育部曾限制留學生轉學別國，但鑒於日本地震後教育衰敗，不宜留學的現狀，教育部還是做出通融，如 1924 年 5 月，日本地震後回國的十名留日學生，得以改赴法國留學。

　　在各種救助中，以對被遣送歸國的留法勤工儉學生的救助最受關注。1921 年，104 位歸國學生中，沿途回家 27 人，最終有 77 人到滬。〔註 125〕歸國勤工儉學生組織團體，尋積極尋求各方幫助。有的學生在歸國前就已致函國內求助。爲便於對外聯絡，統一名號，製就正式圖章名片，自稱「被迫歸國留法勤工儉學生團」，並擬訂了六條自救方針：一、希望各界組織具體機關，擬名被迫歸國勤工儉學救援會；二、向各校交涉，即時入校，並免收學費、宿費；三、希望各界維持住校短期膳費（以數月爲限）；四、希望旅滬各省同鄉，代向各省催促省縣津貼；五、學生亦自推舉代表，赴各本省直接呼籲；六、

〔註 124〕《長沙電》，《申報》1924 年 6 月 14 日，第 6 版。
〔註 125〕清華大學中共黨史教研組編寫：《赴法勤工儉學運動史料》第 2 冊，北京：北京出版社，1980 年，第 637 頁。

派代表赴京、赴粵請命。〔註126〕學生赴北京主要是接洽蔡元培、李石曾及同
行回國的林長民、湖南熊希齡、范源濂和四川的傅增湘，赴粵則主要是向汪
精衛、張溥泉和陳炯明請命。學生還積極向護軍署、交涉署、中法學務協會
和法領署求助，護軍使、交涉員、警廳長、縣知事等議定資助學生回原籍。
北京華法學務協會向駐京法公使溝通，希望能允許一些歸國學生入上海中法
通惠工商學校學習工商，並免收學費。法領署要求學生提供履歷和志願表，
但法方校長梅朋君卻堅決反對，最後還是復旦大學和中國公學同意免費收取
數名學生。還有的歸國勤工儉學生選擇了回省就業，如陳毅，起初回四川作
了楊森的秘書，過了不到三個月，又改任了陳書農師部的參謀，之後到重慶
《新蜀報》作編輯，並最終走上革命道路。

　　雖然政府和社會各界對歸國學生進行了積極救助，但事後各方卻對學
生諸多抱怨。在《遣送勤工生之官廳布告》上，護軍使、交涉員、警廳長、
縣知事等抱怨學生得寸進尺，各方已但學生並不領情，不但要求交涉使就
留法勤工儉學生被迫歸國一事發電責問中法政府，對於承辦遣送人員，「則
要求衣服零用等等，不遂所欲，即起責難。日前有學生宋某，已伴送上船，
因多索川資，幾至口角。承辦人員又未便加以壓迫，只得忍而受之」。〔註
127〕更令江蘇交涉公署鬱悶的是，此後歸國學生援引此例，接踵而至，「迹
近要挾」，令其不勝其煩。特派交涉員抱怨交涉公署「係外交機關，並無教
育職」，之前出於同情邀集各機關和紳商救助學生，「凡情願回籍者，募資
定期遣送，其志在求學或圖謀職業者，則分函各學校、各實業團分別酌量
收學錄用」，「此皆出於個人之行動，非職務內所應為，且已早告結束。……
要知本署經費預算有限，並無資助學生專款，亦未奉有政府命令辦理此事，
前次資遣及旅宿各費之五千數百元，尚多出自挪墊，處置困難早自悔其多
事」。1922年1月5日，江蘇特派交涉員拒絕了留法學生周光煒等二十三人
「維持生活，資送回籍」的請求，並感歎說，「留學人眾，縱廣廈萬間，亦
難盡庇」。〔註128〕

　　在對被迫歸國留法勤工儉學生的救助中，地方各省政府大多對本省學子

〔註126〕清華大學中共黨史教研組編寫：《赴法勤工儉學運動史料》第2冊，北京：北
　　　　京出版社，1980年，第632頁。
〔註127〕清華大學中共黨史教研組編寫：《赴法勤工儉學運動史料》第2冊，北京：北
　　　　京出版社，1980年，第637頁。
〔註128〕《交涉署對勤學生之批詞》，《申報》1922年1月6日，第15版。

施以援手，如四川省得到歸國學生的呈文、宣言以後，省議會即電駐法公使及學生監督，勿再迫川生歸國，並建議以各縣中資捐補助留法勤工儉學生，人年五百元。省公署便一再通令各縣照辦。只恐各縣情形不同，難於到令實行」。〔註 129〕1922 年 12 月 26 日，蘇議會第十八次大會因審查會特別增列，議決補助留法勤工儉學生經費，「計二萬五千元」，「假定五十名，每名給五百元由家屬具領」。〔註 130〕

　　1922 年 1 月，當被迫歸國留法勤工儉學生赴粵代表晉謁陳炯明時，陳謂「余係粵省長，無多大力量，且粵省學款，爲幫助本省學生，劃開省界，事實不能也」。學生代表請求陳以內務總長地位解決學生求學問題，陳謂「款項支絀」。而廣東教育會長汪精衛也推託表示，「南方政府，實無力量擔任君等數年求學費用……若君等本省有津貼時，廣東政府亦當設法幫助一部分，萬一政府不允時，我可擔保設法津貼，並允拍電湘、蜀等省，催促一切」。〔註 131〕當時，北京政府尚且每年資助十萬元給在法學生，南方政府卻不願參與資助一百多歸國勤工儉學生，不免讓學生代表敗興而歸。由此可以看出，各派勢力只願將經費投入本省學生，不願爲他人做嫁衣，而北京政府作爲名義上的中央政權，尚需維持最高統治者形象，因此多方努力爲留法勤工儉學生解困。

二、留學生歸國後的管理

　　北京政府時期的留學生歸國除因畢業歸國求職和前面提到的尋求經濟救助外，無外乎是因爲黨派鬥爭和愛國運動的需要，兩者有時也交織在一起。對此，政府分別採取了不予安排，嚴加看管，甚至入獄殺頭的高壓政策和安排就業、遣回原校學習、轉到國內學校就讀、轉到國外其他學校就讀的懷柔政策。

　　袁世凱時期的北京政府一方面打擊對立黨派的留學人才，但另一方面也調整政策，拉攏留學生。1913 年 12 月留學日本陸軍士官學校之學生祁國鈞江炳靈等五十三名因黨人運動結隊歸國，湖北都督先是採用懷柔政策，「以該生等係回國度歲，謀家人父子之團聚，應各給川資四十元，各回本籍度歲，勿

〔註 129〕清華大學中共黨史教研組編寫：《赴法勤工儉學運動史料》第 2 冊，北京：北京出版社，1979 年，第 667 頁。

〔註 130〕《蘇議會紀事第十八次大會情形》，《申報》1922 年 12 月 28 日，第 10 版。

〔註 131〕清華大學中共黨史教研組編寫：《赴法勤工儉學運動史料》第 2 冊，北京：北京出版社，1980 年，第 649～651 頁。

庸逗留省城」。但學生仍逗留省城謀劃，湖北都督遂採取高壓手段，當場逮捕三十九名歸國留日學生，其中五人被軍法處審辦，其餘雖獲保釋，但官費資格被取消。1914 年 4 月，北京政府因一些留學生與黨人聯絡，命駐日公使，「如聞留學生有抱革命主義者，官費生即停止給費，私費生即遣令回國」。〔註132〕1914 年 5 月，湘皖贛粵都督會請召回前國民黨各都督派往日本之留學生，「因若輩與黨人非親即友，恐爲黨人之思想薰染，將來學成回國，無益政府」。袁世凱同意所請，當年「召回之學生約六百人」，〔註133〕令留學生學業半途而廢。

北京政府對留學生的迫害和壓制，不僅引起留學生抗爭，也引來外國人非議。東京南部某教士致書《泰晤士報》，「痛詆中政府因政治上之事故停發留學生官費及召迴學生多人，此種政策實驅安分之學生投入革命黨」。〔註134〕教育部辯稱，「對於出洋留學諸生極意維持現狀，除品學最劣者以外，務使該監督者嗣後注意嚴督，以期精研學業」，並稱已「由該部通電各省，詳告該部並無取消留學之意，並囑各省深體其意，愼勿過聽風說，陷於誤會」。〔註135〕

日本留學生因接連在兩屆知事錄取考試中落第，因此落第學生抱怨政府重用清末舊官僚，還在繼續欺騙學生，並未既往改變方針。1914 年 5 月，北京政府開黨禁，但上海、江西等地仍在迫害黨人。江西戚巡按通飭各道尹，「凡各留學生到省時，先用偵探跟蹤，探其姓名、籍貫與現住之客棧及他寓所，嚴爲監視，並將住址地點開交檢查，郵電員注意其來往函電，如無特別舉動，徑回原籍者，懸由該管知事派探隨時注意是否安分，據實報告」。〔註136〕1914年，《斯丹達報》記者訪問中國革命黨駐歐洲辦事處馬素君，馬稱「清末舊官僚，其俸金出諸外國銀行所付之款，各省都督皆無學者。流外國之留學生均經調回廣東。河南之學生三十人他日歸國恐不免指爲革命黨而槍斃之。余友二人，倫敦大學之學生也，歸國後即爲當道置之於法，可爲前鑒」。而莫理遜則加以反駁稱，「此輩爲無經費、無條理、無勢力憤懣團體，四散之餘類」，「今

〔註132〕《北京電》，《申報》1914 年 4 月 24 日，第 2 版。
〔註133〕《北京電》，《申報》1914 年 5 月 14 日，第 2 版。
〔註134〕《倫敦電》，《申報》1914 年 4 月 18 日，第 2 版。
〔註135〕《教育事業之前途》，《申報》1914 年 6 月 14 日，第 3 版。
〔註136〕《江西》，《申報》1914 年 10 月 2 日，第 7 版。

日已成絕弩之末」。〔註137〕但事實上留學生被北京政府抓捕甚至至死者不乏其人，莫理遜的論點有失偏頗。

北京政府有感於國民黨籠絡了大批具有高等畢業學位的留學生，遂改變策略，拉攏因一時無事才加入國民黨的留學人才，允許留學畢業生憑高等文憑呈報政事堂考驗試用，但各省官吏對於留學生「或停止其官費，或有歸國者則搜查防範無異盜賊若，一為留學生即與黨人有關係者，以此心理對學生尚望其能信任之」。〔註138〕

學生以愛國為名歸國，但北京政府經常視之為結黨聚眾。1915 年自中日交涉發生後，2 月 21 日東京基督青年教開會開中國留學生總會蒞會者五千餘人當時演說日本之如何無理要求。留日學生倡議全體回國，組織救國團，但教育部電飭留學生監督查察禁止，並由湯總長通告各生，求學亦是愛國。地方長官也不主張學生回國，如廣東李巡按使致電日本留學生經理處，令其轉告學生安心求學，「國家大事自有政府正當主持」，「國家值此財政奇絀，猶年助學費鉅款，蓋期亡命諸生學成歸國」。〔註139〕1915 年駐日公使陸宗輿見留日學生總會不顧教育部之令，再次發出通告鼓吹學生回國，並下令解散總會，引起了學生的不滿。留日學生紛紛回國，學生代表劉文島、萬鈞等到京上書政府，「綜計留學官費歲約百餘萬，自費幾倍之」，「徒以虛糜國家之金錢，供彼社會之活動」，「莫如下留東學費一款即在本國另組學校，延聘西人充當教習」。〔註140〕留日學生王祺等也不願再往日本留學，商請上海各著名大學「另開特別班，以求學業」。而各大學則同意「留東同人若能邀集五十人以上，即可應其志」。因此王祺等散發傳單，邀集回國留日學生一起到外交後援會事務所商議。〔註141〕但也有人認為，此舉「未免太狹」，認為應該「學其所長」，「忍辱勉力，以學彼邦之科學即與彼邦競爭也」，希望留學生能深思熟慮，「勿視學問等於其它之日貨」。〔註142〕

1918 年，留日學生再掀歸國浪潮。駐日公使陸宗輿和章宗祥都先後稱歸國留日學生是受亂黨煽動。然而留日學生歸國抵上海碼頭後，義賑會、留日

〔註137〕《斯丹達報代表之談話》，《申報》1914 年 7 月 15 日，第 3 版。
〔註138〕《重要之三命令》，《申報》1914 年 9 月 20 日，第 11 版。
〔註139〕《粵官場之對外態度》，《申報》1915 年 3 月 18 日，第 6 版。
〔註140〕《留東學生代表上書政府》，《申報》1915 年 3 月 12 日，第 6 版。
〔註141〕《留日學生求學之志願》，《申報》1915 年 5 月 19 日，第 10 版。
〔註142〕《留學生不可不知》，《申報》1915 年 5 月 19 日，第 11 版。

同學會、廣肇公所、粵商聯合會、福建同鄉會、浙江各處同鄉會等團體對留學生歡迎招待。留學生陸續回鄉者，交通部給予免票乘車。〔註143〕政府對歸國留日學生採取高壓與懷柔並舉的政策，1918 年總理段祺瑞還親自接見學生代表，向學生解釋中日新約。

1918 年中日簽訂了《中日共同防敵協定》。5 月 6 日，各省各校留日學生代表在東京召開秘密會議，計劃留學生全體歸國，分赴各地，聯絡報界，通電北京政府和各省長官。會議進行時日本警察毆打並逮捕了學生代表。在第二天被抓學生被釋放時，很多留學生在大門口守候。5 月 9 日，駐日公使章宗祥連來兩電報告留學生「對於院部各電均置不信」，組織救國團分班歸國係「受黨人煽動」，「現查歸國者約有數百，應請嚴定辦法，以免外交學務而多貽誤」。〔註144〕學生以愛國為目的，放棄學業歸國，如果加以規勸，可能尚有收效。於學生情緒激昂之時，章宗祥以高壓之手段，反而激起事態擴大。

留日學生紛紛罷課，組成了「留日學生救國團」，在留日學生總會會長阮湘、王洪賓領導下罷課歸國。6 月初，據稱「歸國留日學生已達三千餘人，計由陸路乘火車歸東三省者四百餘人，由海道航歸廣東、雲南者共八百餘人，此外未停滬上，直歸各省者約九百餘人。而在滬之千餘人，多係籍隸四川、湖南、廣西、貴州等省之人」。〔註145〕

回到北京的留日生阮湘、龔德伯、王希天、李達等人則聯合北京大學的鄧中夏、許德衍，發動北京高校學生 2000 多人，集合在新華門大總統府門前，要求取消「中日共同軍事協定」。大總統馮國璋被迫接見了學生代表。請願事件發生後，北京政府發佈訓令要「嚴加取締」學生的遊行請願活動，並限令留日學生早日返回日本，否則以干涉政治之嫌，開除學籍。

由歸國留日學生所組成的上海救國團提出，歸國學生可「預備到美國留學」，「不能到美國者有中國設立大學」，並打算辦《救國報》一份。為籌集相關資金，維持學生求學和報館發展，救國團派代表李大年、閔肇基二人來見廣東各方面人，「請大家量力捐助」。〔註146〕1918 年 5 月底，教育部僉事沈彭年奉教育部派遣來滬與回國留日學生接洽，由江蘇省教育會致函學生救國團

〔註143〕沈殿成：《中國人留學日本百年史》，瀋陽：遼寧教育出版社，1997 年，第 440 ～441 頁。
〔註144〕《章公使電告學生師國》，《申報》1918 年 5 月 16 日，第 3 版。
〔註145〕《留學界風潮未已》，《申報》1918 年 6 月 5 日，第 3 版。
〔註146〕《申報》1918 年 9 月 30 日，第 7 版。

幹事前往蒞會。沈表示，「諸君廢學歸國，已收莫大效果，如諸君再返日本繼續求學，當使日警不如前此之橫暴」。沈認爲留日學生在中國創建大學的提議欠妥，一是經費無著，二是「既不同科，程度當不一致」，「若鎔諸君於一校，恐難辦到」。〔註147〕但沈也表示願意幫助歸國留學生。

　　1918 年 5 月 23 日，留日學生代表謁見吳總監，吳警監勸學生不可開會，而學生則謂「必須有一機會，方可略事討論」。而吳警監則表示 24 日由自己做東開招待會。〔註148〕5 月 25 日留學生在北京的公園茶會，警廳派人解釋日約，勸速出京。

　　北京政府扣留電文和郵局投遞品，阻止學生傳遞消息。北京、上海、漢口等地還派警察禁止歸國留日學生集會演說。1918 年 5 月，奉天張作霖嚴格取締留日學生回國，先是飭令各地方官及學生父兄從嚴取締，又飭令軍警查明，「旅舍有無留學生新由外洋歸國者」、「有無假地集會結社者」、「有無異種狀態人跡類運動者」，「如果發現，即行驅逐，或加以嚴重干涉」。5 月 23 日，張作霖還致電駐日公使及留學生監督，「凡籍隸東省學生現在有無藉端歸國情事，如有歸國者，希將其姓名、籍址查明覆示，並遇有歸國學生未經出發之前設法截止，並令各學校長禁止學生干涉分外結合，如發現特別事情，即向該校長交涉」。〔註149〕7 月 31 日，江蘇省教育符廳長也下令取締留學生結社。有的省份採取了比較溫和的方式。浙江省教育會評議會 6 月 9 日開會，首議留學生歸國事件，議決電教育部及留日監督請其設法維持，從速解決，並函本省學生勸告迴學，並將辦法通告各省教育會。〔註150〕山東省公署接到教育部來電後，亦認爲留日學生回國是出於愛國熱誠，「然亦不得不加防範，以免貽人口實」，特飭教育主任「隨時派員考察有無回省之留學生，其舉動是否純正，不得疏忽」。〔註151〕

　　5 月 28 日，教育部發佈告稱「本總長深願在京諸生，經此次布告以後，一律離京，克期東渡。於六月十日以前各回原校繼續留學，如有藉故延宕，意在違抗者，即難解干涉政治之嫌，而非復有志於學業，一經查明不能不予開除學籍，以示懲儆」。〔註152〕監督江庸懇請緩下處分，表示願嘗試勸告學生

〔註147〕《沈僉事與回國學生之談話》，《申報》1918 年 6 月 7 日，第 10 版。

〔註148〕《新約簽字後之各方消息》，《申報》1918 年 5 月 27 日，第 3 版。

〔註149〕《奉天取締留日學生回國》，《申報》1918 年 5 月 24 日，第 6 版。

〔註150〕《杭州》，《申報》1918 年 6 月 12 日，第 7 版。

〔註151〕《濟南》，《申報》1918 年 5 月 24 日，第 7 版。

〔註152〕《留日學生返國後之近訊》，《申報》1918 年 5 月 31 日，第 3 版。

回校。《申報》諷刺說,「教育部對於留學生之舉動如此,頗似放逐敵僑之辦法,若以此項公文言之,固不失為強有力政府之教育部也」。〔註153〕

1918年6月5日,留學生決議,要在中央公園會齊,謁見總統總理。6月7日,總理段祺瑞接見九名留學生代表,向學生解釋中日協議內容已經外部刪改九次,希望學生速迴學校讀書。除了接見歸國留學生,解釋條約內容,總理段祺瑞還下令撥款五萬元交教育部,令其酌量分給各歸國學生,以為東渡回校資斧。〔註154〕對於一些國內政要指責,處事不當,致使事態擴大的駐日公使章宗祥,段祺瑞令國務院電章宗祥申飭。對日警淩辱學生一事,由外交部電令章宗祥向日本政府交涉,改良中國留日學生待遇。教育部還通知各地,勸令留日歸國學生回校辦法共有四條:(一)限本年九月十日以前一律赴東至留日學生監督署報到(二)逾期開除學籍(三)回校後以前所曠官費概不補給(四)前據留學監督呈請,留日學生自八月一日起每月加增日幣四元。〔註155〕輟學歸國留日學生絕大部分留滬不久,先是回鄉省親,後仍復先後赴日求學,也有部分轉入國內學校就讀,還有的則充當國內學生運動的領導者和宣揚者,推動了全國學生運動的發展。

由於愛國運動與黨派鬥爭糾纏在一起,政府有時對歸國留學生採取了較為冷酷的手段,但也注意調整政策,緩和雙方矛盾。但由於一些學生過於理想化,對於弱國政府的民國北京政府來說未免力所不及。如1918年總統馮國璋、總理段祺瑞都曾出面接見過留學生,雖然段祺瑞拒絕學生提出的公開協議的要求,稱「協商各國公使處已非公式通知矣,至宣佈一層,各國向無成例,吾國亦不能獨異」。〔註156〕雖然學生對此回答不滿意,但正如教育總長於5月22日所發佈告,「鑒於歐洲戰爭之變化及極東全局與中國防務之關係,為國家前途利害計,締結中日軍事協議亦不得已之事也,惟關軍事秘密未便發表,詎料在海外不明國際情勢之留學生罷學歸國,奔走呼號,實堪憂慮」。可以說由於關係錯綜複雜,各國鮮有將軍事同盟細則公諸於世者,學生的此項提議難以實現。

時人曾評論,「今日時局,政府獨當其任能綽然餘裕,而使學生安心就學,

〔註153〕《北京最近之各方消息》,《申報》1918年6月28日,第6版。
〔註154〕《兩日之中央政紀》,《申報》1918年6月14日,第6版。
〔註155〕《勸令留日學生回校之辦法》,《申報》1918年8月14日,第10版。
〔註156〕《關於新約之北京學界近狀》,《申報》1918年6月11日,第3版。

他日得從容用其腦與腕者，則教育部之言是也」，反之則留學生之說是也。〔註157〕北京政府未能為留學生創造良好的學習環境，導致留學生頻繁介入政治事務。但客觀來說，大批留學生學業未成，即頻繁歸國，固然為國家的民族解放事業做出良多貢獻，但學業荒廢，未免有違鉅資出國求學之初衷。因此北京政府積極與留學生溝通，並勸誡學生向學的態度固然有其維護自身統治的考慮，但總體來說還是值得肯定的。

〔註157〕《救國之異解》，《申報》1915 年 3 月 6 日，第 7 版。

第五章　各國對中國留學生政策與管理

　　由於國內政治失序和國際上一戰爆發，因此民國北京政府時期是中國留學史上的動盪時期，留學國對華留學生管理是中國留學生管理的重要組成部分。本章重點考察日本、美國、歐洲各國對華留學政策及和留學管理概況，以期瞭解當時外國對中國留學生的態度及其對留學生學習、生活的影響。

第一節　各國對中國留學生政策

　　北京政府時期既是近代世界格局大變動的一個重要時期，又是列強在華爭奪權益的重要時期，各國對華留學政策受到當時的國際形勢和中外關係的影響。如 1923 年以後歐美各國從入學年齡、入境手續和入學學費等方面加強對中國留學生的限制，一些政策明顯帶有民族歧視色彩。而日本則借機利用庚款拉攏中國學生赴日留學，但收效甚微。

一、日本對中國留學生管理政策

　　由於日本推行侵華政策，中日關係由密切走向惡化，中國留日學生反日情緒日盛，日本一些有識之士意識到問題的嚴重性，倡議改善中國留日學生待遇，推動日本政府出臺了一些改善政策，這在一定程度上改善了中國留學生在日學習和生活條件，但在日本侵華政策的影響下，對華留學生政策不可能改變中國留學生的反日情緒，更不可能真正改善兩國關係。

　　民國初立之時，中日關係比較密切，留日教育一枝獨秀。不僅日本注重吸納中國留學生，當時的北京中央政府和地方政府也最為重視留日教育。如

1914 年 4 月 2 日，廣州政府因財政緊張，擬取消歐美留學生官費，「惟日本留學官費或可照發」。〔註1〕

　　　1915 年二十一條出臺後，留日學生日益對日本充滿敵對情緒，引起了日本一些政治家的注意。1918 年正是中日兩國參加一戰之時，日本「鑒於德國勢力日增，俄國及俄領亞細亞之形勢日惡，因之中日協同樹敵對防衛之計劃至為緊要」。〔註2〕日本陸續出臺了一些政策，改善中國留學生待遇。1918 年的第 40 屆國會上，高橋本吉等提出《有關中國人教育的建議案》，批評日本對待中國留學生態度不佳，而且私立學校收容中國學生，是為了增加學校收入，教育方法差。「假如有所謂為日本的利益而教育中國人，中國人是不會對此感謝的。我相信只有為中國人的利益而教育，才真正有利於東洋和平。」〔註3〕留日學生教育第一次以政治問題提到了國會上。1918 年 6 月，日本外務省頒佈了《改善中國留日學生狀況案》，是近代日本政府首部以改善中國留日學生待遇為主要內容的法案：1、盡力招募優秀的中國學生；2、廢除歧視性待遇；3、使中國人獲得留學日本的實效；4、採用中方取名而日方握有實權的合作辦學形式；5、官方與民間共同努力推進改善中國留日學生待遇的事業。〔註4〕日本還專門撥出促進中國駐日留學生監督處發展費，每年 3000 元。〔註5〕此時，日本一些所謂民間人士出於日本利益考慮，發起成立了「日華學會」，居間協助提供中國留日學生學習和生活指導服務。日本政府還於 1919 年至 1920 年間改變過去收取中國政府留學生委託費的做法，改由日本政府從國家預算中撥款來進行留學生教育。從清末始，日本政府對留學生教育經費就不予補助，留學費用全靠中國單方面支付。考上特約五校的中國留學生，「清政府支付 200 至 250 元作為委託費，由日本文部省轉撥給 5 所受託的學校，作為教育留學生的費用」。〔註6〕

〔註 1〕　《廣州電》，《申報》1914 年 4 月 2 日，第 2 版。

〔註 2〕　《留學生歸國風潮之反響》，《申報》1918 年 5 月 21 日，第 3 版。

〔註 3〕　沈殿成：《中國人留學日本百年史》，瀋陽：遼寧教育出版社，1997 年，第 410 頁。

〔註 4〕　徐志民：《1918～1926 年日本政府改善中國留日學生政策初探》，《史學月刊》2010 年第 3 期。

〔註 5〕　徐志民：《1918～1926 年日本政府改善中國留日學生政策初探》，《史學月刊》2010 年第 3 期。

〔註 6〕　沈殿成：《中國人留學日本百年史》（上），瀋陽：遼寧教育出版社，1997 年，第 414 頁。

　　日本陸續出臺的政策在一定程度上緩解了留日學生的壓力，但因日方實際投入資金不足，加上國內拖欠留學經費現象嚴重，自 1918 年以來留日學生數次包圍使館，1920 年江庸、林鷗翔、金之錚三位留日學生監督被迫辭職。經費的缺乏加上日本對華不平等協議，導致留日學生大批歸國，加劇了留日學生對日本和北京政府的惡感。1921 年，駐日代理公使莊璟珂和駐日公使胡惟德先後向日本外務省求助，請求幫助陷入經濟困境的中國留日學生。

　　1921 年日本第 44 屆國會提出《關於中華民國留日學生教育之建議案》，內容包括：提供各種經濟上援助；簡化入學手續；保護預備教育成績昭著的私立學校；政府與中國當局訂立永久之協定，且盡可能增加官費留日學生名額；設立中國留日學生教育調查會之類的機關。〔註7〕日本政府於當年補助「日華學會」15 萬元，用以經營中國留日學生宿舍，這是日本政府首次資助民辦的中國留日學生教育事業，從此「日華學會」成了與留日學生教育有著官方關係的一個重要機構。

　　1923 年，日本政府在外務省下設「對華文化事務局」，辦理庚款對華文化事宜。並於 5 月 5 日公佈了「對華文化事務局」官制，以外務省亞細亞局長兼任局長，在外務大臣管轄下處理有關對華文化事宜。日本與中國政府教育部簽定 12 條協議，其中第 10、11、12 條為專門補助在日中國留學生的辦法。1924 年底外務省文化事業部與汪公使及代理張公使協議後決定對於「十一月中五六十名之缺費學生臨時補助每名三十五元」，對「基於教育部令選定之官私費留學生約三百名，由十月份起每名補助七十元之學費」。〔註8〕1925 年 4 月初，日本外務省文化事業部發給各省官自費生六個月的補助費。但當駐日總裁留學事務處致函各省教育廳，告知各省補庚款之官自費生名單後，各省官費生則突然表態不願換補，因此留學事務處又致函各省教育廳，須等留日學生領款後方能確定人員名單。官費生不願換補，原因有二，一是根據教育部規定，「凡官費生換補該項補助費時應將原官費停給」，為防止有學生重複領取，則需查明經理員報銷原案。「至本年未畢業及已畢業准予實習研究之各補助費生，本年仍繼續給費」。〔註9〕其時南北政府和各省政府派遣的留日官

〔註7〕　〔日〕實藤惠秀：《中國人留學日本史》，譚汝謙、林啟彥譯，上海：三聯書店，1983 年，第 99 頁。
〔註8〕　《日本補助中國留日學生學費》，《申報》1924 年 12 月 27 日，第 11 版。
〔註9〕　《蘇省補日文化事業費官自費生》，《申報》1925 年 7 月 20 日，第 9 版。

費生每人每月可領八十五日元；考得庚子賠款的，每人每月可領七十日元；有的省如湖南還補助庚子賠款生每人每月十五日元。〔註10〕因此官費生不願為了日本發放的六個月補助，就放棄本省官費；二是補助發放權力沒有交給中國留學生監督，而是下放到日本各學校校長手上，每個津貼生在領取補助費之前，要填寫誓約書，大意是：「自大正13年10月（即1924年起），每月領取補給學費金70元，不勝感激之至，為此誓為專心勉學。畢業後，並願體奉右記主旨，勤奮奉答恩眷之隆特此誓約如上。」〔註11〕日本試圖通過白紙黑字確保中國留學生畢業後效忠日本，同時是想在留日學生面前彰顯自己的恩典，這種包藏文化侵略野心的補助，暴露了日本以金錢收買人心的拙劣手法，從一開始就遭到留日學生的抵制。雖然日本每年要花三十萬元補助中國留日學生學費，但結果卻適得其反。

而且日本對中國留日學生的補助，並未惠及留日學生整體。「建築宿舍事宜，因經費遲遲不到位而進展緩慢，即使是建成的宿舍對於基數龐大的中國留日學生來講，也是杯水車薪、無濟於事。據龍浦文彌調查，到1926年，……中國留學生能夠入住學校宿舍者仍不滿其總人數的10%。」〔註12〕

不過客觀來說，日本庚款對於緩解留日學生經濟困難，提高留日學生學業能力，擴大中國留日學生規模還是起到一定作用的。比如日本庚款補助發放前，山東省留日學生考選陷入停滯，留日官費生回國後，缺額也無人遞補。根據日本對華文化事業的留學生津貼標準，山東有十個日本庚款補助名額，教育廳最終提前辦理考送官費生十五名手續，補助費生則在官費生考試完畢後，再行辦理。〔註13〕鑑於一些中國女留學生因日文英文數學等程度不夠，不能進入日本高等師範學校東京女子醫學專門學校等校，因此1925年日本對華文化事業部定奈良高等師範專為女子留學生設立預備教育，修業年限定為

〔註10〕陳新憲：《留東雜憶》，《邵陽文史資料》第七輯，1987年，第176頁，轉引自沉殿成：《中國人留學日本百年史》（上），瀋陽：遼寧教育出版社，1997年，第407頁。

〔註11〕《教育雜誌》第十六卷四號，轉引自舒新城：《近代中國留學史》，上海：上海書店出版社，2011年，第69頁。

〔註12〕轉引自章開沅、余子俠主編：《中國人留學史》（上冊），北京：社會科學文獻出版社，2013年，第232頁。

〔註13〕《各省教育界噪聲：魯教廳考送留日官費生》，《申報》1924年7月16日，第11版。

一年，入學資格須畢業高等女學校以上。〔註14〕此外，東京高等師範學校、廣島高等師範學校、長崎高等商業學校和明治專門學校也特設預科，招收中國學生。這在一定程度上改變了日本既往缺少來日資格限定的弊端，有助於留日學生打好基礎，順利進入專業學校，也促進了日本的教育經濟發展。

　　除了補助留日學生，日本庚款還分別資助北京和廣東的學校考察日本。1924 年上半年，日本還分別庚款資助國立八校五十名學生和廣東十五名學生赴日參觀。廣東代表團歸國後將考察報告編纂成書。雖然指導教員柳金田在報告書序言中表示，「吾人姑不論其對支文化事業之取義爲何。而退還我賠款以作文化事業之眞意，果否出於至誠。但總可認爲日本政府之對華政策上既發生一大變化之表現」。〔註15〕然而其他出訪者依然對日本退還庚款方式及對華態度提出批評，謝清指出，「日政府特於外務省另設文化專局，使中國公民不得參加末議，實際成了一種外交手段，欲實行文化侵略政策，這是我很懷疑的地方」！謝清在大阪與日日新聞社記者談話時也批評說，「不平等的條約，至今尚沒取銷，當貴國地震的時候，又有慘殺華人的事實，敝團抵貴國時，聞華僑又有日政府禁止華工入口的報告」。〔註16〕

　　總體來說，日本庚款不僅在一定程度上資助了留日學生，並爲國內學校考察日本提供了經費保障，對於中日之間的教育文化交流是有一定裨益的。但由於日本包藏野心，而且行事苛刻、霸道，結果適得其反。

二、美國對中國留學生管理政策

　　美國既是最早接納中國官費留學生的國家，也是最早退還部分庚款的西方國家。各國之中，也以美國入境限製辦法出臺最早，規定最爲嚴格和複雜。

　　清末華人可自由進入日本、歐洲，惟有進入美境必須向上海或他省海關道署領取護照，並交美國領事簽字後方可啓程。「美則防華人如防疫蟲，苛例密於牛毛。一不合例，即遭撥回」，辦理護照需「納費自墨洋十元至二十四元不等。……領照之前，須改西裝，映照片三紙（不可用硬紙板）隨稟送入道署。如已得有文憑，宜將姓名英文拼法照錄送入」。學生持護照赴美總領事處簽字時，需「納費墨洋二元四角（美洋一元有定值）」，「最好有與領事相識之

〔註14〕《日學校設中國女留學生預備教育》，《申報》1925 年 5 月 5 日，第 11 版。
〔註15〕《廣東學生赴日考察團報告書》1924 年，柳金田序三。
〔註16〕《廣東學生赴日考察團報告書》1924 年，第 44 頁。

人（不論華人西人）偕往簽字較便」，「護照自領事簽字之後六個月內當成行，逾限作廢」。當時美國就非常重視留美學生的資金擔保問題，「領事……必問及遊學經費，可答父母或叔伯供給。問及父叔之事業，則答或開行號，或別項產業。總之使其知爲有錢人而已」。〔註 17〕

　　美國也是最早要求入境留學生提供體檢證明的國家。醫生對華人上岸檢查就尤爲嚴厲，「本年有遊學某君，一目稍赤，醫生誣之爲傳染症，勒令回去。」〔註 18〕由於擔心留學生因爲砂眼到美後不准登岸時再撤回，1924 年江蘇考選留學歐美學生時，除驗視普通體格外，尤注重砂眼之察。有多人成績頗佳但因眼病落第。雖然有人提出反對意見，但考選方則提出，「由中國政府審愼考取之學生，美苟以砂眼退回，他國將疑中國人即有無砂眼，尙看不清楚，未免有失國體」，因此江蘇省嚴格體檢辦法，即使報考森林一科的東大農科教授傅某頗受教育廳長蔣維喬器重，「所考英文成績列第一，其餘成績亦佳」，但最終還是因砂眼被擯。〔註 19〕

　　1923 年美國政府嚴格取締中國留學生，教育部先後咨請外交部電令滬交涉員妥定章程，發交各公團，「凡留學美國之各生如須請照出洋，應由各該公團具函證明」，並令交涉員，「嗣後赴美留學之學生請照出洋者，須經本部之證明書證明者方可給照」。〔註 20〕

　　受美國排華律的影響，美國駐華領事對留美學生的護照簽證頗多刁難。因此民初學生留美時，常請中國教育部通過外交部轉咨美國領事簽發護照。「新生赴美以前齊集上海，十餘人或數十人一同前往，並將船名和抵美日期電告留美學生監督，由留美學生監督通過中國駐美公使，事先與美國移民局通融。鑒於美國海關對乘坐頭等艙和二三等艙的移民入境手續寬嚴不一，留美學生大多坐頭等艙前往。」〔註 21〕

　　1924 年美國政府出臺限制留學生辦法，「學生年齡，以十八歲至二十五歲爲合格，過此或不及者，概不收納」。爲免學生貿然前往，「恐不免徒勞跋涉，貽笑異邦」，教育部根據駐美公使施肇基電文，通知各學校及各省教育廳審查

〔註 17〕《美洲留學報告》，上海作新社印刷，光緒三十年五月出版，第 83～84 頁。
〔註 18〕《美洲留學報告》，上海作新社印刷，光緒三十年五月出版，第 89 頁。
〔註 19〕《各省教育界噪聲》，《申報》1924 年 7 月 30 日，第 10 版。
〔註 20〕《赴美留學取締加嚴》，《申報》1923 年 3 月 13 日，第 13 版。
〔註 21〕王奇生：《中國留學生歷史軌跡》，武漢：湖北教育出版社，1992 年，第 23 頁。

擬赴美學生年齡，「如顯然不合，即當勸其勿往，一面並應廣爲布告」。〔註22〕
由於中國政府拖欠留學經費，中國留美學生在美陷入困境，至 1924 年我國共
欠美國留學經費三筆，約合五十萬元，本息均未歸還。美使舒爾曼照會北京政
府外交部，稱「爲免除以後糾紛起見，如欠款不能清償，即不能再簽發留美學
生護照外部」。〔註23〕除清華學生外中國留學生如欲赴美，都受到美國移民律
限制，必須符合兩個條件，一是須入勞工部承認的三十六所學校，並得到美國
覆電；二是須塡一種美政府新定之赴美志願書。至於「外傳留美學生需帶往二
千元以上之匯票，不得於一年內移動一節」，美領事署表示此說不準確。〔註24〕

學生收到覆電後塡寫志願書，「每人須塡二張，一紙存在上海美領事
署，一紙由本人攜美，每張護照上須貼本人四寸照片一紙，並須繳志願書
費美金一元，以前赴美留學生應塡之第六行志願書，本屆學生亦須塡寫，
並亦須繳費美金九元，於繳費塡書時，又須將已由醫生查驗之驗身單，繳
與美領事署」。〔註25〕赴美志願書內容主要包括個人信息、赴美地點、境內
外住址、赴美宗旨、居留年限等，並需申明不屬於二十七類移民律所不准
入美國境內者。

爲應對這種局面，帶有留學中介性質的民間機構寰球中國學生會順勢而
起，學生會積極與美領事署聯繫，詳細瞭解赴美留學手續，爲赴美留學生提
供參考。美領事告知，「中國學生欲到美國留學，每人必須先行電美核准後方
可簽字起行」。寰球中國學生會幹事還就一些具體事宜咨詢美領事，（一）在
本年四月間移民律尚未實行時，護照已在外埠簽字，而人已來申者，可否再
申加簽特別護照，並在滬發電詢問，美領答以原處辦理爲宜，如在上海辦
理，須候上海學生辦完後始能照辦；（二）湖南出洋學生，長沙美領以該省爲
獨立省會，不便簽字，曾有信致上海，請上海美領簽字，上海美領表示已就
此事發電報給美國國務院；（三）如有三人同校同年畢業，現擬同入美國某校，
可用一電詢問；（四）如第一電詢問之某校已得覆電核准後，再有人要入該校，
仍須再發電詢問爲佳。〔註26〕

〔註22〕 《各省教育界噪聲：教部通知美國限制留學年齡》，《申報》1924 年 7 月 2 日，
　　　　第 11 版。
〔註23〕 《留美學生之兩難點》，《申報》1924 年 8 月 4 日，第 10 版。
〔註24〕 《赴美學生與移民律消息》，《申報》1924 年 7 月 27 日，第 13 版。
〔註25〕 《赴美學生與移民律之昨訊》，《申報》1924 年 8 月 12 日，第 14 版。
〔註26〕 《赴美學生與移民律之昨訊》，《申報》1924 年 8 月 7 日，第 13 版。

由於限制太多，造成不少中國學生入學延誤，爲此美政府出臺變通辦法，訓令上海美領事，「凡赴美中國學生均可由上海美領事簽護照，但須注明係受此次訓令而辦理，並須發電致美政府，「何人至何校，俾學生到美後再設法入已被勞工部承認之學校，與得學校入校之允准」。8 月 19 日滬上美總領署又傳出消息大致謂美政府「對於中國留學生之赴美者已可免除學校之限制，准許各學生自由至美，而進各校矣」。〔註27〕

三、其他國家對中國留學生管理政策

除日美外，其他各國對華留學生政策以法國較爲寬鬆，法國也退還了部分庚款。德國則對中國留學生採取收取高額留學費用的方式，英屬聯邦國家加拿大和澳洲政府則推行種族主義政策。

（一）法國、比利時

由於法國全國工黨的宣言就是「無論何國何族，祇要能守工黨的規約，都可以到法國來做工」。工約的要素就是「工價一律」、「罷工一致」。〔註28〕1924 年日本拒絕華工入境後，浙江商人結幫改赴法國。相對來說，法國對華留學生政策較爲寬鬆，民族歧視較少，但留法勤工儉學運動後法國改變了以往的寬鬆政策，法國開始嚴格華人入境手續。1924 年工商學界赴法領署請簽護照時，「須先將其所帶現洋（或轉購之匯票）送交法領署驗看，如數目不呈，便不能前往，其所帶現款額，照新例須備足該客至法後居留期內一切需用之費」，新例出臺後導致大批原擬赴法者退票中止赴法。有的學生帶現洋四千元赴法領署請簽護照，但仍被認爲「不敷入境後之需用」，又因「無有力銀行之擔保」，法領署拒絕簽給護照，導致學生不能赴法留學。〔註29〕

法國對華留學生政策還受到政治因素的影響。1923 年 9 月 25 日，法政府派尼博訪巴黎華使館云：「留學生受共產黨煽惑，請取締，否則法政府自行處分」。〔註30〕法國政府對於南北政府派遣的留學生均持歡迎態度，但在簽證辦理手續上，只有上海法國領事館才能爲南方廣東政府派遣的學生辦理簽證手續。據鄭彥棻回憶，1925 年國立廣東大學（後改名爲國立中山大學）選派第

〔註27〕《赴美留學生可以放洋》，《申報》1924 年 8 月 20 日，第 14 版。
〔註28〕《汪精衛之演說：留學法國之近狀》，《申報》1920 年 1 月 19 日，第 10 版。
〔註29〕《華人赴法之新取締》，《申報》1924 年 8 月 12 日，第 14 版。
〔註30〕《北京電》，《申報》1923 年 9 月 26 日，第 3 版。

一批赴法留學，就讀於該校設在里昂中法大學的海外部。……當我們辦理赴法手續時，法國駐廣州領事館不允爲我們在護照上簽證。因此不得不於 1925 年冬離粵赴滬，再辦簽證手續。〔註31〕

　　1920 年 8 月，巴黎大學中國學院院長班樂衛致函教育部長范源濂，表示「敝國經濟情形，一時萬難將庚子賠款全數放棄」，法國只能「設法撥出少數以辦中法教育事業」。〔註32〕1925 年 4 月，中法兩國就庚款退還問題簽訂了《中法協定》，並成立了「中法教育基金委員會」，保管與支配庚款中辦理中法教育事業的部分，該委員會所支配的款項雖主要用於補助中法教育機關。李石曾、吳稚暉等人曾利用庚款建立了北京中法大學和里昂大學，從 1926 年 1 月起，中法實業銀行每年撥發 20 萬美金的庚款，用於大學的補助。

　　20 年代後留法勤工儉學生也大量湧入比國，留比學生的整體狀態不甚理想，對此比國教育部「照會本國國立各大學校歡迎中國學生，經教部核准中國學生均酌量核減學費百分之四十」。〔註33〕自意大利優待留學生消息傳播以來各方向寰球中國學生會探詢確實情形者甚多，該會朱少屏君特專函轉詢駐意唐公使，1924 年 1 月公使答覆稱「留學意大利免費一層，所免之費係指官學校之報名修學費用而言，未聞有他項優待辦法」。〔註34〕

（二）德國

　　一戰後中德於 1921 年 5 月 20 日簽訂了新的邦交協定《中德協定》，德國政府把在華的發展重點轉向文化和經濟領域。1922 年北大教授顧孟餘等發起成立了「中德文化協會」，1923 年德國西門子公司經理勃呂歇爾博士組織了「德國工程師中國協會」，這些都促進了中國學生赴德留學的熱情。

　　根據中德條約，中國留學生應與德國享受平等待遇，但德國卻對中國學生採取了限制和排斥政策，收取遠遠高於本國學生和他國在德留學生的費用。1922 年留德學生紛紛致函寰球中國學生會遊學部，介紹德國學校苛待中國留學生的行爲。2 月，厚生紗廠協理龔颿生之子、留德學生龔鏡蓉介紹了德國紡織專門學校推行排外主義，向外國留學生收取高額費用的行爲「本年一

〔註31〕陳三井：《勤工儉學運動》，臺北：正中書局，1981 年，第 416～417 頁。
〔註32〕第二歷史檔案館編輯：《北洋政府檔案》，北京：中國檔案出版社，2010 年，第 92 卷，第 286 頁。
〔註33〕《比教部令減中國留學生學費》，《申報》，1925 年 2 月 21 日，第 10 版。
〔註34〕《意國留學免費情形之函覆》，《申報》1924 年 7 月 30 日，第 14 版。

月起，另墳……Reutlingen 紡織專門學校，係一私立專門，自歐戰以後，並力主張排外，外人一概嚴拒，無理論可言，Chxmritz 地方有學校兩處，一系實業專門，一則係紡織專門。欲入實業專門學校，先有三重大問題，一每年學費，須納金馬克一千八枚；二須已在工廠實習過一年半者；三須入學考試。入紡織專門，則完全不同，只須每年繳費一千八百枚金馬克，及入校費一百二十金馬克後，即可入校。故單言每年學費而論，即須合華銀九百元。而德學生每年只須納紙馬克六千枚，相差計數高萬倍於此，可見德人對於外人之手段」。此外，考試費德國學校對本國人和中國人也頗有差別。〔註35〕當時德國各學校幾乎都對中國留學生徵收高額費用，中國學生需支付的學費至少是德國學生的 2.5 倍，最高甚至高達近 7 倍。與他國留德學生相比，中國留德學生通常為他國學生的 1.5 倍。比如德國哥敦堅大學，德國學生學費為 8 金馬克，他國學生學費為 30 金馬克，但中國學生學費卻高達 55 金馬克。〔註36〕留德學生群起要求駐德公使，向德政府提出抗議。最終中國留德官費學生免收額外費，但自費學生卻不能享受。德國對中國學生的苛待也令不少原本想借馬克匯兌便宜赴德求學的中國學子止步，避免釀成昔日法國勤工儉學生之情形。

（三）英屬聯邦國家

英屬聯邦國家對華留學生政策雖時緊時鬆，但總體來說存在種族主義。1906 年加拿大曾訂條例稱，「華人入境者須納稅五百金元，然若其人能自證其為學生者免及」，1909 年又修改條例稱「華人來學一律納金五百元，迨肄業一年後，由各該校長出結保證，實係學生無誤者得將納金領回」。1917 年秋加拿大廢除該項規定，「於登陸時呈明學績履歷與校長證書、上海領事館執照足矣，如有青年會介紹書證明實係學生更妙」。但到了 1923 年加拿大政府則針對華人制定苛例，驅逐華人，阻止通商，拒絕留學，強迫註冊，有辱國體。

同屬英聯邦的澳洲政府自 1901 年實行白澳政策，禁止雜色人民入境。1912 年 7 月，澳外部新訂章程對中國學生來澳留學的年齡、學力、兼工及來澳手續辦理等做出規定，章程規定來澳留學年齡應在「17 歲以上，24 歲以下」，提供護照的英文翻譯件，並在護照上注明「所有該學生之籍貫及留學資斧、在澳年限、所學何種課程、居住澳洲何地」，護照照片需經英領事查驗。學生

〔註35〕《德國生活日高之消息》，《申報》1923 年 3 月 30 日，第 14 版。
〔註36〕《德國確苛收我國留學生學費》，《大公報》1924 年 1 月 21 日。

持該護照到澳洲時可「免考讀默字」，學生在澳時間超過十二個月者必須「由最近之中函領事署代為照會外務大臣」，給予延長「十二個月」，每次期滿都需在十二個月底再換憑單一次，「學生於留學期滿時即須回國」，在澳總年限不得超過六年。學生抵澳後「須在就近之中國領署註冊」，如有地址變更需告訴中國領署，而中國領署「亦隨時照會澳外」。此外，除政府所派學生外，其他中國留學生還需將兩名為之擔保的華僑或兩家商鋪地址送交外部。不過該章程表示如果經外務大臣批准，中國學生可以在課外做工。〔註37〕

1920 年魏子京總領事到任後經與澳洲政府商議，方改訂條款，「嗣後中國學生來澳留學，不拘年齡，……留學者可以長住澳洲，至學成為止，茲特聲明，留澳學生在澳時，只能專肆學業，不得兼營他項事業。本部大臣如查有越例之處，得將新改條例更改」。〔註38〕嗣後因華童繼續來澳留學者「約已四百人」，引起澳反對派不滿。1924 年 5 月，又改為「凡華童年在十四歲及十九歲之間，且具有初等英文知識者方能來澳留學」，到澳後需入「私立學校或中學由本部預先認可者」，並且「在澳以年滿二十四歲為限」，「學生父母或其保護人須具妥當擔保擔任一切費用如學費衣食醫院及回國川資等項」。雖經交涉，但澳總理以「中日一律待遇」，並舉美國及加拿大留學章程為例，稱「其待遇尚不及澳洲」。〔註39〕1926 年澳大利亞政府修改留學章程，「凡赴澳學生，年歲須在十四歲至十九歲之間，並須具有初等英文知識者，方為合格」。〔註40〕中國外交部令知上海交涉公署查照，於給發護照時，加以注意，以免錯誤。

四、各國庚款政策對華影響比較

1909 年美國為擴大在華影響，退還部分庚款用於資助中國學生留美，此後各國在各方壓力下也退還少量庚款用於各國在華事業發展或資助中國留學生出國。各國退還庚款的形式和目的不同，與中國國內的需求也不盡相符，引起了中國內部以及中國與列強之間的矛盾衝突，而最終產生的效果也各不相同。

雖然各國退還庚款尤其是美國退還庚款興學受到不少國人的追捧，但庚

〔註37〕《澳政府新訂中國學生商人來澳章程》，《申報》1912 年 11 月 7 日，第 7 版。
〔註38〕《澳洲改訂留學經商條款》，《申報》1920 年 12 月 3 日，第 10 版。
〔註39〕《華人赴澳留學章程已修改》，《申報》1926 年 12 月 26 日，第 8 版。
〔註40〕《澳政府修改留學章程》，《申報》1926 年 3 月 5 日，第 11 版。

款卻是中國戰敗的一種恥辱象徵。1901 年中國與八國聯軍開戰失敗後，達成了屈辱的《辛丑條約》。中國需從海關銀等關稅中拿出 4 億 5 千萬兩白銀賠償各國，史稱庚子賠款。列強不僅通過戰爭從中國掠奪了大量白銀，後來又巧立名目，巧取豪奪。1904 年年底，由於銀價下跌，金價上升，一些列強國家覺得以銀為準還款不划算，向中國政府提出以金為準來還款。在列強的武力威脅下，1905 年清政府與列強簽訂補充協議，確定此後以金為準還款，同時彌補此前的差額 800 萬兩關銀，即所謂的「磅虧」。〔註41〕

即便是最早推行、政策也最為寬鬆的美國庚款也只是退還了中國支付的部分賠款，用於清華留學預備學校的建設和庚款留美學生的各項經費。1914 年第一批派出的庚款女生、後來成為北大知名教授的陳衡哲在 1933 年的一次演說中沉痛說道：「記得我在美國讀書的時候，有人問起我是不是賠款學生時，我總感到一種說不出的慚愧與羞憤。」〔註42〕

1917 年，蔡元培在任北大校長時接受北大教師王兼善的提議，委託李煜瀛赴歐調查教育，並與法比兩國接洽動員兩國退還庚子賠款興辦教育問題。而西南當局也委託汪精衛、李煜瀛、張繼等向法比二國請願退款。

與美國首次退還庚款全部用於留學生教育不同，各國庚款包括美國第二次退款，除部分經費用於補助中國留學生外，大部分經費都用於資助中國各項教育文化、科研事業或外國在華交通、教育等各項事業。比如日本庚款資助在華團體如東亞同文會、同仁會、日華學會、善鄰協會及在華居留民團等。……用於留日學生補助和中國學者之訪問費用不到整個費用的 19%。〔註43〕1927 年成立的中比庚款委員會中方代表團 6 人，委員長為楮民誼，比國代表團以郎培安為委員長。根據經費支配方案，比國退還的經費 60%用於中比教育事業，其中 20%用於中國學生留比學費。〔註44〕

之所以會出現這種變化，一方面是中國各界希望庚款能用於更多用途。由於清華留學生自身存在的一些缺陷，引起中國各界的批評，甚至一些清華出身的留學生也提議利用庚款發展其他教育事業，另一方面是外國政府和社會各界

〔註41〕 劉翎：《中國近代留美史》，南京大學博士論文，2009 年，第 87 頁。

〔註42〕 王政挺：《留學備忘錄》，杭州：浙江人民出版社，2003 年，第 141 頁。

〔註43〕 王政挺：《留學備忘錄》，杭州：浙江人民出版社，2003 年，第 249 頁。

〔註44〕 褚民誼：《十年來之庚款補助文化事業運動》，《環球中國學生會民國廿三年特刊》，1934 年，轉引自潘越：《中國近代留學比利時研究（1903～1949）》，暨南大學歷史系博士論文，2012 年，第 55 頁。

感到僅靠留學生教育，不能實現全面控制中國教育文化事業發展目標。英屬香港大學白倫治脫爵士就曾提出，英國庚款若作為華人赴英留學之用，「耗費較巨，而獲益者較少」，「從前赴英倫或蘇格蘭留學之中國青年，多屬富家子弟，苟非中國國內已盡有一切教育之設備，則此輩負笈遠遊者自未必大有減少，若欲謀英國教育之普及，莫善於在中國設立學校就地教育」。〔註45〕

北京政府時期，中央積弱，地方強勢，各國退還庚款引起了各方爭奪和衝突。利益面前，中國知識界或是求助於與北京政府對峙的其他政權，或是求助於外國勢力，進一步加劇了各方矛盾。首先，引起了包括留學生在內的中國社會各界對庚款分配的爭奪。一是留學生對庚款的爭奪。留日學生為了爭奪日本庚款補助互相攻訐，甚至引起了駐日使館內部紛爭，爭款學生被指為見利忘義。1922 年留美部省費學生在提及救濟辦法時就曾覬覦美國庚款，建議「將欠費各省學生歸併清華」，「夫庚子賠款，各省分擔清華學生亦係各省分配，今因勢就便，以各省既經送出之學生，作為清華考取之學生，使此問題暫得解決」。〔註46〕；二是對立政治派別的爭奪。早在 1918 年日本傳出退還庚款一說時，與北京政府對峙的廣東軍政府及國會中多數有力者就提出，「將此款交北京政府，實於中國有損無益」，主張將「日本庚款存入銀行，將來即照美國辦法，以此充派學生留學日本之用」；〔註47〕三是國內教育界內部的爭奪。1925 年 8 月全國教聯會庚款董事會成立。該會指責「教育界爭圖分潤，精神乃日趨分裂，啟外人侵略操縱之漸，甚至秘密勾結，朋比圖私，如金佛郎案，如俄款借用，情事顯然。加以政府特派董事或委員，輒受黨系支配，分款亦為都會或特種區域所挾持」。並批評清華學校推翻「各省應取學生名額，以原攤款額為比例」的慣例，直接招生，不論省籍，殊不足以昭平允，應請政府飭令該校以後招生，注意省籍。〔註48〕全國教聯庚款董事會要求政府公開中俄、中美、中法各董事會經過情形和庚款經費情況，並要求政府召集各省區教育會代表協商，切實執行第十屆全國教育會聯合會關於庚款之議決各案。1926 年 8 月教聯會

〔註45〕　《字林報論賠款興學》，《申報》1922 年 12 月 29 日，第 7 版。
〔註46〕　《留美部省費學生為學款停頓事敬告國人書》，《申報》1922 年 4 月 6 日，第 10 版。
〔註47〕　《廣東電》，《申報》1918 年 10 月 13 日，第 3 版。
〔註48〕　《全國教聯庚款董事會對全部庚款第一次宣言》，《中華教育界》，第 16 卷第 3 期，1926 年 9 月。

批評董事會委員會「藉政府之力,取得資格以後,上不受政府管理,下不受人民監督」;〔註 49〕四是教育界與政府的爭奪。1926 年圍繞俄國庚款分配問題,財政、外交、教育三部,全國教聯會俄款委員會、國立八校、私立學校和俄使館,大起爭執。5 月教育部會計科覆函解釋十萬元俄款分配清單,「本部及分設機關經費二一‧四五四,留學費四‧三三三,俄文法政專門學校一‧二七二,北京大學一七‧八三〇」。〔註 50〕九校代表得知後群起反對,認為九校經費如此困難,教育部非但不設法救濟,陳任中還要糾合部員將九校自己爭取來的俄款擅自瓜分。

其次,美英日等國控制庚款用途、庚款退還方式和補助方式,引起了這些國家與中國各界的衝突,國內教育界和部分留學生力爭庚款主權,有人甚至提出,如果英日不更改退款用途,寧可拒絕這種有損國權的外國庚款。20 年代以來,全國各地教育界人士都掀起了反對日本庚款的抗議風潮,1923 年 7 月,中國留日學生散發小冊子《中華民國留日學生關於排日問題之宣言》,指責日本對華文化事業,「只為日本帝國利益打算,全不計中國人本身的利益」,「這分明是日本在中國大陸上實施殖民政策的前驅或附屬的事業而已」,「我們無論如何不能接受」。〔註 51〕1925 年初,一些中國留日學生又提出,對華文化事業補助費的「相關手續、規則等任由日本政府隨意制訂,在東京的中國公使館像文化事業部的下屬機關一樣,給費生的選定也由文化事業部任意決定,這實在有欠妥當」。〔註 52〕全國教聯會庚款事宜委員會、中華教育改進社、國立九校教職員聯席會、私立五大學聯合會、中國教育學術團體聯席會、京兆勸學聯合會、江蘇省教育會、浙江省教育會、中國科學社、復旦、東大等機構、團體和學校先後發表聲明,指責日本文化侵略,稱東方文化事業總委員會的成立是喪權辱國,號召全國教育學術團體團結一致。教育改進社等團體還致函留日學生,稱「日政府利用庚款,擬在上海、北京辦理文化事業,伸其行政權於內地,侵我主權,曾經反對。現東方文化總委員會將在

〔註 49〕《教聯會促設庚款協商機關》,《中華教育界》,第 16 卷第 4 期,1926 年 10 月。

〔註 50〕《教部與京九校為分派俄款之紛爭》,《申報》1926 年 5 月 24 日,第 11 版。

〔註 51〕〔日〕實藤惠秀:《中國人留學日本史》,譚汝謙、林啓彥譯,北京:北京大學出版社,2012 年,第 82 頁。

〔註 52〕徐志民:《1918~1926 年日本政府改善中國留日學生政策初探》,《史學月刊》2010 年第 3 期。

東京開會，委員江庸等，已均赴日。請嚴行監視，並阻開會，另函汪榮寶，請與日交涉，撤銷中日文化協定。〔註53〕

　　沒有分到經費補助的教育界人士反對日本文化侵略，提出應拒絕日本庚款。在國內一片反對日本庚款聲中，受日本庚款資助者也不忘批評日本。日本將庚款補助事宜握在自己手裏，無疑是將引火燒身，而強迫留日學生寫誓約書則成了「花錢辦壞事」，徒增反感。日本對此不僅沒有及時加以反思改進，又於 1926 年 4 月與 9 月，相繼推出了獨自掌控的「特選留學生制度」和「選拔留學生制度」。這兩類留學生補給制度，完全不考慮省別和費別，以學業成績、修學態度等作為考選的主要標準，即獲得補助的關鍵是日本政府的滿意，而且由留學生所屬學校或機構推薦，直接向外務省文化事業部提出申請，並由外務省確定最終人選。這就排除了中國政府的參與，直接體現了日本政府控制補給留學生事務的目的。〔註54〕

　　與日本相比，美國在庚款問題採取了較為高明的處理方式。美國的庚款政策也曾遭遇中國各界的口誅筆伐。1921 年 6 月，應屆畢業生罷考支持北京八校教職員索薪，被處罰留級一年。有人說董事刁作謙和王麟閣原本有意讓步，因格於美國董事斐克的堅持，才作出如此的決定。於是輿論喧嘩，認為董事會干涉校政，「外人操縱學校」。〔註55〕翌年學生發起運動要求董事會完全脫離政治，打破國界，不受美國干預，但因缺乏具體的實施措施，現狀仍得維持下去。1925 年春，俄使加拉罕到清華演講「蘇聯政府與遠東人民之關係」後，美國駐京使館表示關切，美國此舉結果遭到各界抨擊，就連美國教員也批評使館不應過分干涉。就連對美國印象頗佳的南京國民政府駐美大使、留美學者胡適也曾在《中國政府》一文中批評說，「後來美國的政府，懷著詭計，就想把那些賠款一齊退還中國。現在款是退了。我們中國的政府把美國感激得了不得，彷彿奉著個大慈大悲的菩薩一般。如今聽說美國的艦隊要來遊中國……所以政府現在忙派了一個特派員，趕到廈門去預備一切拍馬屁的東西」。〔註56〕但美國以退為進，將

〔註53〕國內教育新聞：《反對日本文化侵略》，《中華教育界》，第 16 卷第 7 期，1926年 1 月。

〔註54〕章開沅、余子俠主編：《中國人留學史》（上冊），北京：社會科學文獻出版社，2013 年，第 233 頁。

〔註55〕蘇雲峰：《從清華學堂到清華大學：近代中國高等教育研究》，北京：生活·讀書·新知三聯書店 2001 年，第 34 頁。

〔註56〕適廣（胡適）：《中國的政府》，《競業旬報》，第 28 期，轉引自〔美〕周明之著，雷頤譯：《胡適與中國現代知識分子的選擇》，桂林：廣西師範大學出版

矛盾轉嫁到中國國內各派勢力身上，然後利用教育界與北京政府、北京政府與南方政府之間的矛盾，坐收漁翁之利。而美國利用庚款培養出來的清華留美學生固然有一些人反對清華學制，並對美國文化侵略意圖有所警惕，但出於與其他勢力爭鬥的需要，又不得不依靠美國。從其後的中華文化教育基金會權力爭奪和清華改制，即可看出美國置身事外的政策反而避免了美國身處風口浪尖，有利於發揮美國庚款作用和保持美國良好形象。

綜合而論，美國退款興學政策是各國對華退款中條件最寬大、最慷慨的，不過美國舍近利而圖遠功，也是從中受益最多的國家。美國以退爲進，成功地以懷柔手段推行了自己的教育文化主張，深深地影響了中國教育界的發展。即使有留學生對美國有所不滿，但長期在美學習生活，耳濡目染，無形中也培養了學生對美國的依戀。直到今天，中國學界依然給予了美國庚款極高的評價。而缺乏操控技巧的的日本借庚款赤裸裸地推行殖民文化，逐漸走上與中國交惡的道路，直至戰爭爆發。因日本控制庚款支配權而引發的各類衝突，折射了近代中國留日學生在中日關係惡化背景下的抗爭和無奈。而美國通過表面放權給中國教育界的留美派，借助教育界之力抗擊中國北京政府及教育聯合會，坐收漁翁之利。中國知識分子只顧反對日本庚款，卻忽略美國的私心，並借助美國的權威來實現防止中國政府的插手，以喪失國家主權的方式實現教育獨立，不能不說有失道義。

第二節　外國各界對華留學生管理概況

外國對中國留學生的管理主要通過帶有半官方性質的相關團體和國外學校完成，政府介入較少（主要通過各國警察介入其中），此外民間的態度也對中國留學生產生了重要影響。各國留學管理機構的設置不是一成不變的，而是隨著各國政治經濟文化等因素的影響逐漸發展變化。

一、政府部門和相關團體

自清末以來，一些國家的教會組織就針對留學生設立服務機構。北京政府時期，一些國家還專門設立針對中國留學生的機構和協會。如1922年日本曾計劃在長崎設立中國留學生招待所。這些機構爲中國留學生提供了預備課

程、資金資助和生活指導，改善了留學國與中國留學生的關係，促進了中外關係的發展。但一些機構組織也遭到中國留學生的質疑，雙方亦產生一些不快。

（一）法國機構

1920 年 7 月中法協進公會成立，由蔡元培擔任主席，李石曾、鐸爾孟擔任幹事，法國公使擔任名譽主席。出席閉會式的還有班樂衛、薩總理、范源濂、教育部傅次長、前參議院梁議長、外交部陸總長代表劉佐卿君、京兆尹代表等。

留法勤工儉學生陷入困境後，法國外交部人員提出「此項學生如盡行遣回，盤川當在百萬佛郎以上，況在候船期內，維持衣食，爲費不資。與其任其在外流蕩，莫如暫行由各校繼續收留，爲費較省，一面法政府當竭力幫忙」。陳籙「以情形急迫，該員所稱頗是，正在籌畫維持，但聲明以一個月爲限」。〔註 57〕由於留法勤工儉學生強佔里昂中法大學，結果一百多名勤工儉學生遭到遣返。此後天主教青年會、法國外交部與駐法使館陳籙共同組織「中法監護中國青年委員會」（後改爲中法友誼會）救濟學生。但一些留法學生認爲請「中法監護中國青年委員會」找工還不如華法教育會，而且「說到領維持費一層，眞眞令人心酸。任憑你跑上七八次，也見不到一次會長，結果你自己也覺得討厭了，那位洋書記才給你一封信到領事館去領錢。那副面孔實在難看」。〔註 58〕學生還質疑中法友誼會雷鳴遠薦舉和資助學生的目的，「鼓吹學生至友誼會報名，至少亦必含有藉此可以把持將來庚子賠款一部分在法施行中法教育之權的野心」。〔註 59〕該會還遭到中國媒體的抨擊，1921 年 12 月的《國民公報》指責中法中國青年監護處「既爲中法人之組織，何以事前而作隱秘之進行，事後而僅有一法文之簡單入會通啓。……何必在校之同學而有校長之催促蜜語誘；在廠之同學而借工頭之恫嚇強塡願書，以至影響於工作之去留；」〔註 60〕1924 年中法兩國名流，在巴黎成立中法親善協濟會，由前

〔註 57〕清華大學中共黨史教研組編寫：《赴法勤工儉學運動史料》第 2 冊，北京：北京出版社，1980 年，第 395 頁。

〔註 58〕清華大學中共黨史教研組編寫：《赴法勤工儉學運動史料》第 2 冊，北京：北京出版社，1980 年，第 525 頁。

〔註 59〕清華大學中共黨史教研組編寫：《赴法勤工儉學運動史料》第 3 冊，北京：北京出版社，1979 年，第 288 頁。

〔註 60〕清華大學中共黨史教研組編寫：《赴法勤工儉學運動史料》第 2 冊，北京：北

法國駐北京公使杜伯毅擔任主席，中國駐法巴黎公使劉式訓爲副主席。其宗旨爲，「敦睦貴我兩國邦交，及圖謀中國留法青年學生便利起見」。〔註61〕

（二）日本機構

辛亥革命發生之際，中國留日學生大批返回中國。可是由於留日學生公費斷絕，匯兌又一時不通，許多學生因缺乏旅費而陷入困境。這次返國潮與留學生對日感情無關，便引得了日本一些實業家的同情。在三井物產公司的山本條太郎和日清汽船公司的白岩龍平的倡導下，一些和中國有關的實業家組織了一個「留學生同情會」，籌濟了十幾萬日元，由中國公使館和日本文部省經手貸給了中國留學生。後來，中國教育部歸還了這筆款項，日本方面感到這筆錢無法處理，最後決定仍用在中國留學生身上。1918 年 5 月他們用此款成立了半官方組織——日華學會，由擔任過日本文部大臣的小松原榮太郎任會長，一批中日方面的知名人士任顧問和理事。日華學會成立時提出的方針是：「爲中國留學生稍盡微力，以減少其遠客異鄉之不便，兼爲來日視察、觀光者提供便利。」日華學會成立後，經營留學生宿舍，介紹與指導留日學生活動，成了一個爲中國留學生服務的重要機構。〔註62〕

1923 年 9 月日本發生關東大地震，東亞高等預備學校創辦者松本龜次郎回東京後，與日華學會一起參加救援中國留學生的活動。災後，日本政府委託日華學會專辦保護留學生之事，借第一高等明僚寄宿舍爲收容所，先後收納 200 餘人。……後來，日華學會組織部分留學生歸國，第一批送回 300 餘人，第二批送回 130 餘人，第三批送回 300 餘人。每位歸國者得到路費 50 元。〔註63〕1925 年，經外務省和文部省批准，松本龜次郎的東亞高等預備學校正式併入了日華學會。

1925 年日本同情會曾接濟中國留學生學費，當時一些中國官費生趨之若鶩，有的人還「捏造假名以相混」，但隨著國內匯款日趨正常，湖南、山東等省份恢復發放官費，中國各省對該會的報告「均無隻字之覆」，而曾得資助的留日學生對該會「並未致一詞以道謝，不近人情，莫此爲甚」。該會會員認爲，

京出版社，1980 年，第 654～655 頁。

〔註61〕《中法親善協濟會成立》，《大公報》1924 年 3 月 14 日。

〔註62〕沈殿成：《中國人留學日本百年史》，瀋陽：遼寧教育出版社，1997 年，第 461 頁。

〔註63〕沈殿成：《中國人留學日本百年史》，瀋陽：遼寧教育出版社，1997 年，第 440 頁。

「金錢政策可以折服支那人之心，今則知其不然，支那人固貪財，然財亦僅可買其一時之歡心，必如歐美各國之濫逞強權，彼乃知力弱不足爲敵則牛馬奴隸皆不顧已，今後當亟易吾之政策」，還有人主張追繳學費。〔註64〕1927 年12 月，日本東京商人向東京裁判所提起訴訟，要求中國公使汪榮寶「交還中國留學生學費墊款四萬圓日金」，〔註65〕汪榮寶作爲使節，享有國際法規定的治外法權，只要不放棄其特權，就不用服從日本之裁判權，因此此事以東京裁判所退回原告訴狀告終。通過此事可以看出中日關係之交惡，一方面是因爲一些中國留學生的確表現欠妥，另一方面，日本人在資助中國留學生問題上急功近利，斤斤計較。日本以恩人自居，要求中國人即可知恩圖報，結果反而適得其反，令雙方關係交惡。

日本另一重要負責對華留學生事務的機構爲對華文化事務局。該局壟斷日本庚款管理權，沒有像美俄二國政府那樣將保管收支之權下放至中美與中俄各組委員會。日本在原協定評議會之上，設立總委員會，容納中國委員十人。「然總委員會之職權，僅限於不違反日本法律之範圍，對於事業，雖云有計劃、決定、管理之權，然一切計劃，必須經過日本帝國議會協贊後，始能發生效力。而日本外務省之文化事務局，仍有最後決定之權」。〔註66〕這一委員會自成立之初就受到國人詬病，在南京國民政府時期遭到取締。

（三）美國機構

美國是最早利用庚款吸納中國留學生教育的國家，1909 年美國第一次退還部分庚款時建立了一個專門管理退款的專門委員會，鑒於賠款的接收、退還和存儲都由一家銀行——美國花旗銀行辦理，花旗銀行實際上代美國政府管理這些退款，而且退款的用途也按照美國的意圖用於辦理留美預備學校清華學校，因此該機構的權力並不大。1917 年由美國公使、中國外交總長和次長三人組成「清華基本金委員會」，美方始終在其中居於主導地位。

1921 年美國再次作出退還剩餘的全部庚款的決定後，鑒於中國國內的庚款之爭和教育界建立教育基金的呼聲甚高，美國不再像之前那樣將庚款全部用於資助清華學生出國留學上，而是更多地用於資助中國教育團體和各類學

〔註64〕《同情會醜詆留學生》，《申報》1926 年 5 月 13 日，第 3 版。
〔註65〕《日商對汪榮寶之訴訟》，《申報》1927 年 12 月 23 日，第 6 版。
〔註66〕《教育界反對日本文化侵略之宣言》，《中華教育界》，國家主義專刊，第 15卷第 2 期，1925 年 8 月。

校。爲防止中國政府將退款歸併「國庫」，美國要求中國政府特設獨立機構來管理退款，這就是 1924 年成立的「中華教育文化基金會董事會」。該機構共15人，其中中方 10 人、美方 5 人。首屆人選由中美兩國政府分別遴選推薦，但其後繼任的董事則由原董事會自行選舉，不受政府干涉。中基會通過對中國高等教育、留學教育和科學研究的資金輔助推動了中國教育從學習日本到學習美國的轉向。而且美國通過中基會保持美國政府的影響力，成功地將美國與中國的教育權之爭轉化爲中基會與中國政府之間的鬥爭，而美國則以調解人身份隨時掌控事態發展。

二、政府管理的極端表現：警察介入衝突

　　雖然外國政府很少直接管理留學生，但有時也會採取極端的介入方式，比如出動警察參與管理。通常來說，外國警察只會在中國留學生在海外需要求助或學生有不當行爲時才會與留學生產生交集，然而由於近代的特殊歷史背景，留學生與外國警察發生關聯大多是因爲當時中國留學生在海外頻頻舉行集會、抗議、遊行，因此大多數的外國警察是以對立面的形象出現在中國留學生面前的。

　　20 年代，留德學生發現德國博物館有八國聯軍擄去的清廷藝物，認爲玷辱中國國體，始而集會請願，繼而示威遊行，爲此與德國警察發生衝突。最後留德學生包圍中國駐德使館，直至迫使駐德公使向德國政府提出抗議。〔註67〕

　　據四川人江澤民回憶，1926 年中共旅歐支部組織留比學生和華工，在駐比使館的暗中支持下採取多種方式，最終促成廢除不平等條約。除了召開記者招待會爭取輿論同情和直接向比利時外交部長汪代爾德提出抗議外，中共旅歐支部召集比國各大城市的中國留學生和華工、華僑，「到比國首都布魯塞爾，向外交部、內務部等進行示威，呼口號散發傳單」。1926 年 9 月末，又召集僑居歐洲各國的中國人，「發動了一次數百人參加的規模較大的遊行示威」。「當遊行隊伍到達布魯塞爾鬧市區的時候，比利時大批警察一齊出動干涉，與我們互相扭打起來，最後竟將三、四十名同學關進牢房，並於當天晚上把其中的一部分人驅逐出境。」學生通電全歐洲和國內，並要求中國駐比

〔註67〕《留德學生包圍使館》，見陶菊隱：《近代軼聞》，轉引自王奇生：《中國留學生的歷史軌跡》，武漢：湖北教育出版社，1992 年，第 187 頁。

公使王景岐，向比利時政府提出嚴重抗議，並聲明要降旗回國等，經過此次
鬥爭，「比利時政府被迫同意釋放在押學生，並表示答應廢除中比不平等條
約」，從而使這一運動以勝利而結束。〔註68〕

　　由於留法勤工儉學生聚集華僑協社，人多嘈雜，引來四鄰投訴，導致法
國巡警登門。學生對此大加抱怨，華法教育會劉厚解釋說，「照法國法律，凡
有多數人所在的地方，就爲警察所注意，況我們協社，秩序極亂，在他保衛
治安，哪有不來檢查之理？」〔註69〕留法勤工儉學生在圍攻使館時，駐法公
使陳籙召集法國警察驅散學生，結果陳籙遭到學生詬病，稱其召來外國警察
有辱國權。陳籙認爲自己召來法國警察驅趕留學生，是因爲「籙有保衛使領
之責，該生等既難理喻，即飭巡警邀令離館散歸」。〔註70〕陳籙還自誇當法國
警察帶走學生後，自己擔心法國警察帶學生至警署，「釀成他變」，令下屬李
駿趕往警署接洽，並勸學生歸宿，避免了學生遭到傷害。〔註71〕當勤工儉學
生佔領里昂中法大學時，法國社會黨所辦之《人道報》稱此舉爲「黃禍」。該
報紀事標題爲「中國侵入里昂」。文中還稱，「蓋中國學生有求於彼赤貧之北
京政府而不遂，乃欲伸手強佔里昂及中法大學」。〔註72〕法國警察再次出面包
圍，但並未對學生有不當舉動。「伙食不很壞，起初兩天每人每天收伙食費三
方，後來警察長將已收的一千六百方退還，說奉長官命令，不收我們的錢。」
〔註73〕即使是被遣返歸國的留法勤工儉學生，也只是將怨氣發在陳籙身上，
怪其未能阻止遣返之事，有辱國體。

　　在留學生與法國、比利時和德國警察的接觸中，雖然留學生與法國、比
利時警察都曾有所衝突，但並無大礙，惟獨與日本警察關係最爲惡劣。在留

〔註68〕清華大學中共黨史教研組編寫：《赴法勤工儉學運動史料》第3冊，北京：北京出版社，1979年，第464頁。
〔註69〕清華大學中共黨史教研組編寫：《赴法勤工儉學運動史料》第2冊，北京：北京出版社，1980年，第363頁。
〔註70〕清華大學中共黨史教研組編寫：《赴法勤工儉學運動史料》第2冊，北京：北京出版社，1980年，第396頁。
〔註71〕天一：《留法勤工儉學生使館請願記》，《教育雜誌》十三卷七號，陳三井：《勤工儉學運動》，臺北：正中書局，1981年，第284頁。
〔註72〕清華大學中共黨史教研組編寫：《赴法勤工儉學運動史料》第2冊，北京：北京出版社，1979年，第574～575頁。
〔註73〕清華大學中共黨史教研組編寫：《赴法勤工儉學運動史料》第2冊，北京：北京出版社，1980年，第557頁。

學生管理上，日本湧入大量中國留學生，然而日本這個暴發戶卻並沒有做好接納留學生的心理準備，也缺乏全面高深的教育能力。日本驟然從封建割據時代進入現代軍事強國，雖然在軍事上實現了現代化，但在政治思想上還停留在專制時期，因此在留學生管理上缺乏人文關懷，往往粗暴簡單，視留學生爲可疑分子或擾亂治安分子，動輒派警察搜查和逮捕中國留學生，引起中國留學生的厭惡。在平江不肖生的小說《留東外史》中，留日學生黃文漢故意和日本警察發生衝突，其背後隱藏著中國和日本的衝突；在身體與戒律的衝突之間，國家觀念和民族立場更從中凸顯出來。由於日本警察「素來欺中國人慣了的」，所以黃文漢有意碰釘子，順便教訓他一下，讓他以後對中國人「宜格外恭敬些」。〔註74〕留日學生經常在報端或直接歸國向各界控訴日本警察干涉學生集會，迫害中國學生。但凡中國留學生一集會，日本警察就會聞風而動，隨後經常是相互衝突，中國留學生慘遭毆打、逮捕甚至殺害。雙方的衝突大致分爲兩種，一種是中國駐日公使與留學生發生衝突，公使召集日警驅散留學生，結果公使遭國人指責，而更多的則是中國留學生因爲國內政治問題或中日關係發起集會，日本警察強加阻止。1915年中華青年會抗議「二十一條」，男女學生到會有九百多人，會上提出要「忠告我國使館慎重交」、「警告日本國人（實行親仁善鄰）」。當學生整隊遊行時遭到六七百日本警察的痛打，日警還強制帶走十幾個人。〔註75〕1917年11月，日警抓捕反日留學生，並欲驅逐「中國留學生中之危險份子」出境。〔註76〕1918年留學生因中日新約集會時遭日警拘捕數十人，此後歸國者達千餘人。1918年6月1日，教育部除訓令留日學生監督外，對於在滬留學生也發佈布告，稱對日警凌辱留學生一事已令章合相當抗議。中國媒體批評日本警察亂加干涉，東京各報則認爲日本政府優待留學生，此次中國留學生歸國，一因有德探之煽動，二因日本外務當局禁止日本各報紙揭載關於中日交涉記事，而復放任中國外人報紙之曲說，不加訂正。〔註77〕一些主張中日親善的日本人士如吉野博士、寺尾亨博士等則在報紙上批評日本警察，並推舉委員面謁後藤外相，籌劃善後之策。同時還向留學生發佈通告，讓其安心學業，勿信謠言。

〔註74〕 朱美祿：《域外之鏡中的留學生形象》，四川大學博士論文，2007年，第80、82～83頁。

〔註75〕 《中華留日學生的示威運動》，《申報》1923年3月27日，第11版。

〔註76〕 《東京電》，《申報》1917年11月30日，第2版。

〔註77〕 《東京電》，《申報》1918年5月15日，第3版。

　　1923 年 3 月 20 日，東京留日學生舉行示威運動，遭日警打傷八人，另有三十餘人並被逮捕。留日學生將此事提起訴訟，並敦促公使館提起抗議，但也意識到強權之下無公理，將無甚效果。1923 年 12 月 7 日，中國駐日公使館在「中華民國僑日被害調查報告」中，列舉了部分留學生被日本自警團和青年團等傷害的情況。

　　1926 年 1 月 7 日名古屋留學界在基督教青年會開會，追悼郭松齡將軍，遭到日本警察監視和阻止，結果數人被逮捕。四十位留學生「指日本曾助張作霖擊敗郭松齡，昨夜退學啟程回國藉示反對，聞尚有多人繼之」。〔註78〕日本對於留日學生歸國抗議的做法習以為常，日本東京警視廳外事課長稱，「中國留學生之歸國問題決非重大之事件，在歸國人數之中，非出於本人之希望者居其多數」，並預測留日學生很快就會再次返日。不過該課長也承認此事不利於中日親善，「惟留學生歸國因對於日本抱有莫大之反感，不免有排日宣傳流佈惡影響於其它方面之虞」。〔註79〕

　　日本政府忽視改善中日關係，對中國留日學生蔑視和輕侮，將治安壓力轉嫁到日本警察身上。警力的濫用雖然一時壓制了留日學生的抗議運動，但嚴重影響了中國留學生的感情，進而影響了中日兩國關係。留學生大多為上流社會子弟，受到異國警察的羞辱，自然增添了對日本的厭惡。留學生又長於輿論宣傳，回國後自然對日本大加鞭撻。當然中日關係走向惡化，最根本的原因還是日本侵華野心使然。

三、學校招生管理模式：以美國為例

　　美國學校對華招生，除庚款資助中國學生外，主要包括半工半讀（工讀制）、發放獎學金、免收部分費用和通過在中國設立的教會學校吸納中國留學生赴美留學，其中由美國企業與學校合作招生的工讀制同時解決了留學、實習和就業問題，頗受時人關注。

　　首先，通過在華教會學校吸引中國學生赴美插班學習或進入研究生院學習。據舒新城統計，1921～1925 年歐美自費生共 590 人，而教會出身者為 181 人，其中以赴美者居多，高達 162 人。〔註80〕東吳大學、震旦大學、江灣復

〔註78〕《關於中國事之外電》，《申報》1926 年 1 月 13 日，第 5 版。
〔註79〕《東三省留日學生分兩批歸國》，《申報》1926 年 1 月 20 日，第 9 版。
〔註80〕舒新城：《近代中國留學史》，上海：上海書店出版社，2011 年，第 158～159

且大學、滬江大學、金陵女子大學等教會學校培養的學生最終都選擇了赴歐美留學。早在 1919 年，美國紐約州大學委員會認爲金女大學生成績優良，所受教育程度與各大學相符，核准立案並授予學位。同時，設在美國紐約州的金陵大學託事部內的金陵女子大學託事部，獲得美國紐約州大學對金女大學士學位的認可，並且在金女大獲得學士學位的畢業生可以不經考試，直接進入美國的研究院深造，攻讀碩士學位。〔註81〕芝加哥大學因爲金女大學生 1921 年畢業後赴美進修，並利用暑假時間在芝加哥大學攻讀 3 門學科，均獲 A 等。因此芝加哥大學認可金女大的教學水平，表示願意接受申請該校的金女大學生張肖松。〔註82〕蘇州東吳大學系基督教監理公會所設立，「二十五年中在該學畢業出洋留學者，約有四百餘人，執行律師職務或在政界服務者約四十餘人」。〔註83〕震旦大學每年資送學生留法約十餘人，故近年該校在法學生之數驟增，中以學習醫工法律等科者爲多，間亦有習陸軍者。〔註84〕1923 年春，惠霖學校校長親赴華盛頓大學商議該校學生入學事宜，華盛頓大學答允該校學生可免試入學。當年 9 月，該校畢業生張海雲在該校全額資助下赴美入華盛頓大學學習。〔註85〕滬江大學則標榜，「今美國各大學，凡由本校畢業者，都可直入大學院，本校程度，正與外國各大學相等，然則在本校肄業，正與留美無異，且非常省儉，每年不過三四百元」。事實上，滬江畢業生中留美的也占相當高的比例，如據 1923 年的統計，迄至 1922 屆畢業生共有 100 人，其中有 46 人留美，即占總人數的 46%。〔註86〕

其次，發放獎學金吸引中國優秀學生赴美留學。由於當時各省官費生不招考教會學生，爲了吸引學生赴美，美國還對成績優異者予以經濟資助。1916 年 6 月，哈佛大學在上海所建的哈佛醫院因欲擴建新院，遂將其附屬學校暫

頁。

〔註81〕 南京師範大學校史編寫組：《南京師範大學大事記》（1902～1990），第 54 頁，轉引自張連紅主編：《金陵女子大學校史》，南京：江蘇人民出版社，2005 年，第 144 頁。

〔註82〕 張連紅主編：《金陵女子大學校史》，南京：江蘇人民出版社，2005 年，第 144 頁。

〔註83〕 《東吳大學二十五周紀念盛典紀》，《申報》1927 年 1 月 3 日，第 11 版。

〔註84〕 《震旦大學留法學生消息》，《申報》1924 年 3 月 7 日，第 14 版。

〔註85〕 《惠霖學校資遣學生赴美留學》，《申報》1923 年 9 月 12 日，第 14 版。

〔註86〕 王立誠：《美國文化滲透與近代中國教育：滬江大學的歷史》，上海：復旦大學出版社，2001 年，第 144 頁。

行停辦，選派成績優美學生七人赴美國哈佛大學肄業，其餘學生或留院實習或送約翰北京醫學校繼續肄業。留學費及川資均係美國煤油大王所贈給。〔註87〕1922 年 8 月，金女大的吳貽芳獲得巴勃爾獎學金赴美國密執根大學學習，於 1928 年獲生物學博士學位。〔註88〕1923 年 8 月，謝冰心女士得美國韋爾斯女子大學獎學金資助，赴美專攻文學。1927 年 9 月，復旦大學商學士章淵若得美國克拉克大學的免費獎勵，赴美專攻政治偏重國際。

再次，一些美國學校通過各省教育會推薦的方式直接來華招收中國學生，並以免收學費的形式吸引中國學生赴美學習。1915 年美國函授學校遠東部長洛球博士致函各省教育會，稱該校「擬在中國十八省每省收受免費學生三十人，此三十人之推薦擬請各省教育會爲之，本校所留學額以一個月爲限」，所推薦學生「必須能閱讀及書寫普通之英文」。江蘇省教育會遂發佈通告，「如志願受該校函授，請將姓名履歷開單寄至本會，以便推薦。如欲閱章程可用英文信函向上海四川路五十五號函授學校校長處索取」。〔註89〕

第四，美國公司和俱樂部直接通過考試招考中國學生赴美學習或實習。1919 年細特爾埠的中國俱樂部會同華盛頓大學與細特爾商行擔任招收中國學生，「凡出資之商行可各收此項學生一人或多人在行學習，每年擔任學生每名用費六百元，按月分繳，並供給其在華盛頓大學之學費」，比如負責報名事務的美祥洋行就承擔了兩名中國學生的學費，學生只需承擔學費以外費用即可。學生在各商行學習時「須對於該行執行該行所需之實驗上與工業上職務。並須應允於畢業後就該行之請求，仍在該行執業，以二年爲限。在此執業時間內可得適當之酬金」，「學生與商行間之合同，其期限視學生學科限期爲準，學期尋常規定兩年，但特別規定者不限定兩年」。如果有中國學生享受庚款資助，也可獲得職業訓練，「而無須以其一半光陰執業於商行。至於商行所給之費用全部或一部撤銷，則由學生與商行間酌定之」。華盛頓大學爲這些學生編定學科，「庶使此項學生得以一半光陰讀書，一半光陰在出資商行受職業上之訓練」。細特爾中國俱樂部所扮演的角色類似當代的中介服務機構，主要工作包括：「將以競爭式考驗選擇資格最優之學生，並襄助締結學生與商行之實際

〔註87〕《哈佛醫學校選派學生留美》，《申報》1916 年 6 月 26 日，第 10 版。
〔註88〕徐海寧：《中國近代教會女子大學辦學研究：以金陵女子大學爲個案》，南京：南京師範大學出版社，2008 年，第 222 頁。
〔註89〕《美國函授學校收受免費生》，《申報》1915 年 1 月 12 日，第 10 版。

辦事合同」，「若有不滿意之事件，則俱樂部願盡力調處之俾臻美滿」。「俱樂部且願設法爲學生覓得輪船等之減費，但對於此種事件不爲學生負財政上之責任」。此次招考主要從北京清華學校、廣州基督學校、上海約翰大學與長沙耶魯學校等外國背景的學校中選考學生，「試驗公開，用中英文字。年齡以二十五歲左右者爲最宜資格，須以能直入大學者爲合格，智德體三育皆須驗明，並須有負責任之華人爲之證明」。「該商行學生須由細特爾商行之駐華代表覓取其將來入內執業之商行同意，所有證書概須送交美國駐京商務參贊安樂爾君核閱」。〔註90〕對學生來說只需支付少量費用就可同時得到大學教育和職業培訓，對於華盛頓大學來說，則可通過招收中國學生獲得學費收益，並擴大該校在華影響力。而對美國商行來說則可以得到廉價勞動力，更能擴張商行在華商務。

第五，在華美籍教授推薦中國學生赴美半工半讀。鑒於我國歷年來赴美學工程學校者「爲數至少已有二千人，……對於學理雖有相當研究而每乏實際之經驗」。1921年以來經前金陵大學農科教長裴義理之介紹入工廠作工者約「有六百餘人」。但1924年以來美國對中國學生入廠實習做出了嚴格限制，「必須經彼等所入學校認爲彼等於定期內（畢業後六個月爲限）有入工廠求得某種經驗之必要，且願負責保護，預先得工部局許可者方准入廠工作」。裴義理在美調查中國留學生狀況時發現缺乏實習不利於中國留學生發展，因此建議「倘畢業之後應須實習者不如入工讀相間之學校，即在校之時一半作書本功課一半在工廠實習者」。美國工讀合作制之主要辦法爲「分全科學生爲兩組，一組在校受課，一組在各工廠作工，每二或四周以至半年輪轉一次，此則依各校特殊情形與辦學人之主見爲標準。畢業期限多數學校爲五年，其餘爲四年，畢業後學位亦有工程師與學士之分」。學生入校條件包括：（一）數理化學英文等有相當高深程度（二）體格健全能耐勞苦（三）有決心奮鬥到底之精神（四）至少每人每年能自備美金五百元以補工資之不足。〔註91〕鑒於此種學校報考人數眾多，就是對美國學生限制都很嚴厲，因此劉廣沛建議中國學生如欲入學，最好與倡議者裴義理博士接洽或於起程前到該處咨詢。1926年美國福特汽車公司特設學生部，培養汽車專門人才，並給予平均每人每日

〔註90〕《美商行招致中國學生辦法》，《申報》1919年8月10日，第10版。
〔註91〕劉廣沛：《介紹美國工讀合作制工程學校》，《申報》1927年8月18日，第17版。

六七元美金津貼。〔註92〕該部監督赫欽氏（E.M. Hutcbins）曾致書申報館汪英賓，稱讚該廠中國留學生表現良好。

四、外國學校管理

各國學校對中國留學生管理的做法不盡相同，日本、蘇聯和加拿大專門針對中國留學生設置課程，日本設立一些專門針對中國學生的學校或機構，蘇聯在課程設置上重視政治而非學術，雖然表面強調中國學生自治，但並未放棄控制。而美國則一直未針對中國留學生出臺學業管理政策，但逐步確立針對外國留學生的管理措施，如指定教師指導留學生、安排補習等。總體來說，學校與中國政府聯繫不緊密，管理較爲鬆懈，對中國留學生有時不能完全做到平等對待。

（一）日本學校管理

日本社會各界尤其是教育界十分重視接納中國留學生的工作，自清末以來陸續設立了一些相應的教育機構，如嘉納治五郎的宏文學院、日華學堂、東京同文書院、振武學校、下田歌子的實踐女校等，都是專爲中國留學生而建的。1913 年，原京師法政學堂教師松本龜次郎創辦了東亞高等預備學校。一些日本大學也設立針對中國留學生的教育部門和課程，早稻田大學設立了中國留學生部，法政大學開辦了五期法政速成科，明治大學建立經緯學堂，除開設預備科、警務速成科外，還舉辦師資速成科，專門招收中國留學生。東京女子醫學專門學校的吉岡彌生在《我的十年》裏還提到該校從培養中國家庭婦女入手，培養大批女醫生，將能「推進日中親善」、「指導中國的文化」。〔註93〕

然而日本學校對待中國留學生的方式卻飽受詬病。一是對中國軍事留學生入學資格頗多限制，管理死板僵硬，講授軍事課程還令中國學生迴避。汪大燮曾批評說，「日本軍界辦事最專制，辦法亦最拘，扳炮工戶山騎兵實施等專門學校，須由士官學校畢業，入聯隊服勤務二年以上方能入校。我國學生且非振武學校畢業者，不能送入士官，從前交涉多次均未通融」。〔註94〕二是

〔註92〕一塵：《中國學生在美實習汽車消息》，《申報》1926 年 3 月 6 日，第 21 版。
〔註93〕周一川：《近代中國女性日本留學史：1872～1945 年》，北京：社會科學文獻出版社，2007 年，第 191 頁。
〔註94〕《汪大燮與譚都督論留學陸軍事》，《申報》1912 年 6 月 26 日，第 6 版。

日本文憑的易得被中國人視爲濫發文憑，用意險惡，「最可注意的是日本政府及社會的惡意。掛名入學買空文憑居然是公開的秘密。日本政府及社會對中國學生毫無誠意。無怪留日學生多名不副實爲國人所輕視」。〔註95〕還有人批評「中國留學生在暗中發賣畢業文憑」，指責日本各學校授課時不顧中日差異，「日本之教育家毫不察之，強將此種不相宜之教育施諸華人，究其用意欲使華人與日人同化而已」。〔註96〕三是日本學校未考慮中國學生的實際困難，有失公平。有學生提出，「東京帝國大學圖書館藏書甚豐，而校方常以書籍缺乏爲藉口，要學生隨堂抄筆記，因爲語文的隔閡，中國學生來不及將筆記抄全，當然要吃虧了」。〔註97〕

　　隨著出國學生人數的增長，中國留學管理者寄望外國政府或學校能夠協助中方加強留學生管理。早在 1903 年 4 月張之洞晤商駐京日本使臣內田康哉，希望日方能加強對留日學生的約束，但內田則回以「兩國法律不同，辦理動多窒礙」〔註98〕，後經張之洞勸說，內田康哉表示中方先行採取措施，日方方可跟進。張之洞遂在當年 10 月的《籌議約束鼓勵遊學生章程折（附章程）》中提出，在學堂和遊學生會館，甚至退學之時，出使大臣總監督都應加強對留日官費和自費留學生的思想控制，避免學生受政治影響對清朝政府不利，並希望得到日本學堂和官署的配合。

　　曾任駐日公使的民初教育總長汪大燮亦主張委託外國學校考察學生成績，「至查考學生成績，亦不須有監督經理或公使，但令學生自報現入何校，習何科目，有何心得。而後以時由總長或部公函致各該外國學校校長，請其查覆。外國之爲校長者類多有名譽道德之人，既承中國政府之函問，決不肯作謊語，爲學生袒庇。然後以該校長所報者與該學生自報者比較而釐定。查自報中之虛罔之尤者，加以懲罰則其成績必遠過於派遣經理或監督之上，而學生亦漸養成自治之習慣，無意識之風潮亦可永絕於留學界矣」。〔註99〕這種

〔註95〕陳啓天：《中國教育宗旨問題》，《中華教育界》，第 15 卷第 9 期，1926 年 3 月。
〔註96〕《教育近訊》，《申報》1915 年 9 月 25 日，第 6 版。
〔註97〕汪一駒著，梅寅生譯：《中國知識分子與西方——留學生與近代中國（1872～1949）》，臺北：久大文化股份有限公司，1991 年，第 74 頁。
〔註98〕陳學恂、田正平編：《中國近代教育史料彙編——留學教育》，上海：上海教育出版社，2007 年，第 55 頁。
〔註99〕《王廣圻案》，《申報》1914 年 2 月 1 日，第 3 版。

與國外學校直接聯繫，獲取學生海外學習情況方法最初在西洋留學界實行頗有成效，後來由於歐戰爆發只能改弦易轍。

但此法在日本卻未能推行開來。這主要是由於近代中國中日關係夾雜著中國各派內鬥、政權更迭，而且留日學生人數眾多，魚龍混雜，寄望於日本加強學校管理，反而會引發留日學生的反感，激起留日學生與日本的之間矛盾。1905 年 11 月 2 日，日本頒佈《關於許清國人入學之公私立學校規程》，日方的「取締規則」共 15 條，主要針對那些濫收學生，純以牟利爲目的的日本學校。條文中雖然也由間接涉及中國留學生生活和學業的地方，但其目的是在維護良好的教育秩序。中國留日學生稱之爲「取締規則」，認爲是對中國留學生的侮辱，留日學生發起了群體性事件——取締規則事件，日本政府和中國駐日公使楊樞都受到留日學生的猛烈抨擊。陳天華自殺後中國留日學生歸國人數達到 2000 人以上。這一失敗的管理經歷也令北京政府時期的留學管理者對寄望於日本學校管理心有餘悸。

（二）美國學校管理

美國的管理模式頗有值得當代中國借鑒。起初哥倫比亞大學、加利福尼亞大學和耶魯大學對外國留學生管理採取了自由放任的政策，都表示應對外國留學生和本土學生一視同仁，但隨著外國留學生人數的增多，他們存在的問題引起大多數學校教職員的關注，直接與特殊的幫助看起來是必要的。他們採取的幾種方法中最常見的一種是設立 advisor（指導教師），他們的建議通常僅僅有助於學術事務，不能滿足學生其他方面的需要。而且指導教師只是名義上的，沒有眞正的權威，學生也不能很隨意的向他咨詢。〔註 100〕如按照美國哈佛大學章制，二、三、四年級學生，各有指導教師一人。學生每學期之選修課單，必經此人審查批准，如何簽字，付該生送繳教務處存案，方爲有效。〔註 101〕哈佛大學還制定條例，讓外國留學生到美國教師家中做客，瞭解美國人的生活和習俗，每個外國留學生每年有幾次受邀喝茶或午餐的機會。〔註 102〕美國一些學校又設立擁有較大權限的外國留學生事務主任，比如

〔註 100〕Anne Elizabeth Neely, The foreign student on the American campus, dissertation of the University of Chicago, 1922. p45 ～46.
〔註 101〕段懷清：《白璧德與中國文化》，北京：首都師範大學出版社，2006 年，第 197 頁注釋 2。
〔註 102〕Anne Elizabeth Neely, The foreign student on the American campus, dissertation of the University of Chicago, 1922. p49.

伊利諾斯大學設立主任助理，除三分之二的常規時間用於教學，每天還有幾個小時的辦公時間，並且還需要處理學生的社交及生病等問題。但存在的最大問題是語言問題。許多大學已爲外國留學生專門開設了英語演講與口語課。〔註103〕

　　普林斯頓大學則指定助理教授在小範圍內接觸學生，向學生提供建議，指導他們的學業。大部分大學採取兩學期制，但是西部學校越來越傾向於四學期制。許多學校的測驗採用「Honor System」，即不設監考人員，藉以培養學生的誠實品質。如有違規者將受到學生自治會的懲罰，遭到短期驅逐。文理學院通過講座、背誦、討論和不同類型的寫作指導學生。在一、二年級，指導者經常從參考書中抽取許多頁來布置閱讀任務，並通過背誦測試學生的掌握情況，三、四年級則更多地採用階段性考試的方式測驗學生。〔註104〕

　　外國留學生在一個小學校比在大學校更容易受到同學和教師的關注，彼此關係較爲密切，而在大學校，生活較爲複雜，班級較大，人數較多，教師都不大可能與學生有太多個人交往，學生自身也較爲分散，聯繫較少。一位中國學生曾做過一個有趣的比較，「格林奈爾學院像一個家庭，而芝加哥大學則像一個百貨商店。在小學校你認識所有人，你是其中一個成員，影響其他同學的事情也一樣影響著你，而在一個大學校，每個人都是一個，彼此沒有聯繫，你的同學不關心你，關係冷漠」。〔註105〕雖然一些中國留學生有能力參加競賽、戲劇表演和班級選舉等，但是卻很難參加美國學生的各類活動，但如果是在一個小學校，這種機會就會增加許多。

　　不僅美國學校意識到這一點，一些中國留學生也主張，「認定一個人數較少的，學校生活不十分冷落散漫的，在美國教育界已久有名望的學校就成了」。〔註106〕一位中國學生寫道，「雖然自己在美國大學完成了碩士和博士學位，但從來沒有機會和任何一個美國學生合作。……只有1917～1918年在格林奈爾學院時，得到了與美國學生相同的機會，並且在最後一學年還組建了

〔註103〕Anne Elizabeth Neely, The foreign student on the American campus, dissertation of the University of Chicago, 1922. p47.

〔註104〕Institute of International Education, Guide book for foreign students in the United States, New York, 1921, p12.

〔註105〕Anne Elizabeth Neely, The foreign student on the American campus, dissertation of the University of Chicago, 1922. p18.

〔註106〕潘乃穆、潘乃和編：《潘光旦文集》，北京：北京大學出版社，2000年，第83頁。

一個文學社團，並在格林奈爾雜誌社獲得了一個職位。這在芝加哥大學是不可能發生的。雖然並非所有外國留學生的語言都好到可以參加校園活動，但對於那些語言好的外國留學生，校園活動的大門應該向他們敞開」。〔註107〕

在女子學校，由於來自同一個國家的外國女生通常較少，外國女生更加受到關注，「如果有學生因為英語差，需要特別關注，學校會專門派一名教職員照顧她」。〔註108〕她們不僅容易為學校各團體接受，而且有更多參觀美國人家庭的機會，也容易受到照顧，不像外國男生那樣容易感到孤獨寂寞。〔註109〕當時美國學校對於外國留學生參加會議還有優惠政策。一位中國留學生稱，「外國留學生參加學校的學生會議，通常可以享受半價優惠，不必像美國學生那樣支付全款，這令外國留學生感到美國人對其十分友善。因此我從未錯過一場加州的會議」。〔註110〕

在住宿方面，美國很少有條例專門針對外國留學生，但他們也可以和美國學生一樣選擇學校宿舍，但大多宿舍不在校園內。住房管理處提供房屋清單，而外國留學生自身也形成慣例，互相幫助尋找住處，有時甚至租下整棟房子，讓同民族的學生住在一起，住所因此成為該國留學生俱樂部中心。大學就業處對外國留學生來說也十分重要，大約有 25％的學生不同程度地受到資金困擾。官費生有時也因經費不足，需要作工補貼。〔註111〕

美國教授通過向中國留學生傳授知識，影響了中國的學術發展，如杜威通過學生胡適等人傳播實用主義思想，白璧德通過學生梅光迪、吳宓等人傳播人文主義思想。而美國學校對中國留學生的關注擴大了其在華影響力。如美國哥倫比亞大學師範學院積極關注外國留學生在美學習生活，他們參與修訂《外國留學生參考手冊》，編寫《在美中國留學生：特性與成就》等。通過多年經營，該校在中國享有盛譽，並形成了具有一定壟斷地位的學術派別，中國教育界知名人士如胡適、蔣夢麟等人均出自該校。但這種

〔註107〕Anne Elizabeth Neely, The foreign student on the American campus, dissertation of the University of Chicago, 1922. p36～37.

〔註108〕Anne Elizabeth Neely, The foreign student on the American campus, dissertation of the University of Chicago, 1922. p48.

〔註109〕Anne Elizabeth Neely, The foreign student on the American campus, dissertation of the University of Chicago, 1922. p19.

〔註110〕Anne Elizabeth Neely, The foreign student on the American campus, dissertation of the University of Chicago, 1922. p54.

〔註111〕Anne Elizabeth Neely, The foreign student on the American campus, dissertation of the University of Chicago, 1922. p48.

趨同現象也存在弊端，即不利於學術的多元發展，因此曾受到時人的詬病。

（三）其他

有的國外學校則根據中國學生特點，更改課程設置。1918 年加拿大拖倫拖大學校長法可納氏曾來函表示歡迎中國留學生，該校知道中國學生學習拉丁文無益，「特將四書五經加入課程表中以代之」。﹝註112﹞

與其他國家學校不同的是，蘇聯招收中國留學生的東方大學和 1925 年成立的莫斯科中山大學爲國共兩黨派遣的留蘇學生提供工資、管理費、組織費、生活費、學習費、大修費和療養費，條件極爲優越。但這兩所學校政治色彩過於濃厚，「提倡黨內批評，鼓勵學員之間相互打小報告、告密、強調政治教育，實行大會批評，打擊熱衷學習的留學生」，這就造成學員人人自危，荒廢學業進行政治批判，導致留學生與中共旅莫支部以及留學生內部的分歧、矛盾不斷升級、激化。﹝註113﹞莫斯科中山大學（中國共產主義勞動大學）對學生的日常生活管理採取自治方針，通過學生公社（即學生會）協助學校推行管理方針，維持紀律，開展各項活動。﹝註114﹞陳紹禹（王明）掌控中山大學的學生管理工作後，重理論輕實踐的趨勢也越來越明顯，留學生之間的矛盾也因爲政治事件的升級日益加深。1927 年國共兩黨分裂後，國民黨在廣東清除蘇俄勢力，而蘇俄也開始遣送國民黨留學生回國。

總體來說，各國學校都存在管理鬆懈問題，導致經費濫發。比如冰心赴美留學後申請清華的半官費，但只上了幾周的課就病倒了，因此沒有參加期終考試，而她的幾位教授卻「都在申請的表格上寫上了優秀的考語」，於是冰心「糊裏糊塗地得了每月四十美元的零用金！」﹝註115﹞由於美國文憑相對易得，中國留美學生趨之若鶩，學生入校後西化現象較爲嚴重。再如王若飛 1918年 3 月赴日本明治大學留學，但他實際上只是在學校掛名領取官費，並未去過課堂，校方也不管。法國學校亦然。1920 年，金滿城和陳毅在聖日耳曼公學上學，「這學校說起來也不過是一種高中程度的功課，……同時那位校長只

﹝註112﹞《加拿大政府改訂寬待中國學生入境之則例》，《申報》1918 年 5 月 4 日，第 10 版。

﹝註113﹞張澤宇：《留學與革命：20 世紀 20 年代留學蘇聯熱潮研究》，北京：人民出版社，2009 年，第 194 頁。

﹝註114﹞張澤宇：《留學與革命：20 世紀 20 年代留學蘇聯熱潮研究》，北京：人民出版社，2009 年，第 126 頁。

﹝註115﹞王政挺：《留學備忘錄》，杭州：浙江人民出版社，2003 年，第 146 頁。

知道要中國人的較高的學費，對於學生的功課馬虎已極。所以方便了陳毅從事課外的種種活動」。〔註116〕

外國學校或以謀利爲目的，或以推行本國教育文化爲目的，不太可能花費時間精力與中國政府充分溝通，培養中國政府所需要的人才。如當時的蘇俄甚至繞開北洋中央政府，直接吸納國共兩黨留學生。因此雖然有學者提議中國政府與外國學校共同管理留學生，但因缺少外國學校的配合，到國外後的復試和外國學校的選擇等問題都難以解決，中國政府寄望於外國學校管理中國留學生的想法缺少操作性，最終無法推行下去。

五、民間態度

外國民間對中國留學生的歧視態度挫傷了中國留學生的情感，而美國民間團體如基督教青年會、外國留學生友好協會及一些地區商會對中國留學生的關心和幫助，使得大多數中國留美學生改變了態度，逐漸對美國抱有好感。

（一）外國歧視態度

最早的官費生清末留美幼童1875年到達美國時曾享受過一段與當地人和睦相處的日子，然而在其後相當長的一段時間，美國一直實行排華政策，一些華人慘遭白人殺害，卻無人問津。1899年12月，就連中國駐新加坡代總領事劉玉麟、駐英公使館海軍武官陳恩陶由加拿大取道紐約前往倫敦，都被美國海關扣留於旅館監視居住，儘管出示英國和美國領事館簽證亦無效，直至中國公使館抗議，才將二人釋放。〔註117〕20世紀初，大批學生退出了美國在華開辦的學校，加入抵制美貨的行列，並掀起赴日留學的高潮。1905年7月17日，廣州嶺南學堂（canton Christian college）校長威士納（O.F. Wisner）與其他32名美國人聯名致函羅斯福，批評美國的排華與抵制運動，葬送了美國控制中國教育的機會。〔註118〕

北京政府時期，美國人繼續在工作、學習和生活等方面對中國人採取民

〔註116〕清華大學中共黨史教研組編寫：《赴法勤工儉學運動史料》第3冊，北京：北京出版社，1979年，第428頁。

〔註117〕劉伯驥：《美國華僑史》（下），臺北：黎明文化事業公司，1976年，轉引自劉翔：《中國近代留美史》，南京大學博士論文2009年，第60頁。

〔註118〕Mckee, Chinese Exclusion versus the Open Door Policy 1900～1906，第194頁，轉引自劉翔：《中國近代留美史》，南京大學博士論文2009年，第94頁。

族歧視政策，即使是能較爲順利入境的留美庚款學生，在美國學習生活期間，也經常受到美國人的冷遇和歧視。一些留美學生打算租住美國人的房屋，卻因中國人的身份遭到房主拒絕。有時即使交了房費入住，卻因其他租客的反對，最後遭到房主的驅逐。1919 級留美學生陳長桐在科羅拉多珂泉（Colorado Spring）一家理髮店，坐了半天沒人理，後有一理髮師過來說：「我們不伺候中國人。」陳長桐告到法院，雖獲勝訴，但理髮師仍勸他勿到理髮店來，以免影響生意。〔註 119〕梁實秋畢業的那一年，包括他在內中國留學生共有六個人畢業，其所在的美國珂泉大學舉行畢業典禮的慣例是畢業生一男一女組合在一起，一雙一雙的排成縱隊走向講臺領取畢業文憑。但是當時美國女生沒有一個願意和他們組合成對排在一起的。學校當局煞費苦心，卻靡計可施，最終只能改弦易轍，讓六個中國畢業生自行排成三對，走在行列的前頭。〔註 120〕1924 年 3 月 25 日，美國珂泉大學出版的《The Colorado College Tiger》上發表了一首題爲《支那佬》的詩歌，對中國學生進行了極度的污蔑和挑釁，「你眼中那渺茫的目光，是狡詐？是罪惡？……你寧願堅持你們的方塊字，也不接受我們的現代符號？」〔註 121〕

留學生到達國外後往往要經歷文化適應過程，在這一過程中有時會引發留學生的不適應感、孤獨感等不良反應，容易產生衝突和摩擦。美國政府放任民間對中國留學生的惡劣態度，加劇了一些留學生對美國的反感。留美學生出身的聞一多就表達了自己對西洋文明的厭惡，甚至憤而在家書中指出，「彼之賤視吾國人者一言難盡。我歸國後，吾寧提倡中日之親善以抗彼美人，不言中美親善以禦日也」。〔註 122〕

除了美國，其他一些國家的民眾也經常帶給中國留學生一些不快的經歷。日本狹隘的島國心理和因甲午戰爭大勝而產生的盲目自大使得日本國民對中國留學生抱有蔑視態度，就連孩童也肆意辱罵中國人爲「豚奴」。據說清末隨公使赴日的最早的 13 名留學生中有 4 位就是因爲受不了這種辱罵而中止

〔註 119〕蘇雲峰：《從清華學堂到清華大學：近代中國高等教育研究》，北京：生活・讀書・新知三聯書店 2001 年，第 341 頁。

〔註 120〕朱美祿：《域外之鏡中的留學生形象》，四川大學博士論文，2007 年，第 115 頁。

〔註 121〕朱美祿：《域外之鏡中的留學生形象》，四川大學博士論文，2007 年，第 113 ～114 頁。

〔註 122〕聞一多：《致父母》，孔黨伯，袁謇正主編：《聞一多全集》（第 12 卷），長沙：湖南人民出版社，1994 年，第 138 頁。

學業回國。郭沫若將在日本的留學經歷概括為「讀的是西洋書，受的是東洋氣」。〔註 123〕因為滿清曾為日本所打敗，因此一些日本人故意不承認中華民國，仍稱中國留學生為清國留學生。一些日本媒體也喜歡報導中國留學生因欠費被學校逐退的醜聞或慘狀，引起了中國留日官費生的抱怨。而日本的學校、宿舍對待中國留日學生態度惡劣，加劇了中國留學生對日本的惡感。

一些蘇俄人喜歡問中國留學生，「中國人，需要鹽嗎？」〔註 124〕這一問法引起了中國留學生的憤怒。鑒於一些中國人去世後用鹽保存屍體，以便能魂歸故土，但一些不理解這一風俗的蘇俄人卻因此對中國人產生偏見，有的人故意以此向中國留學生挑釁。

（二）民間的關懷：以美國為例

雖然美國政府加強對華留學生限制，但美國商業界、學界和宗教界的有識之士採取了積極吸納和關懷中國留美學生的做法，最終逐漸贏得了中國人的信賴。

由於美國擴張商務的目的非常強烈，一些美國商業組織仍然積極吸納中國留學生實習。如 1924 年 3 月駐紐約總領事張祥麟致函總商會，介紹美國實業重區紐約省內 Buffalo（布法羅，即水牛城）地方商會對於我國極求親善，提議各大工廠，「收容中國學生實習，近來我國留學生經介紹前往實習者甚多，獲益不少」。〔註 125〕

美國大學生也秉持嚴謹公正的考察態度對中國庚款留美學生表達了關注之情。1923 年，由美國大學中外畢業生所組織的美國大學生俱樂部執行委員會接到關於清華的報告，批評清華學校學生「幾全屬官僚子弟若輩，入學之際大半藉乃祖乃父之力為多，一進學校實際上可以穩得官費赴美遊學」。該俱樂部就此事詢問美使舒爾曼和美商務參贊安諾德後，又舉派專員赴京考察，調查發現，「校中行政校長虛居其名，實權操於三委員之手。三委員者，美使委派者一，外部委派者二，其中最壞者即管理主任，全無教育智識」。因此提議添設董事會，由外部美使會派中美名人充任華董事，不必定須清華畢業生或留學生，校長即由董事會選出俾能切實整頓校務，而得董事會為之

〔註 123〕朱美祿：《域外之鏡中的留學生形象》，四川大學博士論文，2007 年，第 107 頁。

〔註 124〕余敏玲：《國際主義在莫斯科中山大學，1925～1930》，《中央研究院近代史研究所集刊》第 26 期，1996 年 12 月，第 250 頁。

〔註 125〕《紐約張總領事致總商會函》，《申報》1924 年 3 月 14 日，第 15 版。

後援。〔註126〕一個學生組織能關注庚款使用和清華學校的發展，而美國外交官員亦認眞答覆，體現了美國在庚款使用上勇於接受監督的民主作風，不過這種關切不僅是對中國留學生的關心，也是其國家制度的要求。

而導致大多數留美生對美國抱有友好感情的民間因素，莫過於美國學校和基督教青年會對外國留學生的關注。如北美基督教青年會協會主席約翰‧穆德（John R. Mott）曾號召美國各地基督教領袖和基督教家庭友好接待中國留學生，以便中國留美學生瞭解美國家庭。

包括中國留學生在內的外國學生經常受到基督教青年會（Y. M. C. A）和基督教女青年會（Y. W. C. A）的熱情接待。外國留學生友好協會是基督教青年會國際委員會的一個分支，主要爲在美外國留學生服務。許多工作由各國分會負責，設有全職秘書。除日本分會外，包括中國分會在內的其他分會總部都設在紐約，各分會都花費了大量時間在外國留學生所在的大學和學院。根據協會章程，協會工作包括：協會秘書和教育領袖在學生出國前向其提供建議；到美國碼頭會見學生，並提供其急需的服務，如住宿和市內遊覽等；提供選擇學校方面的建議，並幫助其聯繫學校；爲他們介紹社區或其他城市的朋友；爲自費生提供確保作工的建議；與各校基督教青年協會、教會和其他機構合作，爲外國留學生尋找願意接待他們的美國家庭；努力使商會和市鎮組織有興趣向外國留學生提供關於美國工業和城市生活信息；鼓勵學生參加暑期會議和其他具有積極意義的國際性集會；與國際組織和其他俱樂部合作，促進各國在美留學生的相互同情和理解；對遭遇道德、宗教及適應美國生活問題的學生都給予熱情幫助。〔註127〕

該委員會不僅爲新生提供接待服務，並且給予入學、註冊、住宿等方面建議和開具介紹信，幫助其在美生活充足愉快。並通過學校裏的基督教聯合會執行具體工作，如去學生住所拜訪；盡可能給予各種幫助，如補習等；安排安排各類社交活動；安排午餐活動；邀請參加教會活動；增進外國團體間的友誼。〔註128〕該委員會還資助外國留學生創辦的雜誌，如《基督教中國》、《日本評論》等。每年還幫助外國留學生參加暑期會議，使其有機會彼此熟

〔註126〕《詢問清華內容之覆函》，《申報》1923年12月22日，第13版。
〔註127〕Institute of International Education, Guide book for foreign students in the United States, New York, 1921, p79～80.
〔註128〕Anne Elizabeth Neely, The foreign student on the American campus, dissertation of the University of Chicago, 1922. p51.

悉，並能見到美國許多大學最優秀的學生。該委員會及秘書為外國留學生提供的服務都是免費的。

　　正是美國這些民間協會的點滴關切，為中國留美學生提供了參加各種社會活動，融入美國社會的機會，也使得身處異國他鄉的留學生深感溫暖，消除了一些留學生對美國的不滿情緒，培養了留學生的親美傾向。有留學生表示，「外國留學生在美國校園通常很難有豐富的校園生活，只有基督教青年會令外國留學生感到一點家的感覺」。〔註129〕美國民間協會對於外國留學生的這種服務精神值得當代中國在管理外國留學生時借鑒。

第三節　留學國與中國的互動

　　北京政府時期，留學國和留學生派遣國中國由於留學管理目標的趨同與差異，處於混合博弈狀態，既有合作，也有衝突。合作博弈是指兩者在留學生管理、人才培養、改進兩國關係和促進兩國經濟文化發展等方面具有共同利益。但受政治利益、經濟利益和文化差異等因素影響，兩者存在衝突。

一、留學國管理目標

　　對留學國來說，接納留學生，在經濟上，不僅可以為留學國帶來學費、食宿和交通等方面的收入，還可以通過培養留學生的消費意識，強化本國商品在中國的市場競爭力；在學術上，可以提高留學國在中國的學術地位，提高本國教育系統的國際化教育能力；在政治上，留學生大多為一國的權貴子弟，留學國可以通過留學生改善與中國的關係，加強國家之間的認同、理解和合作，擴大對中國的政治影響，甚至讓中國依附該國；在文化上，留學國可以傳播本國文化、價值觀念和語言。而對於一些大國來說，吸引大量留學生還可以體現自己的大國風範和國際主義精神。

　　1898 年 5 月，日本駐華公使矢野文雄就曾致函日本外務大臣西德二郎，闡述自己對鼓動中國派遣學子留日的遠見：「如果將在日本受感化的中國新人才散佈於古老帝國，是為日後樹立日本勢力於東亞大陸的最佳策略。其習武備者，日後不僅將效日本兵制，軍用器材等亦必仰賴日本，清國之軍事，將成為

〔註129〕Anne Elizabeth Neely, The foreign student on the American campus, dissertation of the University of Chicago, 1922. p52.

日本化。又因培養理科學生之結果，因職務上之關係，定將與日本發生密切關係，此係擴張日本工商業於中國的階梯。至於專攻法政等學生，定以日本爲楷模，爲中國將來改革之準則。果眞如此，不僅中國官民信賴日本之情，將較往昔增加二十倍，且可無限量地擴張勢力於大陸。」〔註130〕正是由於當時的日本重視吸納中國留學生，促成了中國留學史上規模最大的留學運動。

民國建立之初，留日學生在政界地位顯著，聲勢浩大，而日本也十分重視留學生在華地位。1913年日本加藤男爵訪華，並與袁世凱、黃興等人會談。回國後表示，「中國青年占在重要位置者多操日語，就中長沙都督府各部長皆熟達日語，精通日事，尤爲可喜。蓋留學各國歸來居重要位置者，固不乏人，然究不如留日學界人數之多勢力之大也」。「余於十三年以前曾遊中國，較諸今日情形，上海漢口長沙北京天津濟南各處異常發達，盡改舊觀，各地日人在在活動尤爲可驚」。且「青島貿易日本商品佔有十之六七，並中國鐵路需用外國資本而不足，爲日本憂要以利用此等鐵路，以收貿易上實利爲愈」。〔註131〕

1913年2月28日統一黨理事長王賡在招待中國各黨會重要人物和日本駐京學者、實業家、各新聞記者時，發言稱，「一切新學智識中國多自日本傳來，莘莘學子留學於西洋者不過十之二三，而負笈於日本者實居十之七八，故現代時髦無論在政黨及在官署，留東學界人皆占優勝」，並稱民國「隱然受惠於日本甚巨，此兩國親密關係絕非他國所企及，宜結兩國國民之聯合團體，融洽精神，共維泰東全局。聯絡實業，偕謀兩國發達」。〔註132〕

而留日學生在政界職位的變化，往往引起日本人的關注和猜疑。1914年5月，自錦璦鐵道及東三省鐵道中立之說傳出後，日本人硬認唐紹儀、熊希齡、梁敦彥等人爲排日親美派，且認爲袁世凱亦爲親美派，因此牽強附會，視外交部數名留日出身的部員被外放至駐日使館爲北京政府排日之證據。1916年4月，新內閣閣員中有四人曾留學日本，因此被北京日人各界稱爲「日本派內閣」。〔註133〕

美國伊里諾大學校長詹姆士（Edmund J.James）於1906年給羅斯福總統

〔註130〕河村一夫：《駐清公使時代的矢野龍溪氏》，轉引自余子俠：《民族危機下的教育應對》，武漢：華中師範大學出版社，2001年，第66頁。
〔註131〕《日本之新對華策說》，《申報》1913年6月15日，第3版。
〔註132〕《中日交親燕之演說》，《申報》1913年3月7日，第3版。
〔註133〕《北京電》，《申報》1916年4月28日，第2版。

的備忘錄中說得明白：「哪一個國家能夠做到教育這一代青年中國人，哪個國家就能夠於這方面所支付的努力，而在精神和商業上取回最大的收穫。如果美國能在三十年前已經做到把中國的學生的潮流引向這一個國家來，並能使這個潮流繼續擴大，那麼我們現在一定能夠使用最圓滿和巧妙的方式控制中國的發展。……這就是說，使用那從知識上與精神上支配中國的領袖的方式」。「爲了擴展精神上的特權而花一些錢，即使在物質意義上說，也能夠比別的方法獲得更多。商業追隨、精神上的支配，比追隨軍旗更可靠。」〔註134〕1908 年，美國將所得庚子賠款中超出美國實際損失的部分退還中國，用於發展中國的留美教育。庚款留美教育的蓬勃興起，也帶動了歐洲各國相繼退還部分庚款用於留學教育，從而導致各類官費、自費留美留歐學生陡然劇增，從而掀起了中國近代留學史上的一次留學歐美熱潮。著名的美國歷史學家費正清也曾說過，「美國培養的昆明清華大學教授，代表了美國在華的一種投資和財富。……清華大學特別體現了美國的在華權益，因爲美國退還的「庚款」有數百萬美元投入了清華。……由於清華大學所擁有的學術名望和財務資源，該校教授是從留美歸國的優秀分子中精選聘任的。總的看來，這些人是中國接受西方文化教育薰陶的學術界人士中間的精英，因此可以說是美國教育勢力的起一定作用的代理人」。〔註135〕

　　北京政府時期，蘇聯吸納中國留學生則直奔政治目的。美國一個教育考察團曾說，「在我們美國留學的中國人有六千」，負責接待的蘇聯中山大學校長拉狄克卻回應說，「然而他們只是從事教書和當工程師。我們只有六百，卻是要在中國當領袖」。〔註136〕蘇聯希望通過留學教育過程中蘇聯式革命理論（也是其短時段政治文化的組成部分）的灌輸以及蘇聯環境潛移默化的影響，將這批中國革命的骨幹分子培養成傾向於蘇聯的布爾什維克式革命幹部，使他們在未來的政治活動中，能夠輔助蘇聯實現世界革命和「一國建成社會主義」的目標。……蘇俄和蘇聯的世界革命和保衛蘇聯安全利益的思想，

〔註134〕Arthur H. Smith, China and America Today, New York: Fleming H. Revell Company, 1907, p213～218，轉引自姜朝暉：《民國時期教育獨立思潮研究》，北京：中國社會科學出版社，2008 年，第 122 頁。
〔註135〕費正清著，陸惠勤等譯：《費正清對華回憶錄》，上海：知識出版社，1991 年，第 219～227 頁，轉引自桑兵：《國民黨在大學校園的派系爭鬥》，《史學月刊》2010 年第 12 期，第 62 頁。
〔註136〕王政挺：《留學備忘錄》，杭州：浙江人民出版社，2003 年，第 236 頁。

與以中國留學生爲載體的中國近代短時段政治文化的救國圖強思想，在以莫斯科中山大學和東方大學爲主要「舞臺」的 20 世紀 20 年代留學蘇聯熱潮中發生交匯與碰撞，隨著蘇聯、中國的國內環境以及中蘇關係的不斷變化而產生趨同或衝突。〔註137〕國際化有時與民族主義、種族主義、沙文主義糾結在一起。蘇聯以國際主義爲號召，在一定場合下將利己主義僞裝成「利他的理想主義色彩」，「在日常生活和黨務方面，中國留學生表達不滿，尚不致受罰。但是若升高到國際層面，如中東路事件，蘇聯當局要求學生的不只是妥協，而是絕對的服從，否則學生可能會遭到逮捕流放的命運」。〔註138〕國際主義與利己主義隨時局變化互相依存、轉化、滲透、對立、鬥爭。

二、中國留學管理目標

對留學生派遣國中國來說，希望通過派遣留學生學習國外先進的軍事、科技、經濟、政治、思想和文化，擴大留學生的國際視野，使其更好地成爲國家富強、進步的高級人才。同時通過留學生在海外的學習、工作、生活，與外國人充分溝通交流，起到宣傳中國和促進中外關係的作用。但在留學管理目標實現過程中，中國需要維護國家教育主權，避免留學生質量下降、過分西化和國別單一化的情況。

留學是向國外學習先進知識，改造本國科技文化，發展具有民族特色的教育模式。各國學科各有所長，中國應該據此派遣留學生，取長補短，爲己所用。王寵惠在 1914 年歡送清華學校赴美留學生時就介紹了英美德法大學教育各有千秋，「英美則力求實用，而德法則精研理論」，「美之大學教育注重實用，無論爲法律，爲政治，爲其它科學，凡爲學子致用之所必需者則語焉惟恐其不詳矣」，「而英國有其特長者則在養成高尚之人格，使人知立身於天地間何以爲人，而其所以教之爲人者，莫不爲人生必具之智識，且於文學及歷史均甚注重」，總而言之，「四國大學教育之趨向，德法在養成科學家，美則在養成交際家，而英則在養成君子」。〔註139〕1919 年山東省就意識到各國學科各有所長，如法日宜派學習實業，而英美則宜注重政治、法律、教育、文

〔註137〕張澤宇：《留學與革命：20 世紀 20 年代留學蘇聯熱潮研究》，北京：人民出版社，2009 年，第 63～64 頁。
〔註138〕余敏玲：《國際主義在莫斯科中山大學，1925～1930》，《中央研究院近代史研究所集刊》第 26 期。1996 年 12 月，第 263 頁。
〔註139〕《英美德法大學教育之比較》，《申報》1914 年 8 月 14 日，第 11 版。

學等科。〔註 140〕

　　留學既是一種文化的傳播過程，亦是一種「意識」的塑造過程，且這種過程對人的思維模式、價值取向、人生信仰與行為範式具有潛移默化的作用，足可使其對自己留學之國的文化產生親和感，並將此反映到政治層面上。〔註 141〕留學生在國外的經歷往往在其工作後發揮重要作用。宋美齡、胡適的留學經歷都曾幫助他們日後成功赴美宣傳中國抗戰決心，並贏得美國各界的支持。此外，留學生往往以留學國家之不同，有親甲袒乙之嫌。近代留學生幾乎都熱衷於借鑒留學國經驗，比如基金團方案借鑒了美國的社會辦學思路，大學區方案則借鑒了法國的教育模式。雖然這些借鑒缺少對中國教育傳統的理解，但比起照搬美國經驗依然勝出一籌，因為即使美國學術優於他國，也不可能盡善盡美。倫敦《泰晤士報》駐北京通信員佛來塞氏建議英國向美日學習，積極退款興學。「英國未能與日美法等國競爭，吸收多數在易受感化時代之中國青年赴英留學，實為英國之損失。蓋中國青年在何國留學，受其教育歸國之後，即有意無意提倡該國之文化與制度，北京各部院中及各省行政機關中充滿曾受外國教育之學生。此輩皆以其在外國所學所行，措置各務。在德國教育之軍官輸入德國軍事思想，而克虜伯廠大受其利。有一公共機關其中所用大半皆日本留學生，內有一資格極深受英國教育之醫生，屢有所提議，輒遭反對，蓋人少勢弱，雖有善策，亦格不得行也。中國對於政治問題往往至美國考察，蓋因其用事之少年多醉心於美國政治理想之故。即如各鐵路局對於鐵路標準及簿記等均主採用美制，各學校中通行日本及美國課本，英國教科書則無人過問。中國今日各公共機關幾全為曾受外國教育者之勢力範圍，其人數與全國人口比較，自覺無足重，輕然此輩恒以秘書及顧問之資格，與其上司舊式官僚及不學武人相接近，故人數雖少，而於中國政治社會及經濟上之發展實有莫大之勢力。……幸而英國教士在華設立之學校，其造就之青年居高位者頗不乏人，否則少年中國或且全不知英國之文化與標準矣」。〔註 142〕

　　由於受到國內外局勢和主客體互動關係等因素的影響，中國的留學管理

〔註 140〕《魯會提議停補留日學生》，《申報》1919 年 11 月 23 日，第 7 版。
〔註 141〕岳謙厚：《民國外交官人事機制研究》，北京：東方出版社，2004 年，第 167 頁。
〔註 142〕《賠款興學問題之贊成論》，《申報》1922 年 9 月 4 日，第 6 版。

目標在實現過程中存在諸多問題。首先，留學過於偏重留美。留學與國家教育主權關係緊密，日本佔領朝鮮期間，曾定律「凡朝鮮人民概不准赴歐美留學」。〔註143〕自由選擇留學國是一個國家應有的教育主權。北京政府時期，在美國庚款政策的推動下，美國留學日益發達。據教育部調查，1923 年一年間「自費赴美留學學生約占赴歐美自費生全數百分之六十七，實因美國學位容易取得所致」，1923 年中國學生赴美 176 人，赴菲律賓 2 人，赴德 62 人，赴法 37 人，赴比 2 人。1924 年 1 至 6 月，赴美 90 人，赴檀香山 1 人，赴菲律賓 2 人，赴加拿大 2 人，赴德 2 人，赴法 20 人，赴英 3 人。因此教育總長張國淦於 1924 年 8 月 18 日第二次通咨各省限制留美自費生人數，「免使人數過多，潛植一國之精神」。〔註144〕此舉一直受到當代一些研究者的指謫，但當時中國人對赴美留學趨之若鶩，存在「美國化」傾向，而美國卻於 1924 年出臺限制和苛待中國留學生政策，因此教育部此舉實屬無奈之舉，而且很快又改弦易張。

其次，一些留學生西化嚴重，影響到國內教育和文化傳承。心理學家認為，文化自身潛伏著勢力即文化能量，這種勢力、能量又是一種慣力和惰性力，使文化具有固著性，而這種固著性則帶來文化的排他性。〔註145〕青少年時代的外國經歷在大多數留學生身上都打上了烙印，外國文化對留學生產生了潛移默化的影響。一些留學生沾染西方習慣，使用西人姓名，「於呈驗文憑時考覈甚難」。〔註146〕再如清華學校用英文授課，課程最初偏重西方人文和自然科學理論，尤其以美國文化和社會為典範，重視英文而忽視中文，蔑視本國的文化，崇拜外人，另一方面卻又直接刺激了部分學生的民族自尊心，如梅光迪、湯用彤、吳宓以及稍後的聞一多、梁實秋等清華學生產生了對西方文化的批判和對美國的反感。當時中國學習所開設的課程中大量採用外國教材，一度出版商不但剽竊日文書的內容，竟然連封面的日本國旗都照印不誤。……很多大學裏，有關中國的課程少得可憐。在胡適等人的領導之下，發動以西洋的方法研究中國歷史，懷疑精神盛行一時，確有相當成就，只是範圍有限，對中國學術、課程沒有直接的影響。

〔註143〕《韓人求學之不自由》，《申報》1915 年 4 月 16 日，第 10 版。
〔註144〕《北京教育界零拾》，《申報》1924 年 8 月 21 日，第 11 版。
〔註145〕石霓：《觀念與悲劇：晚清留美幼童命運剖析》，上海：上海人民出版社，2000 年，第 25 頁。
〔註146〕《北京教育界零拾》，《申報》1924 年 8 月 21 日，第 11 版。

舉例來說，當時沒有一本中國經濟史的中文教科書。〔註147〕中國留學生在外國文化面前，迷失了方向，缺少應有的分析力和判斷力。一些留學生甚至提出「廢除漢字」和實行萬國新語，這種過分強調外國文化，藐視本國文化的想法是有失妥當的。

1924 年底，南開大學學生在《南大周刊》上發表文章諷刺留學歸國教員西化，《挖外國礦》一文諷刺「留學生在歐美各種專門大學畢業，以博士學士等鳴銜在國內各大學擔任教授，將所學得囫圇物哇而出之，正如挖出外國礦苗不加熔練即轉售與中國人相髣」。〔註148〕《輪迴教育》則言，「大學畢業後……先到美國去，在美國混上二三年或三四年得到一個什麼 EFMAD，等於是架上一架洋服，抱著兩本 note book 回家來作一個大學教員，不管他是眞博士也好，騙來的博士也好，上班捧著他自外國帶來的 note 一念，不管他是是非非，就 ABCD 的念下去，一班聽講的學生也傻呆呆地不管生熟軟硬就記下來，預備將來再念給別人」。〔註149〕雖然風潮最終以學生會登報導歉始告終，但李儒勉批評南開的留學生教員，「這種輪迴的現象是很普遍的，只以南大學生發表了議論就引起該校教授罷課的風潮，足證此事值得我們注意，至少這篇文字要算是他們感覺著的刺心之說，不然也不會有那種可笑的反動」。〔註150〕

再次，留學質量有待提高。當時英美等國在中國開辦了多所學校，尤其是美國設立的教會學校與美國本土學校有著密切聯繫，因此這些學校的學生很容易就進入美國大學，「且可以國內學年資格插班聽講，不及二三年而取得畢業資格歸國者甚多」。這就造成一些人「貪得學位，不重學業」。〔註151〕學生過分容易獲取學位，將不利於留學教育質量的提升。

留學目標管理在一定程度上的失效不僅反映了作爲弱國政府的民國北京政府在政治、經濟上的無奈，也反映了管理主體政府、教育界和外交界的內部矛盾以及管理主客體在近代變革的混亂格局中的複雜關係。

〔註147〕汪一駒著，梅寅生譯：《中國知識分子與西方——留學生與近代中國（1872～1949）》，臺北：久大文化股份有限公司，1991 年，第 154 頁。
〔註148〕《天津南開大學教員罷教紀》，《申報》1925 年 1 月 4 日，第 10 版。
〔註149〕李儒勉：《留學教育的批評與今後的留學政策》，《中華教育界》，第 15 卷第 9 期，1926 年 3 月。
〔註150〕李儒勉：《留學教育的批評與今後的留學政策》，《中華教育界》，第 15 卷第 9 期，1926 年 3 月。
〔註151〕《北京教育界零拾》，《申報》1924 年 8 月 21 日，第 11 版。

三、留學國與中國的互動：合作與衝突

　　受政治、經濟、文化的影響，留學國與中國在留學生管理目標、管理方式等方面既存在合作，又存在衝突。

　　兩者共同的留學管理目標是以留學生爲橋梁，加強雙方溝通交流，促進兩國政治、經濟、文化的合作與發展，而留學生也希望通過自身努力和在留學國獲得的知識、人脈和資歷在中國獲得成就或利益，同時得到留學國的認同。留學國與中國關係的親疏，往往受到中國留學生與留學國關係親疏、中國留學生在留學國的人數、學歷層次、社交活動等因素的影響。中國留學生在留學國的學習、生活和工作經歷拉近了中外之間的距離，加強了雙方的互動，增加了雙方的友誼；在留學生海外管理上，留學國與中國通力合作，不僅能爲留學生營造更爲良好的學習和生活環境，而且也有助於國內外政府規範留學生行爲，避免出現擾亂留學國社會治安或有損於民國北京政府政局穩定的情況。比如中國駐外使館和外國警察多次合作，驅逐圍堵使館或從事反政府活動的中國留學生；在人才培養和任用上，中國希望留學人才能爲己所用，一些地方軍閥更希望通過留學生與外國政府搭建溝通渠道，以便在內戰時獲得列強借款、武器或外交支持等。而留學國有時因擔心大量留學生滯留本國，不利於本國人就業和生活，希望中國留學生學成後歸國，尤其在近代中國，留學國希望中國留學生歸國後將本國文化傳播到中國，更希望歸國從政的中國留學生能與留學國保持良好的政治關係，因此兩者在此點上有趨同之處。

　　留學國與中國衝突的主要則主要表現在以下方面：

　　首先，與當代類似的是，對於一些高端人才，留學國亦欲大力招攬，加上一些留學生適應了國外環境，有的甚至在美國建立家庭，因此不願回國，這就與中國的留學人才計劃產生衝突。作爲弱國的民國北京政府所能提供的經濟條件和科研條件大多遜色於留學國，但由於中國留學生歸國後社會地位較高，而且從政從教機會較多，再加上很多留學生愛國熱情高漲，立志報效國家，因此在一定程度上緩解了這一矛盾。

　　其次，北京政府時期列強虎視眈眈，留學國試圖通過拉攏和扶持留學生，使其成爲他們在中國的代言人，日本等國還曾出資收買留日學生出賣國家機密。而當中日關係交惡後，日本不僅未加反思，反而稱中國人排日是受英美之煽動。日本爲了達到控制中國的目的，拉攏不同政治派別甚至是政府的反

對派赴該國留學。1913 年《北京日報》指責日本參與中國南北政府戰爭，日本使署解釋稱此係誤會，而且日本已通告「日本人民及退職軍官不得從亂，如有違命者，不能受日政府之保護，且准各領事驅逐出境。南方之人留學日本，多與日本反對黨結交，若輩或將贊成拒袁運動，此種個人之意見，非越出法紀之外，日政府未便干涉」。〔註152〕事實上此時期日本重演清末革命黨在日反清歷史，再次成為革命人士反對以袁世凱為首的北洋軍閥政府的反政府根據地。

再次，一些國家如英、俄、日等國致力於扶持中國少數民族權貴留學該國，以期達到分裂中國，挑起民族矛盾的險惡目的。英國在北京政府時期就開始資助中國西藏四川一帶的藏族權貴留學英國。比如達賴選拔四世家子弟赴英留學，借機謀劃獨立運動。1913 年 11 月，達賴派噶布倫四人帶西藏青年子弟二十名赴英留學，並攜有金佛茶磚氈毯之屬各禮物，刻已由藏起程，並聞尚有密商之事。〔註153〕1914 年「西藏各督之子四人前由印藏政府派往英國留學，已在海茲安特陸軍高等學校肄業，七月學期已滿，下學期將赴納格拜，愛聞諸生年少聰穎，進步頗佳」。〔註154〕1918 年川邊叛亂，據說「番人中首領多屬留學生，其武器亦精利，內並有外人指揮其間」，〔註155〕鎮守使陳遐齡及四師師長劉成勳的電文也證實確有此事。再如由於北京政府在外蒙幾乎沒有教育事業，蘇俄乘機在外蒙設立學校，專注於俄文教學，1915 年 12 月，蘇俄在該校「挑選蒙生二十名，派往俄國留學」，時人感歎，「將來學成而回，能否效用，尚不可知」。〔註156〕從民國初立，就傳出了「載灃擬待溥儀年至十齡，送往海外留學」的傳聞。〔註157〕1927 年，溥儀決定變賣財產赴日留學與日本的鼓動不無關係。後來日本人偷偷將溥儀帶出了天津，並赴東北成立了偽滿洲國。時至今日，一些國家依然通過扶持中國少數民族留學生，做出危害中國之險惡行徑，這尤其值得當代中國當局者警惕和防範。

〔註152〕《北京電》，《申報》1913 年 7 月 28 日，第 2 版。
〔註153〕《英藏最近情形》，《申報》1913 年 11 月 16 日，第 6 版。
〔註154〕《倫敦電》，《申報》1914 年 1 月 14 日，第 2 版。
〔註155〕《川邊亂事與報館（成都通信）》，《申報》1918 年 7 月 29 日，第 6 版。
〔註156〕《教育》，《申報》1915 年 12 月 31 日，第 6 版。
〔註157〕《專電》，《申報》1912 年 1 月 25 日，第 2 版。

結　語

　　民國北京政府處於中國由傳統封建社會向近代化社會轉型的劇變時期，政局動蕩，經濟落後，飽受列強欺凌，國內學潮迭起。由於受到經費、內外戰爭、政權更迭等諸多方面的限制，北京政府的留學管理政策在實際運作效果上大打折扣。雖然一些學者將這一時期稱爲留學的黑暗時期，但總體來說，這一時期的留學管理也頗有可圈可點之處，爲當代留學管理提供了借鑒作用。

一、民國北京政府時期留學管理評析

　　民國北京政府時期，留學規模大，留學國別多；留學可選擇的學校多，專業限制少；留學派遣形式多樣化，留學經費來源渠道廣，但拖欠留學經費現象嚴重。在留學生構成上，留學生大多來自權貴富商家庭，自費生人數眾多，其中大多爲教會學校出身。與清末相比，留學生地域分佈廣，女子留學在當時也有了長足發展。留學生根據國別、學校、籍貫、工作地點、政治取向、經濟利益、研究興趣和生活習慣等組織了不同類型的留學生團體，寰球中國學生會、青年會和上海銀行招待部等團體則承擔了許多官自費留學生的出國雜務，其角色類似今天的留學中介。

　　北京政府在沿襲清末留學管理的基礎上，積極改進發展，在留學管理規程、留學生派遣、海外管理和歸國管理上都有所創新。社會各界包括留學生自身通過組織團體、出謀劃策等方式積極參與留學管理，改進了當時的留學管理工作。北京政府時期的留學管理規程在借鑒清末經驗基礎上，陸續出臺了一系列暫行規程，1916 年教育部出臺了統一的留學管理規程，劃分了中央

和地方各省、駐外公使和留學生監督的留學管理權限，加強了留學生選拔和考覈力度，規範了留學手續和留學經費並在其後陸續出臺了一些管理細則，涉及到實習、學費、醫藥費、婚姻管理等內容，對官、自費留學生實行全方位管理。各地方政府也根據中央的規定和地方的實際特點制定出各自的留學管理規程，中央與地方在留學管理規程上形成了既互補又衝突的複雜關係。20 年代江蘇省與教育部圍繞留學派遣權展開爭奪，一方面暴露了強勢地方與弱勢中央的權力之爭，中央與地方共管的留學管理體制權雖然責任明確，但利益劃分卻未能達成一致；另一方面也反映了中央與地方在留學管理規程的制定和執行上的分歧，雙方應加強溝通，增進理解，以留學事業的良性發展作爲共同的奮鬥目標。

因受到中央積弱、地方強大、政治無序、經費缺乏等因素的影響，北京政府時期的留學派遣存在無序化、多元化、民主化特點。當時，既有中央各部、地方各省、各縣的官方派遣，也有社會名流與官方合作的半官方派遣，還有一些在野黨、教育團體、學校、實業界和個人等民間派遣形式，以及外國背景的庚款派遣、教會學校派遣與國外獎學金。比如交通部多次派工作人員、大學畢業生或優秀大學生赴英美俄等國留學。當時還出現了中國歷史上第一所設立於海外的中外合作辦學性質的學校——里昂中法大學。該校由國內南北政府和社會名流捐資，由法方提供場地和少量資金，具體管理由校長吳稚暉和學生進行，政府並不干預，學生學習合格後可進入法國里昂大學繼續深造。

在官費派遣選拔方式上，江蘇、浙江等省的考試選拔較爲完善，包括體格檢查、學業審查、外語、中文、數學、歷史、地理考試、留學科目考試和口試，甚至包括對考生人品的審查。雖然中央和地方各省的派送存在諸多不公正現象，但考試選拔日益成爲各界共識，留學專業、考試題目和考試方式都經過嚴格認定和執行。不遵守考試選拔程序的湖北教育廳長程鴻書甚至遭到各界討伐。更難能可貴的是江蘇、浙江等省不僅實行考後公示，接受社會各界對考務的監督，並及時回覆各界的質疑，甚至在一定範圍內展示閱卷結果。

多元化派遣反映了社會不同層面對留學的需求，但也存在一些問題。一是留學派遣目標不明，缺少對留學國、學校和專業的瞭解，盲目追求留學規模，隨意更改選拔方式和派遣任人唯親的弊端。以民初稽勳留學爲例，

除了宋子文、任鴻雋、李四光等幾十位由中央派遣的知名稽勳留學生外，一些地方省份亦曾選派數十名至上百名稽勳留學生出國留學，但因派遣目標「報功優賢之意」、「求才尙學之心」和流放革命黨三者存在矛盾，加上大規模派遣又加重民眾負擔，結果引發了一系列風潮，省政府、軍警、地方各縣、教育團體、學校教員與學生都捲入其中。民國教育家舒新城曾鮮明提出，留學問題解決之途徑爲「以後的留學政策當以研究學術，改進本國文化爲唯一的目的。」〔註1〕此點值得當代留學管理者銘記在心。二是派遣的無序化導致了政府自費留學管理任務的加劇。因此北京政府時期曾經規定中學以上資格方准自費留學，而且自費留學生需領取留學證書，其後的南京國民政府繼續強化留學證書制度，並將自費生留學資格提高至「專科以上學校畢業者」或「高級職業學校畢業者，並曾在國內任技術職務二年以上者」。〔註2〕

　　在海外管理運作中，由於受到政治分歧、利益紛爭、經費缺乏及民族主義等因素影響，留學生與駐外公使、留學生監督、教育部、本省經理員、地方政府，甚至留學生內部均曾處於分歧和衝突狀態。留學生根據費別、性別、宗教信仰等劃分利益小群體，通過當面爭執、威脅公使、求助各界、尋求輿論支持及向教育部控告其他留學生等方式爭奪經費。官自費留學生均主人翁意識極強，熱衷於監督留學管理者，在與管理主體的對決中經常處於強勢地位。因此吳稚暉曾將外交官與留學生的關係比作「搖籃裏的小孩怕老虎」，尤其懼怕人數眾多，又較少受到拘束的自費生。但一些優秀的留學管理者如留日監督江庸、駐法公使陳籙等靈活運用管理技巧，確立管理目標、加強管理主客體溝通交流和感情聯絡、推行獎勵制度、轉移矛盾等方式化解了管理危機，這種科學管理的方式值得肯定。

　　北京政府時期的歸國留學生雖以從教和從政者居多，但亦有不少留學生投身於實業界，他們在各行各業均有所建樹，並在一定程度上取代了外國技師或教習。中央和地方政府均重視多渠道選拔和任用留學人才；社會各界也都積極關注留學生就業問題。在各方努力下，留學人才在提高政府行政效率，提升教育水平和發展國內實業等方面做出了突出貢獻。但由於受到政策缺

〔註1〕　舒新城：《近代中國留學史》，上海：中華書局，1927年，第269頁。
〔註2〕　中國第二國家歷史檔案館編：《中華民國史檔案資料彙編》第五輯第一編，南京：江蘇古籍出版社，1991年，第381～390頁。

陷、政治紛爭、經濟危機和留學生派別鬥爭等因素影響，留學生就業依然存在不少問題。

由於當時中國飽受列強欺凌，隨著各國勢力在華消長，北京政府時期的留學管理不可避免地受到各留學國對華留學管理政策的影響，一些留學國的政策明顯帶有民族歧視色彩，留學管理者與留學生常常面臨選擇堅守民族獨立還是接受對方苛刻條件的矛盾之中。1923 年以後歐美各國從入學年齡、入境手續和入學學費等方面加強對中國留學生的限制。除了政府層面，帶有半官方性質的相關團體和國外學校，以及各國民眾的態度也對中國留學生產生了重要影響。

此外，在留學年齡和知識結構上，北京政府時期的大多數學者建議留學生應為中西文皆通的二十歲以上青年。而當時的外國政府則希望留學生年齡偏低為佳，如 1924 年澳大利亞則限定中國留學生來澳年齡應在十四至十九歲之間，1926 年巴黎領事也曾倡議中國幼童留學。對於這些留學國來說，中國留學生年齡越低，越容易接受外國的文化和商品。在留學與國內教育關係上，1916 至 1917 年，官費生比例比清末大幅下降，官費生占留學生 20%。但 1917年北京政府花在留學上的費用仍然超過高等教育費兩倍。〔註3〕胡適在《非留學生篇》中提到，「今若專恃留學，而無國內大學以輔之，則留學而歸者，僅可為衣食利祿之謀，而無傳授之地，有無地可為繼續研究高等學業之計，則雖年年遣派留學，至於百年千年，其於國內文明無補也，終無與他國教育文明並駕齊驅之一日耳。」〔註4〕

總體來說，北京政府時期留學管理注重派遣規模，不重質量；重視考試選拔，忽視海外管理和歸國考覈；重視完善管理政策，但操作實效受到時代局限；重視任用留學人才，但缺少人才成長的環境、氛圍和配套的資金。而這一時期最值得稱道的當屬社會各界包括留學生自身對留學管理的積極參與，他們除了發表留學建議，還發起和鼓動留法、留德潮流，促進了當時留學事業的蓬勃發展。雖然這些建議未被民國北京政府全部採納，但值得當代政府借鑒。而留學生敢於自我批評，並提出擴大國內教育，不盲目推崇留學的精神也值得當代留學生學習和借鑒。

〔註3〕汪一駒著，梅寅生譯：《中國知識分子與西方——留學生與近代中國（1872～1949）》，臺北：久大文化股份有限公司，1991 年，第 91 頁。
〔註4〕胡適：《非留學篇》，《留美學生年報》，1914 年第 1 期。

二、對當代的借鑒意義

　　通過對民國北京政府時期留學管理的考察與分析，我們能總結出以下經驗可供借鑒。

　　首先，北京政府時期的考試選拔程序較爲完善，而當代則選拔標準單一，而且費時費力費錢。在現行國家公費出國選拔體制下，申請人如果能拿到國外大學邀請信，再通過國家留學基金委組織的外語考試（WSK），即可入選國家公費留學人員，從申請到入選大概爲半年時間，入選後一年內出國即可。由於西方大多實行教育產業化，獲得國外高校的邀請書絕非難事。而僅以外語考試選拔公費生，且不說 WSK 是否能眞正選拔出外語水平優秀的候選者，僅僅依靠外語水平選拔留學生就不免有失偏頗。一來選拔缺少對申報人的全面考察。申報人的專業水平、出國動機、海外期間的學業管理、歸國後留學成績考覈等重要事項幾乎都無人問津；二來容易造成留學生只重留學國語言，把本國文字文化丟在腦後的現象，加劇留學生外國化傾向。日本殖民中國時，曾經強迫中國東北居民學習日語，而我國教育主管當局選拔官費生只重外語，所選拔出來的官費生回國後不利於中國民族文化的長效發展。1915年胡適就曾批評說，「吾所遇之俄國學生，無不知托爾斯泰之全集，無不知屠格涅夫及杜思拖夫斯基者。吾國之學子，有幾人能道李、杜之詩，左、遷之史，韓、柳、歐、蘇之文乎？可恥也」。〔註 5〕當時有的留美出身的大學教授「在教室裏黑板上寫個貨幣的貨字足有五六分鐘寫不出」。〔註 6〕

　　其次，北京政府時期就加強對自費留學生的管理和資助，而當代中國卻忽視了自費生。一是中國政府對自費留學卻毫無限制，自費生留學低齡化現象十分嚴重。自費生不需要任何登記註冊或是資格限制，只需通過外國舉辦的語言考試即可赴國外留學，即使是語言不過關者只要多花錢就能徑自赴國外讀預科。一些學生進一些國外三流學校混上幾年，回到國內反比國內二、三本院校畢業學生更容易就業，歸國後還可享受各種優惠政策。當然，一些自費留學生歸國後就業順利是因爲這些學生大多家境較好，學生家長只待子女拿到國外文憑就可爲之安排進政府部門、學校或銀行等熱門單位，有的學生直接就進入家族企業。二是北京政府曾對自費留學生予以各類補助，並從

〔註 5〕 段懷清：《白璧德與中國文化》，北京：首都師範大學出版社，2006 年，第 176頁。

〔註 6〕 李儒勉：《留學教育的批評與今後的留學政策》，《中華教育界》，第 15 卷第 9期，1926 年 3 月。

中選拔優秀人才選補官費。但目前我國對自費生卻缺乏管理和服務意識，甚少給予資助。教育部官員亦承認，「對自費生，我們的投入和關心遠遠不夠」。〔註7〕國家財政對自費留學人員的投入約爲對國家公派留學人員投入的 0.389％。近年來國家也出臺了自費留學生獎勵政策，但在政策宣傳、選拔方式上卻有所欠缺。曾有研究生抱怨，不知道獎勵選拔的方式是什麼，比如是否有學歷、專業、在校成績等方面限制。因此，國家應針對不同學歷、專業、國別的中國留學生制定明確的獎勵標準。三是從中外合作辦學管理來看，北京政府時期出現了中國歷史上第一個中外合作辦學學校——里昂中法大學，政府提供一定經費資助，管理則由教育家自行負責。自90年代以來，中國教育部加強了對中外合作辦學管理，但並非加強學生學業考察、國外院校和合作項目審查，而是直接裁撤了一批高校舉辦的中外合作項目。而自相矛盾的是，政府一方面認可一些外國高校的文憑，而另一方面卻拒絕對參加這些學校與國內合作項目的學生所取得的文憑予以認證。而事實上這些學生所取得的文憑與全程在國外學習學生的文憑完全一樣，在國際上也都予以認可。此外，中國政府因爲學生沒有全程在國外就讀，就不認證文憑，豈不是鼓勵學生花費大筆資金出國，幫助外國院校挣中國學生的錢？中國政府如果認爲中外合作項目學生不合格，完全可以採取取消該外國高校文憑認證資格的方式作爲懲罰。學生在國內學習部分課程，省時省費，不出國門就能接受國外先進教育，而且也便於教育主管部門監管項目運作情況。

再次，北京政府時期學界通過分析研究達成一項共識，即發展留學首要在於注重國內教育，當代中國也應立足於完善國內高等教育，有計劃地派遣留學生。以留美三年計，花費高達四千美金，「若以之培植本國學生，則所得成效至少可以十倍」。〔註8〕南京國民政府留日監督處的姜琦也曾提出，「懇求國內最高教育行政機關——教育部、及各地教育行政機關——教育廳、教育局等，努力地去振作國內高等教育，那麼，一般青年在國內都有研求高等教育的機會，自然而然地不會跑到日本留學，同時本處自然會消滅了」。〔註9〕

〔註7〕 劉大家：《教育部官員在漢檢討對自費留學生關心不夠》，《楚天金報》2008年11月14日，第21版，轉引自劉國福：《近三十年中國出國留學政策的理性回顧和法律思考》，《浙江大學學報》，2009年11月，第39卷第6期。

〔註8〕 《評留學問題之二》，《河南教育公報》，第3卷第1期，1924年，第59頁。

〔註9〕 中華民國駐日留學生監督處：《中華民國駐日留學生監督處一覽》，1929年，姜琦序言，第1頁。

而且只有建設好國內大學，留學生歸國後才能有發揮才華之所，才能促進中國教育的長遠發展。當代中國留學派遣時應充分考慮國別、專業、人數等問題。在留學國別選擇上，應該將留學生派遣到不同國家，而不能僅僅依靠少數幾個國家如美、日等國，「免使人數過多，潛植一國之精神」。〔註 10〕不可否認的是，中國當前在政治、經濟、教育、文化等方面都已深深打上美國烙印，政府大量購買美國外債，學界言必稱美國，民眾偏好美國商品和好萊塢電影。無論是在普通人眼裏還是決策者中眼中，所謂的留學人才十之八九是留學美國的。中國青年精英出國也大多選擇美國，即便是在美國經濟蕭條或是中美關係不佳的時候依然有大量優秀學子，尤其是理工科學生熱衷於赴美留學。據統計，留學國外高校的中國學生中，俄羅斯的中國留學生僅占 2.4%，而在美國和日本高校的中國留學生人數幾乎是在俄羅斯的 10 倍〔註 11〕；在留學生專業問題上，應該同時考慮到國內高校專業設置情況、國家的實際需要、地方特色和個人發展需要，不應僅僅重視理工科或應用學科。如果「理論學科的人才不足，不但應用學科難於發展，而中國學術也永無獨立的可能了」。〔註 12〕留學生在選擇留學專業時應該根據當地需要，將個人與地方發展有機結合；在留學生人數上，不應盲目追求數量，應該適可而止，重視質量和歸國率。據國際權威機構統計，2002 年，有 208 名中國留學生在英國獲得博士學位，在外國留學生中名列第一，有 2187 人在美國獲得博士學位，數量居冠；有 4396 人在日本攻讀博士學位，也是中國第一。〔註 13〕另據中國與全球化研究中心、中國社科院發佈的《中國留學發展報告》稱，根據聯合國教科文組織統計資料顯示，中國留學人數占全球總數 14%，成為最大的留學生輸出國，已連續兩年超過印度成美國留學生第一大生源國。留學回國人員總數達到 81.84 萬人，回歸率為 36.5%，超六成留學生滯留海外。〔註 14〕

　　第四，國家扮演的是政策導向角色，應致力於擴展留學人員使用途徑，優化人才成長環境，在任用留學人才時，其他實業界和教育界人才應交由相

〔註 10〕《北京教育界零拾》，《申報》1924 年 8 月 21 日，第 11 版。
〔註 11〕單春豔：《俄羅斯高校中國留學生現狀述評》，《世界教育信息》，2008 年第 1 期，第 83 頁。
〔註 12〕陳啓天：《留學教育宗旨與政策》，《中華教育界》，第 15 卷第 9 期，1926 年 3 月。
〔註 13〕王政挺：《留學備忘錄》，浙江人民出版社，2003 年，第 312 頁。
〔註 14〕《留學發展報告顯示：中國成最大的留學生輸出國》，《教育發展研究》2012 年第 17 期。

關單位自行選聘任用，國家無需代包代辦，只需直接選拔任用一些屬於國防等保密行業的人才即可。當代中國先後推出了千人計劃、青年千人和外專千人計劃，入選者名利雙收。此舉並非首創，中國最早的吸納留學人才的「千人計劃」出現在 1914 年，時任教育總長的湯化龍就曾計劃設立獎勵留學基金，資助千名留學歸國無業者。袁世凱也曾組織歸國留學生考試，選拔留學人才，分發中央各部和地方各省。然而考量歸國留學生人才是一項複雜的長期工作，不能僅考驗一紙文憑或幾篇論文，必須要有專門人士和同行經過一段時間的仔細考量才能發掘出學有專長，能夠爲地方作出貢獻或榮譽的人才，並對其加以客觀評估。因此與其大搞千人計劃，許以優厚待遇，不如營造良好環境，讓各類人才都能平等地獲得發展機會。國家負責營造良好的整體環境，如政治民主、社會穩定、人文環境和自然環境良好，並改革現行科研報銷體制，讓人才將時間花在科研上而不是找發票上。用人單位則爲留學人才營造良好的工作環境和科研氛圍，加強實驗儀器購置和使用管理，協調好留學生與各方關係，不能喜新厭舊，輕視「土鱉」；當前，爲了吸引留學人才，一些地方政府構建了留學人員「一站式」服務體系，爲留學歸國人員解決從資格認定、學歷學位認證、入戶到子女入學、安家甚至父母隨遷入戶等一系列問題。在國外待滿一年以上的留學生夫婦還可享受生養多胎的優惠政策，並可免收高額的社會撫養費用。爲了便利一些已加入外國國籍的歸國留學生及其家屬在國內的生活，當代一些學者和留學生提出實行雙重國籍。北京政府時期改變了清政府忽視國籍的做法，所有留學管理者均爲中華民國國民，當代中國更應秉持這種做法。如果中國實行雙重國籍政策，且不說在與東南亞國家關係上可能會存在問題，單就留學生管理而言，雙重國籍實行後，必將有大量中國留學生申請外國國籍。舉例來說，有的留學生在外國期間全家都加入了外國國籍，享受外國福利待遇。歸國後享受外國人每月工資超過 4800 元才扣稅的稅收政策，所生子女均可就近入學，甚至可以擇校，高考時也可享受入學優惠政策。中國政府對留學生政策已然十分優厚，如果再加大對外國籍華裔留學生的優惠政策，不免會令國內人才心生向隅之感。再結合當代的「裸官」現象，更應該加強國籍管理，對於副廳級以上幹部，如其直系親屬出國留學後改入外國國籍，則應取消其任職資格；在留學經費籌措上，應該盡量縮減國家經費支出。近年來國家加大了公費留學生派遣規模，公費生轟轟烈烈的出國，耗費大筆經費，但成效並不顯著。從北京政府時期的經驗來

看，依靠管理規程和少數管理人員的努力很難有效實現全程監管，而單純依靠留學生的自覺性也不現實。與其如此，不如縮小國家全額出資留學生規模，除少數涉及國家安全的專業外，其他專業盡量使用免息貸款方式資助有志出國留學者，或是依靠民間力量資助留學，待留學生歸國後由用人單位負責考覈和落實待遇。這樣既可縮短留學申請人的申請周期，減化繁瑣的申報手續，也可下放管理責任，擴大派遣單位和用人單位權限。由於用人單位更易瞭解人才的發展動向和科研意義，可由用人單位發放前期資助，對於確有成效的重大貢獻，由國家給予後期成果獎勵，並加以廣泛宣傳，激勵有所貢獻的留學人才，同時吸引其他人才前來效力。以高校為例，一些學校對留學歸國教師許以豐厚待遇，但留學人才來校後卻不能及時兌現待遇，一旦有新人才進校，舊時招攬的人才就被拋諸腦後。校內一些相關部門缺乏人才服務意識，而學校也缺少獎懲機制，無法調動相關人員積極性，令留學人才難以開展科研工作。有的學校，不考慮一些專業的特殊性，不加選擇地重洋輕本土，造成了人才浪費。

　　第五，政府應加強引導，盡量發揮留學生的正面影響，預防和減少留學生的負面效應。留學生作為社會精英，深受異國政治、文化的影響，視野開闊，自我意識強，活動能力大，社會影響廣，中國政府應盡量發揮留學生的正能量，比如協助留學生宣傳中國實際情形，介紹中國文化、發展中外國際關係和調查瞭解外國國情。留學生出國留學時如能對國外政治、經濟、教育等方面詳作調查，對我國不無裨益。在這一點上當代中國教育主管部門應向日本學習。近代日本對中國商業的瞭解甚至遠勝中國，以致 1916 年梁啟超在上海總商會演說時感歎，「吾中國之事，外人竟費許多金錢，調查如此清楚，而本國人反茫然不知」。〔註15〕國家派遣留學生出國，本意是希望留學生歸國後為國效力，而非適得其反。當代中國正處於社會轉型時期，維穩壓力大，需防止留學生成為政府穩定的負面力量。清末留日學生在推翻清政府的過程中發揮了巨大作用，而北京政府成立之後的留學生又因政治分歧、經費缺乏、列強唆使等因素投身於反對北京政府的鬥爭中，留學生成為反政府的一支生力軍；袁世凱時期，日本成為反袁海外大本營。蘇聯則拋開北京政府，拉攏國共兩黨才俊赴蘇留學。尤其需要引起重視的是一些外國政府通過吸納中國少數民族留學生，實行對華分裂政策，學界應加以關注和研究。此外，還需

〔註15〕《梁任公在上海總商會之演說》，《申報》1916 年 12 月 28 日，第 10 版。

防止留學生全盤西化。阿爾特巴赫教授有關發展中國家高等教育依附發展的觀點對中國當前留學教育也有參考價值。依附理論認爲西方發達國家處於世界體系的中心，是現代文化的代表，同時假定第三世界國家沒有民族文化，或者說這些國家的傳統文化都是前科學、前現代社會的產物；認爲西方發達國家在世界教育體系和學術領域裏的先進狀態是無可挑剔的，而且會永遠保持下去。〔註 16〕異國的留學生活在中國留學生的工作、生活、思維方式、人格等方面打下了深深的烙印。由於留學生歸國後大多處於較有影響的地位，他們經常不由自主地傳播外國文化，推廣外國商品。杜祖貽在分析人才外流因素時稱，「與本國人失去對本土文化的自信一項關係最大。發展中國家的基層教育長期忽略培養少年的民族情操，又不斷壓抑本國傳統文化而崇尚流行於西方的潮流，實爲主因，這是所有發展中國家今日必須深深反省以解決的嚴重問題」。〔註 17〕

　　第六，北京政府時期社會各界積極主動地向教育部和地方教育部門進獻良言，促進了留學事業公正有序的發展。當代教育部應該適當放權，廣納各界建議。從美國外國留學生管理方式來看，美國當時也沒有類似中國教育部的行政機構，設於美國華盛頓的教育局僅有權收集和發佈教育信息，因此每個州都有權計劃和追求自己的教育體系。當時許多外國留學生事務主要通過國際教育局、基督教青年會、外國學生友好協會、學校學生會等各類機構和組織完成。美國社會各界對於外國留學生問題的關注早於中國近百年，在美國推行排華政策的背景下，美國還能成功吸引中國大批精英赴美留學，而且美國的教育權下放並未導致留學管理的無序化，這些都值得我們深入研究探討。中國政府可從以下幾方面著手：一是教育部在制定留學政策和執行留學管理時，應該充分調動管理主體的積極性和社會各界的參與意識。應加強政策研究者和決策者之間的溝通交流，最大限度地保證研究、決策、執行、反饋、檢討之間關係的和諧與運行的順暢，同時積極推進留學法制建設，規範中央政府各部門出國留學政策的名稱；〔註 18〕二是政府可從宏觀上對留學生

〔註 16〕中國高等教育學會引進國外智力工作分會編：《大學國際化：理論與實踐》，北京：北京大學出版社，2007 年，第 31 頁。

〔註 17〕中國高等教育學會引進國外智力工作分會編：《大學國際化：理論與實踐》，北京：北京大學出版社，2007 年，第 37 頁。

〔註 18〕劉國福：《近三十年中國出國留學政策的理性回顧和法律思考》，《浙江大學學報》，2009 年 11 月，第 39 卷第 6 期。

留學前後的管理和服務工作提供指導，並通過中介服務機構和留學預備學校具體運行留學生出國前後的服務工作和搭建留學信息交流平臺等相關事宜。出國前需強化學生語言基礎和對留學國度的政治、經濟、社會文化、習俗、教育水平等方面的瞭解，提高留學生心理素質，加強對中國國情的瞭解和愛國主義教育。留學生歸國後容易出現「重返本文化休克」現象，應幫助其迅速適應國內環境；三是海外管理機構應加強對海外院校、用人單位和留學生的調研互動，建立定期交流機制，通過聯誼會等渠道掌握我國留學生群體動態，實行留學生登記制度，及時更新留學生信息，並及時將調查信息傳遞給相關各方，實行人才預約制度；四是發動學界對當代留學生問題開展廣泛深入的調研和討論，檢討其中的成敗得失；組織研究者和駐外使領館；利用網絡等現代媒介爲留學生提供學習和生活方面的各種咨詢與建議，並利用網絡輿論，群策群力，完善留學生管理，促進我國留學事業的長效發展！

附　錄

附錄一

附表一：1923～1924 年德國各學校徵收學費數目比較表

校　名	中國學生	他國學生	德國學生
巴維巴拉慕巴克大學校	48 金馬克	20	13
勒不士格大學校	44	30	15
柏林大學校	50	38	20
邦尼大學校	47	30	17
威丁波克大學	36	25	10
比勒斯勞大學	40	30	12
海得波格大學	42	26	10
哥敦堅大學	55	30	8
佛里伯格大學	52	30	8
松本英大學	34	25	12
巴士亞大學	50	36	14
瑪波格大學	47	20	10
基森大學	38	20	6

資料來源：《德國確苛收我國留學生學費》，《大公報》1924 年 1 月 21 日。

附表二：1913 年教育部留學歐美各國學生治裝費、往返川資及每月學費

留學國	治裝費	出國川資	每月學費	回國川資
英國	華銀 200 元	華銀 500 元	英金 16 磅	英金 50 磅
法國	同	同	佛郎 400 枚	英金 50 磅
德國	同	同	馬克 300 枚	馬克 1000 枚
比利時	同	同	佛郎 400 枚	佛郎 1250 枚

資料來源：《留學歐洲之經理員》，《申報》1913 年 9 月 2 日，第 3 版。

附表三：1916 年教育部留學歐美各國學生治裝費、往返川資及每月學費數目

留學國	治裝費	出國川資	每月學費	回國川資
英國	本國幣 200 元	本國幣 500 元	英國幣 16 磅	英國幣 50 磅
法國	同	同	法國幣 400 佛郎	法國幣 1250 佛郎
德國	同	同	德國幣 320 馬克	德國幣 1000 馬克
比國	同	同	比國幣 400 佛郎	比國幣 1250 佛郎
奧國	同	同	奧國幣 400 佛郎	奧國幣 1250 佛郎
義國	同	同	義國幣 400 佛郎	義國幣 1250 佛郎
瑞士國	同	同	瑞士國幣 400 佛郎	瑞士國幣 1250 佛郎
俄國	同	同	俄國幣 135 羅布	俄國幣 450 羅布
美國	同	同	美國幣 80 圓	美國幣 250 圓
日本國	本國幣 100 元	本國幣 70 元	日本國幣 46 圓	日本國幣 75 圓

資料來源：劉眞主編、王煥琛編著：《留學教育》，臺北：國立編譯館，1980 年，第 1005 頁。另見《教育部訂定選派留學外國學生規程》，《申報》1916 年 10 月 30 日，第 17 版。

附表四：1924 年教育部留學歐美學生治裝費、往返川資及每月學費
　　　　數目

留學國	治裝費	出國用資	每月學費	回國用資
英	國幣 200 元	國幣 700 元	英幣 20 磅	英幣 110 磅
法	同	同	法幣 1200 佛郎	同
比	同	同	比幣 1200 佛郎	同
瑞士	同	同	瑞幣 500 佛郎	同
德	同	同	英幣 12 磅	同
美	同	600 元	美幣 90 元	美幣 450 元

資料來源：《各省教育界噪聲》,《申報》1924 年 5 月 5 日，第 10 版。

附錄二

一、1924 年赴美志願書內容

　　具請求狀：爲請求移民簽字事今謹誓言本人眞實完全姓名＿＿＿年＿＿＿歲男或女＿＿＿民族以公曆＿＿＿＿＿＿年＿＿＿月＿＿＿日生＿＿＿國＿＿＿省＿＿＿城在具請求狀時最近五年內住於下列各地＿＿＿國＿＿＿省＿＿＿城,自＿＿＿年至＿＿＿年已未結婚或已示訂婚妻或夫姓名＿＿＿,生於＿＿＿國＿＿＿省＿＿＿城住在＿＿＿國＿＿＿省＿＿＿城。兒女姓名住址如下姓名＿＿＿住址＿＿＿,本人職業＿＿＿。身高＿呎＿時面容＿＿＿,發之顏色＿眼之顏色＿並具下列容貌＿＿＿,能不能講＿語,能不能讀＿文字,能不能寫＿文字。父母姓名住址如下父＿＿＿住址＿＿＿,母＿＿＿住址＿＿＿,現在父母俱亡本國最近親戚姓名＿＿＿,與本人關係＿＿＿住址＿＿＿＿＿＿登船口岸＿＿＿,將入美國＿＿＿口岸最後到達地點已未購有聯票,旅費付給者＿＿＿住址＿＿＿赴美投親戚友＿＿＿住址＿＿＿州＿＿＿城＿＿＿街第＿＿＿號門牌本人赴美宗旨＿＿＿。擬居留＿＿＿年。本人已、未經入牢獄或棲流所,已、未經入醫院治療狂疾,本人父母已、未經入醫院醫治狂疾。再除下文注明者外,本人並非下列各種之爲移民律所不准入美國境內者：(一)癡呆者(二)孱弱者（三）心志柔弱者（四）癲癇者（五）發狂者（六）前曾發狂者（七）素有神經病者（八）有酒癖者（九）貧民（十）乞丐（十一）流氓（十二）患肺病者（十三）患有可憎及危險性質疾病者（十四）罪犯（十五）多妻者

（十六）無政府者（十七）非法會社之會員（十八）娼妓（十九）龜鴇（二十）工人（二十一）易爲公眾嫌惡者（二十二）曾被驅逐出境者（二十三）他人代付旅費者（二十四）無人伴送之小孩（二十五）亞洲禁區之土人（二十六）不識字者（二十七）新入籍資格之外人。本人雖有上列第：項情事，爲下列理由請求免除擯斥_____。謹依照一九二四年移民律第四章請求爲額外之移民，所根據之事實如下_____。具有一九二四年移民律第四章所稱之文書登記於下_____。謹具右列者款，遵照一九二四年移民律之規定，請求簽字，俾得爲領外之移民請求者（署名）〔註1〕

二、自費生的保證書格式

自費赴____留學生____保證書

____月____日發給證書第____號

自費生姓名____籍貫____年歲（出年月）____何校畢業____願往何國肄業何科____留學期內部定經費____擔保人與本身之關係____備考

具保證書：今保證____赴____自費留學，所有該生留學期內應需經費及其他行爲，均由保證人負完全責任，立此保證書是實。

具保證書人：____

籍貫____住所____職業____中華民國____年____月____日〔註2〕

〔註1〕《赴美應填志願書之譯文》，《申報》1924年8月19日，第14版。
〔註2〕《發給留學證書規程》，《教育雜誌》1924年第9期。

參考文獻

一、民國時期出版的論著和資料彙編

1. 《廣東學生赴日考察團報告書》，1924 年。
2. 黃炎培：《寰球》，寰球中國學生會印行，1926 年。
3. 教育部編：《教育法令彙編》，1936 年。
4. 梅貽琦、程其保：《百年來中國留美學生調查錄》（1854～1953）。
5. 容閎：《西學東漸記》，上海：商務印書館，1915 年。
6. 舒新城：《近代中國留學史》，上海：中華書局，1927 年。
7. 舒新城編：《近代中國教育史料》（第 1～4 冊），上海：中華書局，1928 年。
8. 徐正鏗：《留美采風錄》，上海：商務印書館，1923 年。
9. 袁同禮：《中國留美同學博士論文目錄》。
10. 中華民國駐日留學生監督處：《中華民國駐日留學生監督處一覽》，1929 年。

二、民國報刊

　　《安徽教育行政周刊》、《北京大學日刊》、《東方雜誌》、《大公報》、《河南教育公報》、《環球》、《教育公報》、《教育與人生》、《教育通訊》、《教育雜誌》、《江寧學務雜誌》、《江蘇教育》、《江西教育行政旬刊》、《江西教育周刊》、《科學》、《留美學生年報》、《留美學生季報》、《留美學生月報》、《留日女學生會雜誌》、《旅歐教育運動》、《清華周刊》、《申報》、《外交公報》、《新教育》、《新青年》、《學生雜誌》、《學術界》、《學衡》、《學部官報》、《浙江潮》、《浙江教育行政周刊》、《直隸教育官報》、《直隸教育雜誌》、《中央日報》、《政府公報》、《中華教育界》、《中法教育界》

三、建國後資料彙編

1. 《北京大學史料》第 2 卷，北京：北京大學出版社，2000 年。

2. 陳學恂、田正平編：《中國近代教育史料彙編——留學教育》，上海：上海教育出版社，2007 年。

3. 第二歷史檔案館編輯：《北洋政府檔案》，北京：中國檔案出版社，2010 年。

4. 房兆楹編：《清末民初出洋學生題名錄初輯》，臺北：精華印書館股份有限公司，1962 年。

5. 蔣致遠主編：《第一次中國教育年鑒》、《第二次中國教育年鑒》和《第三次中國教育年鑒》，臺北：宗青圖書公司，1991 年。

6. 李滔主編：《中華留學教育史錄》（1949 年以前／1949 年以後），北京：高等教育出版社，2000 年。

7. 林清芬主編：《抗戰時期我國留學教育史料——各省考選留學生》（第 1～6 冊），臺北：臺灣國史館，1994 年。

8. 劉眞、王煥琛編：《留學教育——中國留學教育史料》，臺北：國立編譯館，1980 年。

9. 羅瑪傳信部大學、中國留學生會編輯：《剛總主教到華十週年紀念論文集（1922～1932）》。

10. 中國第二歷史檔案館編：《中華民國史檔案史料彙編》，南京：江蘇古籍出版社，1994 年。

11. 清華大學校史編寫組：《清華大學校史稿》，北京：中華書局，1981 年。

12. 清華大學校史研究室編：《清華大學史料選編》（一），北京：清華大學出版社，1991 年。

13. 清華大學中共黨史教研室編寫：《赴法勤工儉學運動史料》（第 1～3 冊），北京：北京出版社，1979 年。

14. 王德滋主編：《南京大學百年史》，南京：南京大學出版社，2002 年。

15. 張研、孫燕京主編：《民國史料叢刊》（文教・教育概況），鄭州：大象出版社，2009 年。

16. 張允侯、殷敘彝編輯：《留法勤工儉學運動》，上海：上海人民出版社，1982 年。

17. 周棉：《中國留學生大辭典》，南京：南京大學出版社，1999 年。

18. 周繡環編：《中華民國外交史料・中英庚款史料彙編》（中冊），臺北：臺灣國史館，1993 年。

四、建國後著作論著

1. 《南大百年實錄》編輯組編：《南大百年實錄》中卷，南京：南京大學出版社，2002 年。

2. 蔡元培：《蔡元培選集》，杭州：浙江教育出版社，1993 年。

3. 陳瓊瑩：《清季留學政策初探》，臺北：文史哲出版社，1989 年。

4. 陳三井：《勤工儉學運動》，臺北：正中書局，1981 年。

5. 陳鐵源著：《留學&垃圾：來自中國海外留學生問題報告》，北京：世界知識出版社，2004 年。

6. 但昭彬：《話語與權力：中國近現代教育宗旨的話語分析》，濟南：山東教育出版社，2008 年。

7. 鄧亦武：《1912～1916 年北京政府統治研究》，武漢：湖北人民出版社，2006 年。

8. 丁曉禾：《中國百年留學全記錄》，珠海：珠海出版社，1998 年。

9. 段懷清：《白璧德與中國文化》，北京：首都師範大學出版社，2006 年。

10. 方曉主編：《留學教育文集》，廈門：廈門大學出版社，1993 年。

11. 傅斯年：《傅斯年全集》，臺北：聯經出版事業公司，1980 年。

12. 高宣揚：《當代社會理論》（下），北京：中國人民大學出版社，2005 年。

13. 高宗魯：《中國留美幼童史：現代化的初探》，臺北：華欣文化事業中心，1982 年。

14. 耿雲志、歐陽哲生編：《胡適書信集：1907～1962》（上冊），北京：北京大學出版社，1996 年。

15. 故宮博物館明清檔案部，福建師範大學歷史系編：《清季中外使領年表》，北京：中華書局，1985 年。

16. 顧建新：《跨國教育發展理念與策略》，上海：學林出版社，2008 年。

17. 關曉紅：《晚清學部研究》，廣州：廣東教育出版社，2000 年。

18. 廣少奎：《重振與衰變：南京國民政府教育部研究》，濟南：山東教育出版社，2008 年。

19. 何炳棣：《讀史閱世六十年》，桂林：廣西師範大學出版社，2005 年。

20. 何廉：《何廉回憶錄》，北京：中國文史出版社，2012 年。

21. 胡適：《丁文江傳》，北京：東方出版社，2009 年。

22. 胡適：《胡適留學日記》，合肥：安徽教育出版社，1999 年。

23. 黃健榮主編：《公共管理學》，北京：社會科學文獻出版社，2008 年。

24. 黃新憲：《中國留學教育的歷史反思》，成都：四川教育出版社，1989 年。

25. 李羨林:《此情猶思:季羨林回憶文集》,哈爾濱:哈爾濱出版社,2006年。

26. 李羨林:《留德十年》,北京:東方出版社,1992年。

27. 姜朝暉:《民國時期教育獨立思潮研究》,北京:中國社會科學出版社,2008年。

28. 蔣夢麟:《蔣夢麟自傳:西潮與新潮》,北京:團結出版社,2004年。

29. 李才棟主編:《中國教育管理制度史》,南昌:江西教育出版社,1996年。

30. 李春雷:《傳承與更新:留美生與民國時期的史學》,北京:中國社會科學出版社,2007年。

31. 李國忠:《民國時期中央與地方的關係》,天津:天津人民出版社,2004年。

32. 李喜所:《近代留學生與中外文化》,天津:天津人民出版社,1992年。

33. 李喜所:《近代中國的留美教育》,天津:天津古籍出版社,2000年。

34. 李喜所:《容閎——中國留學生之父》,石家莊:河北教育出版社,1990年。

35. 李喜所:《中國留學史論稿》,北京:中華書局,2007年。

36. 李喜所:《近代中國的留學生》,北京:人民出版社,1987年。

37. 李喜所主編:《中國留學通史》(晚清卷、民國卷、當代卷),廣州:廣東教育出版社,2010年。

38. 李喜所主編:《中國學科現代轉型叢書》,天津:南開大學出版社,2009年。

39. 李兆忠:《喧鬧的騾子:留學與中國現代文化》,北京:人民文學出版社,2010年。

40. 林子勳:《中國留學教育史 1847～1975)》,臺北:華岡出版有限公司,1976年。

41. 劉海峰等:《中國考試發展史》,武漢:華中師範大學出版社,2002年。

42. 劉曉琴:《中國近代留英教育史》,天津:南開大學出版社,2005年。

43. 劉宜慶:《紅塵往事:民國時期文人婚戀傳奇》,上海:東方出版中心,2009年。

44. 留學生叢書編委會編:《中國留學史萃》,北京:中國友誼出版公司,1992年。

45. 羅家倫、黃季陸主編:《吳稚暉先生全集》,臺北:中國國民黨中央委員會黨史史料編纂委員會,1979年。

46. 羅家倫先生文存編輯委員會編輯:《羅家倫先生文存》,臺北:中國國民黨中央委員會黨史委員會,1976年。

47. 羅香林：《梁誠出使美國》，香港：香港大學亞洲研究中心，1977 年。

48. 冒榮：《科學的播火者：中國科學社述評》，南京：南京大學出版社，2002 年。

49. 梅貽琦著，劉述禮、黃延復編：《梅貽琦教育論著選》，北京：人民教育出版社，1993 年。

50. 潘乃穆、潘乃和編：《潘光旦文集》，北京：北京大學出版社，2000 年。

51. 錢實甫編著：《北洋政府職官年表》，上海：華東師範大學出版社，1991 年。

52. 沈殿成：《中國人留學日本百年史》，瀋陽：遼寧教育出版社，1997 年。

53. 石霓：《觀念與悲劇：晚清留美幼童命運剖析》，上海：上海人民出版社，2000 年。

54. 舒新城：《近代中國留學史》，上海：上海書店出版社，2011 年。

55. 宋恩榮、余子俠主編，曹必宏、夏軍、沈嵐著：《日本侵華教育全史》（第三卷），北京：人民教育出版社，2005 年。

56. 蘇雲峰：《從清華學堂到清華大學：近代中國高等教育研究》，北京：生活・讀書・新知三聯書店，2001 年。

57. 孫廣勇：《社會轉型中的中國近代教育會研究》，武漢：華中師範大學出版社，2007 年。

58. 陶龍生：《留學生與中國社會》，臺北：臺灣學生書局，1979 年。

59. 田正平：《留學生與中國教育近代化》，廣州：廣東教育出版社，1996 年。

60. 田正平主編：《中外教育交流史》，廣州：廣東教育出版社，2004 年。

61. 汪一駒著，梅寅生譯：《中國知識分子與西方——留學生與近代中國（1872～1949）》，臺北：久大文化股份有限公司，1991 年。

62. 王輝耀：《當代中國海歸》，北京：中國發展出版社，2007 年。

63. 王立誠：《美國文化滲透與近代中國教育：滬江大學的歷史》，上海：復旦大學出版社，2001 年。

64. 王奇生：《留學與救國——抗戰期間海外學人群像》，桂林：廣西師範大學出版社，1995 年。

65. 王奇生：《中國留學生歷史軌跡》，武漢：湖北教育出版社，1992 年。

66. 王潤澤：《北洋政府時期的新聞業及其現代化：1916～1928》，北京：中國人民大學出版社，2010 年。

67. 王雪萍：《當代中國留學政策研究：1980～1984 年赴日國家公派本科留學生政策始末》，北京：世界知識出版社，2009 年。

68. 王政挺：《留學備忘錄》，杭州：浙江人民出版社，2003 年。

69. 聞一多：《聞一多書信手跡全編》（影印本），北京：國家圖書館出版社，2010 年。

70. 吳民祥：《流動與求索：中國近代大學教師流動研究，1898～1949》，杭州：浙江教育出版社，2006 年。

71. 吳芷青：《失落的天堂──留學另類生活調查》，廣州：廣東教育出版社，2005 年。

72. 謝長法：《借鑒與融合──留美學生抗戰前教育活動研究》，石家莊：河北教育出版社，1992 年。

73. 謝長法：《中國留學教育史》，太原：山西教育出版社，2006 年。

74. 徐海寧：《中國近代教會女子大學辦學研究：以金陵女子大學爲個案》，南京：南京師範大學出版社，2008 年。

75. 袁剛、孫家祥、任炳強編：《中國到自由之路──羅素在華講演集》，北京：北京大學出版社，2004 年。

76. 岳謙厚：《民國外交官人事機制研究》，北京：東方出版社，2004 年。

77. 張靜如、劉志強主編：《北洋軍閥統治時期中國社會之變遷》，北京：中國人民大學出版社，1992 年。

78. 章開沅、余子俠主編：《中國人留學史》（上下冊），北京：社會科學文獻出版社，2013 年。

79. 張連紅主編：《金陵女子大學校史》，南京：江蘇人民出版社，2005 年。

80. 張澤宇：《留學與革命：20 世紀 20 年代留學蘇聯熱潮研究》，北京：人民出版社，2009 年。

81. 趙厚勰：《雅禮與中國：雅禮會在華教育事業研究（1906～1951）》，濟南：山東教育出版社，2008 年。

82. 中國高等教育學會引進國外智力工作分會編：《大學國際化：理論與實踐》，北京：北京大學出版社，2007 年。

84. 中國國民黨中央委員會黨史委員會：《李石曾先生文集》，臺北：中國國民黨中央委員會黨史委員會，1980 年。

85. 中國社會科學院近代史研究所譯，顧維鈞著：《顧維鈞回憶錄》（第 1 冊），北京：中華書局，1983 年。

86. 周棉、安宇主編：《留學生與中國文化交流》，南京：南京大學出版社，2000 年。

87. 周棉：《留學生與中國社會發展》（一、二），徐州：中國礦業大學出版社，1997 年。

五、建國後譯著及外文著作

1. 〔美〕周明之著，雷頤譯：《胡適與中國現代知識分子的選擇》，桂林：廣西師範大學出版社，2005 年。

2. 〔美〕安東尼・唐斯著，郭小聰等譯：《官僚制》，北京：中國人民大學出版社，2006 年。

3. 〔美〕費正清：《劍橋中國晚清史》，北京：中國社會科學出版社，1985 年。

4. 〔美〕費正清：《劍橋中華民國史》，北京：中國社會科學出版社，1994 年。

5. 〔美〕李又寧主編：《華族留美史：150 年的學習與成就》，紐約：紐約天外出版社，1999 年。

6. 〔美〕史黛西・比勒：《中國留美學生史》，北京：生活・讀書・新知三聯書店，2010 年。

7. 〔美〕廷斯曼 Tipsman, Marilyn：《中國及其歸國留學生史》，紐約：哥倫比亞大學出版社，1983 年。

8. 〔美〕托馬斯・謝林著，趙華等譯：《衝突的戰略》，北京：華夏出版社，2006 年。

9. 〔日〕實藤惠秀：《中國人留學日本史》，譚汝謙、林啓彥譯，北京：北京大學出版社，2012 年。

10. Anne Elizabeth Neely, The foreign student on the American campus, dissertation of the University of Chicago, 1922.

11. Committee on friendly relations among foreign students, Educational guide: A Handbook of Useful Information for Foreign Students in the United States of America, New York, 1917.

12. Institute of International Education, Guide book for foreign students in the United States, New York, 1921.

13. Jennings Pinkwei Chu, Chinese Students in America: Qualities Associated with Their Success, Teachers College, Columbia University, New York City, 1922.

14. Weili Ye, Seeking Modernity in China's Name: Chinese Students in the United States, 1900～1927, Stanford University Press, 2001.

15. W. Reginald Wheeler, Henry H. King, and Alexander B. Davidson, The Foreign Student in America, Association Press, New York, 1925.

16. Y. C. Wang, Chinese Intellectuals and the West, 1872～1949, University of North Carolina Press, 1966.

17. Yi-rong Young Liu, Chinese intellectuals' sense of mission and their attitude, dissertation, University of California, Los Angeles, University Microfilms International, 1985.

六、當代期刊論文

1. 安宇、家齊：《留學生與中國現代新史學》，《徐州師範大學學報》，2001年第3期。

2. 安宇、趙師紅：《農學留學生與民國時期中國南方水稻的改良與推廣》，《華南農業大學學報》，2007年第1期。

3. 陳紅梅：《清末回族外交官楊樞與1905年留日學生運動》，《西北第二民族學院學報》，2008年第6期。

4. 陳競蓉：《對寰球中國學生會的考察與分析》，《內蒙古師範大學學報》，2009年第9期。

5. 仇華飛：《1933年中美延期償還庚款問題之交涉》，《民國檔案》，2005年第2期。

6. 戴學稷：《端方對清末留學教育和華僑教育的貢獻》，《教育評論》，1990年第3期。

7. 馮開文：《論晚清的留學政策》，《近代史研究》，1993年第2期。

8. 馮瑋：《清政府鼓勵赴日留學政策的「二律背反」》，《學術研究》，2004年第10期。

9. 高群：《中外教育文化衝突與文學革命——現代作家邊緣人知識分子身份對現代文學的影響》，《南京社會科學》，2010年第6期。

10. 戈芝卉：《試論績效管理在高校公派留學管理中的運用》，《浙江師範大學學報》，2010年第4期。

11. 侯德礎：《四川留法勤工儉學初探》，《四川師範大學學報》，1989年第5期。

12. 胡連成：《近代日本留學生與東西文化衝突》，《內蒙古師範大學學報》，2010年第1期。

13. 黃國華：《清末第一個以省區命名的刊物——〈湖北學生界〉》，《歷史教學》，1980年第4期。

14. 黃建君、金建陵：《論近現代轉型時期的寰球中國學生會》，《江蘇教育學院學報》，2003年第2期。

15. 黃嶺峻：《1948年關於中國留美學生政治態度的一次問卷調查》，《近代史研究》，2010年第4期。

16. 黃新憲：《「文革」前我國留學教育的若干特點簡評》，《教育論叢》，1989年第1期。

17. 姜新、小雨：《晚清公派幼童留美計劃與江蘇》，《徐州師範大學學報》，2004年第2期。

18. 姜新：《略論民國初年的日本士官學校留學畢業生》，《民國檔案》，2007年第 3 期。

19. 姜新：《評清末民初的留學生歸國考試》，《史學月刊》，2005年第 12 期。

20. 鞠玉華，岳程楠：《留日學生與清末四川教育變革》，《暨南學報》，2010年第 2 期。

21. 鞠玉華、陳翠麗：《晚清政府對留日學生監督制度論析》，《中國市場》，2010年第 31 期。

22. 孔繁嶺：《1927～1937年南京政府的出國留學政策》，《齊魯學刊》，1999年第 1 期。

23. 孔繁嶺：《淺述 1945～1949年的中國留美熱》，《檔案史料與研究》，1997年第 1 期。

24. 孔繁嶺：《偽滿留日教育述論》，《抗日戰爭研究》，1997年第 2 期。

25. 孔繁嶺：《戰後初期留美學生大部滯留的原因及影響》，《齊魯學刊》，1996年第 6 期。

26. 孔繁嶺、申在文：《簡論中國近代留日學生的特點》，《徐州師範大學學報》，2007年第 5 期。

27. 李瓊：《群體性利益衝突的博弈分析》，《江蘇社會科學》，2010年第 6 期。

28. 李文俊：《清末民初留日熱潮與留美熱潮之比較》，《理工高教研究》，2009年第 4 期。

29. 李喜所、李來容：《清末留日學生「取締規則」事件再解讀》，《近代史研究》，2009第 6 期。

30. 李喜所：《中國留學生研究的歷史考察》，《文史哲》，2005年第 4 期。

31. 李喜所：《精彩與無奈：陳蘭彬與晚清出洋官員的兩難選擇》，《四川師範大學學報》，2010年第 2 期。

32. 李元書：《重新認識和正確處理當代中國社會的利益衝突》，《武漢大學學報》，2010年第 2 期。

33. 梁建：《陳蘭彬對華僑權益的維護》，《湛江師範學院學報》，2009年第 2 期。

34. 劉功君、沈世培：《北京政府時期留日經費籌措考察》，《歷史檔案》，2009年第 1 期。

35. 劉桂生、趙原墾：《留法勤工儉學的歷史淵源》，《社會科學戰線》，1998年第 3 期。

36. 劉國福：《近三十年中國出國留學政策的理性回顧和法律思考》，《浙江大學學報》，2009年第 6 期。

37. 劉集林：《晚清留學教育的問題與困境》，《天津師範大學學報》，2007 年第 5 期。

38. 劉集林：《五四時期的留學目的論及其趨向——以傅斯年留學思想的變化爲例》，《徐州師範大學學報》，2010 年第 5 期。

39. 劉珊珊：《清末成城學校入學風潮述論》，《徐州師範大學學報》，2009 年第 2 期。

40. 陸欣：《梧州國民學堂——廣西辛亥革命人才的搖籃》，《文史春秋》，2012 年第 2 期。

41. 毛吉康：《學者羅家倫——民國首任駐印大使》，《世界知識》，2009 年第 9 期。

42. 孟凡明：《胡適與英國庚子賠款》，《傳承》，2010 年第 6 期。

43. 苗丹國：《1992 年以來部分地方政府吸引與鼓勵留學人員政策文件要目概覽》，《中國人才》，2009 年第 15 期。

44. 喬曉徵、朱力：《謠言在群體性突發事件中的發生機制》，《江蘇警官學院學報》，2007 年第 1 期。

45. 秋薐、姜新：《晚清江蘇女性留學日本述評》，《蘇州大學學報》，2005 年第 2 期。

46. 桑兵：《國民黨在大學校園的派系爭鬥》，《史學月刊》，2010 年第 12 期。

47. 盛海生、汪明舟：《清末公費留學經費情況考察（1895～1911）》，《徐州師範大學學報》，2008 年第 2 期。

48. 石建國：《汪大燮：參與策劃五四運動的元老外交家》，《世界知識》，2008 年第 19 期。

49. 史萬兵、郭可：《委託代理理論視角的國家公派出國留學分析及建議》，《東北大學學報》，2009 年第 4 期。

50. 蘇雲峰：《抗戰前清華大學的學生運動，1929～1938》，《中央研究院近代史研究所集刊》第 30 期，1998 年 12 月。

51. 蘇雲峰：《清華校長人選和繼承風波，1918～1931》，《中央研究院近代史研究所集刊》第 22 期，1993 年 6 月。

52. 蘇雲峰：《清華學校——美國早期「和平演變」中國的重要孔道》，《中央研究院近代史研究所集刊》第 21 期，1992 年 6 月。

53. 孫輝：《清末民初湖南留學運動特點探析》，《湖南師範大學教育科學學報》，2008 年第 4 期。

54. 孫中山：《中國之再造——在滬江大學的演說（1920 年 5 月 25 日）》，張金超輯注：《孫中山佚文三篇》，《民國檔案》，2010 年第 2 期。

55. 汪丹：《近現代中國留學生的情結與誤區——以新文化運動中「科學主義」的提倡爲例》，《山西師大學報》，2005 年第 3 期。

56. 王春英、關偉：《日本以庚款在華興辦文教事業析》，《齊齊哈爾大學學報》，1999 年第 3 期。

57. 王笛：《清末四川留日學生述概》，《四川大學學報》，1987 年第 3 期。

58. 王公望：《辛亥革命時期留日學生刊物——〈夏聲〉》，《蘭州學刊》，1984 年第 3 期。

59. 王廣軍：《張之洞與中國近代留學教育思想》，《理論界》，2008 第 5 期。

60. 王婷：《試析洋務運動時期留美與留歐教育之異》，《知識經濟》，2009 年第 4 期。

61. 王孝雲、馬金生：《日本明治時期留學政策述論》，《日本學刊》，2008 年第 3 期。

62. 王彥斌：《科塞與達倫多夫的衝突論社會學思想比較研究》，《思想戰線》，1996 年第 2 期。

63. 魏善玲：《抗戰前南京國民政府對留學政策的調整與規劃》，《徐州師範大學學報》，2008 年第 3 期。

64. 魏善玲：《馬克思主義文藝理論在中國的早期傳播——以留學生為視角》，《吉首大學學報》，2010 年第 4 期。

65. 魏善玲：《南京國民政府前期留學生群體的結構分析（1928～1936）》，《江蘇社會科學》，2010 年第 3 期。

66. 吳曉：《試論陸榮廷統治時期廣西「出國留學潮」》，《廣西民族研究》，1996 年第 1 期。

67. 吳元康：《五四時期胡適自費資助林語堂留學考》，《安徽史學》，2009 年第 5 期。

68. 謝俊美：《陳蘭彬與近代中國留學教育》，《華東師範大學學報》，2010 年第 3 期。

69. 徐健：《晚清官派留德學生研究》，《史學集刊》，2010 年第 1 期。

70. 徐魯航：《美、英、日等國退還庚款辦學述評》，《學術研究》，2002 年第 2 期。

71. 徐志民：《1918～1926 年日本政府改善中國留日學生政策初探》，《史學月刊》，2010 年第 3 期。

72. 徐志民：《近代日本政府對偽蒙疆政權留日學生政策探微》，《抗日戰爭研究》，2008 年第 2 期。

73. 徐志民：《九一八事變前日本對中國留日軍事學生政策述論》，《徐州師範大學學報》，2010 年第 5 期。

74. 許劉英：《五四時期陶孟和關於留學教育的思考》，《和田師範專科學校學報》，2007 年第 3 期。

75. 亞當·R.尼爾遜、朱知翔：《留學的可知風險（1780～1880）：國家主義、國際主義與美國大學的起源》，《北京大學教育評論》，2010 年第 3 期。

76. 楊斌：《中國第二歷史檔案館典藏民國時期留學生資料簡介》，《徐州師範大學學報》，2004 年第 3 期。

77. 楊翠華：《中基會的成立與改組》，《中央研究院近代史研究所集刊》第 18 期，1989 年 6 月。

78. 余敏玲：《國際主義在莫斯科中山大學，1925～1930》，《中央研究院近代史研究所集刊》第 26 期，1996 年 12 月。

79. 余子俠、喬金霞：《近代湖北留學教育政策的演變》，《徐州師範大學學報》，2010 年第 3 期。

80. 元青：《北京政府統治時期的留學派遣政策》，《廣東社會科學》，2005 年第 6 期。

81. 元青：《民國時期中國留德學生與中德文化交流》，《近代史研究》，1997 年第 3 期。

82. 張朋園：《安福國會選舉——論腐化為民主政治的絆腳石》，《中央研究院近代史研究所集刊》第 30 期，1998 年 12 月。

83. 張喜華：《希爾〈品夢茶館〉中的文化衝突》，《社會科學》，2010 年第 12 期。

84. 張亞群、蕭娟群：《20 世紀 20～30 年代中國留德教育述論》，《徐州師範大學學報》，2007 年第 5 期。

85. 張玉法：《新文化運動時期的新聞與言論，1915～1923》，《中央研究院近代史研究所集刊》第 23 期上冊，1994 年 6 月。

86. 張澤宇：《20 世紀 20 年代國民黨員留學蘇聯述論》，《史學月刊》，2008 年第 7 期。

87. 趙春晨：《丁日昌與陳蘭彬》，《徐州師範大學學報》，2009 年第 2 期。

88. 趙麗宏：《穆藕初：歷史海洋中的實業巨子》，《檔案春秋》，2005 年第 2 期。

89. 鄭誠：《四川留日學生與辛亥革命》，《四川大學學報》，1981 年第 6 期。

90. 鄭會欣：《宋子文的人際關係與戰時重慶官場異動》，《史林》，2009 年第 6 期。

91. 周棉、李沖：《抗戰時期廣西公費留學研究》，《民國檔案》，2010 年第 1 期。

92. 周孜正：《淺論汪僞時期在日中國留學生的經費來源》，《抗日戰爭研究》，2005 年第 3 期。

93. 周孜正：《汪僞的留日學生教育》，《抗日戰爭研究》，2004 年第 3 期。

94. 朱力：《突發事件的概念、要素與類型》，《南京社會科學》，2007 年第 11 期。

七、學位論文

1. 大江平和：《宏文學院與中國留學生生活》，中國社會科學院研究生院碩士論文，2002 年。

2. 戴亞男：《新世紀以來美國留學政策的變化及對中國的影響和啓示》，華東師範大學碩士論文，2009 年。

3. 黃一帆：《上海歸國留學人才管理工作的問題分析及對策研究》，華東師範大學碩士論文，2009 年。

4. 李瓊：《衝突的構成及其邊界——以湖南省 S 縣某事件研究爲中心》，上海大學博士論文，2005 年。

5. 劉翎：《中國近代留美史》，南京大學博士論文，2009 年。

6. 劉霆：《清末人才選拔制度研究》，南京師範大學碩士論文，2009 年。

7. 劉偉：《清末四川留日學生與四川教育近代化》，西南大學碩士論文，2008 年。

8. 婁曉凱：《中國現代文學史上留歐美與留日學生文學觀研究（1900～1930）》，復旦大學博士論文，2009 年。

9. 屈軼：《留學制度的演變與近現代中國的社會發展》，華中師範大學碩士論文，2003 年。

10. 冉春：《南京國民政府留學教育管理研究》，華中師範大學博士論文，2007 年。

11. 任彬彤：《張之洞與清末留日教育》，河北大學碩士論文，2006 年。

12. 任欣欣：《1918 年中華民國留日學生救國團研究》，吉林大學碩士論文，2009 年。

13. 孫輝：《清末民初湖南留學運動探析（1898～1924）》，湖南師範大學碩士論文，，2009 年。

14. 王德召：《〈河南〉雜誌·河南留日學生·河南辛亥革命》，華中師範大學碩士論文，2007 年。

15. 王士義：《留美幼童與留日學生歸國就業比較研究——以長江三角洲爲中心》，蘇州大學碩士論文，2001 年。

16. 邢瑞：《清末民初陝北留學生研究》，延安大學碩士論文，2009 年。

17. 徐國輝：《二十世紀初中國留日留美學生群體的比較》，山東大學碩士論文，2008 年。

18. 徐志民：《清末山東留日學生與近代山東的政治變革》，曲阜師範大學碩士論文，2004 年。

19. 楊吉安：《江西近代留學教育的發展軌跡及其審視》，江西師範大學碩士論文，2005 年。

20. 張金蓮：《走出夔門——論清末四川留日學生》，西北大學碩士論文，2003 年。

21. 張美：《留學生與山東現代教育的初步發展》，山東師範大學碩士學位論文，2005 年。

22. 張新穎：《清末與民國時期留學教育政策比較研究》，廈門大學碩士論文，2008 年。

23. 張旭：《簡析近代中國留日、留美學生差異及其影響》，東北師範大學碩士論文，2006 年。

24. 趙純清：《1918 年留日學生歸國運動研究》，西南交通大學碩士論文，2006 年。

25. 趙潤霞：《民國時期山西留美教育研究》，山西師範大學碩士論文，2009 年。

26. 周君聞：《晚清留學畢業生獎勵制度研究》，南京師範大學碩士論文，2007 年。

27. 周雷鳴：《中央研究院與民國時期中外學術交流研究（1928～1949）》，南京大學博士論文，2009 年。

28. 朱美祿：《域外之鏡中的留學生形象》，四川大學博士論文，2007 年。

八、網站

1. http://zh.wikipedia.org/wiki/

2. http://baidu.com

3. http://www.cadal.net

4. http://www.dachengdata.com

後　記

　　自 1997 年進入南京大學歷史系學習後，我就與南大結下不解之緣。2001年本科畢業後，我被保送到歷史系中國近現代史專業，師從朱寶琴教授。2004年碩士畢業後我留在母校的大學外語部工作。工作之後，我一直希望能繼續在母校攻讀博士學位，以便提高自己的理論水平，更好地投身於工作之中。2008 年我再次投入朱老師門下，並結合工作和興趣，選擇了留學管理作為自己的博士論文方向。朱老師不僅是我碩士、博士導師，也是本科時學位論文的指導老師和大一時的年級導師。早在本科時朱老師就幫我修改論文，推薦我參加學術會議，使我在本科時就有機會出版論文，邁入學術的神聖殿堂。朱老師是一位非常細心體貼的好導師，在我撰寫論文的過程中，朱老師為我的選題、論文初稿傾注了大量心血，為了騰出更多時間讓我修改論文，朱老師曾為我看稿至淩晨 5 點。正是朱老師高屋建瓴和認真細緻的指導，我的論文才能夠順利通過答辯。

　　指導小組的崔之清教授、申曉雲教授、李玉教授是歷史學界的知名教授，他們不僅是我在本科和碩士、博士期間的授業恩師，同時也在論文選題、資料收集和文章框架等方面給予我諸多指點，令我茅塞頓開，受益匪淺。可以說，論文的順利完成離不開諸位指導老師數年來的辛勤付出。歷史系的陳謙平教授、中國第二歷史檔案館的曹必宏研究員、郭必強研究員對拙作提出了許多寶貴建議，為論文的進一步完善和書稿的修正夯實了基礎。南京大學政府管理學院的黃健榮教授贈書寄語，督促我學習公共管理方面的知識。我的同學南京大學圖書館的劉舒曼老師、民國史中心的呂晶老師在資料收集上給予我諸多幫助。歷史系的楊駿老師、胡正寧老師也一直與我互相勉勵。此外，

還有許多老師和朋友一直以來都非常關心我的成長和學業進步，不善言辭的我在此向你們表示深深的謝意！

我的同門王翔、楊文海、陳洪友、邵俊敏、楊國山等與我交流寫作心得，幫助我完善論文。此外，南京市檔案館的工作人員熱心提供查檔服務，南京郵電大學的劉永貴老師和系友李鴻敏在寫作格式調整方面給予諸多指點。

我工作單位南京大學大學外語部的領導和同事一直給予我鼓勵、支持和幫助。系領導王海嘯教授、陳海教授、崔建華副教授和孫愛娣副教授不僅在經費上給予我資助，還經常關心我的論文選題和論文進展。我的同事陸小兵老師和張沂昀老師在外文資料收集和英文潤色等方面給予我幫助。美國堪薩斯大學圖書館的助理館員 Sara E Morris 博士也為我查找英文資料提供了許多幫助，在此一併感謝！

我還要感謝我的家人。感謝我的父母在我寫作期間為我精心照料兒子，感謝我的丈夫幫助我校對書稿，也要感謝我年幼的兒子，在我寫作之餘給我帶來的快樂。

最後要特別感謝申曉雲教授，不僅在過去的十七年裏關心我的成長，還向花木蘭文化出版社推薦了我論文，使我的博士論文能夠出版成書。也感謝花木蘭文化出版社的各位編輯先生！

感謝在這段歷程陪伴我成長的諸位師長和親友，是你們鼓勵我在這條道路上勇敢前行，讓我感受到了學術的樂趣，懂得堅持就是勝利，也期待著能夠繼續得到各位老師和親朋好友的幫助與支持。

王靜
二〇一四年十月於南京